UTB **2498**

Eine Arbeitsgemeinschaft der Verlage

Böhlau Verlag · Köln · Weimar · Wien
Verlag Barbara Budrich · Opladen · Farmington Hills
facultas.wuv · Wien
Wilhelm Fink · München
A. Francke Verlag · Tübingen und Basel
Haupt Verlag · Bern · Stuttgart · Wien
Julius Klinkhardt Verlagsbuchhandlung · Bad Heilbrunn
Lucius & Lucius Verlagsgesellschaft · Stuttgart
Mohr Siebeck · Tübingen
C. F. Müller Verlag · Heidelberg
Orell Füssli Verlag · Zürich
Verlag Recht und Wirtschaft · Frankfurt am Main
Ernst Reinhardt Verlag · München · Basel
Ferdinand Schöningh · Paderborn · München · Wien · Zürich
Eugen Ulmer Verlag · Stuttgart
UVK Verlagsgesellschaft · Konstanz
Vandenhoeck & Ruprecht · Göttingen
vdf Hochschulverlag AG an der ETH Zürich

NATASCHA POMINO | SUSANNE ZEPP

Hispanistik

2., durchgesehene Auflage

Wilhelm Fink Verlag

Natascha Pomino lehrt spanische und französische Sprachwissenschaft an der Freien Universität Berlin und hat über die Morphologie der romanischen Sprachen im Rahmen neuerer generativer Ansätze promoviert.

Dr. Susanne Zepp lehrte romanische Literaturwissenschaft an der Universität Wuppertal und der Freien Universität Berlin. Seit 2003 ist sie Stellvertreterin des Direktors am Simon-Dubnow-Institut für jüdische Geschichte und Kultur an der Universität Leipzig. Buchveröffentlichung: Jorge Luis Borges und die Skepsis (2003).

Bibliografische Information Der Deutschen Bibliothek

Die Deutsche Bibliothek verzeichnet diese Publikation in der Deutschen Nationalbibliografie; detaillierte bibliografische Daten sind im Internet über http://dnb.ddb.de abrufbar.

2., durchgesehene Auflage 2008

© 2004 Wilhelm Fink GmbH & Co. Verlags-KG
Jühenplatz 1-3, 33098 Paderborn
ISBN 978-3-7705-3851-5

Printed in Germany.
Einbandgestaltung: Atelier Reichert, Stuttgart
Herstellung: Ferdinand Schöningh, Paderborn

UTB-Bestellnummer: ISBN 978-3-8252-2498-1

Inhalt

B. Literaturwissenschaftlicher Teil

Vorbemerkung

Die vorliegende Einführung in die Hispanistik ist als Grundlehrbuch der deutschsprachigen Spanischen Philologie (Sprach- und Literaturwissenschaft) konzipiert; die Behandlung der hispanistischen Literaturwissenschaft und Linguistik in einem Band ist ein neues Konzept auf dem Markt der Einführungen und spiegelt die Bedürfnisse der Studierenden wider: Die beiden ersten Pflichtscheine im Grundstudium sind eben die zwei Einführungskurse in die Sprach- und Literaturwissenschaft. Das Grundwissen der beiden Teildisziplinen ist im vorliegenden Band unter didaktischen Gesichtspunkten aufbereitet worden. Es ist für den Studienanfänger nachvollziehbar dargestellt und kann begleitend zu den Einführungskursen, aber auch für das Selbststudium genutzt werden. Gliederung, Übungsaufgaben und sprachliche Gestaltung gründen auf der praktischen Lehrerfahrung der Autorinnen, deren eigene Zeit als Studierende nicht sehr weit zurückliegt, denen also die spezifischen Probleme der Studienanfänger noch bewusst sind. Wir hoffen, ein Lehrbuch vorzulegen, das studentischen Bedürfnissen genau entspricht. Diesem Interesse sollen auch die Übungsaufgaben mit den Lösungsvorschlägen dienen, die allen Kapiteln beigegeben sind. – Aus der Gesamtkonzeption ergibt sich, dass es nicht möglich ist, alle Themen und Theorien zu berücksichtigen. Der hochspezialisierte fachwissenschaftliche Leser wird auch hier und da auf Formulierungen stoßen, die ihm in ihrem Schematismus fragwürdig erscheinen.

Eine Einführung erfindet nie die entsprechende Disziplin neu. Einführungen gründen auf dem akzeptierten Wissensbestand eines Fachs und auf bereits existierenden Einführungen. Ohne dass dies im Fall eines jeden Details ausgewiesen würde – was unmöglich wäre –, sei dieses Faktum hier benannt und allen unseren Vorgängern ausdrücklich gedankt. Eine große Unterstützung bei der Erarbeitung dieser Einführung, und vor allem ihrer innovativen Aspekte, waren die hilfreichen Vorschläge und Kommentare von Betreuern, Kollegen und Freunden. Insbesondere möchten wir uns bei Joachim Küpper für das uns entgegengebrachte Vertrauen herzlich bedanken. Er hat uns durch seine inhaltlichen und stilistischen Hinweise außerordentlich unterstützt. Ebenso danken wir Bernhard Hurch, Guido Mensching und Thomas Kotschi für die freundliche Bereitschaft zur Durchsicht des Manuskripts und ihre wertvollen Bemerkungen. Lucia Grimaldi und Paola Traverso sind wir für anregende inhaltliche Diskussionen und freundschaftlichen Beistand verbunden. Der exakte und zuverlässige Blick von Matthias Grau, Juliane Becker und Isabel Müller war eine wichtige Unterstützung. Ebenso bedanken wir uns bei Emilia Merino Claros und Thomas Wick. Ohne den Rückhalt unserer Eltern wäre dieses Buch nicht möglich gewesen, ihnen sei es gewidmet.

A
Sprachwissenschaftlicher Teil

Sprache und Linguistik 1

Einleitung

Dieses einleitende Kapitel gibt eine erste Abgrenzung des Gegenstandsbereichs der Linguistik und macht verschiedene Perspektiven
deutlich, aus denen man Linguistik betreiben kann. Sie werden mit
dem Konzept des sprachlichen Zeichens sowie mit verschiedenen
Zeichenmodellen vertraut gemacht. Abschließend werden wichtige
linguistische Begriffe eingeführt.

Der Mensch und seine Sprache 1.1

Linguistik und ihr Gegenstandsbereich 1.1.1

Die Linguistik ist das Studium der menschlichen Sprache. Um
ihren Gegenstandsbereich näher zu erfassen, muss daher geklärt
werden, was menschliche Sprache ist. Pinker ([3]1999: 1) schreibt:
„Language comes so naturally to us that it is easy to forget what a
strange and miraculous gift it is." Treffender hätte er diesen Satz
nicht formulieren können. Sprache ist etwas uns so Vertrautes und
Alltägliches, dass wir über das ‚Wunder' Sprache normalerweise
keinen Gedanken verlieren. Wir benutzen Sprache selbstverständlich, erwerben sie im Kindesalter (im Normalfall) ganz natürlich und sehen sie infolgedessen nicht als eine bemerkenswerte
Fähigkeit, die uns von anderen Lebewesen unterscheidet. Wenn
wir miteinander lautsprachlich kommunizieren, produzieren wir
eine Reihe unterschiedlicher Laute, die in hoher Geschwindigkeit
auf das Ohr unseres Kommunikationspartners treffen. Diese Lautproduktion zielt in den meisten Fällen darauf ab, mittels Sprache
einen Gedankengang zu formulieren, zu vermitteln und dadurch
gleichzeitig in einem anderen Menschen einen Gedankengang entstehen zu lassen. Damit dies vollzogen werden kann, muss gewährleistet sein, dass wir in unserem Geist über ein angemesse-
nes Wissen über Sprache verfügen. Möchte man z.B. jemandem

befehlen herzukommen, sagt man nicht *Du kommst* (sp. *Tú vienes*), sondern eher *Komm*! (sp. ¡*Ven*!). Dieses Wissen über Sprache ist irgendwo in unseren Köpfen enthalten, d.h. es ist etwas Mentales bzw. Kognitives. Eine Perspektive der Betrachtung von Sprache verfolgt diesen mentalen Ansatz: *Sprache als kognitives System*. Aus dieser Sichtweise kann man sich beispielsweise fragen, worin das Wissen über Sprache besteht, das wir in unseren Köpfen haben, und wie wir dieses Wissen erwerben. Es gibt eine Vielzahl anderer Möglichkeiten, Sprache zu betrachten, z.B. die soziale Perspektive, denn eine bestimmte Sprache existiert schließlich nur innerhalb einer bestimmten Gemeinschaft. Aus diesem Blickwinkel hinterfragt man z.B. die Beziehung zwischen der sozialen Struktur einer Sprachgemeinschaft und den Sprachvarietäten, untersucht die verschiedenen Dialekte einer Sprache und geht weiteren sozialen Aspekten von Sprache nach.

1.1.2 | Menschliche Sprache im Vergleich zu anderen Sprachen

Da die Linguistik die menschliche Sprache zum Untersuchungsgegenstand hat, müssen folglich die Tiersprachen (z.B. der Schwänzeltanz der Bienen) sowie alle nicht-natürlichen Sprachen (z.B. die Programmiersprache *Prolog*) ausgeschlossen werden. Weiterhin gehören nicht-sprachliche Kommunikationsformen wie Nicken, Kopfschütteln etc. – zumindest für viele Sprachtheorien – nicht zum unmittelbaren Untersuchungsgegenstand der Linguistik. Um eine erste Abgrenzung der menschlichen Sprache von den Tiersprachen zu erhalten, sollen in Übereinstimmung mit Fanselow/Felix ([3]1993) im Folgenden einige Unterschiede dargestellt werden.

Mitteilungsintention   Eine Besonderheit der menschlichen Kommunikation ist es, dass wir durch unsere Mitteilungen eine bestimmte Intention verfolgen. Es ist schwer vorstellbar, dass eine Amöbe mit einer automatisch hervorgerufenen chemischen Reaktion, welche die Paarungsbereitschaft signalisiert, eine Absicht verfolgt oder gar ein Vorhaben realisieren möchte. Ähnliches gilt auch für höhere Lebewesen: Fanselow/Felix ([3]1993: 239f.) betonen, dass man nur dann davon sprechen kann, dass Tiere kommunizieren, wenn man jedes beliebige Verhalten von Lebewesen als Kommunikation bezeichnet. Nicht das Verhalten selbst ist Kommunikation, sondern die dahinter stehende Intention, etwas mitteilen zu wollen, macht Kommunikation aus. Man stelle sich folgende Situation vor: Ein Schimpanse sitzt auf einem Baum, sieht, dass eine Gefahr droht, und brüllt. Will der Schimpanse durch seinen Warnruf etwas mitteilen oder handelt es sich um einen bloßen Angstschrei? Intuitiv würde man sagen, dass hier eine Mitteilungsintention vorliegt, denn durch den Warnruf wird das Handeln der anderen Schimpansen beeinflusst. Stellen wir uns nun eine andere Situation vor: Man läuft die Treppen zur U-Bahn hinunter und vor einem beginnen die Leute zu rennen. Als Reaktion darauf beschleunigt man selbst auch den Schritt – da man glaubt, die U-Bahn fahre ein. Möchten die rennenden Menschen uns mitteilen, dass die U-Bahn kommt? Eher ziehen wir selbst eine Schlussfolgerung aus ihrem Verhalten. Bei den Affen könnte es demnach ähnlich sein: Aus dem vom Nervenzentrum gesteuerten Angstschrei eines Schimpansen ziehen die anderen Schimpansen bestimmte Konsequenzen, in diesem Falle die Flucht. Selbst wenn Tiere eine Intention verfolgen, bleibt ungeklärt, ob sie diese auch bewusst mitteilen wollen.

Wir können durch Sprache nicht nur Aussagen über die Welt machen, sondern auch bestimmen, ob der Gegenstand der Kommunikation sich auf die Vergangenheit, die Gegenwart oder die Zukunft bezieht. Bei Tiersprachen geht man hingegen davon aus, dass der Anreiz (Stimulus) für die Kommunikation stets in der Gegenwart liegt. Daher sind Tiere wahrscheinlich nicht in der Lage, Bezug auf Vergangenheit oder Zukunft zu nehmen. Eine Biene wird durch ihren Schwänzeltanz nicht kommunizieren, dass morgen um halb zwölf ein Honigbrot auf dem Tisch liegen wird, da sie den Stimulus erst dann bekommen wird, wenn dies zutrifft. Genauso wenig wird sie kommunizieren können, dass vor drei Wochen ein Honigbrot auf dem Tisch lag, da der Anreiz hierfür längst vergangen ist. Ebenso wenig kann eine andere Biene stellvertretend den Schwänzeltanz ausführen. Der Mensch hingegen kann, losgelöst von einem externen Stimulus und ohne bei einem Ereignis anwesend gewesen zu sein, eine Aussage über Ereignisse, Zustände, etc. in der Welt machen.

Bezug auf die zeitliche Dimension

Ein weiteres sehr wichtiges Phänomen ist, dass wir laufend neue Sätze hören, verstehen und produzieren, die wir nie zuvor gehört oder produziert haben. Bei Tieren geht man hingegen davon aus, dass sie ein stark eingeschränktes Inventar für ihre ,Mitteilungen' haben. Mit anderen Worten: Tiersprachen kennen keinen Satzbau, wie er in menschlichen Sprachen zu finden ist, und ebenso wenig haben Tiere die Fähigkeit, solche Sätze zu bilden.

Kreativität und Satzbau

Metasprachliche Reflektion

Zu den weiteren typischen Eigenschaften menschlicher Sprache zählt, dass sie es ermöglicht, mittels Sprache (Metasprache) über Sprache (Objektsprache) zu sprechen. Die Sprache, der wir uns bedienen, um über Objekte der außersprachlichen Wirklichkeit zu sprechen, also der Normalfall in der Alltagskommunikation, wird Objektsprache genannt. Die Metasprache benutzen wir, um etwas über die Objektsprache zu sagen. Hingegen kann z.B. die Biene mit dem Schwänzeltanz nicht über den Schwänzeltanz „sprechen", kann demnach ihre Sprache nicht als Metasprache verwenden.

1.1.3 | Grammatik als mentale Sprachfähigkeit

Sie wissen vielleicht, dass es ca. 100 Millionen Muttersprachler des Deutschen gibt, oder, welcher Sprachfamilie das Deutsche angehört. Dieses Wissen über die deutsche Sprache macht uns jedoch nicht zu Muttersprachlern des Deutschen. Entscheidend ist vielmehr die Fähigkeit, intuitiv über gewisse Laut-, Wort- und Satzverbindungen unserer Sprache urteilen zu können. Wir können z.B. beurteilen, ob sie wohlgeformt (grammatisch) oder nicht wohlgeformt (agrammatisch), ob sie angemessen oder akzeptabel sind. Dieses Urteilsvermögen besitzt in der Regel jeder Muttersprachler, ganz gleich wie gebildet er ist, ob er schreiben/lesen kann, oder ob er jemals eine deutsche Grammatik in der Hand gehalten hat. Natürlich variiert das Urteilsvermögen von Sprecher zu Sprecher aus verschiedenen Gründen. So wird ein Berliner den Satz *Ick liebe Dir* möglicherweise als wohlgeformt akzeptieren, während ein Münchner, Hamburger etc. ihn zurückweisen würde. Da jeder Sprecher seine eigene Sprache besitzt, bedient sich die Sprachwissenschaft oft des Prinzips der Abstraktion. So geht z.B. der US-amerikanische Sprachwissenschaftler Noam Chomsky (1965: 13) von einem *idealen Sprecher/Hörer* aus, der in einer homogenen (= von gleicher Art und Herkunft) Sprachgemeinschaft lebt, seine Muttersprache fehlerlos und vollständig beherrscht, ein unbegrenztes Gedächtnis besitzt, frei von Zerstreutheit und Verwirrung und stets aufmerksam ist. Alle genannten störenden Faktoren erachtet Chomsky als irrelevant für die Grammatik.

> **Hinweis**
>
> Agrammatische Konstruktionen werden mit einem Asteriskus/Asterisk (* – gr. *asteriskos* ‚kleiner Stern') gekennzeichnet.

Da in der Regel nur Muttersprachler ein spontanes Urteilsvermögen hinsichtlich der Wohlgeformtheit sprachlicher Äußerungen besitzen, gehen wir im Folgenden oft von deutschen Beispielen aus. Diese ermöglichen es dem deutschsprachigen Leser, sich selbst zu testen. Beginnen wir mit der Betrachtung der lautlichen Seite von Sprache, die als ein Teil der Grammatik verstanden wird:

(1) a. Runzel (grammatisch)
b. Unzel (möglich)
c. *Nzel (agrammatisch/nicht möglich)

Die Lautverbindung in (1a) wird von Muttersprachlern als völlig grammatisch anerkannt. In einem gewissen Kontext könnte man bei (1b) denken, dass man dieses Wort nicht kennt, und eventuell in einem Wörterbuch nachschlagen. Dies legt nahe, dass wir die Lautkombination an sich als möglich empfinden, obwohl wir dem Wort keine Bedeutung zuschreiben können. Bei (1c) würde man hingegen gar nicht erst auf die Idee kommen, es in einem Wörterbuch nachzuschlagen, da man die betreffende Lautkombination nicht für möglich erachtet.

Ähnliche Beobachtungen kann man bei zusammengesetzten Wörtern machen:

(2) a. preisgekrönt, ruhmreich, (usuell/grammatisch)
mausetot, klitzeklein
b. ruhmgekrönt, mauseklein (potentiell möglich/grammatisch)
c. *klitzegekrönt, *klitzetot (nicht möglich)

Während die Beispiele in (2a) gebräuchlich (usuell) und auch in einem Wörterbuch zu finden sind, handelt es sich bei den Beispielen in (2b) zwar um mögliche Bildungen, die jedoch bislang nicht üblich sind, weshalb man sie auch nicht in einem Wörterbuch finden wird. Sie sind dennoch grammatisch und können etwa in poetischer Sprachverwendung vorkommen. Unter (2c) stehen hingegen Beispiele, die von einem Muttersprachler zurückgewiesen werden würden, da sie keinen Sinn ergeben.

Muttersprachler haben auch ein satzbezogenes Urteilsvermögen:

(3) a. Der Hund rennt den Katzen hinterher.
b. *Der Hund rennt die Katzen hinterher.

Kompetente Sprecher beurteilen den Satz (3a) als grammatisch, lehnen indes (3b) als agrammatisch ab. Die wenigsten Muttersprachler können allerdings ihr Urteil wirklich begründen. Diese Feststellung legt nahe, dass wir ein Wissen über Sprache haben, das unbewusst (implizit) ist. Ein zentrales Anliegen der Linguistik ist es, die Gründe für unsere spontanen Beurteilungen zu erforschen, d.h. unser unbewusstes Wissen über Sprache bewusst (explizit) zu machen.

Lexikon und Grammatik

Menschliche Sprachen verfügen über ein Inventar von bestimmten Einheiten. Nehmen wir zunächst an, dass die Wörter einer Sprache dieses Grundinventar bilden. Wörter sind Lautkombinationen, die eine Bedeutung haben. Es existieren weiterhin Regeln, die uns sagen, wie wir die Wörter aneinander reihen können. Die vorausgehenden Überlegungen führen zu der folgenden vorläufigen Definition von Sprache, dem Untersuchungsgegenstand der Linguistik: Menschliche Sprachen verfügen über ein Inventar bedeutungstragender Lautverbindungen, die in einem so genannten mentalen Lexikon gespeichert sind. Aus den Einheiten des Lexikons können wir durch das Anwenden bestimmter Regeln größere Strukturen bauen, z.B. Sätze. Dieses Regelsystem nennen wir Grammatik. Menschliche Sprachen bestehen also aus einem mentalen Lexikon und einer mentalen Grammatik.

Bei der Lektüre von Fachliteratur ist es stets notwendig, sich zu vergegenwärtigen, worauf sich der Begriff *Grammatik* bezieht, da dieser in der Linguistik mehrere Anwendungsbereiche hat.

Drei verschiedene Definitionen des Begriffs *Grammatik*

1. **Grammatik als mentale Sprachfähigkeit**: hiermit ist das sprachliche Wissen gemeint, das ein Muttersprachler über die spezifische Sprache besitzt.
2. **Grammatik als Sprachtheorie**: hiermit sind die unterschiedlichen theorieabhängigen Grammatikmodelle gemeint, mit denen versucht wird, die mentale Sprachfähigkeit darzustellen.
3. **Grammatik als Beschreibung von erzeugten sprachlichen Strukturen**: hiermit ist die systematische Beschreibung von Regelmäßigkeiten einer bestimmten Sprache gemeint, die in Form von (Lehr-)Büchern erfasst wird. Hier muss eine feinere Unterscheidung getroffen werden:
   - Grammatik als ein Lehrwerk, das Regeln und Anweisungen enthält und eine gewisse Norm durchsetzt. Solche Lehrwerke werden **präskriptive** (vorschreibende) Grammatiken (sp. *gramática normativa*) genannt und hauptsächlich für Unterrichtszwecke geschrieben (Schulgrammatiken).
   - Grammatik als eine Sammlung möglichst aller feststellbaren Regeln, die erklären, wie zu einem bestimmten Zeitpunkt gesprochen wird. Diese Grammatiken werden als **deskriptiv** (beschreibend; sp. *gramática descriptiva*) bezeichnet und sind häufig für sprachwissenschaftliche Zwecke bestimmt.

Wir haben bisher ganz selbstverständlich von dem Deutschen bzw. von dem Spanischen geredet und so getan, als gäbe es eine einheitliche deutsche bzw. spanische Sprache. Tatsächlich sind Sprachen aber keine einfachen Systeme, denn sie weisen meistens zahlreiche regionale, soziale und situationsbedingte Unterschiede auf. Coseriu nennt solche Unterschiede, die Gegenstand der Varietätenlinguistik sind (in Anlehnung an Flydal), *diasystematische Variationen*. Er untersucht drei Typen von Varietäten:

Diasystematische Variationen

- **Diatopische Varietäten** (gr. *dia* ‚durch‘, gr. *topos* ‚Ort, Stelle‘): So werden verschiedene regionale Varianten einer Sprache genannt, z.B. Dialekte. Die Dialektologie ist eine der Unterdisziplinen der Varietätenlinguistik.
- **Diastratische Varietäten** (gr. *dia* ‚durch‘, lat. *stratum* ‚Schicht‘; ‚sich über verschiedene Schichten erstreckend‘): Hierunter versteht man Sprachvarietäten, die von bestimmten sozialen Gruppen verwendet werden, z.B. Arbeitersprache, Jugendsprache, Gelehrtensprache etc. Mit ihnen beschäftigt sich die Soziolinguistik.
- **Diaphasische Varietäten** (gr. *dia* ‚durch‘, gr. *phasis* ‚Erscheinung, Anzeichen‘): Wie wir sprechen, hängt auch von der Situation ab, in der wir uns befinden. In der Familie oder unter Freunden sprechen wir anders als etwa in einer Prüfungssituation. Solche Varietäten werden auch als Register bezeichnet.

Darüber hinaus gibt es natürlich auch individuelle Unterschiede, jeder spricht auf seine ganz eigene Art und Weise. Diese so genannten *Idiolekte* werden etwa untersucht, wenn man sich mit der Sprache einzelner (literarischer) Autoren beschäftigt. Wir werden uns vorwiegend mit der Standardsprache beschäftigen und uns bemühen, von der Vielfalt der Varietäten zu abstrahieren. Es sei jedoch betont, dass selbst die Standardsprache trotz ihrer zentralen Stellung im Varietätengefüge nur eine von zahlreichen Varietäten ist.

1.2 | Sprache als Zeichensystem

Die Vielfalt der unterschiedlichen Fragestellungen bezüglich der
Sprache führt dazu, dass man innerhalb der Sprachwissenschaft verschiedene Gegenstände untersuchen kann: das Wesen von Sprache,
die Funktion von Sprache und die Struktur von Sprache. In diesem
Unterkapitel werden wir der Frage nach dem Wesen nachgehen. Anhand des folgenden Ausschnitts aus *Gullivers Reisen* von Jonathan
Swift (vgl. Pelz [5]2000: 17) wollen wir uns dieser Frage nähern.

> Das zweite Projekt war ein Plan zur völligen Abschaffung aller Wörter
> überhaupt, und man machte geltend, daß das außerordentlich gesund-
> heitsfördernd und zeitsparend wäre. [Da] Wörter nur Bezeichnungen für
> Dinge sind, sei es zweckdienlicher, wenn alle Menschen die Dinge bei sich
> führten, die zur Beschreibung der besonderen Angelegenheit, über die sie
> sich unterhalten wollen, notwendig seien. (*Gullivers Reisen*, Teil III: „Rei-
> se nach Laputa, Balnibarbi, Luggnagg, Glubbdubdrib und Japan", Fünftes
> Kapitel)

Das Bemerkenswerte an der im Text geschilderten Idee ist, dass hier
die Gegenstände selbst der Kommunikation dienen sollen. Man müsste in solch einem Kommunikationssystem mit einem kompletten
Umzugswagen umherlaufen, um z.B. folgenden Satz mitteilen zu
können: *Ich habe mir eine neue Wohnzimmereinrichtung gekauft.*
Wie könnten wir je von unseren Urlaubserlebnissen erzählen, wenn
wir hierfür die Gegenstände, z.B. die weißen Strände der Karibik, vorzeigen müssten? Welchen Gegenstand sollte man für Konzepte wie
Liebe, Mut, Hass vorzeigen? Wir benutzen stellvertretend hierfür
Wörter bzw. sprachliche Ausdrücke und können sowohl auf konkrete als auch auf abstrakte Dinge verweisen. Dieser Verweischa-
rakter ist eine ganz allgemeine Eigenschaft von *Zeichen*. Sprache ist
in diesem Sinne ein System von Zeichen. Während sich die Linguistik nur mit den sprachlichen Zeichen (sp. *signos lingüísticos*) beschäftigt, erforscht die Semiotik (die Wissenschaft von den Zeichen,
sp. *semiótica*) jede Art von Zeichen und Zeichensystemen (einschließlich der sprachlichen Zeichen); sprachliche Zeichen sind also
Gegenstand beider Wissenschaften.

1.2.1 | Zeichentypen

Wir haben soeben erwähnt, dass Zeichen nicht für sich selbst stehen,
sondern stets für etwas anderes (*aliquid stat pro aliquo*, ‚etwas steht
für etwas‘). Es besteht eine Relation zwischen einem Zeichen und dem,

worauf es verweist, die unterschiedlicher Natur sein kann. Betrachten
Sie zunächst unten stehende Verkehrszeichen (vgl. Pelz [5]2000: 41f.):

Abb. 1

Beim Umleitungsschild stehen das Schild und das, worauf es uns   Index
hinweist, in unmittelbarer Beziehung zueinander (Kontiguität). So
zeigt das Umleitungsschild ‚jetzt bzw. an dieser Stelle geht es hier
entlang' (vgl. Pörings/Schmitz 1999: 2, 5) an. Solche Zeichentypen
nennt man mit Peirce (1931) Index oder indexikalische Zeichen. Man
findet sie auch in der Sprache: Die Bedeutung der so genannten deik-
tischen Ausdrücke (auch: Zeigewörter) kann nur durch den Bezug
auf die Sprechsituation (‚im Hier und Jetzt'), in der sie geäußert werden, gewonnen werden. Sie verweisen z.B. auf die in der Kommunikation beteiligten Personen (z.B. *ich*), auf den Sprechort (z.B. *hier*),
auf die Sprechzeit (z.B. *jetzt*) oder auf Objekte im Wahrnehmungs-
raum (z.B. *dieser*).

Beim Fußgängerüberweg-Schild besteht eine Ähnlichkeit zwi-   Ikon
schen der auf dem Schild abgebildeten Situation und der beabsich-
tigten Vorschrift ‚Vorsicht, Fußgänger haben beim Kreuzen der
Straße Vortritt'. Zu solchen abbildenden Zeichen (Ikons) zählt man
weiterhin Zeichnungen, Graphiken, Piktogramme, Bilderschriften
etc., die Eigenschaften des realen Objekts oder Sachverhalts abbild-
haft imitieren. Den ikonischen sprachlichen Zeichen gehören u.a.
die lautmalerischen Wörter (Onomatopoetika) an: So bildet z.B. *kikeriki* die Ähnlichkeit zum tatsächlichen Hahnschrei lautlich ab.

Beim Vorfahrtsschild stehen das Schild und das Gemeinte we-   Symbol
der in unmittelbarer Beziehung zueinander (kein Index) noch besteht eine Ähnlichkeit zwischen ihnen (kein Ikon). Während man
also bei den ersten beiden Verkehrsschildern das Gemeinte aus
dem Zeichen ableiten könnte, ist dies beim Vorfahrtsschild nicht
möglich. Die Verbindung des Verkehrsschilds mit dem Sachverhalt
‚Vorfahrtsstraße' ist allein durch Konvention (Übereinkunft) festgelegt. Es liegt nach Peirce ein so genanntes symbolisches Zeichen
vor. Die meisten sprachlichen Ausdrücke verfolgen das symbolische Prinzip: Nichts in der Lautkette /siʎa/ (sp. *silla*) sieht z.B. aus

Hinweis

Nicht nur Menschen, sondern auch Tiere benutzen Zeichen (meist nur indexikalische Zeichen) für ihre Kommunikation. Die menschliche Sprache ist allerdings ein Zeichensystem, in dem alle drei Zeichentypen (Index, Ikon und Symbol) vorkommen. Für eine ausführlichere Diskussion der drei Zeichentypen siehe Pörings/Schmitz (1999: 1ff.).

wie ein Stuhl oder hat die Funktion eines Stuhls. Die Zuordnung zwischen dem Wort *silla* und den tatsächlichen Stühlen ist also im systematischen Sinne arbiträr (willkürlich).

Die so genannte Arbitrarität des sprachlichen Zeichens hängt damit zusammen, dass dem Einzellaut keine wiederkehrende Bedeutungskomponente zugeordnet werden kann. Geht man z.B. davon aus, dass sp. *silla* aus den Lauten besteht, die wir in der Schreibung als *s*, *i*, *ll* und *a* wiedergeben, so kann man nicht behaupten, dass die einzelnen Laute etwas Spezifisches zur Gesamtbedeutung ‚Stuhl' beitragen würden. Der Laut [s] steht z.B. nicht für die Stuhlbeine oder Ähnliches. Einzellaute an sich haben also keine Bedeutung.

Motiviertheit vs. Arbitrarität

Ist das Onomatopoetikon *peng* in einem Satz wie „Als dann die Polizei kam, fing der Räuber an, wild um sich zu schießen: Peng, peng ..." motiviert oder arbiträr? *Peng* scheint auf den ersten Blick motiviert zu sein. Aber selbst Onomatopoetika sind in einem gewissen Sinne arbiträr. In dem obigen Beispielsatz wäre auch *puff*, *bang* etc. möglich. Der tatsächliche Laut, der beim Abfeuern einer Waffe entsteht, wird nur näherungsweise nachgeahmt und ist außerdem oft konventionell festgelegt. Zur Illustration mögen die folgenden „Nachahmungen" des Hahnenschreis in verschiedenen europäischen Sprachen dienen: sp. *quiquiriquí*, dt. *kikeriki*, frz. *cocorico* und engl. *cock-a-doodle-doo*.

Konvention

Sprachliche Zeichen sind also streng genommen stets durch Konvention festgelegt, ganz gleich durch welches Prinzip (indexikalisch, ikonisch oder symbolisch) sie auf das Gemeinte verweisen. Nichtsprachliche Zeichen hingegen können konventionell sein. So hätte man z.B. das Zebrastreifenschild auch als Verbot zu Fuß zu gehen interpretieren können, wenn man es nicht anders erlernt hätte. Ein rasender Puls als Index für Fieber ist selbstverständlich nicht konventionell festgelegt.

1.2.2 | Sprachliche Zeichen und Zeichenmodelle

Das Saussure'sche Zeichenmodell

Ein sprachliches Zeichen besteht nach Ferdinand de Saussure aus zwei Seiten, die sich gegenseitig hervorrufen. Die Ausdrucksseite (frz. *sig-*

nifiant, sp. *significante*) ist <u>nicht</u> die konkrete Lautkette, sondern ein Lautbild (frz. *image acoustique*, sp. *imagen acústica*). Es handelt sich um eine abstrakte Vorstellung der Lautkette, die im Kopf des Sprechers gespeichert ist. Die Inhaltsseite (frz. *signifié*, auch: frz. *concept*, sp. *significado*) ist demgegenüber die Vorstellung des bezeichneten Lebewesens, Gegenstands oder Sachverhalts. Denkt man z.B. an die Lautfolge /siʎa/ (sp. *silla*), stellt sich sogleich die Vorstellung eines solchen Möbelstücks ein. Der Gedanke wird automatisch mit dem Lautbild identifiziert. Dieses gegenseitige Hervorrufen wird *reziproke Evokation* genannt (in nachstehender Abbildung durch Pfeile symbolisiert).

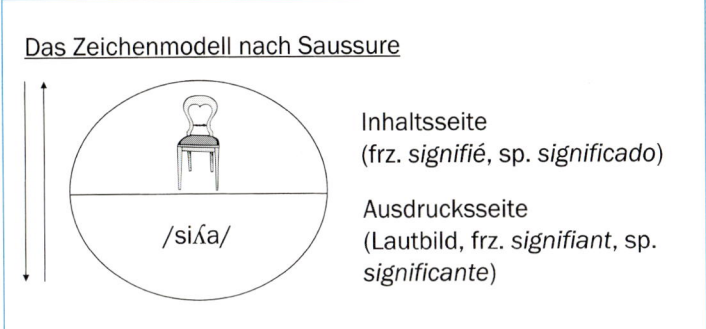

Das Zeichenmodell nach Saussure

Inhaltsseite
(frz. *signifié*, sp. *significado*)

Ausdrucksseite
(Lautbild, frz. *signifiant*, sp. *significante*)

/siʎa/

Abb. 2

Da weder das Objekt vor uns stehen noch die Lautkette wirklich ausgesprochen werden muss, handelt es sich um ein abstraktes (psychisches) Modell. Der *signifiant* existiert auch, ohne dass er artikuliert wird; entsprechend ist das *signifié* nicht der Gegenstand selbst, d.h. nicht ein real existierender Stuhl, sondern die Vorstellung von dem, was ein Stuhl ist (eine Abstraktion aus allen real existierenden oder möglichen Stühlen). Die von Saussure beobachtete Verweisrelation vollzieht sich daher im Geist bzw. Bewusstsein des Sprachbenutzers einer Sprachgemeinschaft. Die Zusammengehörigkeit zwischen einer Ausdrucks- und einer Inhaltsseite wird als fester Zustand dargestellt. Zwischen *signifié* und *signifiant* herrscht folglich eine rein statische Beziehung. Die außersprachliche Wirklichkeit (z.B. der Stuhl, der direkt vor einem steht und ein bestimmtes Aussehen hat) und der konkrete Gebrauch des sprachlichen Zeichens (durch den Sprecher) werden hierbei nicht erfasst. Weder die Beziehung zwischen dem sprachlichen Zeichen und der Welt noch die Beziehung zwischen dem sprachlichen Zeichen und dem Sprachbenutzer werden berücksichtigt (vgl. Wesch 2001: 36).

Das semiotische Dreieck von Ogden und Richards (1923) berücksichtigt hingegen diese Aspekte. Hierbei handelt es sich nicht um eine Revision des Saussure'schen Zeichenmodells, Ogden und Richards verfolgen lediglich eine andere Zielsetzung. Sie betonen, dass sich die Bedeutung eines sprachlichen Zeichens nur erfassen lässt, wenn man mit einbezieht, dass es benutzt wird, um damit auf einen Gegenstand der außersprachlichen Wirklichkeit zu verweisen. Ihr semiotisches Dreieck enthält folglich die Komponente des Referenten, d.h. das real existierende Objekt selbst, auf das mit dem Zeichen verwiesen werden soll (vgl. Blank 2001: 8):

Abb.3

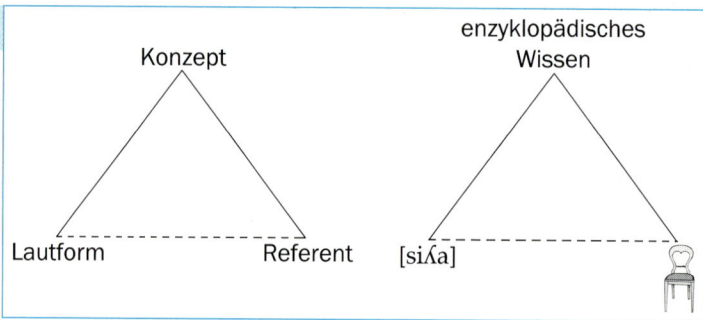

Ein Unterschied zwischen diesem semiotischen Dreieck und dem Saussure'schen Zeichenmodell ist offensichtlich: das Saussure'sche Modell ist zweiseitig (dyadisch), dieses ist dreiseitig (triadisch). Ein weiterer fundamentaler Unterschied besteht darin, dass das Dreiecksmodell ein dynamisches Modell ist, d.h. es muss anders ,gelesen' werden. Während Saussure das sprachliche Zeichen als Zustand darstellt, d.h. als kollektive geistige Vorstellung einer Sprachgemeinschaft, geht es beim semiotischen Dreieck um den Vorgang (Prozess) bei der Benutzung des sprachlichen Zeichens. Die gestrichelte Linie zwischen Lautform und Referent verdeutlicht, dass es keine direkte Verbindung zwischen ihnen gibt. Es ist der Mensch, der durch den Prozess der Bezugnahme die Verbindung herstellt. In diesem Sinne ist das dreiseitige Zeichenmodell also dynamisch, nicht statisch (vgl. Wesch 2001: 38). Bei Ogden und Richards sind die Lautform und der Referent jeweils konkrete individuelle Einheiten. Stellen wir uns folgende Situationen vor:

(4)　a. Ein Kind steht vor einem Aquarium und sagt: „Oh, ist das ein schöner Fisch."
　　　b. Dasselbe Kind geht zwei Tage später auf den Markt und sagt mit heiserer Stimme: „Schau, an diesem Stand wird Fisch verkauft."

In beiden Situationen haben wir sowohl zwei verschiedene Referenten (in (4a) der schwimmende Fisch im Aquarium, in (4b) der tote
Fisch auf dem Eis) als auch zwei verschiedene Lautformen (in (4a)
„Fisch" ‚normal' artikuliert, in (4b) mit heiserer Stimme). Die Verbindung zwischen Referent und Lautform ergibt sich nur indirekt
aus der Verbindung eines Referenten mit einem Konzept und aus
der Verbindung einer Lautform mit demselben Konzept, d.h., sie
wird durch den Sprachbenutzer hergestellt.

Sowohl das Modell von Saussure als auch das von Ogden und
Richards weisen Schwachstellen auf: Bei Saussure wird der konkret-
individuelle Referent nicht berücksichtigt, bei Ogden und Richards
fehlt die abstrakte Vorstellung der Lautkette, über die alle Sprecher
einer Sprachgemeinschaft verfügen.

Raible hat 1983 ein Modell vorgeschlagen, das mehr oder weniger einer Verschmelzung der eben beschriebenen Modelle gleichkommt. Das Resultat, hier etwas modifiziert, kann folgendermaßen
dargestellt werden (vgl. Blank 2001: 9):

Das komplexe semiotische Modell

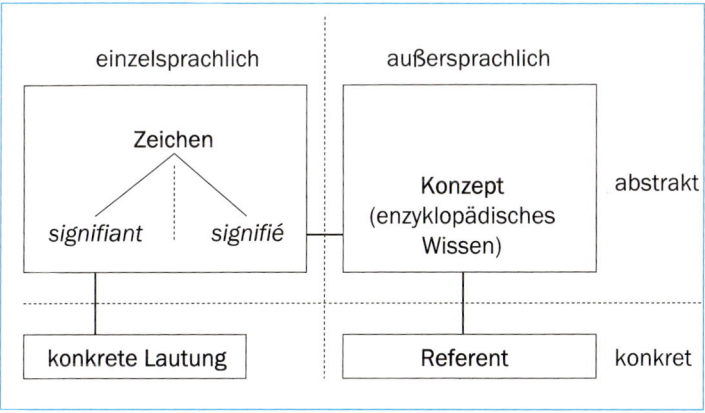

Abb. 4

Dieses Modell besteht aus vier verschiedenen Feldern: Das einzelsprachliche abstrakte Feld erfasst das Saussure'sche Zeichenmodell,
das außersprachliche abstrakte Feld verzeichnet all das zusätzliche
Wissen über einen Gegenstand, das man im Laufe der Zeit erworben
hat (z.B. dass man Fische auf dem Markt in Zeitungspapier einwickelt),
das einzelsprachliche konkrete Feld hält die konkrete, messbare Lautung fest, d.h. die tatsächliche Artikulation (die Lautform im Sinne von
Ogden und Richards), das außersprachliche konkrete Feld erfasst den
Referenten aus dem semiotischen Dreieck von Ogden und Richards.

1.2.3 | **Sprachbenutzer und Funktionen von Sprache**

Sprache dient in erster Linie der Kommunikation. Ein sprachlicher Kommunikationsakt ist eine komplexe Handlung, in der verschiedene Funktionen zum Ausdruck kommen können. Das von Roman Jakobson (1960) entwickelte Kommunikationsmodell beschreibt zum einen, wie der Sprachbenutzer bzw. Zeichenbenutzer Sprache in Kommunikation einsetzt, zum anderen werden die hieraus resultierenden Funktionen von Sprache im Sprachgebrauch beschrieben (vgl. Literaturwissenschaftlicher Teil, Unterkapitel 1.1, Abb. 1).

Im Normalfall sind bei einem Kommunikationsakt mindestens zwei Personen beteiligt: ein Sprecher (Sender) und ein Hörer (Empfänger). Der Sprecher übermittelt eine Nachricht (auch: Botschaft), die sich auf einen außersprachlichen Gegenstand, Sachverhalt etc. bezieht. Die Nachricht kann vom Hörer nur dann verstanden werden, wenn er dieselbe Sprache (denselben Code) wie der Sprecher beherrscht. Bei gesprochener Sprache wird die Nachricht in Form von Schallwellen weitergeleitet, folglich ist hier die Luft das Kontaktmedium (auch: Kanal). Anhand dieser sechs an sprachlichen Kommunikationsakten beteiligten Faktoren macht Jakobson die verschiedenen Funktionen der Sprache im Sprachgebrauch fest. Je nachdem, welchen Aspekt der Sprachbenutzer betont, ergeben sich entsprechend die folgenden sechs Funktionen von Sprache:

Funktionen der Sprache

- **Referentielle/denotative Funktion**: Hiermit ist gemeint, dass man mittels Sprache Bezug auf die außersprachliche Wirklichkeit nehmen kann; Sprache referiert auf einen Gegenstand bzw. Sachverhalt (z.B. *Está lloviendo*).
- **Expressive/emotive Funktion**: Der Sprecher/Sender kann mit einer Sprachäußerung seine innere Haltung oder Stimmung gegenüber dem Gegenstand zum Ausdruck bringen (z.B. ¡*Pero qué tonto eres!*).
- **Konative/appellative Funktion**: Der Sender kann Sprache auch nutzen, um Einfluss auf den Empfänger zu nehmen bzw. um einen Appell an den Empfänger zu richten (z.B. ¡*Ven aquí!*).
- **Phatische Funktion**: Manchmal geht es beim Sprechen auch einfach nur darum, die Kommunikation herzustellen bzw. auf-

rechtzuerhalten (z.B. *Sí, sí. Mmmmh …*). Der Kontakt zwischen Sender und Empfänger bildet also den Schwerpunkt der Kommunikation. Mit anderen Worten: Der Sender redet z.B., um eine peinliche Stille zu überbrücken, um zu zeigen, dass er der Kommunikation folgt etc.

- **Metasprachliche Funktion**: In manchen Fällen richtet sich das Augenmerk der Kommunikation auf die Sprache selbst, auf den Code. Im Unterkapitel 1.1.2 haben wir bereits die Unterscheidung zwischen Meta- und Objektsprache kennen gelernt. Die Objektsprache bezieht sich auf nicht-sprachliche Sachverhalte, Metasprache dient dazu, Aussagen über Sprache zu machen. Die Übergänge zwischen diesen zwei Sprachebenen sind im alltäglichen Sprachgebrauch fließend. So sprechen wir häufig über das Sprechen bzw. über Sprache, beispielsweise bei Nachfragen (z.B. Was bedeutet denn *Kontrahage?*) oder auch bei Paraphrasen (z.B. *Kontrahage* bedeutet ,jemanden zum Zweikampf fordern'). Da man in der Sprachwissenschaft über Sprache redet, ist es für sie charakteristisch, dass ihre Sprache fast immer metasprachliche Funktion aufweist.

- **Poetische/ästhetische Funktion**: (vgl. Literaturwissenschaftlicher Teil, Unterkapitel 1.1 und 4.1) Manchmal steht die Nachricht selbst im Mittelpunkt, d.h. Sprache konzentriert sich auf die Form und den Inhalt der Mitteilung. Die Konzentration auf die sprachliche Gestaltung der Nachricht ist nicht etwa auf die Sprache der Dichtung beschränkt, sondern auch in der Alltagssprache wirksam. So verwenden wir etwa Redewendungen wie *weit und breit* (Reim) und *durch dick und dünn* (Alliteration). Auch in der Werbung wird oftmals der Schwerpunkt auf die Nachricht gelegt, um eine stärkere Wirksamkeit zu erreichen.

Die genannten sechs Funktionen können zum Teil gleichzeitig wirken, sie schließen einander nicht aus. Es müssen aber auch nicht immer alle Funktionen realisiert werden. In aller Regel dominieren eine oder zwei Funktionen.

1.3 | Allgemeine Grundlagen

1.3.1 | Grundlegende linguistische Begriffe

Bis zum 19. Jahrhundert war die sprachwissenschaftliche Disziplin hauptsächlich präskriptiv (vorschreibend). Die traditionellen Grammatiken beschäftigten sich vorwiegend mit der „korrekten Sprache". So gab es Sprachen, denen ein höheres Ansehen entgegengebracht wurde, und andere, die als „degeneriert" galten. Die geschriebene Sprache stand im Vordergrund, die gesprochene Sprache mit ihren „Fehlern" und „Ungenauigkeiten" galt als minderwertig. Entsprechend wurden alle Sprachen, die bis dahin nicht verschriftlicht waren, herabgewürdigt. Die damaligen Grammatiker konzentrierten ihre Studien auf die Werke der klassischen Literatur. Weiterhin waren sie der Ansicht, dass die Sprache in einer unbestimmten vergangenen Zeit ihre Blüte gehabt habe, es eine so genannte „Ursprache" gegeben habe, deren unvollkommene und sich tendenziell immer mehr verschlechternde Abkömmlinge die aktuellen Sprachen seien. Bereits in den 70er-Jahren des 19. Jahrhunderts ist man von dieser Anschauung teilweise abgekommen:

> Für die junggrammatische Schule ist ‚die Ursprache' eine Fiktion. Die Bewertung der ältesten Sprachzustände als Blütezeit und die Abwertung der neueren Perioden als Ausdruck des Verfalls [...] ist für sie ein Trugschluß. Wie die Sprachen leben und sich entwickeln, kann man nur an der durch Sprachdenkmäler belegten Sprachgeschichte erforschen, besser noch an der Gegenwartssprache und an den Dialekten. (Bartschat 1996: 19)

Die Sprachauffassung der Junggrammatiker war nicht wertend, orientierte sich aber weiterhin in historisch-vergleichender Weise am schriftlich fixierten Text. Doch auch die junggrammatische Richtung war nicht frei von Kritik, die teilweise innerhalb dieser Schule selbst entstanden ist. So gab z.B. Ferdinand de Saussure seine ursprünglich junggrammatischen Ansichten weitgehend auf (vgl. Bartschat 1996: 30). Er bereitete mit einem synchronen Blick (d.h. Betrachtung der Sprache zu einem gegebenen Zeitpunkt und nicht in ihrem historischen Verlauf) und der Betrachtung der gesprochenen Sprache den Weg für die moderne Linguistik. Einige seiner grundlegenden Gedanken sollen im Folgenden vorgestellt werden.

Synchronie vs.
Diachronie
Die in Unterkapitel 1.3.2 genannten Teildisziplinen der Linguistik können prinzipiell unter zwei grundsätzlich verschiedenen Gesichts-

punkten betrachtet werden. Unter diachronem *(diachron* = ‚durch die Zeit') Blickwinkel untersucht man die Entwicklung einer Sprache über eine größere Zeitspanne, z.B. vom Vulgärlatein bis zum modernen Spanisch. Die synchrone Sprachwissenschaft *(synchron* = ‚mit der Zeit', ‚gleichzeitig') untersucht einen Sprachzustand zu einem gegebenen Zeitpunkt. Dieser Zeitpunkt kann in der Gegenwart liegen, aber auch in der Vergangenheit. Sprache kann also zu einem bestimmten Zeitpunkt beschrieben werden, d.h. als statisches System, aber auch als Produkt einer Entwicklung, eines Verlaufs.

Die Begriffe *diachron* und *historisch* sind nicht synonym, obwohl sie oftmals zusammenfallen. Es ist beispielsweise denkbar, eine diachrone Untersuchung der Entwicklung des Spanischen von den 80er-Jahren bis in die 90er durchzuführen, ohne dass man dabei wirklich historische Sprachwissenschaft betriebe. Umgekehrt kann man das Spanische des 16. Jahrhunderts synchron als eine Sprachstufe betrachten. Die Unterscheidung zwischen Diachronie und Synchronie hat sich in der Linguistik als wesentlich durchgesetzt. Dabei ist zu beachten, dass die moderne Linguistik in der Regel synchron ausgerichtet ist, und zwar meistens mit Blick auf den jeweils aktuellen Sprachzustand (diachrone Aspekte können hierbei nie ganz ausgeklammert werden).

Der synchronen Linguistik stehen für ihre Analysen nicht nur schriftliche, sondern auch mündliche Sprachzeugnisse zur Verfügung. Da nun gesprochene und geschriebene Sprache grundsätzlich verschiedene Sprachsysteme sind, ist es wichtig, sie unabhängig voneinander untersuchen zu können. So weisen z.B. die Wörter *Biene, zieht, Fibel* und *ihn* lautlich jeweils ein langes *i* auf, graphisch wird dieser Laut jedoch auf vier verschiedene Weisen dargestellt: *ie* , *ieh-*, *-i-* und *ih-*.

Nach Saussure ist die gesprochene Sprache gegenüber der geschriebenen primär: Ein stichhaltiges Argument für den Vorrang der gesprochenen Sprache ist der Spracherwerb. Das Sprechen wird in der Regel vor dem Schreiben erlernt. Weiterhin werden Schriftsysteme erst nach dem Sprechen entwickelt, und die meisten Sprachen sind bisweilen gar nicht verschriftlicht. Saussure bezeichnet daher die gesprochene Sprache als *système primaire* (‚primäres Sprachsystem', sp. *sistema primario*) und macht sie, wie bereits gesagt, zur Grundlage der sprachlichen Beschreibung. Alle anderen Erscheinungsformen von Sprache, d.h. alles, was nicht lautsprachlich ist, bezeichnet er als *systèmes substitutifs* (‚Ersatzsysteme', sp. *sistemas substitutivos*).

Primat der gesprochenen Sprache

Die Dichotomie *langue/parole*

Kehren wir noch einmal zum Begriff *Sprache* zurück und werfen einen Blick auf die möglichen Verwendungsweisen des deutschen Verbs *sprechen* und des spanischen Verbs *hablar:*

(5) a. Maria spricht Spanisch.
    b. María habla español.
    c. María está hablando español.

Die Äußerung (5a) ist mehrdeutig: Zum einen kann sie bedeuten, dass Maria (gerade) etwas auf Spanisch sagt, zum anderen, dass Maria die spanische Sprache beherrscht. Im ersten Fall handelt es sich um eine individuelle Äußerung, während im zweiten Fall Sprache als menschliches Kommunikationssystem gemeint ist. Das Spanische macht diesen Unterschied explizit kenntlich: (5b) wird in der Regel als ‚beherrscht die spanische Sprache‘ interpretiert, während (5c) ‚spricht gerade Spanisch‘ bedeutet. An diesen Unterschied hat die moderne Sprachwissenschaft die folgenden Überlegungen geknüpft: Das menschliche Sprechen ist einerseits individuell und äußert sich in jedem einzelnen sprachlichen Akt, andererseits ist es ein soziales Faktum, denn es muss ja, jenseits der konkreten einzelnen sprachlichen Akte, eine gemeinsame Sprache, also einen Code geben. Saussure hat diese beiden Aspekte von Sprache terminologisch getrennt, und zwar mit Hilfe der Dichotomie *langue/parole* (sp. *lengua/habla*). Bezogen auf die Beispiele in (5) hebt die Interpretation ‚spricht gerade auf Spanisch‘ auf Sprache als *parole*-Phänomen ab, während ‚beherrscht die spanische Sprache‘ als ein *langue*-Phänomen zu verstehen ist.

Hinweis

Unter Dichotomien sind Zweiteilungen zu verstehen, d.h. Begriffspaare, die inhaltlich gegensätzlich sind.

Die *langue* (‚Sprachsystem‘) ist also der gemeinsame Code, den alle Angehörigen einer Sprachgemeinschaft kennen, der sich durch konventionelle Festlegung und einer daraus resultierenden Gewohnheit der Verwendung ‚eingebürgert‘ hat. Folglich ist die *langue* ein abstraktes und soziales Faktum (vgl. das komplexe semiotische Modell im Unterkapitel 1.2.2). Die Sprecher einer Sprachgemeinschaft hingegen produzieren in konkreten Situationen sprachliche Äußerungen, die niemals genau identisch sind (die Stimme eines jeden Sprechers ist unterschiedlich etc.). Aber auch die Äußerungen eines einzelnen Sprechers sind jeweils unterschiedlich: der Sprecher kann heiser sein, mit vollem Mund reden etc. Dies sind Faktoren, die dazu führen, dass die konkrete Äußerung eines *signifiant* nie identisch sein kann. Dennoch versteht man die nicht identischen Äußerungen, weil man von der jeweiligen konkreten Lautform abstrahiert und sie auf einen abstrakten gemeinsamen Zeichenvorrat und auf ein gemeinsames Regelsystem zurückführt. Hierdurch können sie dann richtig verstanden werden. Die konkreten Äußerungen (konkrete Lautung) fasst Saussure unter dem Begriff *parole* (Sprachverwendung) zusammen.

Die menschliche Sprach- und Sprechfähigkeit im Allgemeinen wird von Saussure *langage* (sp. *lenguaje*) genannt. Hierbei handelt es sich nicht um die Kenntnis einer bestimmten Sprache (z.B. Spanisch, Deutsch), sondern um die menschliche Fähigkeit, jede beliebige Sprache erwerben zu können. Aufgrund der Mehrdeutigkeit des Sprachbegriffs ist es in der deutschsprachigen Linguistik üblich, die französische Terminologie (*langue*, *parole* und *langage*) beizubehalten. *langage*

Die Vorstellung der Sprache als System ist eine zentrale Annahme des von Saussure begründeten Strukturalismus (die Bezeichnung *Strukturalismus* geht auf diesen Strukturbegriff zurück). Stellen Sie sich zum leichteren Verständnis z. B. einen U-Bahn-Plan vor. Dort sind die Namen der Stationen, die Verbindung zwischen den Stationen, die einzelnen Linien der verschiedenen Stationen etc. dargestellt. Wie die Bahnhöfe tatsächlich aussehen, wie weit sie wirklich voneinander entfernt sind etc. wird hingegen nicht ersichtlich. Der Plan zeigt also ,nur' die Struktur des U-Bahn-Netzes, nicht das Netz selbst. Es werden lediglich die Informationen abgebildet, die für den Fahrgast relevant sind. Eine solche Struktur, wie sie eben beschrieben wurde, findet man auch in Sprache. Nehmen wir an, dass die tatsächlich existierenden Bahnhöfe, Gleise etc. die *parole*-Äußerungen sind und der U-Bahn-Plan die *langue* darstellt. Die Aufgabe der Sprachwissenschaft besteht darin, aus der Beschreibung der *parole*-Äußerungen die *langue* zu rekonstruieren, d.h. vom Konkreten muss abstrahiert werden, um zu einem System zu gelangen, wie es auch bei der Erstellung eines U-Bahn-Plans geschieht. Die *langue* wird insofern als System angesehen, da sie nicht einfach aus einer zufälligen Ansammlung aller bisher getätigten *parole*-Äußerungen besteht, sondern ein geschlossenes, geordnetes Ganzes ist. Alle Teile stehen in Relation zueinander und zum Ganzen, d.h. sie sind zu einer Struktur verknüpft und haben dabei bestimmte Funktionen inne (vgl. Ulrich 1972: 117; siehe auch Pelz [5]2000: 60). System und Struktur

Distinktive und
redundante Merkmale

Die Informationen, welche die Struktur ausmachen, nennt man in der Sprachwissenschaft *relevante/distinktive* Merkmale. Mit anderen Worten: Ein Merkmal ist relevant, wenn es Elemente des Systems voneinander scheidet, also distinktiv (unterscheidend) ist. Die relevanten Merkmale der Elemente der Sprache, die nur durch den Vergleich der Elemente untereinander ermittelt werden können, machen ihre Struktur aus und nicht die Elemente selbst. Merkmale, die für die Struktur nicht relevant sind, heißen *redundante* Merkmale.

valeur

Die einzelnen Elemente des Systems haben unabhängig von den zwischen ihnen herrschenden Beziehungen keine Bedeutung. So macht auf dem U-Bahn-Plan ein blauer Strich für sich genommen keinen Sinn, erst wenn dieser mit anderen Strichen und Kästchen etc. verbunden wird, erkennen wir das U-Bahn-Netz. Die einzelnen Elemente müssen also miteinander verflochten sein, damit die Bedeutung oder die Funktion des Elements bestimmt werden kann. Jedes Element (Zeichen) hat einen Wert (frz. *valeur*, sp. *valor*), also einen Stellenwert im System, und daraus leiten wir seine Bedeutung und Funktion ab. Saussure (dt. Übersetzung [3]1967: 131f.) veranschaulicht dies anhand der Figuren des Schachspiels. Auch beim Schachspiel sind nicht die einzelnen Figuren (König, Dame, Läufer), sondern die Beziehungen zwischen den Figuren ausschlaggebend. Für sich allein genommen hat die Spielfigur ‚König' keinerlei Funktion, erst im Zusammenhang mit den anderen Schachfiguren und mit dem Spielbrett hat der ‚König' einen Wert. Die Beschaffenheit der Schachfiguren (Material, Größe, Konturen etc.) ist insofern unerheblich, als dass man einen anderen Gegenstand für eine Spielfigur einsetzen kann, wobei dieser Gegenstand dann markiert (‚entspricht nicht dem Normalfall') ist. Streng genommen ist die Größe und die Kontur der Schachfiguren nicht ganz willkürlich; so hängt z.B. die Größe des ‚Königs' mit dessen Relevanz für das Spiel zusammen. Nichtsdestotrotz, tauscht man den ‚König' z.B. durch einen Fingerhut aus, bleibt die Funktion des ‚Königs' erhalten. Wichtig ist, dass die Funktion einer jeden Figur in Opposition zu der Funktion anderer Figuren steht. Ganz ähnlich definieren sich auch sprachliche Zeichen durch die Abgrenzung zu „verwandten" sprachlichen Zeichen. Dabei kann es in verschiedenen Sprachen durchaus zu unterschiedlichen Abgrenzungen kommen (Probleme beim Erlernen von Fremdsprachen hängen zu einem nicht unerheblichen Teil mit solchen Strukturunterschieden zusammen). Während z.B. im Deutschen *Fisch* sowohl das Tier als auch das Fleisch (zum Verzehr) bezeichnet, gibt es im Spanischen zwei unterschiedliche Zeichen, *pez* und *pescado*. Folglich hat *pez* eine andere *valeur* als *pescado*, aber auch eine andere *valeur* als *Fisch*.

Die Elemente der Sprache können auf allen Ebenen (also Laute, Wörter etc.) in zwei verschiedenen Arten zueinander in Beziehung treten. Die erste Beziehung lässt sich aus dem linearen Charakter der Sprache ableiten, d.h. aus der Tatsache, dass die Elemente der Sprache in einer Äußerung zeitlich nacheinander auftreten. Sie wird syntagmatisch genannt; in der Äußerung *María come una manzana* steht *María* in syntagmatischer Beziehung zu *come*, *come* zu *María* und zu *una* etc. Mit anderen Worten: *María* steht vor *come* und nicht dahinter, *come* steht nach *María*, aber vor *una* etc. Man untersucht, in welcher Umgebung, d.h. zusammen mit welchen anderen Elementen sprachliche Zeichen vorkommen können. Die syntagmatische Relation ist auf den ersten Blick stark *parole*-bezogen, weil sie in konkret produzierten (gesprochenen oder geschriebenen) Texten deutlich wird. Selbstverständlich ist die lineare Abfolge aber auch *langue*-abhängig, da sie sich aus dem Regelsystem (Grammatik) der betreffenden Sprache herleitet. Auf der anderen Seite stehen die obigen Elemente im Sprachsystem in einer Oppositionsbeziehung zu anderen Elementen mit ähnlicher Funktion. Elemente wie z.B. *María* und *Pablo* (Bezeichnungen für Lebewesen), *pela* und *come* (Verben, die mit Lebensmittelbezeichnungen kompatibel sind), *una*, *un* und *la* (Artikel), die in einer solchen Oppositionsbeziehung stehen, sind gegeneinander austauschbar, d.h. sie können in einer Äußerung an derselben Stelle stehen. Diese Beziehung nennt man paradigmatisch:

> Syntagmatik und
> Paradigmatik

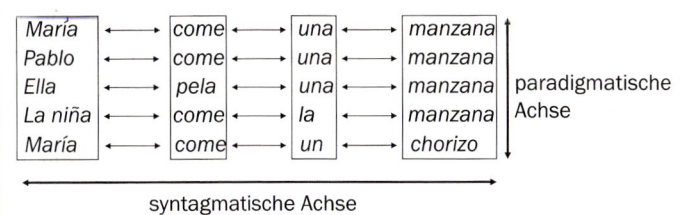

Abb. 5

Paradigmatische Beziehungen bestehen <u>nicht</u> auf der Ebene der konkreten Äußerung, also der *parole*, sondern sind potentiell im Sprachsystem vorhanden, d.h. sie sind auf der Ebene der *langue* verankert.

Kompetenz und
Performanz

In der strukturalistischen Linguistik Saussure'scher Prägung, in der die bisher eingeführten Dichotomien formuliert wurden, betrachtet man Sprache als ein System, das ein konventionelles und gesellschaftliches (soziales) Phänomen ist. Durch das Beschreiben der *parole*-Äußerungen kann das zugrunde liegende *langue*-System untersucht werden. Der Begründer der Generativen Grammatik, Noam Chomsky, fordert hingegen, dass die sprachliche Fähigkeit und die Mechanismen, die einen Sprachbenutzer befähigen, Äußerungen zu erzeugen bzw. zu ‚generieren' (hieraus leitet sich der Begriff *Generative Grammatik* ab), zu beschreiben sei. Die Beschreibung der geistigen Fähigkeit des Sprachbenutzers, dessen internalisierte (= verinnerlichte) Grammatik zum Erzeugen sprachlicher Strukturen, rückt in den Vordergrund. Hiermit verschiebt sich zwangsläufig auch das Beschreibungsobjekt: Sprache ist nicht mehr ein soziales, sondern ein individuelles Faktum, sie ist eine kognitive Fähigkeit des menschlichen Individuums. Die Existenz von Sprache als sozialem Faktum wird von Chomsky natürlich nicht geleugnet, er vertritt lediglich die Meinung, dass diese wenig Aufschluss über das internalisierte Regelsystem eines jeden Sprachbenutzers gibt. In seinem Buch *Knowledge of Language* (1986) führt Chomsky die Unterscheidung zwischen *I-Language* (engl. *internalized language*, dt. internalisierte Sprache) und *E-Language* (engl. *external(ized) language*, dt. externe Sprache) ein. Die individuell mental abgespeicherte Sprache eines Einzelnen wird bei Chomsky als *I-Language* bezeichnet, während beispielsweise das Spanische als Gesamtheit aller auf Spanisch geschriebenen Texte *E-Language* wäre, also ein Objekt außerhalb des menschlichen Geistes. Die grundlegende Dichotomie *langue/parole* von Saussure ist bei Chomsky ein Aspekt von *E-Language*, *I-Language* hingegen die Sprachstruktur unter mentalistischer Perspektive. Von Chomsky wurde ein auf den Sprachbenutzer bezogenes, grundlegendes Begriffspaar eingeführt: Kompetenz und Performanz.

- **Kompetenz**: referiert auf Sprache als mentalen Besitz und virtuelle Fähigkeit, die ein Sprachbenutzer in Form von Spracherzeugungsregeln (Grammatik) und einem endlichen Inventar von Elementen (Lexikon) von seiner Muttersprache hat und die diesen u.a. befähigt, die wohlgeformten von den nicht-wohlgeformten Ausdrücken seiner Sprache zu unterscheiden. Der Begriff Kompetenz ist weitgehend deckungsgleich mit I-Sprache (‚internalisierte Sprache'), der individuell mental abgespeicherten Sprache eines Einzelnen.

- **Performanz**: bezieht sich auf die Anwendung der internalisierten Regeln unter bestimmten individuellen und situativen Bedingungen, d.h. auf den tatsächlichen Gebrauch, den ein Sprachbenutzer von seiner Sprache bzw. von seiner I-Sprache macht. Der Gebrauch kann niemals perfekt sein, sondern ist tendenziell immer beeinträchtigt durch diverse (Stör-)Faktoren wie Unkonzentriertheit, Lärm, Gesundheitszustand, Zeitdruck beim Formulieren etc. Performanz und E-Language (‚externe Sprache') sind nicht deckungsgleich; so liest man bei Jackendoff (2002: 29, Fußnote 6): „E-language [...] is (as I understand it) not the mechanisms that speakers use to exhibit linguistic behavior (i.e. performance), but either (a) external linguistic behavior of individuals or (b) language regarded as an object external to human minds, as an abstract object that subsists ‚in the community'."

Die Diskrepanz zwischen Kompetenz und Performanz wird durch verschiedene Faktoren bedingt. Eine Unterscheidung zwischen sprachlichem Wissen und Sprachverarbeitung scheint notwendig. Es kann vorkommen, dass ein Sprecher statt *Fisch Fich* sagt. Da anzunehmen ist, dass es sich hierbei um einen Versprecher handelt, würde man dem Sprecher nicht seine Sprachkompetenz absprechen, sondern annehmen, dass ein Performanzfehler vorliegt. Weiterhin muss zwischen der Fähigkeit, über die ein Mensch im Prinzip verfügt, und dem Gebrauch dieser Fähigkeit unterschieden werden. So besitzt ein deutscher Muttersprachler grundsätzlich die Fähigkeit, den folgenden Satz aus dem literarischen Text *Alice im Wunderland* und zu diesem unzählige ähnliche Sätze zu bilden (vgl. Grewendorf/Hamm/Sternefeld [5]1991: 32):

> Sei niemals ununterschieden von dem, als was du jenen in dem, was du wärst oder hättest sein können, dadurch erscheinen könntest, dass du unterschieden von dem wärst, was jenen so erscheinen könnte, als seiest du anders!

Unsere Sprachkompetenz erlaubt es uns einen solchen Satz, obschon mit Mühe, zu äußern und auch zu verstehen. Die Tatsache, dass wir ihn kaum verwenden würden, hat vielmehr damit zu tun, dass wir uns u.a. aus ökonomischen Gründen nicht die Mühe machen, solch komplizierte Sätze zu produzieren.

In der Generativen Grammatik wird betont, dass die Kompetenz und nicht die Performanz erforscht werden soll. Man abstrahiert daher von den oben genannten (Stör-)Faktoren und geht von dem bereits angesprochenen idealen Sprecher/Hörer aus, also demjenigen, der vollkommen frei von störenden äußeren Einflüssen ist.

1.3.2 | Linguistische Teildisziplinen

Eine weitere Perspektive der Sprachuntersuchung konzentriert sich auf den Aufbau, also die Struktur der Sprache. In erster Linie unterscheidet man hierbei vier Ebenen: die Laut-, die Wort-, die Satz- sowie die Bedeutungsebene. Die spezifischen Aspekte der auf diesen Ebenen vorkommenden Phänomene lassen sich sowohl synchron als auch diachron beschreiben. Die folgenden Kapitel dieser Einführung beschäftigen sich mit der Struktur der Sprache auf diesen vier Ebenen. Sie werden mit den folgenden Teildisziplinen der Linguistik bekannt gemacht:

- **Phonetik/Phonologie**: Die Phonetik beschäftigt sich mit den physikalischen Eigenschaften der Sprachlaute, fragt also danach, wie Laute produziert, übermittelt und wahrgenommen werden. Die Phonologie beschäftigt sich hingegen mit der Funktion der Sprachlaute in den einzelnen Sprachen und mit der Lautstruktur von Wörtern und Sätzen.
- **Morphologie**: Untersucht die Struktur von (einfachen und komplexen) Wörtern.
- **Syntax**: Befasst sich mit der Art und Weise, wie in einer Sprache Wörter zu größeren Einheiten (z.B. Wortgruppen, Sätzen) gruppiert werden.
- **Semantik**: Konzentriert sich auf die Bedeutung von Wörtern und Sätzen. Die Lexikologie, deren Anliegen die Erforschung und Beschreibung des Wortschatzes ist, bildet einen Teilbereich der Semantik.

In einem abschließenden Kapitel werden Sie in die Sprachgeschichte des Spanischen eingeführt. Hier werden die oben aufgezählten Disziplinen unter diachronem Blickwinkel behandelt, also Lautwandel, morphosyntaktischer sowie semantischer Wandel:

- **Historische Sprachwissenschaft**: Beschäftigt sich mit dem Sprachwandel, z.B. vom Latein bis zum modernen Spanisch. Hierbei kann der Schwerpunkt auf den verschiedenen bereits erwähnten

Teildisziplinen liegen. Als solches ist die historische Sprachwissenschaft eher eine Perspektive, aus der man Sprachwissenschaft betreiben kann, und weniger eine Teildisziplin.

Zusammenfassung

Sie haben als eine Betrachtungsweise der Beschäftigung mit Sprache den so genannten mentalen Ansatz kennen gelernt, der Sprache als kognitives System untersucht und so versucht zu analysieren, worin das Wissen über Sprache besteht, das wir in unseren Köpfen haben. Anhand von Beispielen konnten Sie sehen, dass ein Muttersprachler ein bestimmtes Urteilsvermögen über die Grammatikalität von Laut- und Wortverbindungen sowie von Sätzen besitzt. Dieses unbewusste sprachliche Wissen versucht die moderne Linguistik offen zu legen. Dem Wesen nach wird Sprache als ein Zeichensystem aufgefasst: Sprachliche Zeichen bestehen aus einer Ausdrucksseite (*signifiant*) und einer Inhaltsseite (*signifié*), sie sind durch Konvention festgelegt und häufig arbiträr. Anhand der sechs an sprachlichen Kommunikationsakten beteiligten Faktoren macht Roman Jakobson die verschiedenen Funktionen der Sprache fest: expressiv, konativ, poetisch, referentiell, phatisch und metasprachlich. Die unterschiedlichen Disziplinen der Linguistik versuchen die Struktur von Sprache auf verschiedenen Ebenen zu erfassen: Laut-, Wort-, Satz- und Bedeutungsebene. Die folgenden zentralen linguistischen Begriffe und Konzepte sollten Ihnen nach der Lektüre dieses ersten Kapitels vertraut sein: *synchron*/*diachron*, *paradigmatisch*/*syntagmatisch*, *langue*/*parole*/*langage*, *System* und *Struktur*, *distinktive Merkmale* sowie *Kompetenz* und *Performanz*.

Aufgaben

I.   Was versteht man unter einer synchronen und einer diachronen Betrachtungsweise von Sprache?

II. „Die traditionelle (vorstrukturalistische) Grammatik ging davon aus, dass die geschriebene Sprache – also die Sprache der Literatur – ‚besser‘, ‚korrekter‘ sei als andere, geschriebene oder gesprochene Formen der Sprache und dass es die Aufgabe der Grammatiker sei, zum Gebrauch dieser einzig korrekten Norm zu erziehen." (Pelz [5]2000: 84)

a. Wie nennt man eine solche Haltung gegenüber Sprache?

b. Erläutern Sie, wie und warum sich die Haltung der modernen Sprachwissenschaft von der oben beschriebenen unterscheidet.

III. Prinzipiell können wir unendlich viele verschiedene Äußerungen machen. Bedeutet dies, dass auch das Regelsystem, das wir für solche Äußerungen anwenden, unendlich ist? Weshalb sind wir in der Lage, ständig neue Sätze zu produzieren und noch nie zuvor gehörte Sätze zu verstehen?

Lautlehre

Einleitung

Sowohl die Phonetik als auch die Phonologie beschäftigen sich mit
der lautlichen Seite von Sprache. Hierbei handelt es sich um zwei
getrennte Disziplinen, die zwei unterschiedliche Ebenen untersuchen. Zunächst sollen die wichtigsten Unterschiede zwischen Phonetik und Phonologie skizziert werden. Dabei werden wichtige No-
tationskonventionen dargelegt. Es folgen ausführlichere Abschnit-
te, welche die Phonetik und die Phonologie in ihren Grundlagen vorstellen.

Phonetik und Phonologie 2.1

Alle Wörter und Äußerungen basieren auf einem relativ kleinen Inventar von sprachlichen Lauten, die, isoliert betrachtet, keine Bedeutung haben. So besteht das Wort sp. *carro* aus den vier Lauten
/k/, /a/, /r̄/ und /o/, wobei z.B. der Laut /r̄/ (stark gerolltes <r>) nicht
etwa einen Teil der Bedeutung des Wortes (z.B. ‚vier Räder‘, ‚zum
Transportieren von Personen oder Gegenständen‘ oder Ähnliches)
repräsentiert. Ersetzen wir jedoch diesen Laut durch einen anderen,
z.B. /r/ (einfaches <r>), erhalten wir das Wort sp. *caro*, das eine ganz
andere Bedeutung hat als *carro*. Eine begrenzte Anzahl von Lauten,
die selbst keine Bedeutung haben, dient also dazu, eine unbegrenz-
te Anzahl von größeren Einheiten zu bilden, die eine Bedeutung haben. Laute bzw. die distinktiven Merkmale der Laute (vgl. Unterkapitel 2.4.2), die einen Bedeutungsunterschied bewirken, haben im
spanischen Sprachsystem folglich eine bedeutungsunterscheidende Funktion und sind somit für dieses relevant. In der Phonologie
geht es um die Ermittlung und Analyse von Strukturen, Prinzipien
und Regeln, die auf der Ebene der Laute für das Sprachsystem relevant sind. Als solche ist sie eine *langue*-bezogene Disziplin, bei der
die abstrakte, einzelsprachliche Seite im Vordergrund steht (vgl. das
komplexe semiotische Modell im Unterkapitel 1.2.2). Abstrakte Laute, die in einem bestimmten Sprachsystem eine Funktion haben,

nennt man Phoneme (sp. *fonemas*). Dieser abstrakten Seite steht natürlich auch eine konkrete Seite gegenüber. Die Untersuchung von konkreten Sprachlauten ist Gegenstand der Phonetik. In der Linguistik werden die konkreten Sprachlaute Phone (Singular: Phon, sp. *fono*(*s*)), Segmente oder einfach nur Laute genannt. Die Phonetik lässt sich in drei Teilgebiete untergliedern, die jeweils unterschiedliche Fragestellungen verfolgen:

- **Artikulatorische Phonetik:** Welche Teile des Mund- und Rachenraums (Sprechwerkzeuge) sind an der Produktion der Sprachlaute beteiligt und wie kann man sie beschreiben?
- **Akustische Phonetik:** Wie werden Sprachlaute übertragen?
- **Perzeptive/auditive Phonetik:** Wie werden Sprachlaute wahrgenommen?

Die Phonetik ist keine rein linguistische Disziplin: Man kann sie z.B. auch der Physik (Schallwellen etc.) und der Anatomie (Sprechorgane etc.) zuordnen. Im Rahmen dieser Einführung werden wir die Grundlagen der artikulatorischen Phonetik behandeln.

2.2 | Transkriptionssystem

Schriftzeichen lassen keinen eindeutigen Lautwert erkennen, d.h. es gibt keine Eins-zu-eins-Relation zwischen Schreibung und Aussprache. Betrachten wir folgende Beispiele:

(1) ein Laut, verschiedene Buchstaben:
   a. *v*aca [ˈbaka]
   b. *b*eso [ˈbeso]
(2) verschiedene Laute, ein Buchstabe:
   a. *can*ción [kanˈθjon]
   b. *pe*car [peˈkar]

In (1a) und (1b) haben wir in der Schreibung (Graphie) zwei unterschiedliche Buchstaben: *v* und *b*. Auf der lautlichen Seite haben wir jedoch jeweils denselben Laut: [b]. In (2a) und (2b) verhält es sich genau umgekehrt: Wir haben in beiden Fällen den Buchstaben *c*, jedoch wird dieser lautlich unterschiedlich realisiert, nämlich einmal durch [θ] und einmal durch [k]. Durch die Graphie kann man nicht alle lautlichen Unterscheidungen wiedergeben, da der Graphemvorrat begrenzter ist als der Lautvorrat. Aber auch unter scheinbar gleichen Lauten muss differenziert werden: Die spanischen Wörter *cana* und *canción* enthalten jeweils einen N-Laut. Achtet man bei der Artikulation der beiden Wörter ganz genau auf die Zungenstellung, stellt man fest, dass sich die Zungenspitze bei den N-Lauten an unterschiedlichen Stellen im Mund befindet. Bei *cana* ist die Zungenspitze etwas weiter hinten, bei *canción* (hier ist das erste *n* gemeint) befindet sie sich hingegen zwischen den oberen und den unteren Schneidezähnen. Dieser kleine Unterschied in der Zungenstellung verändert die Lautqualität der N-Laute; dies können wir im phonetischen Alphabet dadurch markieren, dass wir bei *canción* einen Punkt unter das *n* setzen: [kaṇˈθjon].

Aus all diesen Gründen – und der einheitlichen Darstellung halber – benutzt man in der Phonetik und Phonologie ein Schriftsystem, mit dem man jeden Laut unmissverständlich darstellen kann. Von den verschiedenen Transkriptionssystemen wird international eines am stärksten verwendet: das von der *Association Phonétique Internationale* erarbeitete System *Alphabet Phonétique International/International Phonetic Alphabet* (API/IPA) (dt. *Internationales Phonetisches Alphabet* (IPA); sp. *Alfabeto Fonético Internacional* (AFI)). Hier wird fast jeder Laut durch ein besonderes Zeichen dargestellt.

Es gibt bei der Darstellung der Sprachlaute weitere Konventionen zu beachten: so werden phonetische Zeichen zwischen eckige Klammern gesetzt, z.B. [a].

Bei der phonetischen Transkription werden auch Eigenschaften erfasst, die für das Sprachsystem nicht relevant sind. So wird beispielsweise das spanische Wort *esto* je nach Dia-

Hinweis

Beim Lesen von Fachtexten über Phonetik und/oder Phonologie ist es oft unvermeidlich, dass man unvertrauten Zeichen begegnet. So finden Sie z.B. in vielen spanischsprachigen Werken zur Phonetik und Phonologie Transkriptionen, die nicht IPA-konform sind. Das Buch *Phonetic Symbol Guide* von Pullum/Ladusaw (1996) bietet einen sehr guten Überblick über phonetische Symbole im IPA und in anderen Transkriptionssystemen. Eine vollständige IPA-Tabelle kann der Webseite der *Association Phonétique Internationale* (www.arts.gla.ac.uk/IPA/ipa.html) entnommen werden. Diese IPA-Tabelle zeigt alle phonetischen Zeichen für die Laute, die in allen Sprachen der Welt vorkommen. Das Spanische verfügt jedoch nicht über all diese Laute, sondern begrenzt sich auf eine kleinere Auswahl.

lekt als [ˈɛstɔ] (mit offenem *e* wie das erste *e* in dt. *bellen* und offenem *o* wie in dt. *Komma*), [ˈesto] (geschlossenes *e* und *o* wie in dt. *Besen* bzw. *Koma*), [ˈehto] (mit [h] statt [s]) etc. realisiert, ohne dass sich dabei etwas an der Bedeutung des Wortes oder an seiner Funktion (Demonstrativpronomen) ändert. Das Vorhandensein solcher Informationen bei der phonetischen Transkription beruht eben darauf, dass die Phonetik die materielle Seite der Sprachlaute erfassen möchte, nicht aber ihre Funktion innerhalb eines Systems. Bei der phonologischen Transkription – die zwischen Schrägstrichen (z.B. /a/) notiert wird – werden hingegen nur die relevanten Informationen der Laute berücksichtigt, d.h. diejenigen, die eine Funktion in einem bestimmten Sprachsystem erfüllen. Phonologisch wird *esto* daher immer mit /esto/ transkribiert.

Nachstehende Tabelle soll die Relation zwischen Phon und Buchstaben verdeutlichen (vgl. PONS 2001: XV):

▶ **Tabelle 1: Die spanischen Phone und ihre orthographische Entsprechung**

Phone	Buchstaben	Beispiele	Phone	Buchstaben	Beispiele
[a]	*a*	*cama*	[x]	*j, g*	*ajo, gimnasia*
[e]	*e*	*beso*	[ɣ]	*g*	*algo*
[i]	*i, y*	*piso, y*	[t]	*t*	*todo*
[o]	*o*	*como*	[d]	*d*	*dar*
[u]	*u*	*busco*	[ð]	*d*	*ayuda*
[i̯]	*i, y*	*caigo, hoy*	[θ]	*c, z*	*cena, cruz*
[j]	*i*	*pierna*	[l]	*l*	*limpio*
[u̯]	*u*	*causa*	[l̪]	*l*	*alzar*
[w]	*u*	*bueno*	[l̺]	*l*	*alto*
[p]	*p*	*padre*	[ʎ]	*ll*	*llave*
[b]	*b, v*	*beso, vaca*	[s]	*s*	*sangre*
[β]	*b*	*hablar*	[z]	*s*	*socialismo*
[m]	*m*	*madre*	[r]	*r*	*cara*
[ɱ]	*n*	*confiar*	[r̄]	*rr, r*	*perro, real*
[n]	*n*	*nada*	[tʃ]	*ch*	*coche*
[n̟]	*n*	*once*	[dʒ]	*j, g, y*	*jazz, Giga, inyección*
[n̪]	*n*	*antes*	[j]	*y, hi*	*yo, hierro*
[ŋ]	*n*	*hongo*	[ʒ]	*y*	*argent.-sp. yo;*
[ɲ]	*ñ*	*niña*			dt./frz. *jalousie*
[f]	*f*	*fiebre*	[ʃ]	*sh*	*shock*
[k]	*c, qu, k*	*casa, queso, kilo*	[ç]	*x*	*mexik.-sp. México*
[g]	*g, gu*	*ganas, guitarra*			(dt. *ich*)

Im Spanischen entspricht in den meisten Fällen ein Buchstabe genau einem Phon. Eine Ausnahme bilden Wörter wie z.B. sp. *taxi* ([taksi]; wird oft auch als [tasi] realisiert), in denen der Buchstabe x für die Lautfolge [ks] steht. Demgegenüber wird z.B. die Buchstabenfolge *qu* durch das Phon [k] realisiert. Das Spanische kennt außerdem kein Phonem für den Buchstaben *h*.

Artikulatorische Phonetik | 2.3

Alle Menschen, gleich welcher Herkunft, benutzen bei der Sprachproduktion dieselben Artikulationsorgane. Diese Sprechorgane machen nur einen geringen Teil unseres Körpers aus und sind nicht einmal auf das Sprechen spezialisiert, sondern primär auf Atmung und Nahrungsaufnahme. Durch die anatomische Beschaffenheit der Artikulationsorgane wird das Inventar der sprachlichen Laute beschränkt. Die Zungenspitze kann z.B. nicht bis zur Rachenwand zurückgerollt werden. Ebenso ist es unmöglich, die Oberlippe mit dem Gaumen in Berührung zu bringen.

An der Lautproduktion sind insgesamt drei Bereiche beteiligt: Die subglottale Komponente (Lungen und Atemwege, sp. *pulmón*), die den Luftstrom erzeugt, der Kehlkopf (Larynx, sp. *laringe*), der den Luftstrom in eine Serie von Luftstößen verwandelt, und der supralaryngale Stimmweg (auch Ansatzrohr oder Lautgang genannt), der aus dem Rachen (Pharynx, sp. *faringe*), der Mundhöhle (sp. *cavidad oral*) und der Nasenhöhle (sp. *cavidad nasal*) besteht. Bei der Erzeugung eines Lautes unterscheidet man zwischen den folgenden vier Prozessen:

Prozesse der Lautproduktion

- **Luftstromprozess**: Um Stimme zu erzeugen, wird Luft benötigt. Fast alle Laute – im Spanischen sogar alle – werden beim Ausatmen produziert, d.h., die Luft strömt aus den Lungen in den Kehlkopf und dann durch eine von den Stimmbändern (auch Stimmlippen, sp. *cuerdas vocales*) gebildete Öffnung (Glottis; sp. *glotis*).
- **Phonationsprozess** (Schwingung der Stimmbänder): Die Glottis kann unterschiedlich weit geöffnet sein, dies wirkt sich auf die Stimmhaftigkeit der Laute aus. Bilden die Stimmbänder eine weite Öffnung (Abb. 1b; vgl. Hall 2000: 4), kann die Luft ungehindert in den Pharynx (Rachen) und in den Mundraum gelangen, d.h.,

Prozesse der Lautproduktion

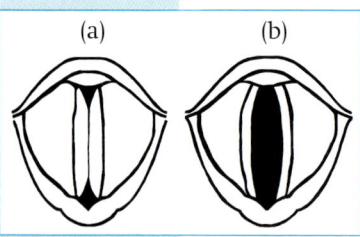

Abb. 1

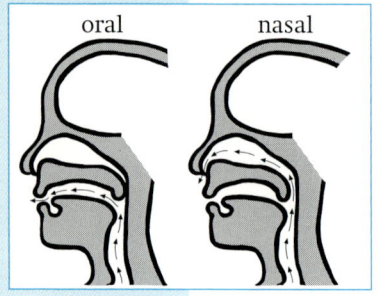

Abb. 2

die Stimmbänder vibrieren nicht, und es entsteht ein stimmloser Laut. Liegen sie hingegen eng aneinander (Abb. 1a; vgl. ebd.), bringt der Druck des Luftstroms die Stimmbänder zum Vibrieren, und es entsteht ein stimmhafter Laut. Das Vibrieren der Stimmbänder kann man fühlen, indem man die Hand an den Kehlkopf hält. Beispiel: Bei der Artikulation von [s] vibrieren die Stimmbänder nicht, bei [z] vibrieren sie.

- **Oral-nasaler Prozess**: Die Nasenhöhle (sp. *cavidad nasal*) wird unten vom Gaumen, oben von der Schädelbasis begrenzt. Das Gaumensegel (Velum; sp. *velo*) ist weich und beweglich; es kann gehoben oder gesenkt werden. Durch die Senkung des Gaumensegels wird der Zugang zur Nasenhöhle geöffnet, so dass nasale Laute produziert werden können. Berührt das Velum die Rachenwand, ist der Weg zur Nasenhöhle blockiert und die Luft entweicht nur durch den Mundraum (sp. *cavidad oral*).

- **Artikulationsprozess**: Die im Mund- und Rachenraum befindlichen Sprechwerkzeuge werden in die für die Artikulation erforderliche Stellung gebracht.

In folgender Abbildung sind die wichtigsten an der Artikulation beteiligten Teile des Mund- und Rachenraums dargestellt:

Abb. 3

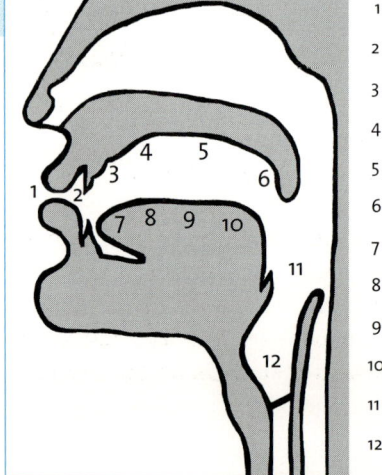

1 Ober- und Unterlippe
  labio superior, labio inferior
2 obere und untere Schneidezähne
  dlente incisivo superior/inferior
3 Zahndamm (Alveolen)
  alveolos
4 harter Gaumen (Palatum)
  palador duro
5 weicher Gaumen (Velum)
  velo
6 Zäpfchen (Uvulum)
  úvula
7 Zungenspitze (Apex)   ⎫
  ápice   ⎬ Zungenkranz
8 Zungenblatt   ⎭ *corona*
  predorso
9 Zungenrücken
  dorso
10 Zungenwurzel
  raiz
11 Rachen
  faringe
12 Stimmbänder
  cuerdas vocales

Die obere Fläche der Zunge wird von vorne nach hinten unterteilt in Zungenspitze, -blatt, -rücken und -wurzel (siehe Abbildung 3). Die Zungenspitze (Apex) und das Zungenblatt (Lamina) werden zusammen als Zungenkranz (Corona) bezeichnet.

Klassifikation der spanischen Konsonanten 2.3.1

Bei der Produktion von Konsonanten werden zwei Artikulatoren ganz oder teilweise in Kontakt gebracht, was dazu führt, dass der Luftstrom an der jeweiligen Stelle im Ansatzrohr unterbrochen oder behindert wird. Konsonanten werden nach ihrer Stimmhaftigkeit, ihrem Artikulationsort und ihrer Artikulationsart klassifiziert. Man unterscheidet zwischen oberen, unbeweglichen Artikulationsstellen (sp. *articuladores pasivos*) und unteren, beweglichen Artikulatoren (sp. *articuladores activos*). Für die einzelnen Artikulationsorte gilt Folgendes:

Artikulationsorte

- **bilabial** (sp. *bilabial*): Ober- und Unterlippen sind an der Artikulation beteiligt. Im Spanischen sind folgende Laute bilabial: [p] *p*erro, [b] *b*urro, [β] *a*bue*la* und [m] *m*anzana. Aufgrund der Lippenaktivität bei der Artikulation von [w] in *pu*edo kann dieser ebenfalls zu den Bilabialen gezählt werden.
- **labiodental** (sp. *labio-dental*): Die Unterlippe berührt die oberen Schneidezähne: [f] *f*iebre und [ɱ] co*n*fuso.
- **dental** (sp. *dental*):
  a. interdental (sp. *interdental*): Die Zungenspitze befindet sich zwischen den oberen und den unteren Schneidezähnen: [θ] *c*ena, [ð] na*d*a, [n̪] e*n*cierre und [l̪] a*l*zar.
  b. apikodental (sp. *ápico-dental*): Die Zungenspitze wird an die Rückseite der oberen Zähne gedrückt: [t] *t*odo, [d] *d*inero, [n̪] de*n*tadura und [l̪] a*l*to. Im Gegensatz dazu sind im Deutschen [t] und [d] alveolar.
- **alveolar** (sp. *ápico-alveolar*): Die Zungenspitze wird gegen die Alveolen (den Zahndamm) gehoben: [n] *n*ada, [l] *l*ibro, [r] pe*r*o, [r̄] pe*rr*o, [s] *s*angre und [z] ra*s*go.
- **postalveolar**: Die Zungenspitze wird an die Ausläufer der Alveolen gehoben: argent.-sp. [ʒ] *ll*egar, [tʃ] co*ch*e und [dʒ] in*y*ección (bei *inyección* auch [ɟ]).

Artikulationsorte

- **palatal** (sp. *palatal*): Der Zungenrücken wird gegen den harten Gaumen gehoben: [ʎ] *ll*ave, [ɲ] ni*ñ*a, mexik.-sp. [ç] Mé*x*ico, [ɟ] *y*o (in emphatischer Aussprache wird *yo* als [dʒo] realisiert; argent.-sp. [ʒo]) und [j] p*i*e.
- **velar** (sp. *velar*): Der Zungenrücken wird gegen den weichen Gaumen gehoben: [k] *c*ama, [g] *g*ato, [x] a*j*o, [ɣ] al*g*o und [ŋ] ho*n*go.

Bei der Artikulationsart unterscheidet man zwei große Gruppen: die so genannten Obstruenten (Plosive, Frikative und Affrikaten) und die Sonoranten (Nasale, Laterale, Vibranten und Gleitlaute). Der Kontrast besteht darin, dass die Sonoranten in der Regel spontan stimmhaft sind, d.h. kein stimmloses Gegenstück haben (auch Vokale sind demnach Sonoranten), während die Obstruenten – die primär stimmlos sind – prinzipiell sowohl stimmhaft als auch stimmlos sein können. Für die Gruppe der Obstruenten (sp. *obstruyentes*) gilt Folgendes:

Artikulationsarten der Obstruenten

- **Plosive** (auch Verschlusslaute oder Okklusive; sp. *plosivas* oder *oclusivas*): Bei der Artikulation der Plosive werden zwei Artikulatoren so eng aneinander geführt, dass ein vollständiger Verschluss erfolgt, der dann schlagartig gelöst wird. Dieses plötzliche Öffnen verursacht eine kleine ‚Explosion‘. Das Spanische verfügt jeweils über ein stimmhaftes-stimmloses Paar von bilabialen ([p, b]), dentalen ([t, d]) und velaren ([k, g]) Plosiven: [p] *p*erro, [b] *b*urro, [t] *t*odo, [d] *d*inero, [k] *c*ama und [g] *g*ato. Im Deutschen werden die Konsonanten [p], [t] und [k] am Wortanfang und vor einem Vokal aspiriert (‚behaucht gesprochen‘), im Spanischen hingegen nicht. Diese so genannte Aspiration wird durch ein hochgestelltes *h* transkribiert: dt. *Park* [pʰark] vs. sp. *parque* [parke], dt. *Ton* [tʰoːn] vs. sp. *tono* [tono], dt. *Kante* [kʰante] vs. sp. *cante* [kan̪te].
- **Frikative** (auch Reibelaute; sp. *fricativas*): Die beteiligten Artikulatoren werden so weit zusammengeführt, dass eine starke Verengung (kein Verschluss) im Ansatzrohr entsteht. Die ausgeatmete Luft erzeugt beim Passieren dieser Verengung ein Reibegeräusch. Die Frikative des Spanischen sind: [β] lo*b*o, [f] *f*echa, [θ] *c*ena, [ð] de*d*o, [s] *c*asa, [z] ra*s*go, argent.-sp. [ʒ] *ll*ave,

Artikulationsarten der Obstruenten

mexik.-sp. [ç] *México*, [ɣ] *juego*, [x] *juego* und [ɟ] *coyote*. Wichtig: Das Spanische kennt <u>kein</u> stimmhaftes Gegenstück zu [f] (vgl. dt. [v] *Vase*) und <u>kein</u> stimmloses Gegenstück zu [β].

- **Affrikaten** (sp. *africadas*): Diese Konsonanten werden normalerweise nicht in der IPA-Tabelle aufgeführt, da sie als Kombination von zwei Lauten angesehen werden. Sie können nämlich als Plosiv + Frikativ beschrieben werden. Im Spanischen gibt es die folgenden Affrikaten: [tʃ] *coche* und [dʒ] *inyección*.

Zur Gruppe der Sonoranten (sp. *sonantes*) zählt man die Nasale, die Laterale, die Vibranten (Laterale und Vibranten werden zusammen als Liquide bezeichnet) und die Gleitlaute (Glides):

Artikulationsarten der Sonoranten

- **Nasale** (sp. *nasales*): Bei den nasalen Konsonanten wird das Velum gesenkt (vgl. Abbildung 2), und die Luft strömt durch die Nasenhöhle aus. Im Spanischen sind alle Nasale stimmhaft. Sie können an fast jedem Artikulationsort vorkommen: [m] wie in *madre* ist bilabial, [ɱ] wie in *influjo* ist labiodental, [n̪] wie in *once* ist interdental, [n̪] wie in *antes* ist dental, [n] wie in *noche* ist alveolar, [ɲ] wie in *caña* ist palatal und [ŋ] wie in *lengua* ist velar.
- Bei den **Lateralen** (sp. *laterales*) erfolgt ein kompletter Verschluss auf der Mittelachse des Mundes. Die Luft kann jedoch auf beiden Seiten der Zunge entweichen. Das Spanische kennt die folgenden Laterale: das interdentale [l] wie in *alzar*, das dentale [l̪] wie in *alto*, das alveolare [l] wie in *lata* und das palatale [ʎ] wie in *llave*.
- **Vibranten** (sp. *vibrantes*): Das Spanische kennt zwei R-Laute, das gerollte Zungenspitzen-R [r̄] und das einfache R [r]. Nicht der Artikulationsort, sondern vielmehr die Bewegung führt zu den zwei unterschiedlichen Lauten. Beim gerollten R [r̄] gerät die Zungenspitze durch den Luftstrom in zitternde Bewegung und berührt mehrmals die Alveolen. Beim ‚einfachen' R berührt die Zungenspitze nur einmal die Alveolen. Dieser Unterschied ist für das Spanische sehr wichtig: vgl. *perro* [r̄] vs. *pero* [r].
- **Gleitlaute** (Glides, Halbvokale bzw. -konsonanten; sp. *semivocales*): Das Spanische kennt als Gleitlaute den bilabialen bzw. labiovelaren [w] wie in *puedo* und den palatalen [j] wie in *quiero*. Die Gleitlaute werden bei der Behandlung der Diphthonge näher dargestellt (vgl. Unterkapitel 2.3.3).

Die konsonantischen Phone können in einer Tabelle dargestellt werden, in der die Artikulationsorte in der horizontalen Kopfleiste und die Artikulationsarten in der vertikalen Leiste angegeben sind. Stimmlose und stimmhafte Konsonanten werden jeweils in Paaren aufgeführt: Der linke Konsonant ist hierbei stimmlos, der rechte stimmhaft (die beiden R-Laute sind stimmhaft). Die Phone, die im Spanischen vorkommen können, sind in nachstehender Tabelle erfasst (für die Aussprache der jeweiligen Phone vgl. die Beispiele in Tabelle 1):

Tabelle 2: Die konsonantischen Phone des Spanischen

	bilabial	labio-dental	inter-dental	apiko-dental	alveolar	post-alveolar	palatal	velar
Plosive	p b			t d				k g
Frikative	β	f	θ ð		s z	ʃ ʒ	ç ʝ	x ɣ
Affrikaten						tʃ dʒ		
Nasale	m	ɱ	ṇ	n̪	n		ɲ	ŋ
Laterale			ḷ	l̪	l		ʎ	
Vibranten					r, r̄			
Gleitlaute	w						j	

2.3.2 | Regionale Besonderheiten

Der Laut [ʝ] ist dem Gleitlaut (auch: Glide) [j] sehr ähnlich, wird jedoch mit einer größeren Verengung im Ansatzrohr artikuliert. Dieses Phon finden wir vor allem zwischen Vokalen (in intervokalischer Stellung), z.B. in Wörtern wie *mayo* [maʝo]. Am Anfang des Wortes (im absoluten Anlaut) finden wir, je nachdem mit welcher Emphase das entsprechende Wort artikuliert wird, auch die Affrikate [dʒ]: Bei normaler Aussprache wird *yo soy* als [ʝo soi̯] realisiert, bei emphatischer als [dʒo soi̯]. Nach einem Nasal oder einem Lateral steht in der Regel [dʒ]: *inyección* [indʒeᵏⁱθjon], *el yeso* [elˈdʒeso].

žeísmo   Nun gibt es jedoch eine Reihe von Varietäten (vgl. die diasystematischen Variationen im Unterkapitel 1.1.3), für die das Gesagte

2.3 ARTIKULATORISCHE PHONETIK

nicht zutrifft. Das in Teilen Argentiniens und Uruguays gesprochene Spanisch weist für die eben beschriebenen Beispiele systematisch den Laut [ʒ] auf (dieses Phänomen nennt man sp. *žeísmo*; vgl. Noll 2001: 29): *yo* [ʒo], *mayo* [maʒo], *playa* [plaʒa]. Hiervon ist jedoch nicht nur [ɟ] betroffen, sondern auch [ʎ]: argent.-sp. *calle* [kaʒe]. Aber auch innerhalb der argentinischen Sprachgemeinschaft gibt es unterschiedliche Aussprachen, z.B. existiert für *playa* neben [plaʒa] auch [plaʃa]. Letztere gilt laut Noll (2001: 29) als Prestigeform.

Normalerweise unterscheiden sich die Wörter *vaya* und *valla* dadurch, dass *vaya* mit [ɟ] und *valla* mit [ʎ] artikuliert wird. Da die Sprecher gegenwärtig dazu tendieren, diesen Unterschied weitgehend aufzuheben, findet man diese Unterscheidung eigentlich nur noch in ländlichen Gegenden Zentralspaniens, Boliviens, Perus, Ecuadors und Kolumbiens. Die meisten Sprecher des Spanischen sind heute so genannte *yeístas* (das Phänomen nennt man sp. *yeísmo*), d.h. sie unterscheiden nicht zwischen [ɟ] und [ʎ]. Beide Laute fallen in diesen Varietäten zusammen und werden stets als [ɟ] realisiert (vgl. Noll 2001: 29).

yeísmo

Ähnliche Phänomene, die jedoch sprachhistorisch erklärt werden können und daher im Unterkapitel zum Lautwandel (vgl. die Sibilanten im Unterkapitel 6.2.1) genauer behandelt werden, sind *seseo* und *ceceo*. Während die Sprecher der nördlichen Varietäten zwischen den Lauten [θ] und [s] unterscheiden, z.B. sp. *casa* [kasa] und sp. *caza* [kaθa], kennen die der südspanischen, kanarischen und amerikanischen Varietäten diese Unterscheidung nicht und verwenden entweder nur den einen oder nur den anderen Laut. Weist eine Varietät nur [θ] auf, spricht man von *ceceo*. Hier wird sowohl *casa* als auch *caza* [kaθa] artikuliert. In den Varietäten mit *seseo* werden beide Wörter mit [s] artikuliert. In beiden Fällen gibt es keinen Unterschied in der Aussprache der beiden Wörter.

seseo und *ceceo*

Weitere regionale Besonderheiten seien an dieser Stelle anhand von Beispielen nur aufgezählt: [espliˈkar] statt [ekspliˈkar], [ˈmihmo] oder [ˈmizmo] statt [ˈmismo], [ˈfjetta] statt [ˈfjesta], [fai̯tuˈrar] statt [faktuˈrar], [muˈʃaʃo] statt [muˈtʃatʃo] etc.

Klassifikation der spanischen Vokale

2.3.3

Die Lautproduktion der Vokale zeichnet sich in erster Linie dadurch aus, dass die Luft relativ ungehindert den Rachen- und Mundraum passiert. Sofern man nicht flüstert, schwingen bei allen Vokalen die

Vokalqualität

Stimmlippen. Vokale sind folglich immer stimmhaft, unterscheiden sich jedoch bezüglich ihrer Klangfarbe bzw. ihrer Vokalqualität. Diese hängt von der relativen Kieferöffnung, von der Zungenlage im Mund und von der Lippenrundung ab. Wird durch die Senkung des Velums auch die Nasenhöhle als Resonanzraum miteinbezogen, so entstehen Nasalvokale (vs. Oralvokale). Das Spanische kennt im Gegensatz zum Französischen, Portugiesischen etc. keine Nasalvokale, sondern nur Oralvokale.

Vokalquantität   Im Deutschen haben Vokale die Eigenschaft, dass sie lang oder kurz sein können, es gibt also unterschiedliche Vokalquantitäten. Die lange Artikulation wird durch einen Doppelpunkt nach dem Vokal notiert, z.B. [i:]. So unterscheidet u.a. die Länge des Vokals [i] das Wort *Miete* [i:] von *Mitte* [i]. Im Spanischen gibt es bezüglich der Vokallänge keine Unterscheidung: spanische Vokale sind in der Regel kurz.

Relevant für die spezifische Klangfarbe der spanischen Vokale sind allein die Stellung der Zunge, der Öffnungsgrad des Mundes und die Lippenrundung. Entsprechend der Lippenrundung unterscheidet man zwischen gerundeten ([o] und [u]; sp. *redondeadas*) und nicht gerundeten (gespreizten) Vokalen ([a], [e] und [i]; sp. *no redondeadas*). Übereinstimmend mit dem Öffnungsgrad des Mundes (und der vertikalen Zungenstellung) lassen sich die Vokale in offene/tiefe (sp. *bajas*), halb-offene (sp. *medias*) und geschlossene/hohe (sp. *altas*) Vokale einteilen. Die Bezeichnungen vorderer (sp. *anterior*) oder hinterer (sp. *posterior*) Vokal beziehen sich auf die horizontale Stellung der Zunge im Mund. Das spanische Vokalsystem wird in der Regel anhand eines Vokaldreiecks dargestellt, das diese drei Faktoren enthält:

Abb. 4

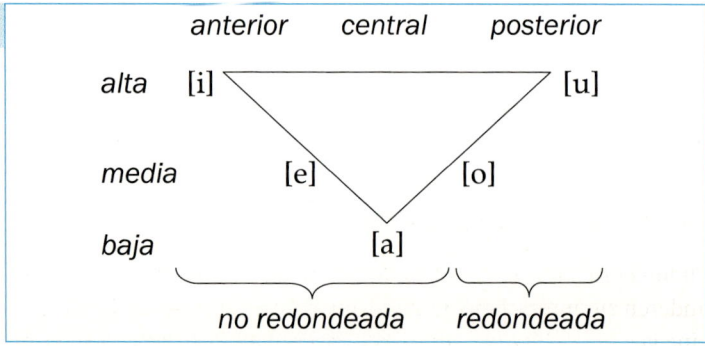

Abgesehen von diesen fünf Vokalen verfügt das Spanische noch über vier Gleitlaute (Halbvokale bzw. -konsonanten; sp. *semivocales*). Gleitlaute sind weder reine Vokale noch reine Konsonanten, haben jedoch mit beiden gewisse Eigenschaften gemein. Bei der Artikulation der Gleitlaute kann zwar die Luft relativ ungehindert entweichen, sie sind jedoch, wie die Konsonanten, nicht silbenbildend (vgl. Unterkapitel 2.4.3). Sie verbinden sich vielmehr innerhalb einer Silbe mit einem Vokal und ergeben mit diesem zusammen einen Diphthong. Betrachten wir folgende Beispiele:

Diphthong

(3)	a. *pierna*	[pjerna]	[j]	steht vor dem Vokal
	b. *peine*	[pei̯ne]	[i̯]	steht nach dem Vokal
	c. *cuadro*	[kwadro]	[w]	steht vor dem Vokal
	d. *aunque*	[au̯ŋke]	[u̯]	steht nach dem Vokal

Entsprechend der Position des Gleitlauts (vor oder nach dem Vokal) unterscheidet man zwischen zwei Arten von Diphthongen: Steigende Diphthonge (sp. *diptongos crecientes*) wie z.B. in *Santiago* [ja], *cuando* [wa], *pierna* [je], *puedo* [we] und fallende Diphthonge (sp. *diptongos decrecientes*) wie z.B. in *aire* [ai̯], *jaula* [au̯], *peine* [ei̯], *deuda* [eu̯]. Ein Diphthong liegt nur vor, wenn sich Gleitlaut und Vokal in ein und derselben Silbe befinden. In den folgenden Beispielen haben wir keinen Diphthong, sondern einen so genannten Hiat (auch: Hiatus, sp. *hiato*). Hiate zeichnen sich dadurch aus, dass die direkt aufeinander folgenden Vokale zwei verschiedenen Silben angehören (der Punkt markiert im Folgenden die Silbengrenze): *lee* [le.e], *María* [ma.ri.a], *país* [pa.is], *dúo* [du.o], *oído* [o.i.ðo] etc.

Phonologie

2.4

In der Phonologie möchte man, wie bereits eingangs erwähnt, nur die relevante Information über die Sprachlaute erfassen. Hierfür ist es unabdingbar, vom konkreten Sprachlaut (Phon; sp. *fono*) zu abstrahieren. Abstrakte Laute, die in einem bestimmten Sprachsystem distinktive Funktion haben, nennt man Phoneme (sp. *fonemas*).

Distribution der Sprachlaute

2.4.1

Phonologisch relevante Information dient dazu, ein Wort von einem anderen zu unterscheiden. Die so genannte Minimalpaarbildung ist eine geeignete Methode um festzustellen, welche Laute bzw. Merkmale eine bedeutungsunterscheidende Funktion haben. Hierfür stellt man Wörter einander gegenüber, die sich nur in einem Laut unterscheiden; Wortpaare solcher Art nennt man Minimalpaare (sp. *par mínimo*). Gehen wir von folgender Lautumgebung aus: /p_so/. Wenn wir nun in die Leerstelle (__) die verschiedenen spanischen Vokale einsetzen, erhalten wir folgende Wörter, die jeweils eine unterschiedliche Bedeutung haben: *paso* ‚Schritt‘, *peso* ‚Gewicht‘, *piso* ‚Wohnung‘, *puso* ‚stellte‘ und *poso* ‚(Boden-)Satz‘. Mit anderen Worten: Wir haben zehn Minimalpaare, *paso* – *peso*, *paso* – *piso*, *paso* – *poso*, *paso* – *puso*, *peso* – *piso*, *peso* – *poso*, *peso* – *puso*, *piso* – *poso*, *piso* – *puso* und *poso* – *puso,* deren Bedeutungsunterschied jeweils durch einen Laut hervorgerufen wird. Laute, die einen solchen Bedeutungsunterschied hervorrufen, heißen Phoneme. Auch bei den Konsonanten findet man eine Reihe von Minimalpaaren:

peso ‚Gewicht‘ – *beso* ‚Kuss‘,   *bar* ‚Bar‘ – *dar* ‚geben‘,   *cale* ‚Klaps‘ – *calle* ‚Straße‘,
tono ‚Tonlage‘ – *dono* ‚spende‘,   *dato* ‚Angabe‘ – *gato* ‚Katze‘,   *dar* ‚geben‘ – *mar* ‚Meer‘,
gorro ‚Hut‘ – *corro* ‚Kreis‘,   *bala* ‚Kugel‘ – *gala* ‚Gala‘,   *queso* ‚Käse‘ – *beso* ‚Kuss‘,
pon ‚stelle‘ – *con* ‚mit‘,   *falta* ‚Fehler‘ – *salta* ‚springe‘,   *llave* ‚Schlüssel‘ – *nave* ‚Schiff‘
casa ‚Haus‘ – *tasa* ‚Gebühr‘,   *cama* ‚Bett‘ – *caña* ‚Rohr‘,   etc.

In einem Wort wie *socialismo* kann das Phonem /s/ (fett markiert) stimmhaft (also [z]) oder stimmlos (also [s]) realisiert werden, ohne dass sich hierbei die Wortbedeutung ändert. Mit anderen Worten: Obwohl [s] und [z] in derselben Umgebung vorkommen, bilden sie kein Minimalpaar. Die Unterscheidung zwischen [s] und [z] ist für die meisten Varietäten des Spanischen keine relevante Information, da sie nicht zum Bedeutungsunterschied führt. Beide Phone sind Allophone eines Phonems /s/, die in freier Variation vorkommen können. Die Phonologie abstrahiert also von denjenigen Lautunterschieden, die in einem gegebenen Sprachsystem nicht zu Bedeutungsunterschieden führen.

Freie Variation

Kommen Laute in derselben Umgebung vor, ohne einen Bedeutungsunterschied hervorzurufen, stehen sie in freier Variation zueinander (verschiedene Aussprachen desselben Wortes).

Phonem	Allophon	Umgebung	
/s/	[s]	[soθjali___mo]	*‹socialismo›*
	[z]	[soθjali___mo]	*‹socialismo›*

In den Wörtern *casa* und *pasa* kommen die Laute [k] und [p] zwar auch in derselben Umgebung vor, die Wortbedeutung ist allerdings eine andere. Somit können die Laute nicht frei vertauscht werden, sondern sind kontrastiv verteilt. Dies bedeutet zugleich, dass es nicht Allophone desselben Phonems sein können, sondern auf zwei unterschiedliche Phoneme zurückgehen.

Kontrastive Distribution

Kommen Laute in derselben Umgebung vor und bilden Minimalpaare (einen Kontrast), dann sind sie kontrastiv distribuiert. Diese Laute haben eine bedeutungsunterscheidende Funktion, d.h. sie tragen relevante phonologische Information.

Phonem	Allophon	Umgebung
/k/	[k]	[__ asa]
/p/	[p]	[__ asa]

Betrachten wir nun die folgenden Beispiele: *lata*, *alzar* und *alto*. Wenn wir diese Wörter ganz bewusst artikulieren, können wir erkennen, dass das /l/ in den drei Wörtern leicht variiert. Diese Variation der Sprachlaute ist nicht willkürlich, sondern kontextbedingt: je nachdem, in welcher Umgebung /l/ vorkommt, wird es anders ausgesprochen. Diese Variation können wir vorhersagen. Hierfür müssen wir die verschiedenen Umgebungen betrachten, in denen das Phonem vorkommt: In *lata* steht /l/ im absoluten Anlaut (am Anfang des Wortes) und wird als [l] realisiert. Bei *alzar* kommt /l/ vor dem konsonantischen, interdentalen Laut /θ/ vor. Dieser beeinflusst den Artikulationsort von /l/, daher wird auch er interdental artikuliert [l̪]. Steht /l/ vor einem konsonantischen, dentalen Laut wie z.B. /t/ in *alto*, dann nimmt es diesen Artikulationsort an, und man benutzt die dentale Variante [l̪]. Die Variationen bzw. die Allophone des Phonems /l/ sind also vorhersagbar.

Die Frage ist nun, ob diese Variation für das Sprachsystem relevant ist. Aufgrund der sich ergänzenden Verteilung (Distribution) können die verschiedenen L-Laute niemals in Opposition zueinander stehen, d.h. man findet keine Minimalpaare, in denen die Ersetzung eines der drei L-Allophone durch ein anderes einen Bedeutungsunterschied hervorrufen würde. Mit anderen Worten: Das eine Allophon kommt nur da vor, wo das andere nicht vorkommt. Diese sich gegenseitig ausschließende Verteilung wird als komplementäre Distribution bezeichnet. Die konkrete Realisierung wird durch Faktoren der so genannten Koartikulation bedingt, d.h. Laute, die hintereinander artikuliert werden, beeinflussen sich gegenseitig. Da man vorhersagbare Informationen dieser Art durch phonologische Regeln erfassen kann, müssen die einzelnen Allophone nicht explizit im Sprachsystem angenommen werden. In stark vereinfachter Form sieht eine solche Regel, die zum sprachlichen Wissen von Muttersprachlern gehört, folgendermaßen aus:

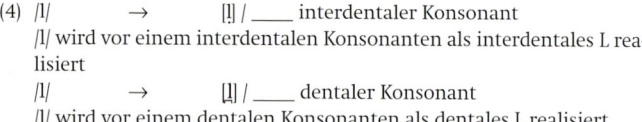

(4) /l/   →   [l̪] / ____ interdentaler Konsonant
/l/ wird vor einem interdentalen Konsonanten als interdentales L realisiert

/l/   →   [l̪] / ____ dentaler Konsonant
/l/ wird vor einem dentalen Konsonanten als dentales L realisiert

Das Phonem /l/ ist der Input für die Regel, die Allophone [l̪] bzw. [l̪] bilden den Output. Der Pfeil bedeutet ‚wird realisiert als‘ und der Schrägstrich ‚in der Umgebung‘. Die Information nach dem Schrägstrich gibt dann die entsprechende Umgebung an: Der horizontale Strich kennzeichnet die Stelle, an der sich /l/ befindet, die Information danach beschreibt den darauf folgenden Laut (hier einen interdentalen bzw. dentalen Konsonanten) (vgl. Hall 2000: 73ff.).

Komplementäre Distribution

Kommen Laute in verschiedenen Umgebungen vor, so dass sie nie miteinander kontrastieren können, dann sind diese komplementär distribuiert. Aufgrund der unterschiedlichen Umgebungen kann man vorhersagen, wann welcher Laut vorkommt, d.h. es handelt sich um vorhersagbare Varianten (Allophone) desselben Phonems, die nur auf der konkreten Ebene erscheinen.

Phonem	Allophon	Umgebung
	[l̪]	vor interdentalen Lauten
/l/	[l̪]	vor dentalen Lauten
	[l]	z.B. im absoluten Anlaut

Phonem und Allophon

Obige Ausführung lässt nachstehende Folgerung zu: Phoneme sind abstrakte Einheiten auf der Ebene des Sprachsystems, d.h. Phoneme sind die mentale Repräsentation von Sprachlauten und können weder gemessen noch gehört werden. Diese abstrakten Einheiten haben entweder nur eine konkrete Realisierung oder sie können unterschiedlich realisiert werden. Man sagt in diesen Fällen: Sie können verschiedene Allophone haben. Allophone tragen zum Teil redundante Information, die weitgehend durch Regeln vorhersagbar ist, da sie sich aus der jeweiligen Umgebung ergibt, in der ein Laut vorkommt.

Distinktivität der Sprachlaute

| 2.4.2

Im Folgenden betrachten wir das Minimalpaar *peso – beso* etwas genauer. Unter Zuhilfenahme der in Unterkapitel 2.3 behandelten Eigenschaften kann man das Phonem /p/ als bilabialen, stimmlosen, plosiven und /b/ als bilabialen, stimmhaften, plosiven Konsonanten beschreiben. Dies wird sprachwissenschaftlich in der Regel etwas formaler ausgedrückt:

Die phonologischen Merkmale

(5) /p/ [+konsonantisch], [+bilabial], [-stimmhaft] etc.
/b/ [+konsonantisch], [+bilabial], [+stimmhaft] etc.

Die in Klammern gesetzten Ausdrücke werden als Merkmale bezeichnet. Phonologisch betrachtet sind nur die unterschiedlichen Merkmale (distinktiven Merkmale; sp. *rasgos distintivos*) relevant. Das Merkmal [+bilabial] – das ja beide Phone haben – trägt z.B. nichts zum Bedeutungsunterschied zwischen *peso – beso* bei. Der phonologisch relevante Unterschied der Phoneme /p/ und /b/ liegt in ihrer Stimmhaftigkeit: /p/ ist [-stimmhaft] und /b/ ist [+stimmhaft]. Stimmhaftigkeit ist also ein distinktives Merkmal (sp. *rasgo distintivo*), anhand dessen man /p/ von /b/, aber auch /t/ von /d/ und /k/ von /g/ unterscheiden kann. Wir können aus diesen Beispielen schließen, dass streng genommen nicht die Phoneme, sondern die phonologischen Merkmale die kleinste und grundlegende Einheit der phonologischen Analyse sind. Im Folgenden werden die wichtigsten phonologischen Merkmale für das Spanische kurz aufgelistet (vgl. Hall 2000: 101ff.):

phonologische Merkmale

1. **konsonantisch** (sp. *consonántico*): konsonantische Laute werden mit einer Verengung im Ansatzrohr artikuliert, nichtkonsonantische Laute werden ohne eine solche Verengung produziert.
   [+kons]: Obstruenten, Liquide und Nasale
   [-kons]: Vokale und Glides

2. **sonorantisch** (sp. *sonante*): Sonoranten sind spontan stimmhaft, d.h. die Stimmbänder vibrieren automatisch. Bei den Obstruenten ist hingegen sowohl eine stimmhafte als auch eine stimmlose Artikulation möglich. Die Sonorität (Schallfülle) bildet eine gleitende Skala (vgl. Abbildung 5 im Unterkapitel 2.4.3).
   [+son]:   Vokale, Nasale, Liquide und Glides
   [-son]:   Obstruenten

3. **kontinuierlich** (sp. *continuo*): ein nicht-kontinuierlicher Laut weist einen kompletten Verschluss im Oraltrakt auf, der vermeidet, dass die Luft kontinuierlich aus dem Mund entweichen kann.
   [+kont]:   Frikative, Liquide, Glides und Vokale
   [-kont]:   Plosive und Nasale (die Affrikaten beginnen mit einem [-kont]-Laut, enden jedoch auf einem [+kont]-Laut).

4. **approximantisch** (sp. *aproximante*): verlässt der Luftstrom ohne einen totalen Verschluss oder eine starke Verengung den Mund, dann handelt es sich um einen [+appr]-Laut.
   [+appr]:   Laterale, Vokale, Gleitlaute und r̄
   [-appr]:   Plosive, Frikative, Affrikaten, Nasale und r

5. **stimmhaft** (sp. *sonoro*): bei den stimmhaften Lauten ist die Öffnung zwischen den Stimmlippen so schmal, dass der vorbeiziehende Luftstrom sie zum Vibrieren bringt. Bei den stimmlosen ist die Glottis so weit geöffnet, dass es zu keiner Vibration kommt.
   [+stimm]: alle Sonoranten sowie b, d, ɟ und g
   [-stimm]: p, t, k, f, θ, s und x

6. **labial** (sp. *labial*): bei der Artikulation von labialen Lauten sind die Lippen beteiligt.
   [+lab]:   p, b, f, m, w und gerundete Vokale
   [-lab]:   alle anderen Laute

7. **nasal** (sp. *nasal*): bei den nasalen Lauten kann die Luft durch die Nasenhöhle (sp. *cavidad nasal*) entweichen, da das Gaumensegel gesenkt ist.
   [+nas]:   m, n, ɲ, ŋ
   [-nas]:   alle anderen Laute

8. **koronal** (sp. *coronal*): koronale Laute zeichnen sich dadurch aus, dass sie mit dem Zungenkranz (d.h. Zungenspitze und Zungenblatt) artikuliert werden.
   [+kor]:   interdentale, apikodentale, alveolare, postalveolare und palatale Laute
   [-kor]:   labiale und velare Laute

9. **anterior** (sp. *anterior*): dieses Merkmal betrifft nur die [+kor]-Laute und wird daher in Tabelle 3 nur bei diesen Lauten

berücksichtigt. Wird die Zunge in Richtung oder bis zu den Alveolen oder den oberen Schneidezähnen gehoben, dann ist der Laut [+ant]. Liegt die Artikulationsstelle jedoch hinter den Alveolen, d.h. am harten Gaumen, dann ist der Laut [-ant].

[+ant]:   interdentale, apikodentale und alveolare Laute
[-ant]:   postalveolare und palatale Laute

10. **strident** (sp. *estridente*): dieses Merkmal betrifft nur frikative Laute. Frikative, die das Merkmal [+str] aufweisen, sind geräuschvoller als solche, die mit [-str] beschrieben werden.

[+str]:   f, s, (ʒ)
[-str]:   alle anderen Frikative

11. **lateral** (sp. *lateral*): bei den lateralen Lauten strömt die Luft seitlich an der Zunge vorbei anstatt über die Zunge wie bei den nicht-lateralen Lauten.

[+lat]:   l, ʎ
[-lat]:   alle anderen Laute

Die Kombination dieser Merkmale ergibt unten stehende Merkmalsmatrix für die spanischen konsonantischen Phoneme:

Tabelle 3: Merkmalsmatrix für die konsonantischen Phoneme des Spanischen

	p	b	t	d	k	g	f	θ	s	ɟ	x	tʃ	m	n	ɲ	ŋ	l	ʎ	r	r̄	w	j
kons	+	+	+	+	+	+	+	+	+	+	+	+	+	+	+	+	+	+	+	+	−	−
son	−	−	−	−	−	−	−	−	−	−	−	−	+	+	+	+	+	+	+	+	+	+
kont	−	−	−	−	−	−	+	+	+	+	+	±	−	−	−	−	+	+	+	+	+	+
appr	−	−	−	−	−	−	−	−	−	−	−	−	−	−	−	−	+	+	−	+	+	+
stimm	−	+	−	+	−	+	−	−	−	+	−	−	+	+	+	+	+	+	+	+	+	+
lab	+	+	−	−	−	−	+	−	−	−	−	−	+	−	−	−	−	−	−	−	+	−
nas	−	−	−	−	−	−	−	−	−	−	−	−	+	+	+	+	−	−	−	−	−	−
kor	−	−	+	+	−	−	−	+	+	+	−	+	−	+	+	−	+	+	+	+	−	+
↓	↓		↓	↓	↓	↓	↓					↓		↓	↓		↓	↓	↓	↓		↓
ant			+	+				+	+	−				+	−		+	−	+	+		−
str							+	−	+	−	−											
lat	−	−	−	−	−	−	−	−	−	−	−	−	−	−	−	−	+	+	−	−	−	−

Die Merkmalsmatrix der spanischen Vokalphoneme kann vereinfacht folgendermaßen dargestellt werden:

Tabelle 4: Merkmalsmatrix der spanischen Vokalphoneme					
	i	e	a	o	u
kons	–	–	–	–	–
son	+	+	+	+	+
kont	+	+	+	+	+
hoch	+	–	–	–	+
tief	–	–	+	–	–
hinten	–	–	–	+	+

Natürliche Klassen   Mit den phonologischen Merkmalen möchte man nicht die mehr oder weniger exakte Beschreibung eines Lautes ermöglichen, sondern den Kontrast zwischen bestimmten Lauten bzw. zwischen bestimmten Lautgruppen ausdrücken. Aus diesen Gründen bedient man sich in der Phonetik und Phonologie teilweise unterschiedlicher Merkmale. Weiterhin erlauben die phonologischen Merkmale, verschiedene Laute, die von ein und demselben phonologischen Prozess betroffen sind, in so genannte natürliche Klassen zusammenzufassen, und ermöglichen somit bestimmte Generalisierungen.

Betrachten wir zum leichteren Verständnis das deutsche Beispiel der so genannten Auslautverhärtung: Die Phoneme /b d g v z ʒ/ werden im Deutschen, wenn sie im Auslaut (#) stehen, desonorisiert (stimmhaft → stimmlos). Hierfür können wir vorläufig folgende Regel aufstellen (vgl. Hall 2000: 102f.):

(6) /b d g v z ʒ/   →   [p t k f s ʃ]/ __ #

Die Gruppe der von dieser Regel betroffenen Phoneme ist keine willkürliche Auswahl von Lauten, sondern bildet eine natürliche Klasse, die man durch folgende Merkmale charakterisieren kann: [-son, +stimm] (= stimmhafte Obstruenten). Wir ersetzen obige Regel durch folgende:

(7) [-son, +stimm]   →   [-stimm] / __ #
     Stimmhafte Obstruenten werden im Auslaut desonorisiert, d.h. der Output der Regel sind stimmlose Obstruenten.

Suprasegmentale Struktur | 2.4.3

Bisher haben wir ausschließlich die einzelnen Sprachlaute (Segmente) und ihre Artikulation analysiert. Doch die Artikulation einer komplexeren Einheit (Wörter, Phrasen etc.) ist mehr als die bloße Aneinanderreihung einzelner Laute. Es gibt eine Reihe von Eigenschaften (Betonung, Intonation etc.), die sich ‚oberhalb' der Segmente befinden, auf der so genannten suprasegmentalen Ebene. Die Silbe ist eine auf dieser Ebene existierende Einheit. Intuitiv können wir (im Normalfall) die genaue Silbenzahl von Wörtern korrekt angeben. Das spanische Wort *amigos* besteht z.B. aus drei Silben, nämlich *a.mi.gos* (der Punkt steht für die Silbengrenze). Jede dieser Silben beinhaltet einen Vokal, der in

der Silbenstruktur eine zentrale Rolle spielt. Bei Vokalen ist die Schallfülle (Sonorität; sp. *sonoridad*) am höchsten; sie bilden einen so genannten Schallfüllgipfel, und die Anzahl der Schallfüllgipfel stimmt in der Regel mit der Silbenanzahl in einem Wort überein.

Laute unterscheiden sich also nicht nur durch die bisher besprochenen Qualitäten, sondern weisen jeweils eine unterschiedliche Schallfülle auf. Die unterschiedliche Sonorität der Laute kann durch folgende Skala dargestellt werden:

| Abb. 5

Sonoritätsskala der spanischen Phoneme

Plosive		Frikative		Nasale	Liquide	Glides	Vokale	
[-stimm]	[+stimm]	[-stimm]	[+stimm]				hohe	tiefe
p	b	f	ɟ	m	l	w	i	a
t	d	θ		n	ʎ	j	u	
k	g	s		ɲ	r			
		x		ŋ	r̄			

zunehmende Sonorität →

Die Kombination der verschiedenen Phoneme miteinander ergibt infolgedessen ein Auf und Ab in der Sonorität. Betrachten wir hierfür noch einmal das Beispiel *amigos*:

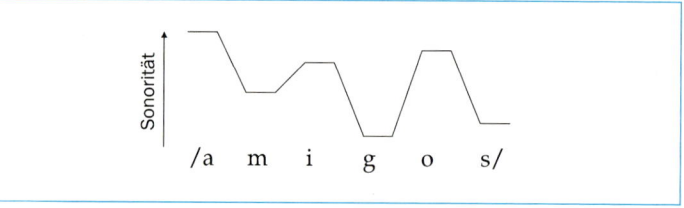

Abb. 6

In Abbildung 6 werden die drei Schallfüllgipfel jeweils von einem Vokal gebildet. Die Anzahl der Schallfüllgipfel stimmt mit der Silbenzahl überein. Wo liegen jedoch die Silbengrenzen? Warum syllabifizieren wir *amigos* nicht in *am.ig.os* oder *a.mig.os*? Warum ist *pflka* keine mögliche Silbe im Spanischen? Wie viele Elemente kann eine Silbe enthalten? Welche Phoneme können hierbei nebeneinander stehen? Solche Fragen führten u.a. dazu, dass man der Silbe eine innere Struktur zugesprochen hat, die wir im Folgenden betrachten werden.

Die einsilbigen Wörter *plan*, *gran*, *pan* reimen sich, obschon die Silben jeweils unterschiedlich sind. Allerdings ist nur der jeweilige Laut am Anfang der Silbe (Ansatz, Onset, sp. *ataque*) ein anderer. Bei der Silbenstruktur unterscheidet man daher in einem ersten Schritt zwischen dem so genannten Onset und dem Reim (sp. *rima*). Der Reim beginnt beim silbenbildenden Vokal, der den Nukleus (Kern, sp. *núcleo*) der Silbe bildet, und endet mit der so genannten Koda (Schluss, sp. *coda*), also mit den Konsonanten, die nach dem Vokal stehen. Für *pan* ergibt sich folgende Silbenstruktur:

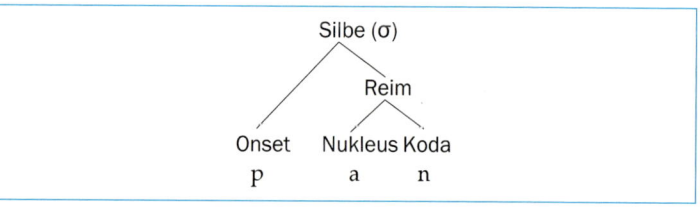

Abb. 7

Die letzte Silbe von *amigos* entspricht der Silbenstruktur in Abbildung 7: /g/ ist im Onset der Silbe, /o/ und /s/ bilden den Reim, wobei /o/ der Nukleus und /s/ die Koda ist. Bei der Silbe *mi* ist jedoch keine Koda vorhanden, während bei der Silbe *a* sogar Onset und Koda fehlen. Der Nukleus einer Silbe ist obligatorisch, indes sind sowohl der Onset als auch die Koda fakultativ, d.h. sie können, müssen aber nicht vorhanden sein. Je nachdem, ob eine Koda vorhanden ist oder nicht, unterscheidet man zwischen geschlossener (mit Koda) und offener Silbe (ohne Koda). Eine Silbe, die nur aus einem Nukleus besteht, wird als nackte Silbe bezeichnet. Für *amigos* ergibt sich demnach folgende Silbenstruktur:

Offene, geschlossene und nackte Silbe

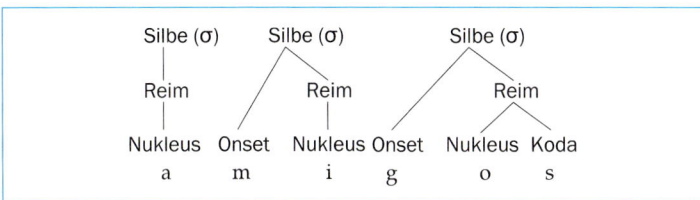

Abb. 8

Der Nukleus (Silbenkern) der meisten Silben ist ein Vokal. In manchen Sprachen, wie z.B. dem Deutschen, können weiterhin auch bestimmte Konsonanten den Nukleus bilden: *fließen* [fli:.sn̩], *Gabel* [ga:.bl̩] etc. (l̩ zeigt an, dass der betroffene Laut silbenbildend ist). Im Spanischen wird hingegen ein Wort wie z.B. *canten* stets als [kan.ten] realisiert, nicht *[kan.tn̩].

Silbenkerngesetz

Der Onset (Silbenanlaut) kann einfach sein oder aus einer Konsonantenkombination bestehen, z.B. *plan*. Hier bilden /p/ und /l/ gemeinsam den Onset. Bei den Onset-Konsonanten gibt es sprachspezifische Restriktionen, die zum einen die Anzahl und zum anderen die Kombination der möglichen Konsonanten betreffen. In manchen Sprachen liegt die Höchstzahl von Konsonanten im Onset bei vier (z.B. Polnisch), bei anderen ist höchstens ein Konsonant erlaubt (z.B. Hawaiianisch). Das Spanische und auch das Deutsche gehören zu den Sprachen, die höchstens zwei bis drei Konsonanten im Silbenanlaut zulassen. Da es keine Sprache gibt, die keinen Konsonanten im Onset zulässt, geht man davon aus, dass ein Konsonant im Onset der Silbe (also die Struktur CV (C = Konsonant, V = Vokal)) der ‚Normalfall‘ (der unmarkierte Fall) ist (vgl. hierzu Hall 2000: 214f.).

Silbenanlautgesetz

Sprachen wie z.B. das Hawaiianische lassen keinen Konsonanten in der Koda zu, d.h. sie

Hinweis

Das Konzept der Markiertheit beschränkt sich nicht nur auf die lautlichen Aspekte von Sprache, sondern gilt gleichermaßen für andere Aspekte. Unmarkierte Einheiten werden durch einfachere Mittel ausgedrückt, weisen eine größere Texthäufigkeit auf, sind in den Sprachen der Welt häufiger vertreten und werden beim Spracherwerb früher erworben. Man geht davon aus, dass der Markiertheitswert mit der kognitiven Einfachheit bzw. Komplexität korreliert (vgl. Bußmann ²1990: 468f.).

Silbenauslautgesetz   haben nur offene Silben. Die Höchstzahl der möglichen Konsonanten in der Koda (Silbenauslaut) liegt in anderen Sprachen bei vier oder fünf (z.B. dt. *Herbsts* [hɛʀpsts]), wobei all diese Sprachen auch offene Silben aufweisen. Hiervon leitet man das Gesetz ab, dass offene Silben unmarkierter sind als geschlossene (je mehr Konsonanten in der Koda, desto markierter). Im Spanischen sind zwar Koda-Konsonanten möglich, es existiert allerdings eine starke Präferenz für offene Silben.

Folgende Tabelle zeigt in zusammengefasster Form die drei Silbengesetze:

Tabelle 5

Silbenanlautgesetz	Silbenkerngesetz	Silbenauslautgesetz
CV ist weniger markiert als V, CV weniger als CCV, CCV weniger als CCCV etc.	Vokale sind als Nukleus weniger markiert als Sonoranten.	CV ist weniger markiert als CVC, CVC weniger als CVCC, CVCC weniger als CVCC etc.

Onset-Maximierung   Aus diesen universalen Silbengesetzen lässt sich vor allem ein wichtiges Prinzip ableiten, die so genannte Onset-Maximierung (engl. *maximal onset principle*), die für die Silbifizierung eine zentrale Rolle spielt. Aus Tabelle 5 wird deutlich, dass sowohl beim Silbenanlaut- als auch beim Silbenauslautgesetz die Struktur CV die weniger markierte ist. Liegt nun eine Abfolge VCV vor, dann silbifiziert man V.CV und nicht etwa *VC.V. Diese Silbifizierung ist universell, d.h. in allen Sprachen gleich. Das spanische Wort *cama* wird demnach in /ka.ma/ und nicht */kam.a/ silbifiziert. Dies lässt sich allgemeiner durch folgende Regel ausdrücken:

Regel 1

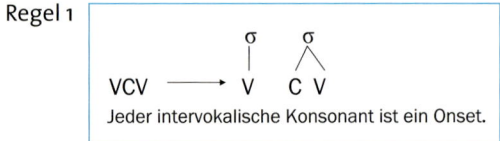

Jeder intervokalische Konsonant ist ein Onset.

Die Generalisierung, die man aus dieser Silbifizierung ableitet, lautet in vereinfachter Form: Nimm jedes V als Nukleus, assoziiere die Konsonanten links davon mit dem Onset, wenn die Konsonantenverbindung möglich ist, und verknüpfe schließlich die Konsonanten rechts davon als Koda. Mit anderen Worten: Zuerst wird der größtmögliche Onset gebildet (Onset-Maximierung) und dann die Koda. Konsonantenkombinationen, die im Anlaut eines Wortes vorkommen, sind notwendigerweise mögliche Kombinationen für den Onset. Im Spanischen findet man folgende Gruppen:

(8) /pr/ *práctica*   /pl/ *plástico*   /br/ *brazo*   /bl/ *blanco*
    /tr/ *trasladar*   /tl/ *tlacote*   /dr/ *droga*   – – –
    /kr/ *cruce*   /kl/ *claro*   /gr/ *grande*   /gl/ *globo*
    /fr/ *fresco*   /fl/ *fleco*

Bei den hier aufgeführten Konsonantenkombinationen handelt es sich stets um die Verbindung „Obstruent + Liquid" (traditionell auf Lateinisch als *muta cum liquida* bezeichnet). Bei Wörtern wie z.B. *atrás, deprisa, agradecer, aplastar, aclarar* und *africano* müssen, dem Prinzip der Onset-Maximierung entsprechend, die Konsonantenkombinationen *-tr-, -pr-, -gr-, -pl-, -cl-* und *-fr-* den Onset der Silbe bilden. Wir schreiben folgende Regel:

Regel 2

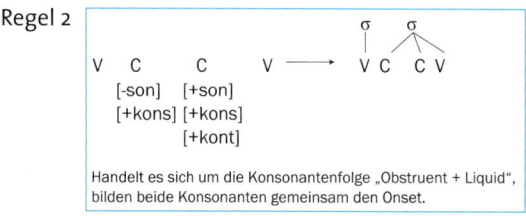

Handelt es sich um die Konsonantenfolge „Obstruent + Liquid", bilden beide Konsonanten gemeinsam den Onset.

Die Merkmale [-son] und [+kons] fassen alle Obstruenten zu einer natürlichen Klasse zusammen. Die Merkmale [+son], [+kons] und [+kont] erfassen hingegen alle Liquide (vgl. Tabelle 3).

Die Silbifizierungsregel (2) gilt nicht für Wörter wie z.B. *alto, árbol, algo* etc., denn hier ist die Abfolge Liquid + Obstruent. Solche und andere Konsonantenkombinationen bilden im Spanischen keinen möglichen Onset, d.h. man findet auch keine Wörter, die mit diesen Lautkombinationen beginnen. Daher bildet in diesen Fällen der eine Konsonant die Koda der Silbe und der andere den Onset der nächsten Silbe. Die Regel lautet folgendermaßen:

Regel 3

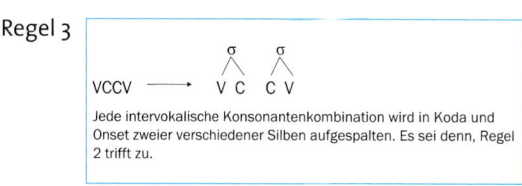

Jede intervokalische Konsonantenkombination wird in Koda und Onset zweier verschiedener Silben aufgespalten. Es sei denn, Regel 2 trifft zu.

Das Gesagte gilt auch für Abfolgen mit mehr als zwei Konsonanten. So wird z.B. *entrevista* in *en.tre.vis.ta* silbifiziert, da *-ntr-* im Spanischen kein möglicher Onset ist. Im Gegensatz zum Deutschen ist im Spanischen die Konsonantenkombination *-st-* im Onset nicht möglich: vgl. dt. *Instrument* = *In.stru.ment* vs. sp. *instrumento* = *ins.tru.men.to*. Die oben aufgeführten Silbifizierungsregeln (1-3) gelten auch über die Wortgrenze hinaus. So wird beispielsweise *los amigos* wie folgt syllabifiziert: /lo.sa.mi.gos/ und nicht */los.a.mi.gos/*.

Der prosodische und der orthographische Akzent

Neben der Silbe zählt man auch den Akzent zu der suprasegmentalen Struktur. Man unterscheidet u.a. zwischen dem prosodischen und dem orthographischen Akzent (sp. *acento prosódico* und *acento ortográfico*). Der prosodische Akzent bezieht sich auf die Betonung und liegt auf der Silbe, die relativ zu den anderen Silben in einem Wort stärker hervorgehoben wird. Alle Substantive, Adjektive, Adverbien und Verben haben einen prosodischen Akzent. Der bestimmte Artikel, die Präpositionen und manche Pronomina (die unbetonten Pronomina, sp. *pronombres átonos*) haben keinen prosodischen Akzent. Der orthographische Akzent ist eine graphische Markierung, die die Rechtschreibung bei manchen Silben vorschreibt, die einen prosodischen Akzent tragen. Der prosodische Akzent wird jedoch nicht immer in der Rechtschreibung markiert.

Oftmals wird der orthographische Akzent zur Unterscheidung von ansonsten homographen (‚gleiche Schreibung‘) Wörtern verwendet: *más* ‚mehr‘ vs. *mas* ‚aber‘, *qué* ‚was‘ vs. *que* ‚dass‘, *sólo* ‚nur‘ vs. *solo* ‚alleine‘ etc.

Der prosodische Akzent kann im Spanischen nur auf eine der letzten drei Silben fallen. Wörter wie sp. *recordándomelo* scheinen zunächst eine Ausnahme zu bilden. Hier ist es allerdings so, dass die unbetonten Pronomina (*me* und *lo*), da eben nicht betonbar, bei der prosodischen Akzentzuweisung nicht mitgezählt werden. Je nachdem, welche Silbe betont wird, ergeben sich die folgenden drei Akzentuierungen:

- **Oxytonon** (sp. *palabra aguda*): die letzte Silbe wird betont, z.B. can**ción**, univer**sidad**, man**dar**, man**dó**.
- **Paroxytonon** (sp. *palabra llana*): die zweitletzte Silbe wird betont, z.B. **á**gil, **bue**no, **ár**bol.
- **Proparoxytonon** (sp. *palabra esdrújula*): die vorvorletzte Silbe wird betont, z.B. re**pú**blica, ar**tís**tico.

Der Wortakzent hat im Spanischen häufig bedeutungsunterscheidende Funktion. So unterscheiden sich die beiden Verbformen *canto* und *cantó* einzig durch ihre Betonung. Diese distinktive Funktion kann nicht durch Regeln vorhergesagt werden. In der Transkription wird der Akzent durch ein Hochkomma vor der betonten Silbe markiert: *canto* [ˈkan̪to] vs. *cantó* [kan̪ˈto].

Durch die Akzentuierung kann auch eine Emotion des Sprechers zum Ausdruck gebracht werden. Hier spricht man dann von einem Insistenz-Akzent. Betrachten wir folgendes Beispiel:

Der Insistenz-Akzent

(9) a. *impo**si**ble*   prosodischer Akzent
  b. ***im**posible*   Insistenz-Akzent

In (9a) fällt der prosodische Akzent auf die zweitletzte Silbe. Möchte der Sprecher der Tatsache, dass er etwas als unmöglich erachtet, Nachdruck verleihen, kann er dies tun, indem er die eigentlich nicht betonbare Silbe /im/ von *imposible* betont.

Weitere Suprasegmentalia, auf die wir nur kurz eingehen werden, sind z.B. die Intonation, die Quantität und der Rhythmus. Die Intonation (Satzmelodie) ermöglicht uns z.B., zwischen einem Aussagesatz (fallende Intonation) und einem Fragesatz (steigende Intonation) zu unterscheiden. Man kann durch verschiedene Intonationen zudem die ganze Bandbreite der Emotionen ausdrücken. In diesem Sinne ist auch die Intonation phonologisch relevant. Im Unterkapitel 2.3.3 wurde bereits darauf hingewiesen, dass im Deutschen die Vokalquantität zur Differenzierung von Bedeutungen dient (*biete* vs. *bitte*, *bete* vs. *bette* etc.). Die Quantität eines Lautes zählt man deshalb zu den Suprasegmentalia, weil sie nicht an sich, sondern nur relativ zur Länge der benachbarten Laute ermittelt werden kann. Je nach Sprechtempo, Emphase etc. kann sie variieren. Dies gilt selbstverständlich auch im Spanischen, obwohl hier die Vokale in der Regel kurz sind. Der Begriff *Rhythmus* bezieht sich auf die zeitliche Gliederung lautsprachlicher Äußerungen. Im Deutschen wird der Rhythmus durch die Betonung bestimmt, im Spanischen hingegen durch die Silben, d.h. für die Bestimmung des Rhythmus bzw. für die zeitliche Gliederung liegen unterschiedliche Gliederungseinheiten vor. Abercrombie (1967) unterscheidet zwischen silbenzählenden (z.B. die romanischen Sprachen) und betonungszählenden Sprachen (z.B. die germanischen Sprachen). In den romanischen Sprachen werden alle Silben in etwa gleichen Zeitabständen artikuliert; in den germanischen Sprachen liegt die Tendenz

Intonation

Quantität

Rhythmus

hingegen darin, die jeweils akzentuierten Silben in regelmäßigen Abständen zu artikulieren, wobei dazwischenliegende Silben abgeschwächt werden.

Zusammenfassung

Die Phonologie analysiert Laute im Hinblick auf ihre Funktion in einem gegebenen Sprachsystem (Phoneme, sp. *fonemas*), während die Phonetik die physikalischen Aspekte von Phonen (sp. *fonos*) behandelt, d.h. die ‚materielle', messbare Seite von Sprachlauten. Um die beiden Ebenen (abstrakt/konkret) bei der Transkription auseinander halten zu können, notiert man Phoneme in Schrägstrichen (z.B. /p/) und Phone in eckigen Klammern (z.B. [p]). Da es keine Eins-zu-eins-Relation zwischen Schreibung und Aussprache gibt, benutzt man weiterhin ein Schriftsystem, mit dem man jeden Laut unmissverständlich darstellen kann, z.B. das Internationale Phonetische Alphabet (IPA, sp. AFI). – Die Konsonanten werden phonetisch nach ihrer Stimmhaftigkeit, ihrem Artikulationsort und ihrer Artikulationsart klassifiziert. Relevant für die spezifische Klangfarbe der spanischen Vokale ist die Stellung der Zunge, der Öffnungsgrad des Mundes und die Lippenrundung. Zusätzlich zu den fünf Vokalen verfügt das Spanische über vier Gleitlaute (Halbvokale bzw. -konsonanten), die weder reine Vokale noch reine Konsonanten sind. – Als eine geeignete Methode zur Ermittlung der phonologisch relevanten Information bzw. der bedeutungsunterscheidenden Funktion von Lauten wurde die Minimalpaarbildung vorgestellt. Hierbei wurde die Unterscheidung zwischen Phonem und Allophon (Realisierungen eines Phonems) eingeführt. Allophone tragen zum Teil redundante Information, die unter Berücksichtigung der Umgebung, in der sie stehen, weitgehend durch Regeln vorhersagbar ist. Man unterscheidet die folgenden Distributionen: kontrastive Distribution, komplementäre Distribution und freie Variation. – Die kleinste und grundlegende Einheit der phonologischen Analyse sind die phonologischen Merkmale, die in einer Merkmalsmatrix aufgeführt werden können. Weiterhin gibt es eine Reihe von Eigenschaften (Betonung, Intonation etc.), die sich ‚oberhalb' der Segmente befindet, auf der so genannten suprasegmentalen Ebene. Die Silbe, deren Struktur ausführlicher beschrieben wurde, ist eine auf dieser Ebene angesiedelte Einheit. Die Akzentuierung und die Intonation, die beide phonologisch relevant sind, werden ebenfalls zu den Suprasegmentalia gezählt.

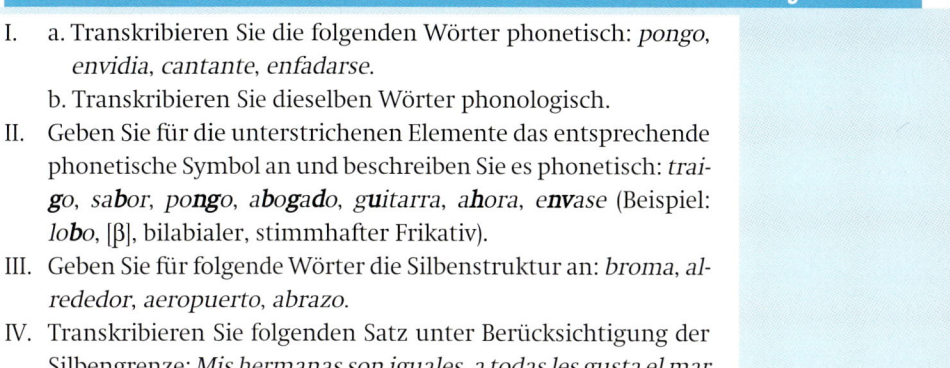

I.   a. Transkribieren Sie die folgenden Wörter phonetisch: *pongo*,
     envidia, *cantante*, *enfadarse*.

     b. Transkribieren Sie dieselben Wörter phonologisch.

II. Geben Sie für die unterstrichenen Elemente das entsprechende
     phonetische Symbol an und beschreiben Sie es phonetisch: *trai-
     go*, *sabor*, *pongo*, *abogado*, *guitarra*, *ahora*, *envase* (Beispiel:
     lobo, [β], bilabialer, stimmhafter Frikativ).

III. Geben Sie für folgende Wörter die Silbenstruktur an: *broma*, *al-
     rededor*, *aeropuerto*, *abrazo*.

IV. Transkribieren Sie folgenden Satz unter Berücksichtigung der
     Silbengrenze: *Mis hermanas son iguales, a todas les gusta el mar
     azul.*

Morphologie

Wörter sind nicht die kleinsten sprachlichen Zeichen. Sie sind häufig aus kleineren zeichenartigen Elementen zusammengesetzt, die jeweils eine Bedeutung bzw. eine Funktion tragen. Solche Elemente nennt man in der Linguistik Morpheme. Die Morphologie ist diejenige Teildisziplin der Linguistik, die sich mit dem strukturellen Aufbau von Wörtern beschäftigt. Im ersten Teil dieses Kapitels wird der Begriff *Wort* genauer definiert und das Konzept der bedeutungs- oder funktionstragenden Bestandteile von Wörtern dargelegt. Nach einem allgemeinen Teil zur Wortstruktur folgt die Vorstellung der verschiedenen Morphemtypen. Abschließend werden Sie in die verschiedenen Verfahren der Morphologie (Flexion, Derivation und Komposition) eingeführt, lernen deren Besonderheiten kennen und können anhand von ausgewählten Wortbeispielen die Wortstruktur nachvollziehen.

Grundlagen

| 3.1

Grundsätzlich bereitet es uns keine Schwierigkeiten zu entscheiden, wie viele Wörter in Beispiel (1) enthalten sind:

(1) *Le quiero comprar este libro a Mónica.*

Durch die Konvention, dass Wörter orthographisch durch eine Leerstelle voneinander getrennt werden, gelangen wir problemlos zu dem Schluss, dass (1) aus sieben Wörtern besteht. Doch verliert dieses im ersten Moment sinnvoll erscheinende Kriterium schnell an Aussagekraft, wenn wir die Beispiele in (2) betrachten:

Orthographisches Wort

(2) a. *Se lo quiero comprar.*
  b. *Quiero comprarselo.*

In (2) wurden die Objekte von (1) durch so genannte klitische Pronomina (sp. *pronombres átonos* oder *clíticos*) ersetzt: *lo* ersetzt *el libro* und *se* ersetzt *a Mónica*. Klitische Pronomina, die dem Verb vorausgehen, werden von diesem durch eine Leerstelle abgetrennt;

Morphosyntaktisches Wort

folgen sie dem Verb, verschmelzen sie mit diesem zu einer orthographischen Einheit. Nach dem orthographischen Kriterium besteht (2a) also aus vier Wörtern und (2b) aus zwei. Beide Sätze drücken jedoch denselben Sachverhalt aus. Wir müssen hier zwischen orthographischen und morphosyntaktischen Wörtern unterscheiden: (2a) und (2b) bestehen jeweils aus vier morphosyntaktischen Wörtern, orthographisch haben wir jedoch in (2a) vier, in (2b) zwei Wörter.

Betrachten wir weiterhin folgende zusammengesetzte Wörter (Komposita):

(3) a. *lavaplatos*
    b. *hombre rana*

Nach dem orthographischen Kriterium besteht (3a) aus einem Wort, (3b) hingegen aus zwei Wörtern. Beide Beispiele verhalten sich jedoch bezüglich verschiedener Faktoren identisch, was die Vermutung nahe legt, dass sie bezogen auf die Definition von *Wort* gleich sind. Die Faktoren sind u.a. (vgl. Rainer 1993: 42, 253f.):

- **semantisches Kriterium**: Die Wörter in (3) können nicht als bloße Summe ihrer Teile verstanden werden, sondern haben als Ganzes eine eigene Gesamtbedeutung. *Lavaplatos* ‚Geschirrspüler‘ ist nicht die Summe von *lava* ‚wasche‘ und *platos* ‚Teller‘ – *lavaplatos* bedeutet ja nicht ‚wasche Teller‘. Ebenso wenig bezeichnet *hombre rana* ‚Taucher‘ ein Wesen, das halb Mensch halb Frosch ist. Sowohl (3a) als auch (3b) stellen inhaltlich jeweils ein Wort dar.
- **formales Kriterium**: Weder zwischen *lava* und *platos* noch zwischen *hombre* und *rana* kann etwas eingefügt werden: *lavabienplatos* oder *hombre gran rana*. Es heißt auch nicht *platoslava* oder *rana hombre*. Die Bestandteile eines Wortes können in der Regel weder vertauscht werden noch kann man zwischen ihnen etwas einschieben. Nach diesem formalen Kriterium ist sowohl (3a) als auch (3b) ein zusammengesetztes Wort (Kompositum).

Wortform, Lexem und grammatisches Wort

Betrachten Sie nun die folgenden Beispiele:

(4) a. *niño*   (5) a. *niño*
    b. *niños*   b. *adulto*

Während wir bei den Beispielen in (5) ohne weiteres zustimmen, dass es sich um zwei verschiedene Wörter handelt, spricht man bei (4) eher von zwei *Wortformen*. In (4) ist nämlich nur ein *Wort* im engeren Sinne vorhanden, welches in (4a) in der Singularform steht und in (4b) in der Pluralform. Der Begriff, den man für diese abstraktere Vorstellung von *Wort* benutzt, ist *Lexem* (auch: lexikalisches Wort; sp. *lexema*). Das Lexem ist die Summe aller Wortformen eines *Wortes*. Lexeme werden typographisch durch Großbuchstaben (Versalien) gekennzeichnet. In (4) haben wir nur ein Lexem NIÑO, während es in (5) zwei Lexeme, nämlich NIÑO und ADULTO, gibt. *Niño* und *niños* sind demnach zwei Formen (sp. *formas*) des Lexems NIÑO (vgl. Radford et al., 2000: 237). Für die Repräsentation eines Lexems (d.h. um ein Lexem benennen zu können) wählt man in der Regel eine der möglichen Wortformen, die das Lexem insgesamt ausmachen. Diese Wortform wird als *Zitierform* oder *Nennform* bezeichnet. Im Spanischen ist die Zitierform für verbale Lexeme die Infinitivform. Das muss allerdings nicht zwangsläufig so sein: Im Lateinischen ist die Zitierform für Verben die erste Person Singular Indikativ Präsens, also *amo* und nicht *amare*.

Das verbale Lexem CANTAR hat also verschiedene Formen: *canta*, *cantas*, *cantamos*, *cantan* etc. In Beispiel (6) steht die Verbform *canta* in der Funktion der dritten Person Singular des Indikativ Präsens; in (7) markiert die Verbform *canta* hingegen die zweite Person Singular des Imperativs:

   (6) *Mi vecina canta muy bien.*   (7) *No llores. ¡Canta!*

In (6) und (7) haben wir jeweils nur ein verbales Lexem CANTAR und augenscheinlich auch nur eine Verbform *canta*. Dennoch trägt das Verb in den beiden Beispielen unterschiedliche grammatische Information. Es handelt sich um zwei verschiedene grammatische (sp. *palabra gramatical*) bzw. morphosyntaktische Wörter (sp. *palabra morfosintáctica*).

Die Beschäftigung mit dem strukturellen Aufbau von Wörtern verlangt nach einem grundlegenderen Konzept als dem Konzept *Wort*. Dieses ist in der Morphologie das Morphem (sp. *morfema*), das wir als kleinste sprachliche Einheit definieren, die eine Bedeutung bzw. eine Funktion hat. Morpheme sind nicht weiter in bedeutungstragende Einheiten zerlegbar und bilden daher die Grundeinheiten der morphologischen Analyse. Jedes Wort besteht aus mindestens einem Morphem. Wörter mit nur einem Morphem nennt man monomorphemisch, während Wörter, die aus mehr als einem Morphem bestehen, polymorphemisch genannt werden.

Morphem [margin note]

{útil}	ein Morphem	— monomorphemisch
{in} {útil}	zwei Morpheme	⎫
{in} {util} {idad}	drei Morpheme	⎬ polymorphemisch
{in} {util} {idad} {es}	vier Morpheme	⎭

Wurzel und Affix

Wörter können also aus mehreren bedeutungstragenden Einheiten zusammengesetzt sein. Die Wörter in Abbildung 1 haben alle dasselbe Grundelement, nämlich {útil}. Dieses Morphem wird Wurzelmorphem oder kurz Wurzel (sp. *raíz*) genannt. Die Wörter *inútil* und *inutilidad* enthalten darüber hinaus die Morpheme *in-* bzw. *in-* und *-idad*, welche die Grundbedeutung des Wortes entsprechend verändern. Diese „bedeutungserweiternden" Morpheme, Affixe (sp. *afijo*) genannt, können nicht allein, sondern nur in Verbindung mit einer Wurzel oder einer Einheit, die eine Wurzel enthält, auftreten.

Präfixe und Suffixe

Je nachdem, ob ein Affix der Wurzel vorausgeht oder ihr folgt, unterscheidet man zwischen Präfixen (gehen der Wurzel voraus) und Suffixen (folgen der Wurzel). Demnach ist *in-* ein Präfix (sp. *prefijo*) und *-idad* ein Suffix (sp. *sufijo*). Die Anfügung eines Präfixes bzw. eines Suffixes an eine Wurzel wird Präfigierung (sp. *prefijación*) bzw. Suffigierung (sp. *sufijación*) genannt.

Bei Wörtern wie *inutilidades*, die mehr als ein Affix beinhalten, unterscheidet man zwischen Wurzel, Basis, Stamm und Endung. Die Wurzel ist das Adjektiv *útil*, von dem ausgehend durch das Hinzufügen des Präfixes *in- inútil* gebildet wird. *Inútil* bildet die Basis für die Bildung des Nomens durch Hinzufügen des Suffixes *-idad*. Um nun die Pluralform des Nomens zu bilden, können wir die Endung *-es* an den Stamm *inutilidad* anhängen. Dieser schrittweise Aufbau von Wörtern lässt sich durch die Darstellung in einem Baumdiagramm erfassen (A = Adjektiv, N = Nomen):

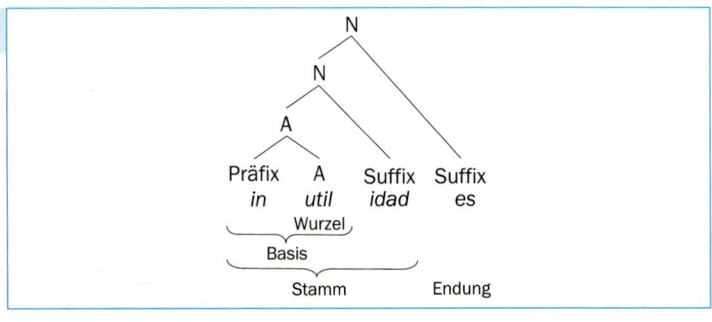

Das Wort *útil* ist monomorphemisch und kann demnach allein als Wort vorkommen. Solche Morpheme nennt man freie Morpheme. Im Gegensatz hierzu können die Morpheme {in-}, {-idad} und {-es} – mit obiger Bedeutung bzw. Funktion – nicht als eigenständige Wörter vorkommen. Diese werden daher als gebundene Morpheme bezeichnet. Alle Affixe sind per definitionem gebundene Morpheme. Im Spanischen sind auch die meisten Wurzeln gebunden. Beispiele für freie Morpheme sind die Nomina *flor, lápiz, papel, veloz* etc., die Imperativformen bestimmter unregelmäßiger Verben *haz, pon, sal, ven* etc. und die so genannten Funktionswörter *y, por, sobre, se* etc.

Freie und gebundene Morpheme

Man unterscheidet grundsätzlich zwischen Elementen, die eine „selbständige" Bedeutung haben (Autosemantika oder Inhaltswörter, z.B. *flor*), und solchen, die eher eine grammatische Funktion erfüllen bzw. eine Beziehung zwischen verschiedenen Elementen ausdrücken (Synsemantika oder Funktionswörter, z.B. *con, y*). Diese Unterscheidung wird auch bezogen auf Morpheme gemacht: Lexikalische Morpheme (sp. *morfemas léxicos*) haben eine eigenständige Bedeutung, grammatische Morpheme (sp. *morfemas gramaticales*) erfüllen eher eine grammatische Funktion oder modifizieren die durch lexikalische Morpheme vorgegebene Grundbedeutung. Zu den grammatischen Morphemen zählt man die Präpositionen (*con, para* etc.), die Konjunktio-

Lexikalische und grammatische Morpheme

Hinweis

Es sei darauf hingewiesen, dass es in der romanischen Morphologie eine konkurrierende Terminologie gibt, die auf Martinet (1960:21ff.) zurückgeht: Die bedeutungstragenden Einheiten, die im Vorausgehenden als Morpheme bezeichnet wurden, heißen bei Martinet *Moneme*. Martinets *Morphem* deckt sich hingegen mit unserem Begriff des *grammatischen Morphems* und sein *Lexem* mit unserem *lexikalischen Morphem*. Für unsere Verwendung des Begriffs *Lexem* (lexikalisches Wort) findet sich bei Martinet keine Entsprechung.

nen (*y, que* etc.), die Artikel (*un, una, el, la* etc.), die Pronomina (*él, tú* etc.) und alle Affixe (-es, -mos, -idad, -eza etc.). Sie bilden hierbei eine kleine, so genannte geschlossene Klasse (sp. *clase cerrada*), die in der Regel nicht durch hinzukommende Elemente erweiterbar ist. Im Gegensatz hierzu bilden die lexikalischen Morpheme, zu denen man alle Wurzelmorpheme zählt, eine offene Klasse (sp. *clase abierta*), da durch neue Morpheme erweiterbar. Die Abgrenzung zwischen grammatischen und lexikalischen Morphemen ist nicht immer einfach. So wird z.B. -it- in *camita* als grammatisches Suffix bezeichnet, während dieses Diminutivsuffix in vielen Fällen gleichbedeutend mit dem lexikalischen Morphem *pequeña* (vgl. *una ca-mita* und *una cama pequeña*) ist.

Morphem und Allomorph

Manche Morpheme können im Ausdruck leicht variieren. Dies ist z.B. bei *in-venc-**ible*** und *in-venc-**ibil**-idad* der Fall. Den Suffixen-*ible* und -*ibil*- spricht man dieselbe Bedeutung zu, sie sind Varianten eines Morphems. Diese enge Beziehung der Suffixe zueinander wird – ähnlich wie in der Phonologie – mit folgender Formulierung erfasst: Es sind Allomorphe desselben Morphems. Für die Benennung eines Morphems wählt man in der Regel eines seiner Allomorphe als Zitier- oder Nennform.

Freie Variation

Das Morphem {-miento} hat die Allomorphe -*miento* und -*mento*. In einigen Fällen kommen sie in freier Variation vor, d.h. sie sind frei austauschbar: *pagamento*/-*miento*, *salvamento*/-*miento* und *comportamento*/-*miento*, *reducimento*/-*miento*, *apartamento*/-*miento* und *encomendamento*/-*miento*. In anderen Umgebungen ist jedoch nur eines der Allomorphe möglich: *atrevimiento* vs. *atre-vimento*, *ornamento* vs. *ornamiento* (vgl. Schpak-Dolt 1999: 8f., 83). In letzteren Beispielen ist die Distribution der Allomorphe komplementär, d.h. sie stehen in sich ergänzenden Umgebungen. Diese Uneinheitlichkeit in Bezug auf die Distribution macht es schwierig, eine allgemeine Regel für die Verwendung von -*miento* zu formulieren.

Phonologisch bedingte und morphologisch bedingte Alternation

Das Morphem {en-} hat fünf Allomorphe: *en*-, *em*-, *in*-, *im*- und *i*-. Alle Allomorphe stehen in komplementärer Distribution zueinander. Hierbei unterscheidet man zwei Arten von Alternation: die phonologisch bedingte und die morphologisch bedingte. Die Präfixe *en*- und *em*- sind so genannte volkstümliche Varianten, d.h. sie haben die Sprachentwicklung vom Latein zum Spanischen vollkommen vollzogen. Die Präfixe *in*-, *im*- und *i*- werden hingegen als gelehrte Varianten bezeichnet, da sie aus dem Lateinischen übernommen wurden und nur teilweise oder gar nicht lautlich angepasst worden sind. Diese Unterscheidung ermöglicht eine erste Aussage über ihre jeweilige Distribution: Bei volkstümlichen Verben treten in der Regel die Präfixe *en*- und *em*- auf (z.B. *embeber*, *emprender*, *encerrar*), bei gelehrten Verben die Allomorphe *in*-, *im*- und *i*-, z.B. *inflamar*, *importar*, *irrumpir* (für die Unterscheidung zwischen gelehrten und volkstümlichen Wörtern vgl. Unterkapitel 6.2.1). In diesem Falle liegt eine morphologisch bedingte Alternation vor. Die Gruppe der volkstümlichen und die der gelehrten Allomorphe weisen zusätzlich jeweils eine Alternation auf, die aufgrund der phonologischen Umgebung vorhersagbar ist. So steht das Präfix *em-* immer dann, wenn das Phonem /b/ oder /p/ folgt (z.B. *embeber, emprender*) und *en-* in allen anderen Fällen. Ähnlich verhält es sich mit den gelehrten Präfixen: *im-* steht vor /b/ oder /p/, *i-* vor /l/ oder /r̄/ und *in-* in allen anderen Fällen (vgl. Schpak-Dolt 1999: 8f., 108f.). Hierbei spricht man von phonologisch bedingter Allomorphie.

Bei den Suffixen findet man im Spanischen zwei unterschiedliche Typen: die Flexionssuffixe (sp. *sufijos flexivos*) und die Derivationssuffixe (sp. *sufijos derivativos*). Das Spanische kennt darüber hinaus auch Derivationspräfixe, jedoch keine Flexionspräfixe. Die genaue Abgrenzung von Derivation und Flexion ist allerdings nicht einfach. Im Folgenden werden einige der 26 bei Rainer (1993: 35ff.) genannten Abgrenzungskriterien aufgeführt:

Flexions- und Devivationssuffix

- **Flexionssuffixe sind gegenüber Derivationssuffixen peripher**: Sind in einem Wort sowohl Flexionssuffixe als auch Derivationssuffixe vorhanden, stehen die Flexionssuffixe in der Regel am Wortende. Ein Geschäft, das *pasteles* verkauft, bezeichnet man als *pastelería*; zwei solche Geschäfte nennt man *pastelerías* und nicht etwa **pasteleserías*. Das Pluralmorphem *-s*, welches als Flexionssuffix gilt, wird an das Derivationssuffix *-ería-* angehängt.
- **Derivationsregeln bilden Lexeme, Flexionsregeln Wortformen**: Wörter wie *trabajar* und *trabajadora* haben nicht nur gewisse Bedeutungsmerkmale gemein, sondern stehen in enger formaler Beziehung zueinander, da das zweite Wort aus dem ersten abgeleitet ist. Hierbei handelt es sich dennoch um zwei unterschiedliche Lexeme: aus dem Lexem TRABAJAR wird das Lexem TRABAJADOR gebildet. Hingegen sind *trabajo, trabajaba, trabajaré* etc. verschiedene Formen desselben Lexems, dessen Stamm *trabaj-* ist. Auch zwischen diesen Formen besteht eine formale Beziehung, die jedoch anderer Natur ist: Die verschiedenen Wortformen eines Lexems bilden ein so genanntes morphologisches Paradigma.
- **Derivationsregeln können die Wortart der Basis ändern, Flexionsregeln nicht**: Derivationssuffixe wie z.B. das Morphem *-idad* können an eine Adjektivbasis angefügt werden, das resultierende Derivat ist ein Substantiv, z.B. *utilidad*. Abgesehen von dem neu hinzugetretenen Bedeutungsaspekt ist das Derivationssuffix für den Wortartwechsel verantwortlich. Bei Derivation verändert

sich nicht immer die Wortart: *alcohol* → *alcoholismo*. Flexionssuffixe bewirken allerdings nie einen Wortartwechsel, da sie stets Formen eines Lexems bilden. Ein Wortartwechsel impliziert schließlich, dass ein neues Lexem gebildet wird.

- **Derivationsregeln verändern die Bedeutung der Basis stärker als Flexionsregeln**: Das Nomen *alcohol* bezeichnet eine chemische Verbindung, während das hieraus derivierte Nomen *alcoholismo* auf eine Krankheit referiert. Demgegenüber beziehen sich die Verbformen *canto* und *cantamos* stets auf dieselbe Handlung. Als Grenzfälle sind hier die so genannten Evaluativ- oder Emotivsuffixe zu nennen (vgl. Unterkapitel 3.3.1).

3.2 | Spanische Flexionslehre

Zu den flektierbaren Wortarten werden im Allgemeinen Substantive, Verben, Adjektive, Pronomina und Artikel gezählt. Unter die nicht flektierbaren Wortarten (den Partikeln) fallen hingegen die Konjunktionen, die Präpositionen, die Adverbien, die Modalpartikel und die Interjektionen (vgl. Glinz 1970):

Abb. 3

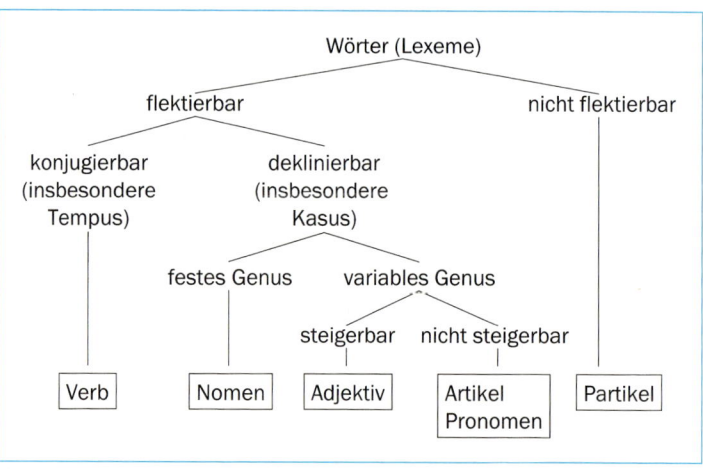

Für jede flektierbare Wortart kann man die grammatischen Kategorien (z.B. Numerus, Genus etc.) mit den jeweiligen möglichen Werten (z.B. Singular, Maskulinum etc.) angeben. Flexionsmorpheme zeigen typischerweise den Wert einer bestimmten grammatischen Kategorie an (z.B. -*s* für Plural). Die so genannten „unmarkierten" Werte (vgl. Unterkapitel 2.4.3) einer Kategorie zeichnen sich oftmals durch das Nichtvorhandensein eines Flexionssuffixes aus (z.B. Singularformen haben kein Flexionssuffix).

Substantivflexion

3.2.1

Das spanische Substantiv (Nomen) kongruiert mit dem Artikel und dem Adjektiv in Genus und Numerus: *las chicas guapas, el cielo nubloso* etc. Man sagt auch, spanische Nomina flektieren nach Genus (sp. *género*) und Numerus (sp. *número*). Die möglichen Werte dieser grammatischen Kategorien sind im Spanischen sehr eingeschränkt: für Genus gibt es die Werte Maskulinum und Femininum, für Numerus Singular und Plural.

Man geht davon aus, dass das Genus eine inhärente Eigenschaft spanischer Nomina ist. So sind die Nomina *libro, avión, amor, lápiz, coche, tema, día* etc. inhärent maskulin, während die Substantive *cama, noche, radio, mesa, raíz* etc. inhärent feminin sind. Dies sieht man daran, dass die mit ihnen auftretenden Elemente im Satz (z.B. Artikel, Adjektive) unterschiedliche Formen aufweisen: *la raíz blanca* vs. *el lápiz rojo, esta noche* vs. *este coche, aquél día* vs. *aquella cama, ese libro es mío* vs. *esa radio es mía* etc. Selbstverständlich fragt man sich, was an *libro* maskulin und an *cama* feminin sein soll. Bezogen auf die Kongruenz verhalten sie sich analog zu den Substantiven, die auf Lebewesen mit natürlichem Geschlecht (männlich/weiblich) referieren, z.B. *hombre, mujer, profesor, profesora, Luis, Mercedes* etc. Daher nimmt man die Unterscheidung feminin/maskulin auch für jene Substantive an, die kein natürliches Geschlecht haben. Es kann festgehalten werden, dass im Spanischen die auf -*o* endenden Substantive tendenziell maskulin und die auf -*a* endenden in der Regel feminin sind. Indes gibt es eine Reihe von Substantiven, die auf -*e* oder Konsonant enden und entweder maskulin oder feminin sein können: *el coche* aber *la noche, el lápiz* aber *la raíz*. Weiterhin gibt es Substantive auf -*o*, die feminin sind, z.B. *la mano*, und umgekehrt maskuline Substantive auf -*a*, z.B. *el problema*.

Substantive, die auf Menschen oder auf bestimmte Tiere referieren, haben meistens eine Maskulin- und eine Femininform, die vom natürlichen Geschlecht des bezeichneten Wesens abhängt (z. B. *amigo/amiga, perro/perra*). Dies trifft allerdings nicht immer zu; so existiert z.B.

Substantive mit einer Genusform

Substantive mit zwei Genusformen

für *persona* und *víctima* keine Maskulinform: *Luis es una buena persona* vs. **Luis es un buen persona/persono*. Das Genus kann bei Personen- und Tierbezeichnungen auch lexikalisch sein, d.h. es existieren Genusoppositionen, die weder morphologisch noch phonologisch verwandt sind. Beispiele hierfür sind: *toro/vaca, hombre/mujer, marido/mujer, macho/hembra, caballo/yegua* etc.

Movierung　Die Movierung (auch: Motion) ist eine besondere Art der Genusmarkierung; hier ist die Abgrenzung zwischen Flexion und Derivation besonders schwierig zu treffen. Movierte Formen (Mobilia) sind im Spanischen beispielsweise die weiblichen Personen- und Tierbezeichnungen, die aus der männlichen Bezeichnung abgeleitet sind: *rey* → *rei-n-a, gall-o* → *gall-in-a, duqu-e* → *duqu-es-a, tigr-e* → *tigr-es-a*. Die Femininformen weisen, abgesehen von *-a*, je ein weiteres Element auf (*-n-*, *-in-* oder *-es-*), das scheinbar nichts anderes leistet als den Genuswechsel von der Maskulin- zur Femininform. Daher ist es schwierig, diese Elemente als Derivationssuffixe zu betrachten.

Es gibt weitere Genusoppositionen ohne Bezug zum natürlichen Geschlecht. Hierzu gehören im Spanischen beispielsweise Wortpaare, bei denen die Femininform die Frucht und die Maskulinform die entsprechende Pflanze bezeichnet: *naranja* vs. *naranjo, manzana* vs. *manzano, almendra* vs. *almendro* etc. Auch diese Genusopposition ist schwer von der Derivation abzugrenzen (vgl. hierzu das Kriterium „Derivationsregeln verändern die Bedeutung der Basis stärker als Flexionsregeln" im Unterkapitel 3.1).

Numerus:　Die Singularformen der Substantive zeichnen sich in der Regel
Singular und Plural　durch das Fehlen eines Pluralsuffixes aus. Für die Bildung der Pluralformen steht im Spanischen ein so genanntes Pluralmorphem {-s} mit den Allomorphen *-s* und *-es* zur Verfügung. Bezüglich der Distribution dieser Allomorphe lässt sich folgende Tendenz feststellen: Das Allomorph *-s* steht bei Substantiven, die auf einem unbetonten Vokal auslauten (z. B. *grifo* → *grifos*), während *-es* bei Substantiven vorkommt, die auf Konsonant enden (z. B. *árbol* → *árboles*).

Bei den Substantiven, die auf *-s* enden, hängt das Vorhandensein oder Nicht-Vorhandensein eines Pluralmorphems teilweise von der jeweiligen Betonung ab: Ist die letzte Silbe betont, wird für die Pluralform in der Regel *-es* angefügt: **mes**/**mes**es, auto**bús**/auto**bus**es; ist sie hingegen nicht betont, wird die Pluralform nicht markiert: (el) **lu**nes/(los) **lu**nes, (el) **óm**nibus/(los) **óm**nibus, (la) **cri**sis/(las) **cri**sis etc. Weiterhin folgen auch Fremdwörter nicht der beschriebenen Tendenz (z.B. *anoraks* vs. **anorakes*, *coñacs* vs. **coñaces*, *chefs* vs. **chefes*, *robots* vs. **robotes* etc.). Substantive, die auf betontem Vokal auslauten, weisen kein einheitliches Muster auf; so haben beispielsweise *jabalí* und *tabú* als mögliche Pluralformen *jabalís/jabalíes* bzw. *tabús/tabúes*, während *sofá*, *mamá*, *café* etc. den Plural mit -*s* bilden: *sofás*, *mamás* und *cafés*.

Im Spanischen ist der Numerus, solange die Kongruenz zwischen Artikel und Substantiv im Satz gewährleistet ist, frei wählbar. Es gibt nur wenige Substantive, die eine Ausnahme hierzu bilden. Dazu gehören die so genannten *Pluralia tantum*, die keine Singularform (z.B. *las gafas* vs. **la gafa*), und die *Singularia tantum*, die hingegen keine Pluralform haben (z.B. *la salud* vs. **las saludes*).

Pluralia tantum vs. Singularia tantum

Weiterhin gibt es zählbare Substantive (wie z.B. *dos/ tres/cuatro manzanas* etc.) und Substantive, die eine Masse bezeichnen und nicht zählbar (bzw. nur bedingt zählbar) sind: *Pedro come **un platano/dos platanos*** (zählbar) vs. *Pedro come **arroz/*arroces*** (nicht zählbar), *Fuimos a **una playa/dos playas** muy bonita/bonitas* (zählbar) vs. *Tengo **arena/*arenas** en el zapato* (nicht zählbar). Andere Substantive können sowohl zählbar als auch nicht zählbar sein, wobei sich hier ein Bedeutungsunterschied ergibt: *He oído dos **ruidos** muy raros* (,Geräusch') vs. *La lavadora hace mucho **ruido*** (,Lärm').

Zählbar vs. nicht zählbar

Wir wollen uns nun der Struktur von Substantivformen zuwenden: Ein Substantiv (N) kann entweder aus einem Stamm (NSt) und einer Endung (Endg), wie z.B. sp. *casas*, oder nur aus einem Stamm bestehen (z.B. *flor*). Die Endung kann wiederum aus einem Klassifikator (Klass; -*o*, -*a* oder -*e*) und/oder aus einem Numerusmorphem (Num) bestehen. Es ergeben sich u.a. folgende mögliche Baumstrukturen (Wu steht für Wurzel, vgl. Schpak-Dolt 1999: 36f.):

Struktur von Substantivformen

Abb. 4

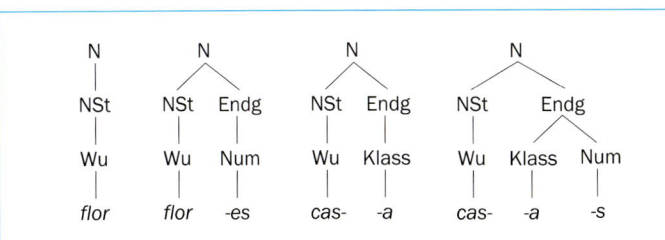

3.2.2 | Adjektivflexion

Das Adjektiv flektiert in Genus (Maskulinum und Femininum) und Numerus (Singular und Plunel); als weitere grammatische Katego- rie gibt es den so genannten Grad (Positiv, Komparativ und Super- lativ).

Genus Im Gegensatz zu den Substantiven nimmt man bei den Adjekti- ven an, dass sie kein inhärentes Genus besitzen, sondern, bedingt durch Kongruenzphänomene, nach dem Genus des modifizierten Substantivs variieren. Dies bedeutet, dass jedes Adjektiv eine Femi- nin- und eine Maskulinform hat, selbst wenn diese nicht immer sichtbar/hörbar ist. Man unterscheidet zwischen Adjektiven, die sichtbar/hörbar im Genus variieren (z.B. *alto* – *alta*), und solchen, die keine sichtbare/hörbare Genusvariation aufweisen (z.B. *grande*, *útil*). Bei ersteren wird das Genus durch das jeweilige Genusmorphem be- stimmt – {-a} für das Femininum und {-o} für das Maskulinum –, „genusinvariable" Adjektive können hingegen sowohl maskulin als auch feminin sein. Letztere enden meistens auf -*e* oder auf Konso- nant.

Numerus Auch für die Bildung der Pluralformen des Adjektivs steht im Spa- nischen ein Pluralmorphem zur Verfügung: {-s} mit den Allomor- phen -*s* und -*es*. Bezüglich der Distribution dieser Allomorphe lässt sich folgende Tendenz feststellen: Endet der Adjektivstamm auf Konsonant oder betontem Vokal, steht -*es*, sonst -*s*. Die Singular- formen der Adjektive zeichnen sich ebenso wie in der Substantiv- flexion durch das Nicht-Vorhandensein eines Pluralsuffixes aus.

Grad Bezüglich des Grades unterscheidet man zwischen den folgenden Möglichkeiten: *Sandra es **guapa*** (Positiv; sp. *positivo*), *Sandra es **más guapa** que Ángel* (Komparativ; sp. *comparativo*), *Sandra es **guapísi- ma*** (absoluter Superlativ oder Elativ; sp. *superlativo absoluto*) und *Sandra es **la más guapa** de la clase* (relativer Superlativ; sp. *superla- tivo relativo*). Der Grad wird im Spanischen meistens analytisch aus- gedrückt, d.h. durch Kombination zweier Wortformen (z.B. *más guapa*). Der absolute Superlativ (*guapísima*) wird demgegenüber mit Hilfe eines Suffixes (-*ísimo/a*) abgeleitet und ist daher eine so ge- nannte synthetische Form. Man findet darüber hinaus auch syn- thetische Formen wie z.B. *bueno* – *mejor* – *óptimo* (vgl. lat. *bonus* – *melior* – *optimus*). Hierbei handelt es sich um stammverschiedene Teilparadigmen, die zu einem Flexionsparadigma zusammengefasst sind. Dieses Phänomen wird in der Linguistik Suppletion genannt.

Die Suppletion wird im Zusammenhang mit dem Verb *ir* (vgl. Unterkapitel 3.2.4) näher erläutert.

Ein Adjektiv kann entweder aus einem Stamm (ASt) und einer Endung (Endg), wie z.B. sp. *altas*, oder nur aus einem Stamm bestehen (z.B. *azul*). Die Endung kann wiederum aus einem Genusmorphem (Gen) allein, aus einem Numerusmorphem (Num) allein, oder aus der Kombination der beiden bestehen. Es ergeben sich folgende mögliche Baumstrukturen (vgl. Schpak-Dolt 1999: 41):

Struktur von Adjektivformen

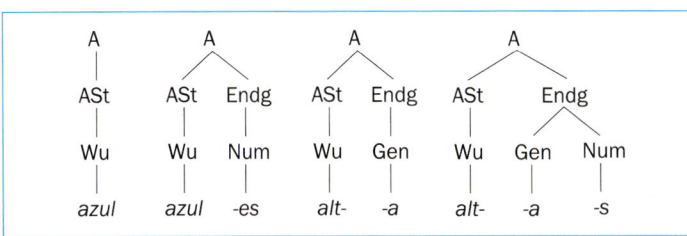

Abb. 5

Nominalflexion anderer Wortarten

3.2.3

In diesem Abschnitt wird lediglich auf ausgewählte Besonderheiten von anderen Wortarten mit Nominalflexion (Genus- und Numerusflexion) eingegangen.

Nicht ganz unumstritten ist die Annahme, dass die grammatische Kategorie Genus bei den Artikeln und bei manchen Pronomina zusätzlich zu den Werten Maskulinum und Femininum auch den Wert Neutrum hat. So findet man z.B. *él – ella –* **ello**, (*el – la –*) **lo**, *éste – ésta –* **esto**, *ése – ésa –* **eso** und *aquél – aquélla –* **aquello**. Diese vermeintlichen Neutrumformen treten allerdings nur auf, wenn kein Substantiv determiniert wird: *¿Qué es eso?, ¿Aquello qué es?* Mit den Neutrumformen referiert man meistens auf ein Konzept oder einen Sachverhalt: *lo que te quería contar, hablando de aquello* etc. Die Form *lo* kann weiterhin mit Adjektiven beider Genera vorkommen: *con* **lo** *bonito que es no tener que trabajar, no sabes* **lo** *alta que es María* etc.

Eine weitere Besonderheit des Spanischen betrifft die maskulinen Formen des bestimmten und unbestimmten Artikels: *el* und *un*. Diese treten an die Stelle der femininen Formen *la* und *una*, wenn das unmittelbar darauf folgende Substantiv mit betontem /a/ beginnt: *el agua, el hacha, el alma, un arma, un águila* etc.

Die spanischen Personalpronomina weisen außerdem Kasus als grammatische Kategorie mit den Werten Nominativ, präpositionaler Kasus, Akkusativ und Dativ (zu Kasus bei Nomina vgl. Unterkapitel 5.4.5) auf. An dieser Stelle seien kurz die vier morphologischen Kasus der spanischen Personalpronomina dargestellt:

► **Tabelle 1: Personalpronomina**

Person	Numerus	Nominativ	Präp.-Kasus	Akkusativ	Dativ
1.	Singular	*yo*	*mí, conmigo*	*me*	
	Plural	*nosotros/nosotras*		*nos*	
2.	Singular	*tú*	*tí, contigo*	*te*	
	Plural	*vosotros/vosotras*		*os*	
3.	Singular	*él, ella, ello*		*lo (le), la, lo*	*le/se*
	Plural	*ellos, ellas*		*los, las*	*le/se*
		betonte Formen		unbetonte Formen	

leísmo und *laísmo* Ist das direkte Objekt eine männliche Person, dann verwendet man in manchen spanischen Varietäten das Pronomen *le* („Dativ") statt *lo* (Akkusativ): *he visto* **a Pedro** – **le** *he visto* statt **lo** *he visto*. Dieses Phänomen wird als *leísmo* bezeichnet. Ein anderes, nicht sehr häufiges Phänomen ist der *laísmo*; hier wird bei weiblichen Personen anstelle des Dativpronomens *le* das Akkusativpronomen *la* benutzt: **la** *contó una mentira a María* statt **le** *contó una mentira a María* .

Die Possessivpronomina (besitzanzeigende Fürwörter) sind dadurch gekennzeichnet, dass sie eine Zugehörigkeit zwischen einem „Besitzer" und einem Gegenstand ausdrücken, der „besessen" wird. Die spanischen Possessivpronomina können durch folgende Tabelle dargestellt werden:

► **Tabelle 2: Possessivpronomina**

1. Person	ein Besitzer	*mío(s), mía(s)*	*mi(s)*
	mehrere Besitzer	*nuestro(s), nuestra(s)*	
2. Person	ein Besitzer	*tuyo(s), tuya(s)*	*tu(s)*
	mehrere Besitzer	*vuestro(s), vuestra(s)*	
3. Person	ein und mehrere Besitzer	*suyo(s), suya(s)*	*su(s)*
		betonte Formen	unbetonte Formen

Die betonten Formen flektieren analog zu den Adjektiven nach Genus und Numerus, während die unbetonten Formen, mit Ausnahme der ersten und zweiten Person Plural, nur nach Numerus flektieren. Ein wichtiger Unterschied zwischen deutschen und spanischen Possessivpronomina ist ihr Kongruenzverhalten. Betrachten wir folgende Beispiele:

(8) a. *María vendió* **su** *casa, Pedro la* **suya** *y Alejandra también la* **suya**.
   b. *Maria hat* **ihr** *Haus verkauft, Peter das* **seine** *und Alexandra auch das* **ihre**.
   c. *María vendió* **sus** *casas, Pedro las* **suyas** *y Alejandra también las* **suyas**.
   d. *Maria hat* **ihre** *Häuser verkauft, Peter die* **seinen** *sowie Alexandra die* **ihrigen**.

Anhand der Beispiele in (8) sehen wir, dass das Genus des Possessivpronomens im Spanischen allein durch das Possessum (das Besessene, hier: *casa*) bestimmt wird. Im Deutschen wird das Genus zwar auch durch das Possessum bestimmt (vgl. **das** *Ihre* bzw. **das** *Seine*), allerdings wird hierbei der Possessor (Besitzer, hier: *Maria*, *Peter* und *Alexandra*) mitberücksichtigt, d.h. es gibt zwei verschiedene Formen je nachdem, ob der Possessor maskulin (*das* **Seine**) oder feminin (*das* **Ihre**) ist.

3.2.4

Verbalflexion

Grundsätzlich unterscheidet man zwischen finiten und infiniten Verbformen. Infinite Verbformen sind der Infinitiv, das Partizip und das Gerundium. Alle anderen Verbformen sind finit. Sie flektieren nach Tempus, Modus, Person, Numerus und *Genus verbi* (Aktiv oder Passiv). Das Passiv wird im Spanischen nicht durch ein Flexionssuffix, sondern durch die Kombination zweier Wortformen ausgedrückt, z.B. *La canción* **fue cantada**. Ebenso verhält es sich z.B. mit dem Plusquamperfekt *había cantado*. Das spanische Passiv und die zusammengesetzten Tempora bezeichnet man als analytische bzw. periphrastische Konstruktionen. Verbformen, die durch Anfügung eines Flexionssuffixes gebildet werden, nennt man synthetische Formen.

Die grammatischen Kategorien des finiten Verbs mit den im Spanischen möglichen Werten sind in folgender Tabelle zusammengefasst. Hierbei sind die analytischen Konstruktionen, die wir im Folgenden nicht näher behandeln werden, grau markiert:

► **Tabelle 3**

Kategorie	Wert		
Person	1., 2. und 3.	
Numerus	Singular und Plural	
Tempus	*presente*	*pretérito perfecto compuesto*
	pretérito imperfecto	*pretérito pluscuamperfecto*
	pretérito perfecto simple	*pretérito anterior*
	futuro	*futuro perfecto*
	condicional	*condicional perfecto*
Modus	Indikativ, Konjunktiv und Imperativ	
Genus verbi	Aktiv	Passiv

Im Spanischen unterscheidet man drei Konjugationsklassen: die I. Konjugation (Infinitiv auf -*ar*), die II. Konjugation (Infinitiv auf -*er*) und die III. Konjugation (Infinitiv auf -*ir*). Der Konsonant /-r/ dient der Markierung aller Infinitivformen, unabhängig von der jeweiligen Konjugationsklasse. Die aufgeführten Konjugationsklassen unterscheiden sich demnach nur durch den jeweiligen Vokal: -*a*-, -*e*- bzw. -*i*-. Dieser Vokal, den wir Themavokal (TV; sp. *vocal temática*) nennen, erscheint nicht nur bei den Infinitivformen, sondern auch bei anderen Verbformen: cant*a*r/tem*e*r/part*i*r, cant*a*ré/tem*e*ré/part*i*ré, cant*a*ría/tem*e*ría/part*i*ría, cant*a*d/tem*e*d/part*i*d etc. In manchen Formen haben die II. und III. Konjugation denselben Themavokal, z.B. im Imperfekt Indikativ, im Präteritum und in den Formen des Konjunktivs. Andere Verbformen weisen hingegen gar keinen Themavokal auf: *canto, temo, parto* etc. Der Themavokal (wenn vorhanden) bildet gemeinsam mit einem Verbstamm (VSt) einen erweiterten Verbstamm (auch: Verbalthema), d.h. er ist nicht Teil der Endung.

Zum leichteren Verständnis des Aufbaus einer Verbform betrachten wir folgende Beispiele:

(9) *imperfecto de indicativo*:   cantábamos   temíamos   partíamos
    futuro de indicativo: cantaremos   temeremos   partiremos
    condicional: cantaríamos temeríamos patiríamos
    imperfecto de subjuntivo: cantáramos   temiéramos partiéramos

All diese Verbformen enthalten ein Suffix -*mos*, das die erste Person Plural markiert. Demnach werden die grammatischen Kategorien Person (P) und Numerus (N) beim Verb zusammen durch ein Suffix gekennzeichnet. Segmentiert man die Formen weiter, gelangt man

zu Suffixen, die Tempus (T) und Modus (M) ausdrücken: -ba- (I. Konjugation), -a- (II. und III.), -re-, -ría- und -ra-. Durch den nächsten Seg-
mentationsschritt erhält man die verschiedenen Themavokale. Die
eben analysierten Verbformen kann man in Kästchenform darstellen (vgl. Cartagena/Gauger 1989: 314ff.):

(10)

	VSt	TV	TM	PN	VSt	TV	TM	PN	VSt	TV	TM	PN
imperfecto de indicativo:	cant	á	ba	mos	tem	í	a	mos	part	í	a	mos
futuro de indicativo:	cant	a	re	mos	tem	e	re	mos	part	i	re	mos
condicional:	cant	a	ría	mos	tem	e	ría	mos	part	i	ría	mos
imperfecto de subjuntivo:	cant	á	ra	mos	tem	ié	ra	mos	part	ié	ra	mos

Anhand der Kästchenschreibweise in (10) erhält man einen relativ guten Überblick über die verschiedenen Allomorphe eines Morphems.
So sehen wir beispielsweise, dass der Themavokal des Verbs *temer* je
nach Verbform als /e/, als /i/ oder als Diphthong /je/ realisiert wird. Das
Suffix des *imperfecto de indicativo* erscheint je nach Konjugationsklasse als /ba/ oder als /a/ etc. In den aufgeführten Beispielen ist jedes
Kästchen durch ein entsprechendes Morphem gefüllt, dies ist jedoch
nicht immer der Fall. Vergleichen Sie hierzu die Formen der ersten
Person Plural des Verbs *cantar* mit denen der ersten Person Singular:

(11)

	VSt	TV	TM	PN	VSt	TV	TM	PN
imperfecto de indicativo:	cant	á	ba	mos	cant	a	ba	
futuro de indicativo:	cant	a	re	mos	cant	a	ré	
condicional:	cant	a	ría	mos	cant	a	ría	
imperfecto de subjuntivo:	cant	á	ra	mos	cant	á	ra	

Man sieht, dass die Formen der ersten Person Singular keine Person-
Numerus-Markierung haben. Die Tatsache, dass z.B. *cantaba* kein
Person-Numerus-Suffix hat, geht auf Phänomene des Lautwandels
zurück: Das -m der lateinischen Verbform *cantabam* ging systematisch verloren (ebenso wie das -t der dritten Person Singular aus lat.
cantabat; vgl. Kapitel 6). Die Verbformen des Indikativ Präsens zeichnen sich dadurch aus, dass sie kein Tempus-Modus-Suffix haben. Am
schwierigsten ist die synchrone Analyse der Verbformen des *pretérito*, weil hier infolge des Lautwandels das Tempus-Modus-Suffix entweder mit dem Themavokal verschmolzen oder synkopiert (getilgt)
wurde (vlat. steht für Vulgärlatein, vgl. Kapitel 6): lat. CANTĀVĪ > vlat.
[kantaị] > sp. *canté*, lat. CANTĀVISTĪ > vlat. [kantasti] > sp. *cantaste*,
lat. CANTĀVIT > vlat. [kantaụt] > sp. *cantó*, lat. CANTĀVIMUS > vlat.
[kantamus] > sp. *cantamos*, lat. CANTĀVISTIS > vlat. [kantastis] > sp.
cantasteis und lat. CANTĀVĒRUNT > vlat. [kantarunt] > sp. *cantaron*.

Die infiniten Verbformen haben keine Person-Numerus- und keine Tempus-Modus-Markierung. Somit bestehen sie nur aus drei Teilen: Stamm, Themavokal und Endung:

(12)

VSt	TV	Endg	VSt	TV	Endg	VSt	TV	Endg
cant	a	r	tem	e	r	part	i	r
cant	a	do	tem	i	do	part	i	do
cant	a	ndo	tem	ie	ndo	part	ie	ndo

infinitivo, *participio pasado*, *gerundio* (labels at left: infinitivo / participio pasado / gerundio)

Das Partizip flektiert, wenn es adjektivisch gebraucht wird, nach Genus und Numerus: *el chico amado*, *la chica amada*, *los chicos amados* und *las chicas amadas*.

Bevor auf Eigenschaften unregelmäßiger Verben eingegangen wird, folgt eine Darstellung der Verbparadigmen für *cantar*, *temer* und *partir* (vgl. Schpak-Dolt 1999: 50f.):

Präsens Indikativ

VSt	TV	TM	PN	VSt	TV	TM	PN	VSt	TV	TM	PN
cant			o	tem			o	part			o
cant	a		s	tem	e		s	part	e		s
cant	a			tem	e			part	e		
cant	a		mos	tem	e		mos	part	i		mos
cant	á		is	tem	é		is	part	í		s
cant	a		n	tem	e		n	part	e		n

Präsens Konjunktiv

VSt	TV	TM	PN	VSt	TV	TM	PN	VSt	TV	TM	PN
cant		e		tem		a		part		a	
cant		e	s	tem		a	s	part		a	s
cant		e		tem		a		part		a	
cant		e	mos	tem		a	mos	part		a	mos
cant	é		is	tem	á		is	part	á		is
cant		e	n	tem		a	n	part		a	n

Imperfekt Indikativ

VSt	TV	TM	PN	VSt	TV	TM	PN	VSt	TV	TM	PN
cant	a	ba		tem	í	a		part	í	a	
cant	a	ba	s	tem	í	a	s	part	í	a	s
cant	a	ba		tem	í	a		part	í	a	
cant	á	ba	mos	tem	í	a	mos	part	í	a	mos
cant	a	ba	is	tem	í	a	is	part	í	a	is
cant	a	ba	n	tem	í	a	n	part	í	a	n

Imperfekt Konjunktiv A

VSt	TV	TM	PN	VSt	TV	TM	PN	VSt	TV	TM	PN
cant	a	ra		tem	ie	ra		part	ie	ra	
cant	a	ra	s	tem	ie	ra	s	part	ie	ra	s
cant	a	ra		tem	ie	ra		part	ie	ra	
cant	á	ra	mos	tem	ié	ra	mos	part	ié	ra	mos
cant	a	ra	is	tem	ie	ra	is	part	ie	ra	is
cant	a	ra	n	tem	ie	ra	n	part	ie	ra	n

Präteritum

VSt	TV	TM	PN	VSt	TV	TM	PN	VSt	TV	TM	PN
cant			í	tem			í	part			í
cant	a	ste		tem	i	ste		part	i	ste	
cant		ó		tem	i	ó		part	i	ó	
cant	a		mos	tem	i		mos	part	i		mos
cant	a	ste	is	tem	i	ste	is	part	i	ste	is
cant	a	ro	n	tem	ie	ro	n	part	ie	ro	n

Imperfekt Konjunktiv B

VSt	TV	TM	PN	VSt	TV	TM	PN	VSt	TV	TM	PN
cant	a	se		tem	ie	se		part	ie	se	
cant	a	se	s	tem	ie	se	s	part	ie	se	s
cant	a	se		tem	ie	se		part	ie	se	
cant	á	se	mos	tem	ié	se	mos	part	ié	se	mos
cant	a	se	is	tem	ie	se	is	part	ie	se	is
cant	a	se	n	tem	ie	se	n	part	ie	se	n

Futurum

VSt	TV	TM	PN	VSt	TV	TM	PN	VSt	TV	TM	PN
cant	a	ré		tem	e	ré		part	i	ré	
cant	a	rá	s	tem	e	rá	s	part	i	rá	s
cant	a	rá		tem	e	rá		part	i	rá	
cant	a	re	mos	tem	e	re	mos	part	i	re	mos
cant	a	ré	is	tem	e	ré	is	part	i	ré	is
cant	a	rá	n	tem	e	rá	n	part	i	rá	n

Futur Konjunktiv

VSt	TV	TM	PN	VSt	TV	TM	PN	VSt	TV	TM	PN
cant	a	re		tem	ie	re		part	ie	re	
cant	a	re	s	tem	ie	re	s	part	ie	re	s
cant	a	re		tem	ie	re		part	ie	re	
cant	á	re	mos	tem	ié	re	mos	part	ié	re	mos
cant	a	re	is	tem	ie	re	is	part	ie	re	is
cant	a	re	n	tem	ie	re	n	part	ie	re	n

Konditional

VSt	TV	TM	PN	VSt	TV	TM	PN	VSt	TV	TM	PN
cant	a	ría		tem	e	ría		part	i	ría	
cant	a	ría	s	tem	e	ría	s	part	i	ría	s
cant	a	ría		tem	e	ría		part	i	ría	
cant	a	ría	mos	tem	e	ría	mos	part	i	ría	mos
cant	a	ría	is	tem	e	ría	is	part	i	ría	is
cant	a	ría	n	tem	e	ría	n	part	i	ría	n

Imperativ

VSt	TV	TM	PN	VSt	TV	TM	PN	VSt	TV	TM	PN
cant	a			tem	e			part	e		
cant	a		d	tem	e		d	part	i		d

Infinite Verbformen

VSt	TV	Endg	VSt	TV	Endg	VSt	TV	Endg
cant	a	r	tem	e	r	part	i	r
cant	a	do	tem	i	do	part	i	do
cant	a	ndo	tem	ie	ndo	part	ie	ndo

Aus obiger Kästchenschreibweise lässt sich die Darstellung der Verbformen als Strukturbaum relativ einfach ableiten. Die grau markierten Kästchen ergeben zusammen das Verbalthema (Vth; erwei-
terter Verbstamm) bzw. den Verbstamm, während die TM- und
PN-Suffixe gemeinsam die Endung bilden. Leere TM- und PN-Käst-
chen symbolisieren wir mit Ø:

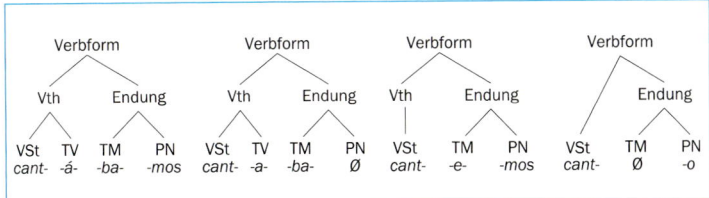

Abb. 6

Manche Verben weisen Alternierungen oder „Unregelmäßigkeiten"   Unregelmäßige Verben
auf, die man durch die Annahme verschiedener Allomorphe er-
klären kann; andere Verben sind so unregelmäßig, dass sie nicht wie
die vorangegangenen Verbformen analysiert werden können (z.B.
hecho und nicht **hacido*). Die meisten unregelmäßigen Verben al-
ternieren bezüglich des Stammes (z.B. *pensar, almorzar, perder, soler* etc.), andere weisen Alternierungen im Stamm und in der Endung auf (z.B. *andar, estar, haber, hacer, conducir, ir* etc.). Weiterhin
gibt es „Unregelmäßigkeiten", die streng genommen keine sind, da
sie nur die Graphie betreffen wie z.B. *venzo* [benθo] vs. *vences*
[benθes].

Die verschiedenen Alternierungen der spanischen Verben sind
mit einer knappen Bemerkung in folgender Tabelle zusammengefasst (eine Skizze einer Verbklassifikation nach Stammvarianten findet sich in Schpak-Dolt 1999: 65f.):

▶ **Tabelle 4**

Alternierungstyp	Beispiel	Bemerkung
Wechsel zwischen zwei Vokalen	/e/ ~ /i/ /o/ ~ /u/	*pedir* ~ *pido* *podrir* ~ *pudro*	Enthält die Silbe nach dem Stamm ein /i/, dann steht im Stamm in der Regel /e/ bzw. /o/, in allen anderen Fällen steht /i/ bzw. /u/ im Stamm.
Wechsel zwischen Vokal und Diphthong	/e/ ~ /je/ /o/ ~ /we/	*tener* ~ *tienes* *volver* ~ *vuelvo*	Enthält ein betonter Verbstamm den Diphthong /je/ bzw. /we/, ist es ziemlich sicher, dass der unbetonte Stamm /e/ bzw. /o/ aufweist (vgl. Harris 1980). Ausnahmen hierzu bilden ein paar wenige derivierte Verben wie z.B. *frecuentar* (< *frecuente*), *amueblar* (< *mueble*), *cuotear* (< *cuota*), *cuantificar* (< *cuanto*).
	/i/ ~ /je/ /u/ ~ /we/	nur *adquirir* und *inquirir* nur *jugar*	Die Diphthonge kommen nur in betonter Silbe vor.
Wechsel zwischen Vokal und Diphthong sowie Wechsel zwischen zwei Vokalen	/e/ ~ /i/~ /je/ /o/ ~ /u/ ~ /we/	*mentir* ~ *mintió* ~ *mientes* *dormir* ~ *durmió* ~ *duermes*	Ist die letzte Silbe des Stammes betont, tritt der Diphthong /je/ bzw. /we/ auf. Liegt die Betonung auf einem der Suffixe, und der Vokal nach dem Stamm ist /i/, dann tritt /e/ bzw. /o/ auf. In allen anderen Fällen erscheint /i/ bzw. /u/ im Stamm.
Konsonantenalternation	/θ/ ~ /g/	*hacer* ~ *hago*	Der Stammkonsonant /θ/ wird durch /g/ ersetzt.
Konsonanteneinschub	/g/-Einschub	*salir* ~ *salgo*	Endet der Stamm auf einem stimmhaften Konsonanten (z.B. /l/, /n/), wird /g/ eingeschoben.
	/k/-Einschub	*conocer* ~ *conozco*	Endet der Stamm auf einem stimmlosen Konsonanten (z.B. /θ/), wird /k/ eingeschoben (Ausnahme *hacer*, *cocer* und wenige anderen).
	/j̯/-Einschub	*huir* ~ *huyo*	Häufiger Konsonanteneinschub bei Verben auf -*uir*.
/j̯g/-Einschub		*caer* ~ *caigo*	/g/-Einschub wird von /j̯/-Einschub begleitet.
Hinzufügung eines Halbvokals	/j̯/	*dar* ~ *doy*	In der ersten Person Singular des Indikativ Präsens findet man verschiedene Verben, die auf -*y* (/j̯/) enden.

Starke Präterita   Die erste und dritte Person Singular sind bei den so genannten starken Präterita stammbetont und weichen vom Präsensstamm ab. Die Alternation kann den Vokal und/oder die Konsonanten betreffen.

Die geläufigsten Beispiele sind: *andar – anduve, anduvo; estar – estuve, estuvo; caber – cupe, cupo; haber – hube, hubo; hacer – hice, hizo; saber – supe, supo; tener – tuve, tuvo; traer – traje, trajo; decir – dije, dijo* etc.

Der Verbstamm einiger Verben der II. und III. Konjugation erscheint im Futur Indikativ ohne Themavokal. Hierbei lassen sich drei Fälle unterscheiden (Schpak-Dolt 1999: 64): 1. Verben wie *haber* (*habré*), *saber* (*sabré*), *poder* (*podré*) und *querer* (*querré*) kommen lediglich ohne Themavokal vor. 2. Bei den Verben *poner* (*pondré*), *tener* (*tendré*), *valer* (*valdré*), *salir* (*saldré*), *venir* (*vendré*) etc., deren Stamm auf /l/ oder /n/ endet, fehlt der Themavokal, und ein /d/ wird zwischen Stamm und Endung eingeschoben. 3. Der Ausfall des Themavokals geht mit einer Reduktion des Stammes einher: *decir* (*diré*) und *hacer* (*haré*).

Eine kleine Gruppe von Verben hat unregelmäßige Partizipien, die teilweise nicht in Stamm und Endung segmentiert werden können: *abierto* vs. **abrido*, *dicho* vs. **decido*, *escrito* vs. **escribido*, *hecho* vs. **hacido*, *muerto* vs. **morido*, *puesto* vs. **ponido*, *visto* vs. **veído*, *vuelto* vs. **volvido* etc. Neben diesen gibt es eine Reihe anderer Verben, die zwei Partizipien haben: *concluido/concluso*, *dirigido/directo*, *elegido/electo*, *nacido/nato*, *poseído/poseso*, *teñido/tinto*, *freído/frito* etc. Diese Formen sind allerdings nicht immer austauschbar. So gibt es beim adjektivischen Gebrauch dieser Partizipien eine Präferenz für die eine oder die andere Form: *la carne frita* vs. **la carne freída*.

Die Stämme der Verben *dar, ver* etc. bestehen nur aus einem einzigen Konsonanten /d-/ bzw. /b-/. *Dar* weist zusätzlich die Besonderheit auf, dass es im Präteritum die Endungen der II. und III. Konjugation annimmt: *di* vs. **dé*, *diste* vs. **daste*, *dió* vs. **dó* etc. Die „unregelmäßigsten" Verben des Spanischen sind *ser* und *ir*. Die Formen des Verbs *ser* stammen aus den Formen des bereits im Lateinischen schon sehr unregelmäßigen Verbs ESSE ab. Im Spanischen weist *ser* fünf unterschiedliche Verbstämme auf: /s-/ wie in *ser, siendo, sido*, /se-/ wie in *sea*, /so-/ wie in *soy, somos*, /er-/ wie in *era, eras* etc. und /fu-/ wie in *fui, fuiste*. Das Verb *ir* ist in der Infinitivform schwer zu segmentieren. In Anbetracht der Tatsache, dass in den Formen *ido, iré* etc. der Stamm /i/ ist, nehmen wir dasselbe für die Infinitivform an (in *ir* ist also /i/ der Stamm, /r/ die Infinitivendung, und der Themavokal ist nicht vorhanden). Weiterhin hat die-

Unregelmäßige Futurformen

Starke Partizipien

weitere Besonderheiten

ses Verb den Stamm /b-/ wie in *vas, vamos* etc. Im Präteritum hat es denselben Stamm und dieselben Formen wie *ser*. Mit anderen Worten: Das lat. FUĪ übernahm die Rolle von Ī[V]Ī und wurde somit Ausgangsbasis für die Präteritumformen von *ir* und *ser* (vgl. Penny 1999: 188). Die Formen des Verbs *ir* basieren auf zwei unterschiedlichen lat. Verben, nämlich EŌ ‚gehen' (Infinitiv lat. ĪRE) und VĀDŌ ‚eilen' (Infinitiv lat. VADERE). Dies ist ein Fall von der bereits angesprochenen Suppletion: Teile verschiedener Verbparadigmen wurden zu einem Flexionsparadigma zusammengefasst. Als letzte Abweichung vom regelmäßigen Flexionsmuster sind Verben zu nennen, die nur bestimmte Verbformen haben, die so genannten defektiven Verben. Hierzu zählt man u.a. das spanische Hilfsverb (Auxiliar) *haber*, das keine Imperativform kennt und bei den zusammengesetzten Tempora nur in der dritten Person Singular erscheint (z.B. *ha habido, hubo habido, habría habido* etc.). Das Verb *soler* weist, abgesehen von der Infinitivform, nur Formen im Indikativ/Konjunktiv Präsens, im Indikativ/Konjunktiv Imperfekt und im Präteritum auf.

(Marginalien: Suppletion; defektive Verben)

3.3 | Spanische Wortbildungslehre

Im Unterkapitel 3.1 wurden einige Kriterien zur Abgrenzung zwischen Flexion und Derivation aufgeführt. Beide Bereiche lassen sich dennoch nicht immer eindeutig voneinander abgrenzen, es handelt sich vielmehr um ein Kontinuum, dessen Mittelfeld, im Gegensatz zu den jeweiligen Polen, schwer fassbar ist. Die Derivation ist allerdings nur ein mögliches Wortbildungsmittel des Spanischen, dessen Abgrenzung zu anderen Wortbildungsverfahren genauso problematisch erscheint wie die Abgrenzung zur Flexion. Je nach theoretischem Rahmen unterscheidet man zwischen den folgenden Wortbildungsverfahren (vgl. Rainer 1993):

> Derivation: *durar* > *duración*
> Komposition: *sacacorchos*
> Konversion: *antes* > (*el*) *antes*
> Subtraktion: *Andalucía* > *andaluz*
> Wortkürzung: *televisión* > *tele*
> Rückbildung: *televisión* > *televisar*
> Wortmischung: *analfabeta* + *bestia* > *analfabestia*
> Markenname: *Nocilla*
> sprachspielerische Deformation: *demonio* > *demonche*
> Sigle und Akronym: *Partido Socialista Obrero Español* > PSOE

Wir werden lediglich auf einige Aspekte der Derivation und der Komposition eingehen.

Derivation

Die Derivation ist ein Wortbildungsverfahren, bei dem durch das Hinzufügen von Affixen „neue" Lexeme gebildet werden. Dem Spanischen stehen dafür Derivationspräfixe und -suffixe zur Verfügung. Abgesehen von Präfigierung und Suffigierung gibt es in der Derivation ein Wortbildungsmuster, das Parasynthese (sp. *parasíntesis*) oder Zirkumfigierung genannt wird. Bei spanischen Wörtern wie *enriquecer* kann man annehmen, dass en- und -ec- gemeinsam ein Element bilden und sich wie eine Klammer um die Wurzel *riqu-* (von *ric(o)*) legen. Demnach wäre *riqu-* die Wurzel, en-__-ec- das Zirkumfix und -er die Verbendung. Da es im Spanischen weder die Form *riquecer* noch die Form *enrico* gibt, leuchtet diese Analyse zunächst ein. Nun gibt es jedoch auch Wörter, für deren Bildung man entweder nur -ec- oder nur en- anhängt, z.B. *verde → verdecer* oder *amor → enamorar*. Viele Linguisten lehnen daher die Annahme von Zirkumfixen ab und vertreten die Meinung, dass Wörter wie *enriquecer* durch Suffigierung mit gleichzeitiger Präfigierung erklärt werden können, also durch Parasynthese (sp. *parasíntesis*). Der Unterschied zwischen der Bildung mit einem Zirkumfix und der parasynthetischen Bildung sei folgendermaßen verdeutlicht:

Parasynthese

(13)a. <u>Bildung mit Zirkumfix:</u>

en-___ -ec-	+	-ric-	+	-er	⇒ *enriquecer*
Zirkumfix		Wurzel		Verbendung	

b. <u>Parasynthese:</u>

en-	+ -ric-	+	-ec-	+-er	⇒ *enriquecer*
Präfix	Wurzel		Suffix	Verbendung	

Wir werden, ohne diesen Punkt weiter zu erörtern, davon ausgehen, dass das Spanische parasynthetische Bildungen kennt, jedoch keine Zirkumfixe hat. Somit beschränken sich die Affixtypen des Spanischen auf Präfixe, Suffixe und Infixe.

Ein weiteres Derivationsmuster ist die so genannte Infigierung. Ein Infix (sp. *infijo*) steht nicht vor oder hinter einem Morphem, sondern spaltet ein anderes Morphem auf und befindet sich dann innerhalb desselben (vgl. Spencer 1991: 12). Die Infigierung ist allgemein ein sehr seltenes Wortbildungsmittel; im Spanischen

Infigierung

beschränkt sie sich auf den Bereich der Evaluativsuffixe (auch: Emotivsuffixe). So findet man sie in Adverbien wie z.B. *lejitos* (< *lejos*), *ahorita* (< *ahora*), *cerquita* (< *cerca*), in manchen Eigennamen wie z.B. *Carlitos* (< *Carlos*) etc. und in einer Reihe von Substantiven wie z.B. *azuquitar* (< *azúcar*) etc.

Derivationsschema   Bezogen auf das Resultat von Derivationsprozessen unterscheidet man zwischen Nominalisierung (sp. *nominalización*), Adjektivierung (sp. *adjetivación*), Verbalisierung (sp. *verbalización*) und Adverbialisierung (sp. *adverbialización*). Die Adjektive *denominal* (sp. *denominal*), *deadjektivisch* (sp. *deadjetival*), *deverbal* (sp. *deverbal*) und *deadverbial* (sp. *deadverbial*) nehmen hingegen Bezug auf die Derivationsbasis. Für das Spanische ergeben sich folgende Kombinationen:

▶ **Tabelle 5**

Derivationstyp	Schema	Resultat	Beispiel
Nominalisierung	N → N	denominales Nomen	*arte → artista*
	A → N	deadjektivisches Nomen	*clasico → clasicismo*
	V → N	deverbales Nomen	*jugar → jugador*
Adjektivierung	N → A	denominales Adjektiv	*espuma → espumoso*
	A → A	deadjektivisches Adjektiv	*pequeño → pequeñito*
	V → A	deverbales Adjektiv	*amar → amable*
Verbalisierung	N → V	denominales Verb	*gloria → glorificar*
	A → V	deadjektivisches Verb	*simple → simplificar*
	V → V	deverbales Verb	*apretar → apretujar*
Adverbialisierung	A → Adv	deadjektivisches Adverb	*breve → brevemente*
	Adv → Adv	deadverbiales Adverb	*cerca → cerquita*

Eine Auflistung der verschiedenen Derivationsaffixe kann im Rahmen dieser Einführung nicht geleistet werden. In Rainer (1993: 299ff.) finden Sie eine ausführliche Behandlung der spanischen Derivationsaffixe, die sich über fast 400 Seiten erstreckt. Wir werden lediglich etwas genauer auf die so genannten Emotivsuffixe (auch: Evaluativsuffixe) eingehen, da die Bandbreite der möglichen Bildungen sowie ihr spezieller Gebrauch stark vom Deutschen abweichen.

Evaluativsuffixe   Die Evaluativsuffixe unterscheiden sich vor allem in drei Punkten von den übrigen Suffixen: Sie bewirken keinen Wortartwechsel, sie können miteinander kombiniert werden (*hombre → hombracho → hombrachón*) und sie verändern die Bedeutung der

Derivationsbasis nur marginal. Mit anderen Worten: Wenn ein Sprecher statt *casa casita* sagt, dann verändert sich der rein sachlich Informationswert von *casa* nicht, es kommt lediglich der Aspekt hinzu, dass das gemeinte Haus klein ist. Bei den Evaluativsuffixen ist zwischen „verkleinernder" bzw. „vergrößernder" Funktion und affektivischer Verwendung zu unterscheiden. Das Resultat evaluativer Wortbildungsverfahren sind die so genannten Hypokoristika (auch: Kosenamen, Kosewörter, z.B. *Pilar → Pili*), die Diminutiva (z.B. *casa → casita*, diminutiv = verkleinernd), die Pejorativa (z.B. *casa → casucha*, pejorativ = bedeutungsverschlechternd) und die Augmentativa (z.B. *casa → casaza*, augmentativ = vergrößernd). Rainer (1993: 198ff.) führt für das Spanische 76 Evaluativsuffixe auf, von denen 59 eindeutig in eine der vier Kategorien – Hypokoristika (H), Diminutiva (D), Pejorativa (P) oder Augmentativa (A) – eingeordnet werden können. Die übrigen 17 Evaluativsuffixe, zu denen die bekanntesten Evaluativsuffixe gehören, lassen sich in mehr als eine Klasse einordnen.

So bilden z.B. sowohl die Diminutiva als auch die Augmentativa eine gleitende Skala zu den Pejorativa, d.h. beide können auch im negativen Sinne benutzt werden. Ein *librico* kann z.B. ein kleines, aber auch ein inhaltlich schlechtes Buch sein. Diese unterschiedlichen Verwendungsweisen, die die Erfassung der Evaluativsuffixe schwierig machen, hängen u.a. mit den Assoziationen zusammen, die wir bezüglich *klein* und *groß* haben: *klein* assoziieren wir einerseits mit Zuneigung, Zärtlichkeit, Mitleid, Bescheidenheit, Demut, Höflichkeit, Schutzbedürftigkeit etc., andererseits aber auch mit Minderwertigkeit, Irrelevanz, Schäbigkeit, Unsicherheit, Unreife, Lächerlichkeit etc., *groß* assoziieren wir zum einen mit Stärke, Wichtigkeit, Kapazität, Reife, Bewunderung, Bedeutsamkeit etc., zum anderen aber auch mit Arroganz, Unfeinheit, Ruppigkeit, Grobheit, Übertreibung etc.

Nachstehende Tabelle zeigt die gebräuchlichsten Evaluativsuffixe, die Einteilung in die vier Kategorien sowie die möglichen Ableitungsbasen (vgl. Rainer 1993: 199ff., Hualde et al. 2001: 167ff.):

Tabelle 6

Suffix	H	D	P	A	Basen	Beispiele
-acho/a			+		N, A	poblacho (< pueblo), ricacho (< rico)
-aco/a		+	+		N, A	jamonaco (< jamón), pequeñaco (< pequeño)
-ajo			+		N	hierbajo (< hierba)
-azo/a			+	+	N, (A), (Adv)	sueldazo (< sueldo), (lindazo (< lindo)), (lejazos (< lejos))
-ejo/a		+	+		N	animalejo (< animal)
-ete/a		+			N, A	Monolete (< Manolo), tristete (< triste)
-ico/a	+	+			N, A	librico (< libro), majico (< majo)
-illo/a		+	+		N, A, Adv, Gerundium	torillo (< toro), tontillo (< tonto), lejillo (< lejos), silbandillo (< silbando)
-in/a	+	+			N, A	momentín (< momento), guapín (< guapo)
-ito/a	+	+			N, A, Adv, Gerundium	patito (< pato), fresquito (< fresco), cerquita (< cerca), callandito (< callando)
-ón/a		+		+	N, A	problemón (< problema), dulzón (< dulce)
-ongo/a	+		+		N, A	bailongo (< baile), facilongo (< fácil)
-ote/a		+		+	N, A, Adv	librote (< libro), feote (< feo), arribota (< arriba)
-ucho/a	+	+	+		N, A	medicucho (< médico), blanducho (< blando)
-uelo/a		+	+		N	chicuelo (< chico)

Das Deutsche kennt im Gegensatz zum Spanischen **nur** Diminutivsuffixe, die sich auf -chen (z.B. *Kindchen*) und -lein (z.B. *Männlein*) beschränken.

Anhand ausgewählter Beispiele soll abschließend auf die Struktur von Derivaten eingegangen werden. Es folgen Beispiele von Suffigierung, von Suffigierung und Präfigierung sowie von Parasynthese. Das Derivationssuffix (DS; sp. *sufijo derivativo*) {-ción} wird an einen Verbstamm angefügt, das resultierende Derivat ist ein Substantiv, z.B. *distribución* (vereinfacht durch V → N dargestellt). Der neue Bedeutungsaspekt muss zusätzlich beschrieben werden, z.B. ‚acción y efecto de distribuir'. Man sagt daher, *distribución* sei ein deverbales Tätigkeitsnomen (Nomen actionis). Als Baumstruktur lässt sich *distribución* wie folgt darstellen:

Suffigierung

Abb. 7

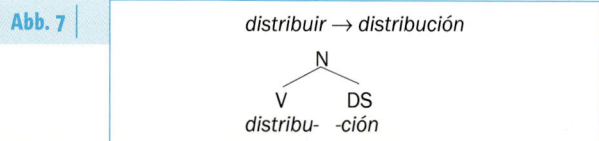

Bezüglich der Präfigierung sind vor allem zwei Aspekte zu nennen: Im Spanischen verursacht die Präfigierung nie einen Wortartwechsel, und alle spanischen Präfixe sind Derivationspräfixe. Da Präfigierung nur innerhalb der gleichen Wortart stattfindet, ergibt sich folgendes Derivationsschema (vgl. Schpak-Dolt, 1999: 99, Hualde/Olarrea/Escobar 2001: 188ff. und Rainer 1993: 299ff.):

Tabelle 7

Schema	Auswahl möglicher Morpheme	Beispiel
N → N	{ante-}, {con-}, {contra-}, {des-}, {in-}, {pre-}, {pro-}, {sub-}, {tras-}, {ultra-}	*honor* → **des**honor
A → A	{a-}, {des-}, {entre-}, {extra-}, {hiper-}, {in-}, {post-}, {pre-}, {pro-}, {re-}, {sub-}	*feo* → **re**feo
V → V	{a-}, {circun-}, {con-}, {contra-}, {de-}, {des-}, {en-}, {in-}, {entre-}, {ex-}, {in-}	*decir* → **contra**decir

Bildungen wie z.B. *sobrecargar* oder *entreponer* sind problematisch, da die Elemente *sobre* und *entre* zu der Gruppe der freien Morpheme gehören und somit keine Präfixe, sondern Wurzeln sind. Hier verschwimmt folglich die Grenze zwischen Derivation und Komposition. Man kann jedoch dafür argumentieren, dass es eine Präposition *entre* und ein gleichlautendes (homophones) Präfix {entre-} gibt. Die Präposition ist dann ein freies Morphem (sp. *morfema libre*), während das Präfix ein gebundenes Morphem (sp. *morfema ligado*) ist.

Betrachten wir nun die Struktur von komplexeren Derivaten, die ein Derivationspräfix (DPr) und ein Derivationssuffix (DS) enthalten. Beginnen wir mit der Wortform *inutilidades*: Das Adjektiv (A) *útil* ist die Derivationsbasis, diese wird in einem ersten Schritt präfigiert, danach findet Suffigierung statt und schließlich wird flektiert (FS = Flexionssuffix):

Suffigierung und Präfigierung

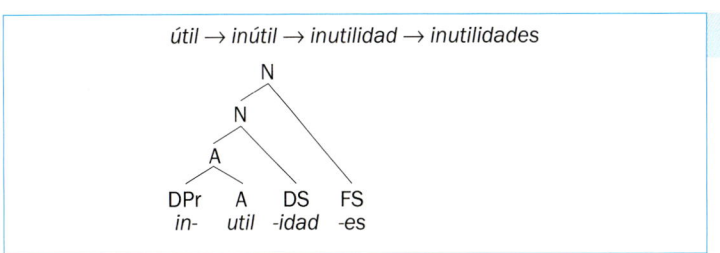

Abb. 8

Warum nimmt man nicht an, dass zuerst die Suffigierung und dann die Präfigierung stattgefunden hat (also *útil* → *utilidad* → *inutilidad*)? Das Präfix *in-* ist zwar kein reines Adjektivpräfix – man findet z.B. *indisciplina* (von einem Substantiv abgeleitet) und *incumplir* (von einem Verb abgeleitet) –, dennoch begünstigen folgende Beobachtungen die Annahme, dass in diesem Fall die Präfigierung der Suffigierung vorausgeht (vgl. Schpak-Dolt 1999: 104):

- Die Adjektivderivation mit *in-* ist sehr produktiv, d.h. im heutigen Spanisch werden nach diesem Muster neue Adjektive gebildet.
- Es gibt nur wenige verbale Ableitungen mit *in-*.
- Es gibt im Allgemeinen nur sehr wenige Präfixe, die eine Substantivbasis bevorzugen, und nur ganz wenige, die in erster Linie der Verbalderivation dienen.

Beim Substantiv *informalidad* wird hingegen zuerst suffigiert, da es das Substantiv **informa* nicht gibt, dann präfigiert und schließlich ein weiteres Mal suffigiert (vgl. Schpak-Dolt 1999: 131). Dieses Beispiel unterstützt auch die Annahme, dass sich *in-* vorzugsweise an Adjektive anfügt (also *informal* → *informalidad* und nicht **informa* → *informalidad* oder *formalidad* → *informalidad*).

Abb. 9

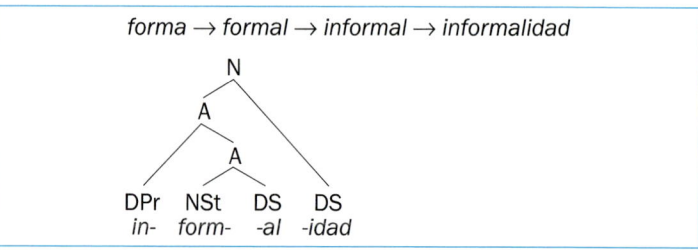

Parasynthese — Die Parasynthese haben wir bereits im Zusammenhang mit der Diskussion um das Zirkumfix behandelt. Daher erfolgt an dieser Stelle nur eine tabellarische Darstellung der verschiedenen möglichen parasynthetischen Bildungen:

► **Tabelle 8**

Präfix	Suffix	N → V	A → V
a-	*-iz-*	*aterrorizar*	–
	-e-	*apedrear*	–
	-igu-	*apaciguar*	–
en-/em-	*-ec-*	*embosquecer*	*empobrecer*
	-iz-	*entronizar*	–

Als Beispiel für die Struktur der Parasynthese betrachten wir das Verb *desentronizar*: Der Nominalstamm *tron-* bildet die Derivationsbasis, hieran werden das Präfix *en-* und das Suffix *-iz-* gleichzeitig angefügt. Sodann folgt Präfigierung mit *des-*, womit die Derivation abgeschlossen ist. Die Suffigierung mit dem Themavokal (TV) *-a-* und dem Flexionssuffix *-r* ist schließlich Teil der Verbflexion:

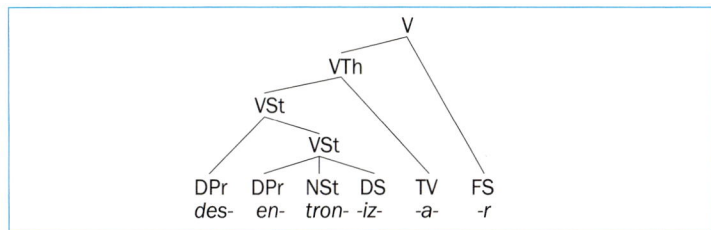

Abb. 10

Komposition | 3.3.2

Komposition ist die Zusammensetzung von zwei oder mehr frei vorkommenden Morphemen. Im Deutschen ist die Komposition vor allem im Nominalbereich ein bevorzugter Wortbildungstyp und uneingeschränkt produktiv. Denken Sie etwa an das bekannte Kompositum *Donauschifffahrtsgesellschaftskapitänsmützen*, eine Bildung, die analog im Spanischen nicht möglich wäre, da hier ein Kompositum in der Regel lediglich aus zwei Kompositionsgliedern besteht. Dies entspricht auch der „Mindestanzahl" an Gliedern, die eine Bildung aufweisen muss, damit sie als Kompositum gewertet werden kann. Auf die Schwierigkeit der Abgrenzung zwischen Derivation und Komposition wurde bereits hingewiesen. Das folgende Zitat aus Rainer (1993: 63) soll als Orientierungshilfe dienen:

> Ein Kompositum ist ein morphologisch komplexes Wort, dessen unmittelbare Konstituenten auch als freie Morpheme vorkommen, während ein Derivat ein gebundenes Morphem als unmittelbare Konstituente enthält.

So ist z.B. *sacacorchos*, das aus den unmittelbaren Konstituenten (d.h. aus den nächstkleineren Bestandteilen) *saca* und *corchos* besteht, ein Kompositum, weil beide Konstituenten auch als freie Morpheme vorkommen. Das Wort *distribución* ist hingegen ein Derivat, da die unmittelbare Konstituente *-ción* nicht als freies Morphem vorkommen kann. Eine weitere Bedingung für die obige Definition ist, dass die Bedeutung des freien Morphems im Kompositum seiner „freien" Bedeutung entsprechen muss. Die Bildung *metalenguaje* ist z.B. ein Derivat, weil das freie Morphem *meta* ‚Ziel' nicht die Bedeutung des hier verwendeten Präfixes *meta-* (gr. *meta* ‚mit; inmitten, zwischen; nach, hinter; gemäß') hat (vgl. Rainer 1993: 65).

Die so genannten syntagmatischen Komposita wie z.B. sp. *mano de obra* ‚Arbeitskraft; Arbeiter' werden häufig nicht zur „eigentlichen" Komposition gezählt; semantisch und syntaktisch verhalten sie sich allerdings wie andere Komposita auch. Ihre Abgrenzung zu „normalen" syntaktischen Konstruktionen bzw. zur Syntax ist nicht einfach. Argumente, die bei einer solchen Entscheidung hilfreich sein können, sind nachstehend aufgeführt (vgl. Rainer 1993: 42; Schpak-Dolt, 1999: 119f.):

- **Kohäsion**: Während man bei *vaso de vino* ‚Glas Wein' z.B. das Adjektiv *buen* einfügen kann (*un vaso de buen vino*), ist dies beispielsweise bei *mano de obra* nicht möglich: *una mano de buena obra*. Nur als Ganzes (als Kompositum) ist *mano de obra* modifizierbar: *una buena mano de obra*.
- **Koordination**: Bei syntaktischen Konstruktionen ist Koordination möglich, z.B. *un vaso de vino y de agua*. Teile eines Kompositums sind hingegen nicht koordinierbar: *una mano de obra y de ayuda*.

Bezüglich des Resultats der Komposition unterscheidet man zwischen Nominal-, Adjektiv- und Verbalkomposita (sp. *sustantivos/adjetivos/verbos compuestos*). Es ergibt sich folgende Tabelle (nach Rainer 1993):

▶ **Tabelle 9**

	"eigentliche" Komposita		syntagmatische Komposita	
Kompositionstyp	Schema	Beispiel	Schema	Beispiel
Nominal-komposita	N+N	*hombre-masa*	N+Präp+N	*máquina de escribir*
	N+N	*castro-comunismo*	N+Adj	*casco azul*
	N+N	*sureste*	Adj+N	*altavoz*
	N*i*N	*sopicaldo*	V+V	*vaivén*
	V+V	*picapica*	Präp+N	*sinvergüenza*
	V+N	*sacacorchos*	–	–
	V+Adv	*cortafrío*	–	–
Adjektiv-komposita	A+A	*ético-moral*	Adv+Adj	*malmirado*
	A*i*A	*rojinegro*	–	–
	N+A	*drogadicto*	–	–
	N*i*A	*pelirrojo*	–	–
Verbal-komposita	Adv+V	*maltratar*	–	–
	N+V	*maniatar*	–	–

Traditionell unterscheidet man zwischen so genannten endozentrischen (gr. *endon* ‚drinnen, innerhalb‘) und exozentrischen (gr. *exo* ‚außerhalb‘) Komposita. Beide Begriffe können sich sowohl auf formale (z.B. grammatische Kategorien) als auch auf semantische Eigenschaften (Bedeutungsaspekte) beziehen. Beim Lesen von Fachliteratur sollte man sich daher stets vergegenwärtigen, auf welchen Aspekt die Begriffe Bezug nehmen.

Endozentrizität vs. Exozentrizität

Unter formalem Blickwinkel bestehen endozentrische Komposita aus einem so genannten Kopf und aus einem modifizierenden Element. Der Kopf legt formale Eigenschaften des Gesamtwortes fest, d.h. die Wortart, die Flexionsklasse und bei Substantiven auch das Genus. So ist das Gesamtwort *pez sierra* ‚Sägefisch‘ wie *pez* ein maskulines Substantiv. Exozentrische Komposita haben demgegenüber keinen Kopf, d.h. die formalen Eigenschaften des Kompositums werden von „außen" bestimmt (keines der Bestandteile kann als Kopf des Kompositums gewertet werden), wie z.B. bei *abrelatas*. Da das Gesamtwort ein Substantiv ist, könnte man meinen, dass das Substantiv *latas* der Kopf wäre, jedoch ist dieses feminin und das Gesamtwort maskulin.

Die so genannten Determinativkomposita, wie z.B. *pez sierra*, sind auch semantisch betrachtet endozentrisch. Der Kopf (auch: Determinatum) wird durch das andere Kompositionsglied (Determinans) näher spezifiziert. So ist ein *pez sierra* ein Fisch, dessen Nase Ähnlichkeit mit einer Säge hat, und nicht eine Säge, die wie ein Fisch aussieht. Semantisch exozentrische Komposita wie z.B. *abrelatas* (‚Dosenöffner‘) haben hingegen keinen Kopf, denn ein *abrelatas* ist keine bestimmte Dosenart o.Ä.

Bei unseren bisherigen Beispielen stimmen der formale und der semantische Aspekt miteinander überein. Nun gibt es allerdings eine Vielzahl von Fällen, bei denen formale und semantische Endo- bzw. Exozentrizität divergieren. So findet man semantisch exozentrische Komposita, die formal als endozentrisch zu werten sind. Ein *casco azul* ‚Blauhelm‘ hat semantisch betrachtet keinen Kopf, da hier ein Soldat der UNO-Truppen bezeichnet wird und nicht etwa ein blauer Helm. Formal betrachtet bestimmt das Substantiv *casco* jedoch die Wortart des Gesamtwortes (vgl. Schpak-Dolt 1999: 121). Bezüglich der Numerusflexion muss man hier allerdings anmerken, dass beide Kompositionsglieder flektieren: *los cascos azules*.

Bei den so genannten Kopulativkomposita stehen die beiden Glieder in einem Koordinationsverhältnis, sind semantisch „gleichbe rechtigt" und können in der Regel mit ‚sowohl A als auch B' paraphrasiert werden. So ist jemand, der als *actor-cantante* bezeichnet wird, sowohl Schauspieler als auch Sänger, jemand der *sordomudo* ist, sowohl taub als auch stumm etc. Bei solchen Bildungen ist es, semantisch betrachtet, nicht möglich, eines der beiden Glieder als Kopf zu bezeichnen. Unter formalem Gesichtspunkt könnte man annehmen, dass bei *sordomudo mudo* der Kopf sei, da dieser flektiert, z.B. *sordomudos* oder *sordomuda*. Flexionssuffixe werden allerdings immer hinten am Stamm angefügt.

Im Folgenden wird eine Auswahl besonders produktiver spanischer Komposita aufgeführt und kurz kommentiert. Für eine ausführliche Behandlung verweisen wir auf Rainer (1993), Bustos Gisbert (1986), Thiele (1992) und Cartagena/Gauger (1989). Komposita des Typs *hombre-masa* (weitere Beispiele: *hombre rana*, *pez sierra*, *perro lobo*, *faldas campana* etc.) sind im Gegensatz zu den meisten anderen Kompositionstypen sehr produktiv. Der Kopf des Kompositums ist im Spanischen typischerweise die linke Konstituente; im Deutschen steht der Kopf eines Kompositums hingegen rechts. So bestimmt in *pez sierra* das links stehende Substantiv *pez* die Wortart, das Genus und die Flexionsklasse des Gesamtwortes: *el pez sierra* vs. *la pez sierra*, *los peces sierra* vs. *los/las pez sierras*. Im Deutschen verhält es sich genau umgekehrt: *der Sägefisch* und nicht *die Sägefisch*. Folgende Darstellung verdeutlicht den Unterschied:

Normalkomposita des Typs N+N

Abb. 11

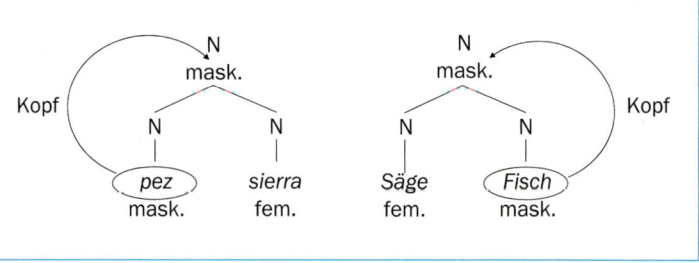

Es gibt im Spanischen ein paar wenige Nominalkomposita des Typs N+N, bei denen der Kopf rechts steht, wie z.B. *el castrocomunismo* (weitere Beispiele *madrepatria*, *camionescuela* etc.). Zu diesem Typ zählen auch Neologismen wie z.B. *baby-alarma* und *baby-control*, die auf das Englische zurückgehen. Wie im Deutschen steht auch im Englischen der Kopf in Nominalkomposita rechts. Als weiterer Typ innerhalb der N+N-Komposita sind die koordinativen Bildungstypen

(Kopulativkomposita) zu erwähnen: *compraventa, café-teatro, actor-director, droguería-perfumería* etc. Die Konstituenten dieser Komposita haben, wie bereits erwähnt, dieselbe Gewichtung; so ist z.B. eine *droguería-perfumería* sowohl eine Parfümerie als auch eine Drogerie.

Bildungen des Typs *sacacorchos* (weitere Beispiele: *rompehielos, salvavidas, tocadiscos, escupefuego, limpiabotas* etc.) gehören zu den produktivsten Kompositionstypen des Spanischen. Zu diesem Kompositionstyp gibt es eine Reihe von Untersuchungen, deren Anliegen vor allem in der Erforschung der Natur des Erstgliedes liegt. In der Diskussion geht es darum, ob z.B. *saca* in *sacacorchos* eine Imperativform, die Form der dritten Person Singular des Indikativ Präsens, ein Verbalthema oder ein Nomen agentis (ein deverbales Nomen) ist. Bei diesen Nominalkomposita ist das Verb typischerweise transitiv.

Nominalkomposita des Typs V+N

Bei Adjektivkomposita, die auf der Zusammenfügung zweier Adjektive basieren, unterscheidet man zwischen solchen, die ein Fugenelement aufweisen, und solchen, die keines haben. Zum ersten Typ gehören vor allem Farbadjektive wie: *verdinegro, blanquinegro, rojinegro* etc. Nicht jedes Farbadjektiv kann jedoch als Erstglied erscheinen: **azulinegro, *amarillinegro* etc. In wenigen Beispielen können die Basen auch keine Farbadjektive sein: *agridulce, altibajo* etc. Beim zweiten Typ handelt es sich meist um Nationalitätsbezeichnungen, bei denen das Erstglied eine gelehrte Form hat: *franco-italiano* vs. **francés-italiano, italo-americano* vs. **italiano-americano, austro-húngaro* vs. **austriaco-húngaro* etc. Diesem Kompositionsmuster gehören auch die Adjektive *palato-alveolar, ápico-dental* etc. an, die Sie aus dem Kapitel zur Lautlehre kennen.

Adjektivkomposita des Typs A+A und AiA

Produktivität, Blockierung und Motiviertheit

3.3.3

Ein in der Wortbildungslehre zentrales Konzept ist das der Produktivität. Nach Rainer (1993: 32) bezeichnet der Begriff *Produktivität* sowohl die Möglichkeit, Neologismen (Wortneubildungen) zu bilden, als auch den Grad der Wahrscheinlichkeit, dass Neologismen gebildet werden. Hiervon sind sowohl die verschiedenen Wortbildungsverfahren (z.B. Derivation, Komposition etc.) als auch bestimmte Wortbildungsmuster innerhalb der verschiedenen Verfahren betroffen (z.B. mit Hilfe des Suffixes *-able* wird aus einem Verb ein Adjektiv deriviert). Auch die Produktivität ist als eine gleitende

Produktivität

Skala aufzufassen, die von *nicht produktiv* über *kaum produktiv* etc.
bis zu *enorm produktiv* reicht und teilweise durch außersprachliche Faktoren bestimmt wird.

Beschränkung auf offene Klassen

Wortbildungsprozesse beschränken sich hauptsächlich auf die
Wortarten, die traditionell als „offene Wortklassen" bezeichnet werden: Substantiv, Adjektiv, Verb und Adverb. Im Bereich der Konver-
sion (Wortartwechsel ohne morphologische Kennzeichnung, z.B.
ver > (*el*) *ver*) findet man allerdings auch Nominalisierungen anderer Wortarten wie z.B. *el yo* ‚das Ich', *el pro y el contra* ‚das Für und
Wider'.

Blockierung

Eine weitere Beschränkung für Wortbildungsprozesse ist die
Blockierung. Prinzipiell gilt: „damit eine neue Wortbildung und somit ein neuer Begriff geprägt wird, muß Bedarf danach bestehen"
(Rainer 1993: 113). Das Spanische kennt z.B. Wörter wie *calientapiés*
‚Fußwärmer', *calientacamas* ‚Bettwärmer', *calientaplatos* ‚Warm-
halteplatte' etc. Analog zu diesem Bildungsmuster können wir andere Wörter bilden, z.B. *calientalibros*. Für eine solche Bildung besteht solange kein Bedarf, bis es ein Objekt gibt, das man hiermit
bezeichnen möchte. Auf der anderen Seite würde man z.B. für *calientapiés* vermutlich kein „neues" Wort kreieren, da bereits eines
existiert. Wortbildungen können also aus verschiedenen Gründen
blockiert sein. Hierbei muss gesagt werden, dass es die absolute
Blockierung wahrscheinlich nicht gibt, wie die weite Formulierung
‚wenn Bedarf besteht' erahnen lässt. So können wir trotz der Existenz von Wörtern wie *charlatán*, *parlachín*, *bocazas*, *cotorro* etc. beispielsweise *calientaorejas* (mit der metaphorischen Bedeutung
‚Schwätzer') bilden. In Anlehnung an Wurzel (1988) und Rainer
(1993: 113ff.) werden wir einige mögliche Blockierungstypen mit
Beispielen und Gegenbeispielen erwähnen:

- **Blockierung aufgrund der Existenz synonymer Simplizia**: Zu *barrer* ‚kehren, fegen' gibt es kein Nomen instrumenti (bezeichnet
  Gegenstände, mit denen eine Handlung ausgeführt wird) **barre-
  dor* wegen *escoba* ‚Besen' (vgl. *abrir* → *abridor*, *ascender* → *as-
  censor* etc.). Im Spanischen gibt es allerdings trotz *barrer* das „in-
  strumentale Verb" *escobar* (‚barrer con una escoba').
- **Blockierung aufgrund der Existenz von synonymen Bildungen
  anderer Formen**: Zum Adjektiv *rico* gibt es wegen *riqueza* (< *rico*)
  kein Abstraktum **riquedad*, wobei es allerdings zu *pobre* trotz
  pobreza das Abstraktum *pobredad* (gilt als veraltet) gibt.

- **Blockierung aufgrund der Existenz von homonymen Bildungen mit abweichender Semantik**: Zu *pan* gibt es kein Diminutivum auf *-cillo* mit der Bedeutung ‚kleines Brot‘, weil die Bildung *panecillo* mit der Bedeutung ‚Brötchen‘ existiert. Ebenso wenig kann man aus *bocado* ‚Happen‘ mit Hilfe von *-illo* ein ‚Häppchen‘ derivieren, denn *bocadillo* existiert mit der Bedeutung ‚belegtes Brötchen‘. Andererseits ist die Ableitung *bocadito* ‚Häppchen‘ möglich, obwohl in manchen Varietäten *bocadito* auch ‚Zigarette‘ (Cuba) oder ‚Gebäck‘ (Cuba, Río de la Plata) bedeutet.
- **Blockierung aufgrund phonologischer Beschränkungen**: Morphologisch betrachtet ist die Diminutivbildung mit *-illo* für *pollo*, *gallo* etc. prinzipiell möglich. Aufgrund einer phonologischen Beschränkung, „die eine Folge von zwei *-ll-* in benachbarter Silbe verbietet“ (Rainer 1993: 118), ist diese Bildung jedoch blockiert.
- **Blockierung aufgrund semantischer Beschränkungen**: Das deverbale Präfix *des-* kann aus semantischen Gründen nicht an alle verbalen Basen angefügt werden. Während *deshacer*, *desanudar*, *desempaquetar*, *desarmar* etc. möglich sind, sind Bildungen wie z.B. **desjugar*, **desbeber*, **destelefonear* etc. blockiert. Dies liegt daran, dass die Handlungen wie z.B. *hacer*, *anudar*, *empaquetar*, *armar* etc. umkehrbar sind und die von *jugar*, *beber*, *telefonear* etc. nicht.

Sowohl das Ausmaß, in dem sich die Bedeutung eines komplexen Wortes aus der Bedeutung seiner Bestandteile (Morpheme) ableiten lässt, als auch der Grad der Analysierbarkeit der zugrunde liegenden Struktur wird Motiviertheit genannt. Die Motiviertheit (auch: Motivation, Transparenz, Durchsichtigkeit; sp. *transparencia*) von komplexen Wörtern kann von voll motiviert bis zu unmotiviert mit allen denkbaren Zwischenstufen reichen. Während die Beziehung zwischen *contar – recontar*, *hacer – rehacer*, *mirar – remirar* problemlos nachvollziehbar ist, hat man z.B. bei *bajar – rebajar* schon eher Schwierigkeiten. Ein Wort wie z.B. *repetir* (lat. *repetere* ‚wiederholen, erneut anstreben‘) ist synchron betrachtet verdunkelt (unmotiviert), weil das heutige Spanisch keine Basis **petir* (lat. *petere* ‚anstreben, zu erreichen suchen‘) kennt. Der Grad der Motiviertheit hängt allerdings auch mit dem Wissen eines jeweiligen Sprechers/Hörers zusammen. So ist das deutsche Wort *Osteoporose* (gr. *osteon* ‚Knochen‘ und gr. *poros* ‚Öffnung‘; ‚Poröswerden von Knochen‘) für jemanden, der Griechisch kann, motivierter als für denjenigen, der dieser Sprache nicht

Motiviertheit

mächtig ist (die Motiviertheit von *repetir* hängt ebenso von den Lateinkenntnissen des Sprechers/Hörers ab).

Zusammenfassung

Wir sind genauer auf den Wortbegriff eingegangen, da dieser mehrdeutig ist, und man zwischen orthographischem, morphosyntaktischem und grammatischem Wort differenzieren muss. Weiterhin ist es notwendig, zwischen Wortformen und Lexemen zu unterscheiden. Als grundlegende Einheit der morphologischen Analyse wurde das *Morphem* eingeführt, das wir als kleinste bedeutungtragende sprachliche Einheit definiert haben. In der Morphologie ermittelt man diese Einheiten, indem man sprachliche Formen miteinander vergleicht. Die Allomorphe eines Morphems und ihre Distribution sind durch verschiedene Faktoren bedingt: Es gibt Allomorphe, die teilweise in freier Variation auftreten und teilweise komplementär verteilt sind (z.B. *-mento* und *-miento*). Weiterhin kann die Alternation morphologisch (z.B. *-ible* und *-ibil-*) oder phonologisch (z.B. *in-* und *im-*) bedingt sein. Die Morphemtypen (freies/gebundenes Morphem, grammatisches/lexikalisches Morphem und Wurzel/Affix), die Affixtypen (Präfix, Suffix, Infix, Zirkumfix) sowie die Begriffe *Wurzel*, *Basis*, *Stamm* und *Endung* sollten Ihnen nach der Lektüre des Kapitels zur Wortstruktur vertraut sein. Entlang verschiedener Abgrenzungskriterien haben wir die zwei großen Bereiche der Morphologie voneinander getrennt: Flexionsmorphologie (Bildung verschiedener Wortformen eines Lexems) und Wortbildungslehre (Bildung von „neuen" Lexemen). Typische Aspekte beider Bereiche sowie der Aufbau verschiedener Wortformen wurden anhand von Beispielen dargelegt.

Aufgaben

I. Geben Sie für die aufgeführten Beispiele an, ob es sich um einfache Wörter, Derivate oder Komposita handelt.

pez espada	*riqueza*	*desencadenar*	*antílope*
agricultor	*cerveza*	*caradura*	*caracul*
inteligente	*imposible*	*imperio*	*imperial*

II. Welche Allomorphe hat das Morphem {pod-} des Verbs *poder*?

III. Segmentieren Sie folgende Verbformen: *volvieran*, *esperó*, *rehacer* und *recuerdas*.

IV. Zeichnen Sie die Baumstruktur für *apedreamiento*, *desarmar* und *abrelatas*.

Semantik

Die Semantik ist derjenige Zweig der Sprachwissenschaft, der sich mit dem Inhalt (dem *signifié*) sprachlicher Zeichen auf allen Ebenen von Sprache (Wort, Satz und Text) beschäftigt. Da Form und Inhalt nicht voneinander getrennt werden können, sind Ihnen bestimmte Aspekte der Semantik in den ersten drei Kapiteln bereits begegnet und werden auch in den nachfolgenden berücksichtigt. Wir werden uns hier vorwiegend mit der Wortsemantik bzw. der lexikalischen Semantik beschäftigen. Im ersten Unterkapitel werden Wortfelder als Organisationseinheit des Wortschatzes eingeführt. Hiervon ausgehend werden zentrale Aspekte der Merkmalssemantik (im Sinne des europäischen Strukturalismus) und ihre Beschreibungsschwierigkeiten dargestellt. Sodann werden Sie in die Grundideen der Prototypentheorie eingeführt, mit der versucht wurde, Lösungsmöglichkeiten für die in der Merkmalssemantik auftretenden Schwierigkeiten zu finden. Nach einem Abschnitt zu den wichtigsten semantischen Relationen lernen Sie zentrale Aspekte der Verbsemantik kennen.

Lexikalische Semantik

Wortfelder

Die Bedeutung von Wörtern muss in unseren Köpfen bzw. in einem mentalen Lexikon gespeichert sein, damit sprachliche Kommunikation überhaupt stattfindet. Eine mögliche semantische Organisationseinheit für die Speicherung der Bedeutung von Wörtern stellen die so genannten Wortfelder bzw. semantischen Felder (sp. *campos semánticos*) dar. Ein Wortfeld besteht aus einer Gruppe von Wörtern (Lexemen), die sich inhaltlich ähneln, derselben Wortart angehören und einen gemeinsamen Referenzbereich haben (auf Ähnliches Bezug nehmen). Zur Illustration führen wir zwei solcher

Wortfelder an: WERKZEUG und VERWANDTSCHAFTSNAMEN. In den geschweiften Klammern sind jeweils Beispiele von Lexemen angegeben, die dem jeweiligen Wortfeld angehören:

(1) WERKZEUG: {Hammer, Schraubenzieher, Zange, Bohrmaschine, Lötkolben, Schleifmaschine, Handgewindebohrer etc.}

VERWANDTSCHAFTSNAMEN: {Mutter, Vater, Schwester, Bruder, Tante, Onkel, Oma, Opa, Cousine, Cousin, Enkelin, Enkel etc.}

Ein Lexem gehört zu einem Wortfeld, wenn es mindestens einen gemeinsamen Bedeutungsbestandteil mit den anderen Vertretern des Wortfelds teilt. Die Mitglieder eines Wortfeldes stehen in paradigmatischer Beziehung zueinander, d.h., sie können an der gleichen Stelle im Satz/Text stehen (da gleiche Wortart). Wortfelder werden daher auch als *lexikalische Paradigmen* bezeichnet. Sie sind keine starren Einheiten: So gehört das Lexem *madre* beispielsweise sowohl dem Wortfeld der VERWANDTSCHAFTSNAMEN als auch dem Wortfeld WEIBLICHE PERSONEN an. Die Theorie der Wortfelder geht von der Annahme aus, dass sich der gesamte Wortschatz einer Sprache in semantische Felder ordnen lässt, sich die Bedeutungen der Lexeme eines Feldes gegenseitig bestimmen und dass die Lexeme eines Wortfeldes dessen gesamtes Bedeutungsspektrum abdecken (vgl. Pospiech [4]2000: 169). In den gegebenen Sprachen werden jedoch nicht alle gedanklichen Konzepte sprachlich mit einem Lexem realisiert: Beim Wortfeld VERWANDTSCHAFTSNAMEN weist das Lateinische z.B. die Unterscheidung zwischen *avunculus* (‚Onkel mütterlicherseits') und *patruus* (‚Onkel väterlicherseits') auf, während im Spanischen lediglich die Bezeichnung *tío* (‚Onkel') zu finden ist und demnach die Unterscheidung zwischen ‚mütterlicherseits' und ‚väterlicherseits' nicht relevant ist. Offensichtlich gliedern also Sprachen das semantische Feld der VERWANDTSCHAFTSNAMEN auf verschiedene Weise. Ein weiteres Beispiel für verschiedene semantische Gliederung ist die bereits im Unterkapitel 1.3.1 erwähnte Unterscheidung zwischen *pez* (‚Fisch') und *pescado* (‚zum Essen zubereiteter Fisch').

Wortfamilie   Der Begriff des Wortfeldes darf nicht verwechselt werden mit dem der Wortfamilie, die Wörter umfasst, die nicht semantisch, sondern formal verwandt sind, weil ihr zentraler Bestandteil sprachgeschichtlich auf denselben Ursprung zurückgeführt werden kann (vgl. Kattenbusch 1999: 90). So bilden z.B. *alto, bajo, gordo, delgado, largo* etc. ein Wortfeld, aber keine Wortfamilie. *Alto, alteza, altura, altitud* etc. gehören hingegen einer Wortfamilie an, da sie alle auf lat. *altus* zurückgehen, bilden aber kein Wortfeld, da sie jeweils einen unterschiedlichen Referenzbereich haben und nicht in paradigmatischer Beziehung stehen (d. h. nicht gegeneinander austauschbar sind).

Merkmale

| 4.1.2

In der Merkmalssemantik ist Bedeutung kein unzerlegbares Ganzes, sondern besteht aus distinktiven semantischen Merkmalen (sp. *rasgos semánticos*). Ähnlich wie in der Phonologie (vgl. Unterkapitel 2.4.2) wird das Vorhandensein oder Nicht-Vorhandensein eines semantischen Merkmals durch ein Plus oder ein Minus notiert, d.h. semantische Merkmale sind binär (z.B. [+belebt] vs. [-belebt]). In der europäischen Strukturellen Semantik, die sich an die Terminologie der Phonologie und Morphologie anlehnt, werden distinktive semantische Merkmale als Seme (sp. *semas*) bezeichnet. Das Bündel von Semen, das die Bedeutung (den semantischen Gehalt) eines Wortes ausmacht, heißt Semem (sp. *semema*). Die Ermittlung der distinktiven semantischen Merkmale erfolgt in ähnlicher Weise wie die Ermittlung distinktiver Lautmerkmale in der Phonologie, nämlich durch das Bilden von Oppositionspaaren. Da nicht jedes Oppositionspaar Aufschluss über die vorhandenen Merkmale bringt, bedient man sich in der Semantik der oben eingeführten Wortfelder. Mit anderen Worten: Es macht wenig Sinn, die Wörter *grün* und *Hammer* miteinander zu vergleichen, um deren semantische Merkmale herauszufinden. Vielmehr muss man die Wörter eines Wortfeldes in Opposition zueinander setzen. Bernard Pottier (1963) hat anhand der französischen Wörter des Wortfeldes SITZGELEGENHEITEN eine der bekanntesten Semanalysen (Ermittlung der distinktiven Merkmale) durchgeführt, die im Folgenden an das Spanische angepasst wird: Man nimmt z.B. die Lexeme *silla*, *sillón*, *taburete*, *sofá* und *puf* und ermittelt, durch welche Merkmale sie sich jeweils voneinander unterscheiden. Das Lexem *sofá* unterscheidet sich z.B. von allen anderen aufgeführten

Sem und Semem

> **Hinweis**
> Ein Sem ist das kleinste distinktive semantische Merkmal.

> **Hinweis**
> Im Sinne des Strukturalismus sollten Wortbedeutungen im Sprachsystem nicht isoliert analysiert werden, sondern in Relation zu Bedeutungen anderer Wörter eines Wortfeldes.

Semanalyse

Beispielen dadurch, dass es das Sem [+ für eine Person] nicht aufweist. Im Gegensatz zu *taburete* und *puf* haben die Lexeme *silla*, *sillón* und *sofá* das Sem [+ mit Rückenlehne] etc. Die Semanalyse wird üblicherweise in einer Matrix dargestellt (für die frz. Analyse vgl. Blank 2001: 17):

▶ **Tabelle 1**

		zum Sitzen	mit Beinen	für eine Person	mit Rücken-lehne	mit Armlehne	aus solidem Material
		Seme					
Lexeme	silla	+	+	+	+	−	+
	sillón	+	+	+	+	+	+
	taburete	+	+	+	−	−	+
	sofá	+	+	−	+	+	+
	puf	+	−	+	−	−	−

Das Sem [+ zum Sitzen] ist allen Lexemen des Wortfeldes gemein. Es dient z.B. der Abgrenzung des Wortfeldes SITZGELEGENHEITEN gegenüber dem Wortfeld KÜCHENGERÄTE. Die allen Lexemen des Wortfeldes gemeinsamen Merkmale bilden also die Grenze zu anderen Wortfeldern. Alle anderen Seme dienen hingegen zur Abgrenzung der Lexeme innerhalb des Wortfeldes. Oppositionsmerkmale haben bedeutungsunterscheidende Funktion: So ist etwa das Merkmal [± mit Armlehne] einziges Oppositionsmerkmal zwischen *silla* und *sillón*.

Notwendige und hinreichende Merkmale

In der Merkmalssemantik besteht die Bedeutung von Zeichen aus wesentlichen Merkmalen, die sowohl notwendig als auch hinreichend sind. Die Bedeutung von *silla* ist z.B. aus den Merkmalen [+ mit Rückenlehne, + mit Beinen, + für eine Person, + zum Sitzen, + aus solidem Material] zusammengesetzt. Finden wir in der außersprachlichen Wirklichkeit ein Objekt, das diese Eigenschaften besitzt, nennen wir es auf Spanisch *silla*. Die aufgezählten Merkmale reichen also aus, um das Vorliegen eines Stuhls zu postulieren; man sagt, sie sind hinreichend. Umgekehrt sind die Merkmale auch notwendig, weil jeder Gegenstand, dem die Bezeichnung *silla* zu Recht zukommt, diese Merkmale aufweisen muss.

Schwierigkeiten der Semanalyse

In Tabelle 1 wurden fünf Lexeme, die dem Wortfeld SITZGELEGENHEITEN angehören, berücksichtigt und ihre semantischen Merkmale ermittelt. Das Spanische kennt jedoch eine Reihe weiterer Lexeme wie z.B. *banco, diván, taburete de bar, canapé* etc., die auch Berücksichtigung finden müssten. Dementsprechend erhöht sich die Anzahl der anzunehmenden Seme. Ein größeres Problem bilden jedoch die Seme selbst: so kann man sich fragen, ob sich ein Stuhl und ein Sessel wirklich durch das Sem [± mit Armlehne] unterscheiden. Gibt es nicht auch Stühle mit Armlehnen, die wir nicht als Sessel bezeichnen?

Abgesehen hiervon haben Kritiker eingewendet, dass es unmöglich sei, ein Wortfeld wie z.B. VOGEL anhand von notwendigen und hinreichenden Merkmalen zu bestimmen (vgl. Kleiber [2]1998: 20f.). Nehmen wir folgende Seme an: [+ Lebewesen], [- menschlich], [+ kann fliegen], [+ hat Federn], [+ legt Eier], [+ hat einen Schnabel] etc. Das erste Problem tritt, wie oben bereits angemerkt, bei der Ermittlung der Seme auf: Wie viele Vogelarten bzw. wie viele Lexeme muss man berücksichtigen? Wenn alle berücksichtigt werden müssen, bedeutet dies einen immensen Aufwand für die Merkmalanalyse. Weiterhin gibt es Vögel, die nicht alle aufgeführten Merkmale erfüllen: So hat z.B. der Pinguin keine Federn, und der Kiwi kann nicht fliegen. Oben stehende Seme scheinen folglich nicht notwendig zu sein. Das Problem ließe sich vielleicht dadurch lösen, dass man die Merkmale [+ Federn] und [+ kann fliegen] streicht. Dann könnte man jedoch das Schnabeltier (legt Eier, hat einen Schnabel etc.) als *Vogel* bezeichnen.

Prototypen

4.1.3

In der Merkmalsemantik wird also die Bedeutung von Wörtern durch Aufspaltung in distinktive semantische Merkmale (Seme) beschrieben. Es wurde im Vorausgehenden gezeigt, dass die Annahme von notwendigen und hinreichenden semantischen Merkmalen „sich nicht auf alle Bereiche des Wortschatzes anwenden [lässt]. Die Farbadjektive entziehen sich z.B. der Merkmalanalyse: Welche notwendige Bedingung außer ‚Farbe' kommt Adjektiven wie *rot, gelb, blau* usw. zu?" (Kleiber [2]1998: 20). Eine eindeutige Definition aufgrund von Merkmalen ist folglich nicht immer möglich; manche Merkmale, die auf den ersten Blick sehr wichtig für die Definition erscheinen (z.B. ‚Henkel' für *Tasse*), erweisen sich als nicht unbedingt notwendig. Ist eine Tasse mit einem zerbrochenen Henkel keine Tasse mehr? Doch, aber eben keine typische Tasse. Kattenbusch (1999: 93) schreibt hierzu: „Wir können immer wieder feststellen, dass bestimmte Dinge mehr einem bestimmten Konzept entsprechen, andere weniger."

Prototyp

Die Prototypensemantik nahm ihren Anfang nicht in der Linguistik, sondern in der Psychologie. Eine ihrer Grundideen ist, dass die Entscheidung über die Zugehörigkeit eines sprachlichen Zeichens zu einer Kategorie nicht durch eine Checkliste von notwendigen und hinreichenden Merkmalen getroffen wird, sondern durch den Vergleich mit einem typischen Exemplar der Kategorie. Was hat die Zugehörigkeit zu einer Kategorie mit der Bedeutung eines Wortes zu tun? Die Gründe, die uns zu einer Entscheidung darüber führen, ob ein Element zu einer Kategorie gehört oder nicht (also etwa, ob ein Gegenstand zu der Kategorie STUHL gehört), hängen unmittelbar mit der Bedeutung eines bestimmten Wortes (z.B. *Stuhl*) zusammen. Die Bedeutung eines Wortes muss demnach etwas sein, das von konkreten Gegenständen abstrahiert, denn wir benutzen das Wort *Stuhl* in vielen verschiedenen konkreten Situationen, um Gegenstände zu bezeichnen, die teilweise sehr unterschiedlich aussehen. Die Bedeutung des Wortes *Stuhl* muss auf all diese unterschiedlichen konkreten Stühle passen. In der Merkmalsemantik geht man davon aus, dass dieses Etwas, das alle Stühle gemeinsam haben (und daher die Bedeutung des Wortes *Stuhl* ausmacht), ein Bündel von notwendigen und hinreichenden Merkmalen ist. In der Prototypensemantik nimmt man hingegen an, dass das, was allen Stühlen gemein ist, die Ähnlichkeit mit einem typischen Stuhl ist, mit einem so genannten Prototypen. Sehen wir einen Gegenstand, vergleichen wir ihn mit unserem Prototypen von Stuhl. Fällt der Vergleich positiv aus, können wir diesen Gegenstand *Stuhl* nennen.

Prototypische Merkmale

Worin besteht der Prototyp? Auch in der Prototypensemantik wird mit Merkmalen gearbeitet: Es gibt prototypische Merkmale, nämlich die Merkmale des Prototypen der Kategorie. Bei *Stuhl* wären das etwa: [4 Beine], [eine Lehne], [zum Sitzen] etc. Die prototypischen Merkmale sind weder notwendig noch hinreichend, d.h. sie müssen nicht vorliegen, damit ein Gegenstand einer Kategorie zugeordnet werden kann. Entscheidend ist, ob genügend Merkmale erfüllt sind, um eine Ähnlichkeit mit dem Prototypen festzustellen; ist dies der Fall, wird das Element als der entsprechenden Kategorie zugehörig anerkannt. Ein Stuhl mit Armlehne ist zwar nicht typisch, aufgrund der Übereinstimmung mit anderen Merkmalen des Prototyps ist er aber dennoch ein Stuhl. Je mehr prototypische Merkmale zutreffen, desto ähnlicher ist der Gegenstand dem Prototypen und desto leich-

ter kann man seine Zugehörigkeit zur betreffenden Kategorie feststellen.

Die Kategorien sind radial angelegt, mit einem typischen Vertre-
ter, dem Prototypen, in der Mitte und entfernteren Exemplaren an
den Rändern (je nach Ähnlichkeit näher oder weiter entfernt vom Prototypen). So ergibt sich für die Kategorie VOGEL z.B. folgendes Bild (vgl.
Blank 2001: 51):

Radiale Anordnung

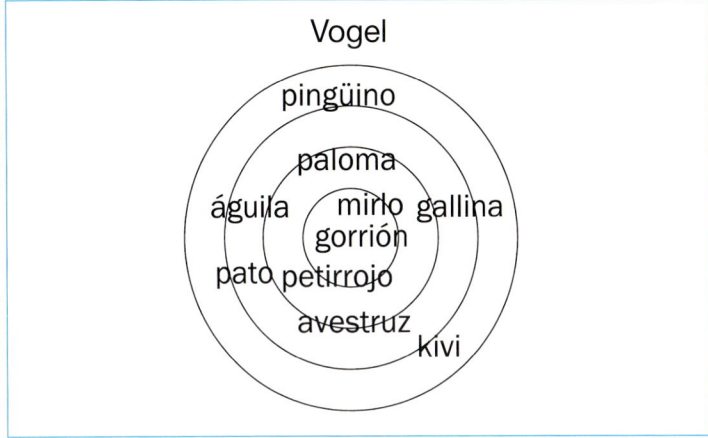

Abb. 1

Je nach Sprachregion kann dieses Bild variieren. So haben Sprecher
des amerikanischen Spanisch (da in diesen Gebieten andere Vogelarten leben) eventuell eine andere Anordnung.

Die radiale Anordnung innerhalb der Kategorie VOGEL äußert sich
auch sprachlich. Betrachten wir die Beispiele in (2), die jeweils mit
dem Adverbial *rigurosamente hablando* ‚streng genommen' beginnen (vgl. Radford et al. 2000: 290):

(2) a. *Rigurosamente hablando, un pingüino es un pájaro.*
     b. *Rigurosamente hablando, una gallina es un pájaro.*
     c. *Rigurosamente hablando, un pato es un pájaro.*
     d. *Rigurosamente hablando, un petirrojo es un pájaro.*
     c. *Rigurosamente hablando, un gorrión es un pájaro.*

In (2a) scheint die Verwendung von *rigurosamente hablando* in Verbindung mit *pingüino*, einem Exemplar, das sich eher am Rande der
Kategorie *Vogel* befindet, völlig normal. Ab (2b), spätestens aber ab
(2d) würde man das Adverbial mit zunehmender Wahrscheinlichkeit nicht mehr benutzen. Dies liegt darin begründet, dass sich die

jeweilige Vogelart immer näher am Zentrum der Kategorie befindet. Die prototypischen Merkmale der Kategorie Vogel sind nach Geeraerts (1988) die folgenden (vgl. Kleiber ²1998: 37):

(3) prototypische Merkmale der Kategorie Vogel:
   a. [kann fliegen]
   b. [hat Federn]
   c. [hat die Form 🐦]
   d. [hat Flügel]
   e. [ist nicht domestiziert]
   f. [legt Eier]
   g. [hat einen Schnabel]

Der Prototyp (*gorrión*) und die Exemplare in seiner unmittelbaren Nähe (*petirrojo*, *mirlo*) erfüllen alle diese Merkmale. Der Strauß (*avestruz*) erfüllt hingegen das Merkmal [kann fliegen] nicht und befindet sich dadurch etwas weiter weg vom Zentrum. Schrittweise weiter entfernt vom Prototypen befinden sich dann Küken (erfüllt 5 von den 7 Merkmalen), Kiwi (4 von 7) und Pinguin (3 von 7).

Ohne weiter darauf einzugehen sei an dieser Stelle angemerkt, dass auch die Prototypentheorie, wie wir sie hier vorgestellt haben, eine Reihe von Fragen nicht zufriedenstellend erklären kann. So ist z.B. Kleiber (²1998: 86) der Ansicht, „daß die Prototypentheorie kein Wundermittel darstellt, sondern [...] auf ebenso gravierende Schwierigkeiten wie das NHB-Modell [Modell der notwendigen und hinreichenden Bedingungen] stößt [...].“

4.2 | Semantische Relationen

Zwischen den Bedeutungen von Lexemen können verschiedene Arten von Beziehungen bestehen, so genannte semantische Relationen. In Anlehnung an Geckler/Kattenbusch (²1992: 91ff.) und Blank (2001: 29ff.) werden wir im Folgenden anhand von Beispielen die verschiedenen semantischen Relationen aufführen.

Synonymie   Im alltäglichen Sprachgebrauch versteht man unter Synonymie (sp. *sinonimia*) ‚Bedeutungsgleichheit‘. Unter sprachökonomischen Gesichtspunkten gibt es jedoch keinen Platz für Bedeutungsgleichheit. Bei der genaueren Betrachtung synonymer Wortpaare erkennt man, dass es keine totale Synonymie gibt, obwohl sich Wortpaare (in bestimmten Kontexten) manchmal semantisch stark ähneln. Die Abweichungen zwischen synonymen Zeichen können auf drei Typen zurückgeführt werden, die wir im Folgenden behandeln.

(4) konnotative Varianten:
   a. *el perro del vecino*
   b. *el chucho del vecino*

In (4) haben *perro* und *chucho* denselben Zeicheninhalt (*signifié*) und können auf denselben Referenten verweisen (haben denselben Referenzbereich). Diesbezüglich sind sie synonym. In Anwesenheit des Nachbarn würde man (4b) wahrscheinlich vermeiden, was darauf hinweist, dass die Verwendungsbedingung eine andere ist (die Wörter haben einen anderen kommunikativen Wert).

(5) unterschiedliche Bedeutungsnuancen:
   a. *¡Qué grande/adulto/mayor está!*
   b. *Por el hecho que era mayor de edad lo han condenado a cinco años de cárcel.*
   c. *Los jugadores de baloncesto son muy grandes.*

In (5a) können alle drei Adjektive ‚erwachsen‘ bedeuten. In (5b) bekommt *mayor de edad* eine etwas andere Bedeutungsnuance, da hier der juristische Aspekt der Strafmündigkeit betont wird: ‚erwachsen‘ im Sinne von ‚volljährig und somit voll strafmündig‘. Ähnlich verhält es sich in (5c), wo die Statur der Basketballspieler betont wird. Wir sehen, dass die Wörter nicht ‚bedeutungsgleich‘ sind, sondern zusätzliche Bedeutungsnuancen haben.

(6) unterschiedliche Selektionsbeschränkungen (Kontextbeschränkungen):
   a. *una cosa es cierta/segura*   ‚eins ist sicher ...‘
   b. *un cierto/*seguro asunto*   ‚eine bestimmte Sache (Angelegenheit)‘
   c. *un asunto *cierto/seguro*   ‚eine sichere Sache (Geschäft)‘

In (6a) können *cierta* und *segura* gegeneinander ausgetauscht werden, ohne dass sich ein Bedeutungsunterschied ergäbe. In anderen Umgebungen wie z.B. (6b) und (6c) ist dies jedoch nicht möglich, da der Austausch zu einem ungrammatischen Satz führt. *Cierta* und *segura* sind demnach nicht immer synonym, sondern nur in bestimmten Umgebungen.

Betrachten wir nun die Beispiele in (7):

Hyponymie und Kohyponymie

(7) a. *Lo que hay en la jaula es un león.*
   b. *Lo que hay en la jaula es un mamífero.*

Wenn (7a) wahr ist, dann muss (7b) auch wahr sein, d.h. (7a) impliziert (7b) (nicht aber umgekehrt). *León* ist ein Unterbegriff (Hyponym; sp. *hipónimo*) von *mamífero*, während *mamífero* der Oberbegriff (Hyperonym; sp. *hiperónimo*) von *león* ist:

Abb. 2

Hyperonym (Oberbegriff):   *mamífero*

Hyponym (Unterbegriff):   *león*

➩ *León* ist ein Hyponym von *mamífero*; *mamífero* ist das Hyperonym von *león*.

Es gibt bekanntlich noch eine Reihe anderer Lexeme, die auf Tiere verweisen und ebenso Hyponyme von *Säugetier* sind. Diese befinden sich auf derselben Ebene wie *león*, so dass wir auch eine horizontale Struktur erhalten. Die Relation der Hyponyme eines Hyperonyms untereinander wird als Kohyponymie (sp. *cohiponimia*) bezeichnet (vgl. Blank 2001: 31):

Abb. 3

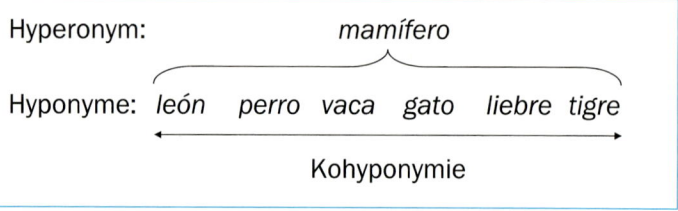

Hyperonym: *mamífero*

Hyponyme: *león   perro   vaca   gato   liebre   tigre*

Kohyponymie

Im Sinne der Merkmalanalyse ist hervorzuheben, dass die Bedeutung des Oberbegriffs in der Bedeutung des Unterbegriffs enthalten ist, d.h. die Bedeutung des Unterbegriffs besteht aus der des Oberbegriffs und zusätzlichen Merkmalen/Semen. Beim Wortfeld SITZGELEGENHEITEN haben wir z.B. *asiento* als Oberbegriff, die verschiedenen Bezeichnungen für Sitzgelegenheiten als Unterbegriffe: alle Lexeme für Sitzgelegenheiten enthalten das Sem [+ para sentarse], welches gleichzeitig die Bedeutung von *asiento* ist. Zusätzlich enthalten die Unterbegriffe wie *silla, sillón* etc. spezifische Seme, die sie von den anderen Lexemen im Wortfeld unterscheiden. Sie besitzen also mehr Seme als ihr Oberbegriff.

Antonymie

Wir wenden uns nun der Antonymierelation zu. Grundsätzlich handelt es sich hierbei um Kontrast. Betrachten wir folgende Beispiele:

(8) a. *caliente – frio, nuevo – viejo, ancho – estrecho, casado – soltero*
    b. *vivo – muerto, dormido – despierto*
    c. *venir – ir, dormirse – despertarse, abrir – cerrar*
    d. *hijo – padre, vender – comprar, maestro – alumno*

In (8a) bilden je zwei durch Bindestrich getrennte Wörter einen Gegensatz. Verneint man das eine Wort, ergibt sich jedoch nicht automatisch das andere Wort: *el agua no esta caliente* muss nicht bedeuten, dass das Wasser kalt ist. Ganz im Gegenteil: vgl. *el agua no esta caliente, esta hirviente*. Diese Art von Antonymie, bei der zwischen den beiden Gegensätzen noch mehrere Alternativen möglich sind, nennt man konträre Antonymie (sp. *antonimia contraria*).

Die Negation eines Wortes in (8b) bedeutet hingegen, dass genau das Gegenteil zutrifft: *no estoy muerto = estoy vivo*. Wenn eine Graduierbarkeit wie in (8a) nicht möglich ist, spricht man von komplementärer Antonymie (sp. *antonimia complementaria*).

Die Wortpaare in (8c) drücken jeweils einen Vorgang aus, dessen Richtung bzw. Ausrichtung oder Ziel gegensätzlich ist. So bezeichnet *dormirse* den Vorgang hin zum Schlaf (das „Ziel" ist der Schlaf), während *despertarse* den Vorgang weg vom Schlaf (das „Ziel" ist das Wachsein) beschreibt. Diese als direktionale Antonymie (sp. *antonimia direccional*) bezeichnete Relation trifft auch auf die anderen Beispiele in (8c) zu.

Bei dem Wortpaar *padre – hijo* haben wir eine unterschiedliche Perspektive. Im Gegensatz zu (8c) sind die Wortpaare in (8d) spiegelbildlich aufeinander bezogen. Wenn jemand Vater ist, dann muss jemand anderes Sohn/Tochter sein; wenn jemand etwas kauft, muss jemand anderes es auch verkaufen etc. (wenn jemand kommt, muss jedoch nicht jemand anderes gehen, vgl. (8c)). Eine solche Relation wird konverse Antonymie (auch: Konverse; sp. *antonimia conversa*) genannt.

Die Meronymie (Teil-Ganzes-Beziehung; sp. *meronimia*) beschreibt die Beziehung eines Ganzen (z.B. *cuerpo*) zu den Teilen, aus denen es besteht (z.B. *cabeza*, *pierna* etc.). Betrachten wir folgendes Beispiel (vgl. Blank 2001. 33):

Meronymie

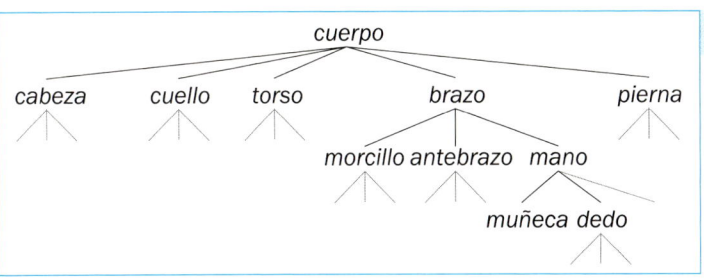

Abb. 4

Bei der Meronymie handelt es sich um Elemente, die wir in der Welt tatsächlich als zusammengehörig erfahren: Ein Finger ist normalerweise Teil einer Hand bzw. das Lexem *Finger* ist ein Meronym des Lexems *Hand*. Diese reale Zusammengehörigkeit gibt es bei der Hyponymie nicht: Ein Löwe ist ja nicht Teil eines Säugetiers.

Polysemie   Man spricht von Polysemie (,Mehrdeutigkeit'), wenn ein Zeichen im Verlauf der Geschichte mehrere *signifiés* entwickelt, z.B. *ratón* ,Maus (Tier)' und ,Computermaus'. Die Relation zwischen den beiden Bedeutungen kann mehr oder weniger nachvollziehbar/durchsichtig sein. Im Fall von *ratón* ist der Zusammenhang gut nachvollziehbar: Die Ähnlichkeit im Aussehen führte zu einer Metapher, die zunächst okkasionell war und sich irgendwann durchgesetzt hat. Inzwischen ist auch diese zweite Bedeutung von *ratón* so üblich, dass sie nicht mehr als Metapher empfunden wird. Man sagt, die zweite Bedeutung ist inzwischen ebenfalls *lexikalisiert* (fest im Lexikon integriert). Polysemie ist also das Ergebnis von Bedeutungswandel. Allerdings führt Bedeutungswandel nicht immer zu Polysemie, denn manchmal geht eine von den beiden Bedeutungen auch verloren. So bedeutet *músculo* im Spanischen „nur" noch Muskel und nicht mehr lat. *musculus* ,kleine Maus'. Ursprünglich lag hier einmal eine Metapher vor, die auf der Ähnlichkeit der Bewegung einer Maus und eines Muskels basierte. Im heutigen Spanisch ist hiervon jedoch nur noch die ursprünglich metaphorische Bedeutung geblieben (vgl. Unterkapitel 6.2.3). Die Herkunft dieser Bedeutung ist nur noch für den Lateinkenner durchsichtig.

Der Zusammenhang zwischen zwei Bedeutungen ist allerdings nicht immer so leicht nachzuvollziehen. Manchmal bedarf es eingehender etymologischer Studien (Etymologie = Lehre von der Herkunft der Wörter), um festzustellen, wie sich eine Bedeutung aus einer anderen entwickelt hat. Synchron gesehen ist in diesen Fällen der Zusammenhang nicht erkennbar, nur aus einer diachronen Perspektive kann man dann Polysemie erkennen. Bei einem sprachlichen Zeichen wie sp. *llama*, das sowohl ,Flamme' als auch ,Lama' bedeutet, ist z.B. nicht eindeutig erkennbar, wie sich die eine Bedeutung aus der anderen hätte entwickeln können. Es stimmt zwar, dass in den Anden getrockneter Lamakot zum Feuer machen benutzt wird, fraglich bleibt jedoch, ob das Lama deshalb *llama* heißt.

Homonymie   Andererseits gibt es sprachliche Zeichen wie z.B. sp. (*yo*) *oso* (,(ich) wage' und ,Bär'), bei denen man nur mit sehr viel Phantasie einen

Zusammenhang kombinieren und damit von Polysemie sprechen kann. Es liegen hier vielmehr zwei etymologisch völlig verschiedene Zeichen vor (nämlich lat. *auso* und *ursus*), die im Laufe der Sprachentwicklung zufällig dieselbe Lautung (dasselbe *signifiant*) erhalten haben. In solchen Fällen spricht man von Homonymie („Gleichnamigkeit"). Eine eindeutige Abgrenzung zwischen Polysemie und Homonymie ist allerdings, wie im Falle von sp. *llama* deutlich wurde, nicht immer möglich.

Man spricht von einer partiellen Homonymie, wenn zwei *signifiants* entweder nur lautlich oder nur graphisch zusammenfallen. Im ersten Fall liegt dann Homophonie („Gleichlautung") vor, z.B. *hasta* [ˈasta] ‚bis' und *asta* [ˈasta] ‚Lanze'. Wenn hingegen nur die Graphie der beiden *signifiants* identisch ist, nicht jedoch die lautliche Realisierung, z.B. dt. Weg [veːk] vs. weg [vɛk], spricht man von Homographie („gleiches Schriftbild"). Im Spanischen kommt Homographie ohne gleichzeitige Homophonie nicht vor.

Die Homonymie stellt keine semantische Relation dar, da der semantische Abstand bzw. der Bedeutungsunterschied zwischen den *signifiés* viel zu groß ist. Nun gibt es auch den umgekehrten Fall: der semantische Abstand der *signifiés* kann so gering sein, dass man nicht von Polysemie spricht. Dies ist der Fall, wenn verschiedene Aspekte eines *signifiés* in einem bestimmten Kontext stärker hervorgehoben werden. Da hier also der Sprachkontext eine wichtige Rolle spielt, redet man von Kontextvarianz. Betrachten wir hierzu folgende Beispiele (vgl. Blank 2001: 108):

(9) a. *El coche necesita un cambio de aceite.*
b. *Este coche es demasiado caro.*

In beiden Beispielen hat *coche* dieselbe Bedeutung. Dem jeweiligen Kontext entsprechend wird jedoch der eine oder der andere Aspekt eines Autos hervorgehoben: in (9a) der Motor und in (9b) das ganze Auto bzw. der materielle Wert des Autos.

Hinweis

Während man bei der Polysemie davon ausgeht, dass es nur einen *signifiant* für mehrere *signifiés* gibt, die in Relation zueinander stehen, spricht man bei Homonymie von mehreren sprachlichen Zeichen, die je ein *signifié* haben und zufällig lautlich und graphisch identisch sind. Die Polysemie ist folglich eine semantische Relation, nicht aber die Homonymie. Homonymie geht immer von einer zufälligen Gleichheit von *signifiants* aus, die nicht durch semantische Verwandtschaft begründet ist.

Homophonie und Homographie

Kontextvarianz

4.3 | Von der Verbsemantik zur Satzsemantik

Valenz Die meisten Verben zeichnen sich dadurch aus, dass sie in ihrer Inhaltsseite (*signifié*) eine oder mehrere „Leerstellen" aufweisen, die durch die Inhaltsseite anderer sprachlicher Zeichen gefüllt werden müssen. Die Bedeutung des Bewegungsverbs sp. *ir* ‚gehen' weist z.B. zwei solche Leerstellen auf: Auf der einen Seite muss jemand die Bewegung ausüben, auf der anderen Seite muss die Bewegung zielgerichtet sein. Um dieser Tatsache gerecht zu werden, hat Lucien Tesnière (1959) den Begriff der *Valenz* (Wertigkeit) in die Linguistik eingeführt, der ursprünglich aus der Chemie stammt und die Anzahl der Atome, mit denen sich ein Atom verbinden kann, bezeichnet. Tesnière erfasst mit dem Begriff Valenz die Zahl der Leerstellen, die ein Verb (Adjektive, bestimmte Substantive etc.) eröffnet. Elemente, die eine Leerstelle füllen, nennt man Aktanten (oder Argumente). Einfache und komplexe Verben sind typischerweise so genannte Valenzträger, also Zeichen, die Leerstellen eröffnen. Sie bestimmen zum einen die Anzahl der notwendigen Argumente, zum anderen ihre Art (vgl. Kotschi 2001: 343). Betrachten wir folgende Beispiele:

(10) a. *Los campesinos van a Madrid.*
      b. **Los campesinos van.*
      c. *?Las casas van a Madrid.*
      d. **Los campesinos van la oveja.*

Der Satz in (10a) ist vollkommen grammatisch. Dagegen ist der Satz (10b) ungrammatisch, da eine der Leerstellen, nämlich das Ziel, nicht ausgefüllt wird. Hier wird also die Anzahl der verlangten Argumente nicht erreicht. (10c) ist rein syntaktisch betrachtet wohlgeformt. Berücksichtigt man jedoch, dass das Verb *ir* ein belebtes Argument verlangt, das die Bewegung ausführt, ist der Satz semantisch inakzeptabel (dies wird durch ? dargestellt). Ähnlich verhält es sich in (10d): *la oveja* ist ohne Präposition keine Ortsangabe (vgl. *Los campesinos van* **hacia** *la oveja*). Die Sätze (10c) und (10d) sind semantisch inakzeptabel, da sie gegen die verlangte Art der Argumente verstoßen. Das Beispiel (10d) ist darüber hinaus auch formal agrammatisch, da das Verb *ir* für die syntaktische Realisierung des Ziels eine Präpositionalphrase (z.B. *a Madrid*) verlangt.

Aktanten und Die primären Argumente des Verbs nennt Tesnière Aktanten. An
Zirkumstanten zahl und Art der Aktanten werden durch die Valenz des Verbs determiniert. Weitere Ergänzungen des Ortes, der Zeit sowie der Art

und Weise werden in der Valenztheorie Zirkumstanten genannt: Sie sind fakultative (nicht obligatorische) Ergänzungen, die nicht valenz-determiniert sind. Im folgenden Beispiel sind *en coche* (Ergänzung der Art und Weise) und *a las cinco de la mañana* (Ergänzung der Zeit) Zirkumstanten:

(11) <u>*Los campesinos*</u>$_\text{AKTANT}$ van <u>*a Madrid*</u>$_\text{AKTANT}$ <u>*en coche*</u>$_\text{ZIRKUMSTANT}$ <u>*a las cinco de la mañana*</u>$_\text{ZIRKUMSTANT}$.

Anhand der Anzahl von Aktanten, die ein Verb verlangt, unterscheidet man in der Regel zwischen nullwertigen, einwertigen, zweiwertigen, dreiwertigen und vierwertigen Verben (vgl. Kotschi 2001: 343):

(12)a. nullwertige Verben: *llover, nevar, helar, granizar* etc.
    (z.B. *llueve*)
   b. einwertige Verben: *dormir, correr, bailar* etc.
    (z.B. *Alguien$_1$ duerme*)
   c. zweiwertige Verben: *esperar, ir, llegar, comer* etc.
    (z.B. *Alguien$_1$ espera a alguien$_2$*)
   d. dreiwertige Verben: *dar, regalar* etc.
    (z.B. *Alguien$_1$ regala algo$_2$ a alguien$_3$*)
   e. vierwertige Verben: *traducir, transformar* etc.
    (z.B. *Alguien$_1$ traduce algo$_2$ de un idioma$_3$ a otro$_4$*)

Die klassische Unterscheidung zwischen transitiven und intransitiven Verben erfasst im Gegensatz zur Wertigkeit nicht das Subjektargument.

Bezogen auf die Art der Aktanten muss man zwischen den intrinsischen und den extrinsischen Aktanten-Eigenschaften unterscheiden. Intrinsische Aktanten-Eigenschaften sind jene, die ein Aktant besitzen muss, um die Leerstellen eines bestimmten Verbs füllen zu können. So verlangt z.B. das Verb *vender*, dass sein Subjekt-Aktant morphosyntaktisch durch eine Nominalphrase (vgl. Unterkapitel 5.4.2) wie z.B. *la mujer*, durch ein Pronomen (z.B. *ella*) oder durch einen Eigennamen (z.B. *Ester*) realisiert wird. Weiterhin muss der Aktant die semantischen Merkmale [+ belebt] und [+ menschlich] tragen. Extrinsische Aktanten-Eigenschaften sind demgegenüber jene, die ein Aktant von seinem Verb zugewiesen bekommt: die Funktion (z.B. Subjekt) und die Rolleneigenschaft (z.B. AGENS = Handelnder). Ein Satz wie

(13) ?*La casa come una manzana.*

ist semantisch inakzeptabel, da das Verb an das Subjekt die Rolle AGENS vergibt und *la casa* ein Objekt/Gegenstand ist, der keine Handlung ausüben kann. Die Rollen, die das Verb an seine Aktanten vergibt, werden semantische Rollen, thematische Rollen oder Theta-Rollen (abgekürzt: θ-Rollen) genannt. Es ist bis heute in der Fachdiskussion umstritten, wie viele und welche Theta-Rollen angenommen werden müssen. Im Folgenden werden die gängigsten Theta-Rollen anhand von Beispielen illustriert (vgl. Carnie 2002: 177ff.):

- AGENS: *María abre la puerta.*
  María ist diejenige, welche die Handlung ausführt, die Handelnde (AGENS). Der Träger der Rolle AGENS ist meist Subjekt des Satzes. Dies bedeutet nicht, dass das Subjekt immer die Rolle AGENS trägt. In einem Satz wie *El viento abrió la puerta* ist *el viento* zwar Subjekt, trägt jedoch nicht die Rolle AGENS, sondern URSACHE.
- EXPERIENCER: *Pedro oye un ruido.*
  Pedro ist in diesem Beispiel nicht AGENS, sondern jemand, dem diese Erfahrung widerfährt, ein EXPERIENCER.
- THEMA/PATIENS: *Juan lee un libro.*
  Bei diesem Beispiel ist *un libro* von der von *Júan* ausgeübten Handlung betroffen. Die Rolle THEMA/PATIENS bezeichnet folglich das, was von einer Handlung betroffen ist bzw. eine Handlung erleidet.
- ZIEL: *Los campesinos van a Madrid.*
  Das ZIEL des Bewegungsverbs *ir* ist *a Madrid*. Aktanten, auf die eine konkrete oder abstrakte Bewegung ausgerichtet ist, bekommen die Rolle ZIEL zugewiesen.
- EMPFÄNGER: *María le da el libro a Pedro.*
  Pedro ist in diesem Beispiel der EMPFÄNGER. Diese thematische Rolle tritt in der Regel nur bei Verben auf, die eine Positionsänderung bzw. einen Besitzerwechsel ausdrücken: Vor der Handlung hat *María* das Buch, nach der Handlung hat es *Pedro*.
- QUELLE: *Los estudiantes vienen de la universidad.*
  De la universidad ist der (Ursprungs-)Ort, von dem aus sich die Studenten fortbewegen. Diese Rolle, die vorwiegend bei Bewegungsverben auftritt, bezeichnet genau das Gegenteil von ZIEL: weg von einem Ort (QUELLE), hin zu einem Ort (ZIEL).
- ORT: *Los estudiantes están en la universidad.*
  En la universidad ist hier der Ort, an dem etwas geschieht. Im Gegensatz zu den Rollen ZIEL und QUELLE kommt diese in der Regel bei Zustandsverben vor.

Zwischen der syntaktischen Realisierung der Valenzeigenschaft und der Wertigkeit von Verben besteht nicht immer eine Eins-zu-eins-Entsprechung: So ist das Verb sp. *comer* logisch-semantisch zwei-wertig, da jemand die Handlung ausführt und etwas von der Handlung betroffen ist (man kann nicht essen, ohne etwas zu essen). Das, was gegessen wird, muss syntaktisch jedoch nicht immer realisiert werden: vgl. *La niña come una manzana* mit *La niña come*. Mit anderen Worten: Es gibt transitive Verben, die intransitiv gebraucht werden können. Diese Tatsache wird in der Syntax durch den so genannten Subkategorisierungsrahmen erfasst (vgl. Unterkapitel 5.4.4).

Die Valenz der Verben ist üblicherweise im (mentalen) Lexikon spezifiziert. Wir stellen Lexikoneinträge vorübergehend folgendermaßen dar (vgl. Kotschi 2001: 344):

Tabelle 2

		intrinsische Aktanten-Eigenschaften	extrinsische Aktanten-Eigenschaften	Beispiel
bailar	morphosyntaktisch	1. Aktant z.B. Eigenname	1. Aktant <Subjekt>	*María baila.*
	semantisch	1. Aktant [+ belebt]	1. Aktant <Agens>	
comer	morphosyntaktisch	1. Aktant z.B. Eigenname	1. Aktant <Subjekt>	
		2. Aktant z.B. Nominalphrase	2. Aktant <dir. Objekt>	*María come*
	semantisch	1. Aktant z.B. [+ belebt]	1. Aktant <Agens>	*una manzana*
		2. Aktant z.B. [- belebt]	2. Aktant <Thema>	
dar	morphosyntaktisch	1. Aktant z.B. Nominalphrase	1. Aktant <Subjekt>	
		2. Aktant z.B. Nominalphrase	2. Aktant <dir. Objekt>	
		3. Aktant z.B. Präpositionalphrase	3. Aktant <ind. Objekt>	*El niño le da*
	semantisch	1. Aktant z.B. [+ belebt]	1. Aktant <Agens>	*una manzana*
		2. Aktant z.B. [+ konkretes Objekt]	2. Aktant <Thema>	*a la niña.*
		3. Aktant z.B. [+ belebt]	3. Aktant <Empfänger>	

Zusammenfassung

Eine mögliche semantische Organisationseinheit für die Bedeutung von Wörtern in einem mentalen Lexikon sind die so genannten Wortfelder bzw. semantischen Felder. Die Ermittlung der distinktiven semantischen Merkmale (Seme) erfolgt – ebenso wie in der Phonologie – durch die Bildung von Oppositionspaaren. Da jedoch nicht jedes Oppositionspaar Aufschluss über alle relevanten Merkmale gibt, bedient man sich hier der Oppositionspaare innerhalb bestimmter Wortfelder, in denen mehrere Lexeme paarweise gegenübergestellt werden können. Anhand des Wortfeldes SITZGELEGENHEITEN wurde eine Semanalyse durchgeführt und auf mögliche Schwierigkeiten (z.B. die Bestimmung der Anzahl der zu berücksichtigenden Lexeme) hingewiesen. Es wurde gezeigt, dass es unmöglich ist, eine Kategorie wie z.B. VOGEL anhand von notwendigen und hinreichenden Merkmalen zu bestimmen. Die Prototypentheorie versucht, Schwierigkeiten, die in der Merkmalssemantik aufgetreten sind, zu lösen: Die Entscheidung über die Zugehörigkeit eines sprachlichen Zeichens zu einer Kategorie wird hier nicht durch eine „Checkliste" von notwendigen und hinreichenden Merkmalen getroffen, sondern durch den Vergleich mit dem Prototypen. In einem weiteren Abschnitt wurden anhand von Beispielen die wichtigsten semantischen Relationen (Synonymie, Antonymie, Hyponymie und Kohyponymie sowie Meronymie) eingeführt und der Unterschied zwischen Polysemie, Homonymie und Kontextvarianz dargestellt. Sodann wurde das Konzept der Verbvalenz eingeführt: Verben eröffnen „Leerstellen", die durch andere sprachliche Zeichen (Argumente) gefüllt werden müssen. Bezogen auf die Zahl der Aktanten haben wir zwischen null-, ein-, zwei-, drei- und vierwertigen Verben unterschieden. Es gibt zwei Arten von Aktanten-Eigenschaften: die intrinsischen (Eigenschaften, die ein Aktant erfüllen muss, z.B. Eigenname) und die extrinsischen (Eigenschaften, die ein Aktant vom Verb zugewiesen bekommt, z.B. AGENS und Subjekt).

In dem Buch von Hurford/Heasley (1983) finden sie eine Vielzahl von Aufgaben mit Lösungen zum Bereich der Semantik, die, obwohl sie aufs Englische bezogen sind, im selben Maße für das Spanische von Nutzen sein können.

I. Vervollständigen Sie die nachstehende Matrix:

Lexeme / Seme	padres	padre	madre	hermanos	hermano	hermana	hijos	hijo	hija	tío	tía	primo	prima	sobrino	sobrina
Lebewesen															
Mensch															
verwandt															
direkte Verwandtschaft															
gleiche Generation															
älter															
männlich															
weiblich															
Mehrzahl															

II. Welche semantische Relation besteht jeweils zwischen den folgenden Lexemen? (Bei Antonymie bitte den genauen Typ angeben!)

a. *presente/ausente*

b. *animal/perro*

c. *corto/breve*

d. *dar/coger*

e. *fácil/difícil*

III. Erklären Sie anhand eigener Beispiele den Unterschied zwischen Polysemie und Homonymie.

IV. Entscheiden und begründen Sie, ob die Kategorien in der Prototypensemantik klar voneinander abgegrenzt sein müssen oder ob sie sich in der Peripherie überlappen können. Hilfestellung: Vergleichen Sie z.B. Eigenschaften der Kategorie VOGEL mit den Eigenschaften der Kategorie ROT.

Syntax

5

SyntaxSyntax (gr. *syntaxis*) bedeutet zunächst einmal ‚Anordnung' oder ‚Zusammenordnung'. Als linguistischer Begriff bezieht sich *Syntax* auf die Anordnung von Wörtern zu Sätzen. Bevor Sie mit einer präziseren Beschreibung des Gegenstandes vertraut gemacht werden, lernen Sie in einem ersten Schritt das linguistische Konzept der Grammatikalität näher kennen. Sodann soll gezeigt werden, welche Sprachdaten der syntaktischen Analyse als empirisches Fundament zugrunde liegen und welche Ziele sich verschiedene Syntaxtheorien setzen. Die verschiedenen Konstituententests sowie die Grundannahmen der Generativen Grammatik zur Syntax (X-bar-Schema, Theta- und Kasustheorie) werden im letzten Teil des Kapitels ausführlicher dargelegt.

Grammatikalität

5.1

Grammatikalität vs. Verständlichkeit

Die spanische Wortstellung ist zwar relativ frei, dennoch kann man Wörter nicht nach Belieben im Satz verschieben. Offensichtlich gibt es bestimmte Beschränkungen oder Regeln, die bei der Wortstellung berücksichtigt werden müssen. Doch nicht nur die Wortreihenfolge ist ein wichtiger Faktor für die Grammatikalität von Sätzen, auch Kongruenzbeziehungen gehören zu den syntaktischen Regeln des Spanischen: Subjekt und Verb müssen beispielsweise bezüglich ihrer Merkmale kongruieren.

Es gibt ungrammatische Sätze, die wir sehr wohl verstehen (z.B. *¿Tú hambre tener?*). Auf der anderen Seite gibt es einwandfrei grammatische Sätze, bei deren Interpretation wir einige Schwierigkeiten haben (vgl. Unterkapitel 1.3.1) bzw. deren Bedeutung völlig absurd ist (z.B. *Las ideas verdes incoloras duermen furiosamente*, vgl. Chomsky 1957). Solche Sätze sind nicht aufgrund eines Verstoßes gegen syntaktische Regeln ungrammatisch, jedoch entweder vom Komplexitätsgrad her inakzeptabel oder einfach nicht sinngebend, also semantisch inakzeptabel.

Wenn man in der Linguistik einen Satz als *grammatisch* bezeichnet, ist hiermit nicht gemeint, dass dieser in einer normativen bzw. präskriptiven Grammatik als korrekt anerkannt wird (vgl. Unterkapitel 1.1.3), sondern dass die Sprecher einer gegebenen Sprache solche Sätze benutzen und/oder akzeptieren. Der Sprachwissenschaft und der Syntax als einer ihrer Teildisziplinen geht es also nicht darum, etwas **vor**zuschreiben, sondern vielmehr um das **Be**schreiben. Diese Beschreibung erfolgt in Form von (deskriptiven) syntaktischen Regeln, die oft nur wenig mit den Regeln gemein haben, die Sie aus dem schulischen Grammatikunterricht kennen. Sie ermöglichen es, schrittweise Wörter zu grammatischen Sätzen zu kombinieren, und ähneln eher einem Computerprogramm. Der Gegenstandsbereich der Syntax ist die wissenschaftliche Untersuchung und Beschreibung der mentalen Fähigkeit von Sprechern, aus „Wörtern" grammatische Sätze zu bilden.

5.2 | Syntaxtheorien

5.2.1 | Empirische Grundlagen

Linguistische Theorien müssen ihre Untersuchungen auf empirischen Daten stützen. Hierbei stellt sich die Frage, welche Art von Sprachdaten (z.B. gesprochene oder geschriebene) untersucht werden soll und ob nur bereits geäußerte (oder geschriebene) oder auch potentiell mögliche Sprachdaten berücksichtigt werden sollen.

Corpusanalyse   Als *Corpus* (auch: *Korpus*) bezeichnet man eine Sammlung gesprochener und/oder geschriebener Sprachbeispiele. Die Corpusanalyse hat den Vorteil, dass sie große Mengen an Daten aus den verschiedensten Bereichen berücksichtigt. Doch kann das Corpus auch ungrammatische Sätze enthalten, so genannte Performanzfehler (vgl. Unterkapitel 1.1.3), während mögliche grammatische Sätze, die jedoch noch nicht geäußert wurden, nicht enthalten sind. Somit steht bei der Corpusanalyse eindeutig die Performanz und nicht die Kompetenz im Vordergrund. Die gesammelten Sprachdaten müssen keineswegs repräsentativ für eine Sprache sein.

Sprecherurteile   Sätze, die bestimmte sprachliche Konstruktionen enthalten, kann man jedoch bewusst kreieren, um Akzeptabilitätsurteile von Muttersprachlern hierüber zu sammeln. Somit bekommt man auch ein Urteil über Sätze, die vielleicht noch nie zuvor geäußert wurden und daher in keinem Corpus enthalten sind. Gleichzeitig kann man auch ungrammatische Sätze testen. Diese Methode ermöglicht eine bessere Einsicht in die Kompetenz von Sprechern; einer ihrer Nachteile liegt allerdings darin, dass die Sprecherurteile manchmal kontrovers sind. Die empirische Grundlage der Syntax sollte demnach am besten mit Hilfe einer Kombination beider Methoden aufgebaut werden (vgl. Carnie 2002: 10f.).

Zielsetzungen   5.2.2

Es gibt verschiedene Syntaxtheorien, die unterschiedliche Ansprüche an sich selbst stellen. Je nachdem, was sie erklären können/wollen, d.h. gemessen an der jeweiligen Zielsetzung, unterscheiden wir drei Typen von Syntaxtheorien (vgl. Grewendorf/Hamm/Sternefeld [5]1991: 40f., Carnie 2002: 19):

Drei Typen von Syntaxtheorien

- **beobachtungsadäquate Syntaxtheorien**: können alle beobachteten Daten (Corpus/Performanz) korrekt beschreiben. Beobachtungsadäquatheit gilt jedoch nur für die jeweils vorgefundenen Daten, d.h. für ein gegebenes Corpus.
- **beschreibungsadäquate Syntaxtheorien**: können alle beobachteten Daten und Sprecherurteile korrekt beschreiben. Eine Theorie ist beschreibungsadäquat, sofern sie das implizite sprachliche Wissen (Kompetenz) von Muttersprachlern korrekt beschreibt. Also muss sie auch die Inakzeptabilität ungrammatischer Sätze vorhersagen können.
- **erklärungsadäquate Syntaxtheorien**: können alle beobachteten Daten und Sprecherurteile korrekt beschreiben und zusätzlich erklaren, wie das System funktioniert und wie Sprache erworben wird (vgl. Nativitätshypothese und Universalgrammatik im Unterkapitel 5.3).

Eine Syntaxtheorie, die als Ziel den Entwurf einer erklärungsadäquaten Syntax hat, ist z.B. die so genannte Generative Grammatik (GG). Generativ ist diese Grammatik insofern, als sie die Kompetenz eines Sprechers, Sätze zu generieren (zu bilden), beschreiben und erklären will. Im engeren Sinne bezeichnet der Begriff *Generative Grammatik* die von Chomsky entworfene und immer wieder modifizierte Syntaxtheorie, im weiteren Sinne umfasst die *generative Grammatik* alle Syntaxtheorien, die generativ sind, d.h. die nach formalisierten Regeln zum Generieren von Sätzen suchen. Die Syntax ist in diesen Theorien eine „arbeitende" Komponente (etwa wie ein Computer, der aufgrund bestimmter Algorithmen etwas berechnet, in unserem Fall Sätze). Zu diesen generativen Grammatiken im weiten Sinne gehören z.B. die Lexikalisch-funktionale Grammatik (LFG) und die *Head-Driven Phrase Structure Grammar* (HPSG). Wir werden uns im weiteren Verlauf mit der Generativen Grammatik im engeren Sinne (also mit Chomskys Grammatikmodell) beschäftigen.

5.3 | Allgemeine Grundannahmen der Generativen Grammatik

Nativitätshypothese

Nach Chomsky ist die hervorstechendste Eigenschaft menschlicher Sprache die Diskrepanz zwischen ihrer Komplexität und der Leichtigkeit, mit der man sie im Kindesalter erwirbt. Jedes Kind hat in der Regel die Fähigkeit, sich zu einem Muttersprachler einer beliebigen menschlichen Sprache zu entwickeln. Um dem Anspruch einer erklärungsadäquaten Syntaxtheorie gerecht zu werden, muss die Generative Grammatik diese Tatsache berücksichtigen. Der Erklärungsansatz Chomskys ist folgender: Ein großer Teil von dem, was wir über unsere Sprache wissen, muss nicht erlernt oder erworben werden, da wir es von Geburt an besitzen. Wir werden demnach mit einem bestimmten „sprachlichen Wissen" geboren, das uns ermöglicht, unsere Muttersprache in sehr kurzer Zeit zu erwerben. Dieses angeborene „sprachliche Wissen" ist dabei aber so liberal, dass alle möglichen Sprachtypen damit vereinbar sind. Die Annahme, dass unser Hirn für den Spracherwerb „vorprogrammiert" ist, nennt man Nativitätshypothese. Die Fähigkeit, Sprache zu erwerben, ist gemäß dieser Anschauung in unseren Genen kodiert. Hierbei wird allerdings nicht behauptet, dass z.B. der Erwerb der spanischen Sprache in den Genen kodiert ist. Ganz im Gegenteil: Die Tatsache, dass ein Kind zwei sehr unterschiedliche Sprachen erwerben kann (z.B. Spanisch und Swahili), weist darauf hin, dass dieses angeborene Sprachwissen nicht einzelsprachlich gebunden sein kann. Es gibt eine Vielzahl von unterschiedlichen Sprachen auf der Welt, und die Sprache, die ein Kind erwirbt, hängt von der Sprachgemeinschaft ab, in die es geboren wird, und nicht etwa von genetischen Faktoren.

Die Nativitätshypothese besagt mithin, dass es einen Komplex ganz allgemeiner Regeln geben muss, der allen menschlichen Sprachen gemein ist. Dieser Komplex ist von Geburt an als Universalgrammatik (UG, sp. *gramática universal*) vorhanden. Die Universalgrammatik ist eine Art „Formular", das wir im Laufe des Spracherwerbs sprachspezifisch ausfüllen müssen. Hieraus resultiert, dass nicht die Sprache angeboren ist, sondern nur ein „Grundgerüst" bzw. ein „Hilfswerkzeug" für den Spracherwerb. Als Teilsystem der menschlichen Kognition stellt die Universalgrammatik den biologisch determinierten Anfangszustand von Sprache dar. Ein Kind interpretiert den sprachlichen Input seiner Umgebung vor diesem Hintergrund.

Universalgrammatik

Den Anfangszustand kann man sich folglich als eine Menge von abstrakten universalsprachlichen Prinzipien (sp. *principios universales*) vorstellen, die eine Liste von Auswahlmöglichkeiten (Parametern; sp. *parámetros*) zur Verfügung stellen. Durch die Konfrontation eines Kindes mit einem sprachspezifischen Input wird eine dieser Möglichkeiten festgelegt. So gibt es z.B. das so genannte Subjektprinzip, welches folgende Parameter zulässt: a) das Subjekt ist obligatorisch, b) das Subjekt ist fakultativ (so genannter Null-Subjekt-Parameter). Ein Kind, das die deutsche Sprache erwirbt, erhält über den Input Evidenz dafür, dass ein Subjekt immer vorhanden sein muss. Aufgrund dieser Evidenz wird es den Parameter ‚obligatorisch' fixieren. Ein Kind, das die spanische Sprache erwirbt, bekommt hingegen positive Evidenz dafür, dass das Subjekt lautlich nicht unbedingt realisiert werden muss. Es wird den Parameter ‚fakultativ' fixieren. Die Parameterfixierung erfolgt bei jedem Prinzip nur ein einziges Mal, d.h. wenn ein Parameter fixiert ist, kann der „Schalter" nicht mehr umgelegt werden. Innerhalb der Forschung ist bislang offen, wie viele und welche Prinzipien und Parameter der Universalgrammatik angenommen werden müssen.

Prinzipien und Parameter

> **Hinweis**
>
> Der Spracherwerbsprozess erfolgt unbewusst. Man unterscheidet in der Kognitionswissenschaft zwischen zwei Arten von Wissensaneignung: dem Lernen (bewusste Aneignung von Wissen) und dem Erwerben (unbewusste Aneignung von Wissen). Die Muttersprache wird nicht bewusst erlernt, sondern unbewusst erworben. Fremdsprachen hingegen werden (zumindest zum Teil) bewusst gelernt.

Wir müssen grundsätzlich unterscheiden zwischen der angeborenen Fähigkeit, eine beliebige Sprache zu erwerben (UG), und der Kenntnis einer bestimmten Sprache (die natürlich nicht angeboren ist). Die Generative Grammatik untersucht beides, ihr primäres Ziel ist jedoch, die allgemeinen Prinzipien herauszufinden, die allen Sprachen zugrunde liegen. Darüber hinaus hat sie einen Beschreibungsapparat (also ein Syntaxmodell) entwickelt, das die allgemeinen Prinzipien sowie die einzelsprachlichen Parametrisierungen einbeziehen kann. Um dieses Modell der Generativen Grammatik anzuwenden, ist es aber nicht nötig, die Nativitätshypothese, die bis heute und auch zunehmend in der Fachdiskussion stark umstritten ist, zu akzeptieren. Man kann sich auch mit einer beschreibungsadäquaten Syntaxtheorie begnügen und ein Modell als ausreichend erachten, mit dem die syntaktischen Phänomene z.B. des Spanischen korrekt beschrieben werden können. Man lehnt in diesem Fall den Anspruch der Erklärungsadäquatheit der Generativen Grammatik ab.

5.4 | Analyse von Sätzen

Bisher haben wir uns mit allgemeinen Aspekten von Syntaxtheorien beschäftigt, jetzt wollen wir uns dem eigentlichen Gegenstandsbereich der Syntax nähern, der Analyse von Sätzen.

5.4.1 | Konstituentenstrukturanalyse

Intuitiv können wir feststellen, dass bestimmte Wortgruppen innerhalb eines Satzes enger zusammengehören als andere: In einem Satz wie z.B. *La niña come una manzana* gehören die Elemente *la niña* enger zusammen als *niña come*, die lexikalischen Einheiten *una* und *manzana* in *una manzana* stehen in einer engeren Verbindung zueinander als *come* und *una* in *come una manzana* etc. Sätze sind folglich keine bloße Aneinanderreihung von Wörtern, sondern weisen eine bestimmte Struktur auf. Die Zusammengehörigkeit bestimmter Elemente im Satz und damit die Gliederung eines Satzes wird in der Linguistik durch die so genannten Konstituententests (Konstituente = Bestandteil) ermittelt. Obschon wir als Sprecher/Hörer Konstituenten meistens intuitiv richtig identifizieren können, gibt es strittige Fälle, weshalb man in der Linguistik versucht hat, operationale Verfahren für eine systematische Ermittlung der Konstituentenstruktur bereitzustellen. Dafür wurden verschiedene Testmöglichkeiten entwickelt, von denen die üblichen im Folgenden kurz dargestellt werden (vgl. Grewendorf et al. [5]1991: 159ff.).

Die Ersetzungsprobe (Substitution) besteht darin zu versuchen, ob ein Teil des Satzes (im Folgenden als Teilkette bezeichnet) durch einen anderen Ausdruck ersetzt werden kann, ohne dass der Satz ungrammatisch wird. Ist dies möglich, dann handelt es sich um eine Konstituente. In einem Satz wie *La niña come una manzana* können wir beispielsweise *la niña* durch *el niño/Carla* etc., *come una manzana* durch *escribe una carta* oder Ähnliches ersetzen. Demnach sind sowohl *la niña* als auch *come una manzana* jeweils Konstituenten. Diese Konstituenten lassen sich auf ähnliche Weise weiter gliedern, so können wir *una manzana* durch *una naranja* ersetzen etc.

Ersetzungsprobe

Die eben beschriebene Gliederung lässt sich auch durch den so genannten Pronominalisierungstest (ein Spezialfall der Ersetzungsprobe) veranschaulichen, der besagt, dass Teilketten, die durch ein passendes Pronomen ersetzt werden können, Konstituenten sind. Wir können die Konstituente *la niña* durch das Pronomen *ella* ersetzen (z.B. *Ella come una manzana*), die Konstituenten *come una manzana* durch *lo* (z.B. *La niña lo hace*) und die Konstituente *una manzana* durch *la* (z.B. *La niña la come*).

Pronominalisierungstest

Eine weitere Eigenschaft von Konstituenten ist, dass sie in einem Satz nur als Ganzes weggelassen werden können. So bleibt der Satz *La niña come una manzana* grammatisch, wenn wir die Konstituente *una manzana* weglassen (*La niña come*), wird jedoch agrammatisch, wenn wir nur *manzana* weglassen (*La niña come una). Dieser Test ist jedoch nicht immer anwendbar, denn in einem Satz wie *La niña resuelve el problema* kann die Konstituente *el problema* nicht weggelassen werden.

Weglassprobe

Eine relativ zuverlässige Testmethode, die Sie bereits aus dem Schulunterricht kennen, ist der Fragetest. Hier gilt, dass Teilketten, die sich erfragen lassen, Konstituenten sind: *¿Qué come la niña? Una manzana.* vs. **Manzana.* – *¿Qué hace la niña? Come (una manzana).* – *¿Quién come una manzana? La niña* vs. **Niña.* In der traditionellen Grammatik kommt die Konstituentenstruktur in den so genannten Satzfunktionen zum Ausdruck: *la niña* ist das Subjekt des Satzes, *come* ist das Prädikat und *una manzana* ist das direkte Objekt des Satzes.

Fragetest

Weitere Testmöglichkeiten seien an dieser Stelle nur kurz erwähnt: Der Koordinationstest besteht im Versuch, die zu untersuchende Teilkette mit einer gleichartigen Teilkette zu verknüpfen (was sich koordinieren lässt, ist eine Konstituente: *La niña come y*

Weitere Testmöglichkeiten

bebe – La niña y la abuela comen). Der Verschiebetest überprüft, ob die zu untersuchende Teilkette im gleichen Satz an eine andere Stelle gerückt werden kann, ohne dass der Satz inakzeptabel wird oder eine ganz andere Bedeutung bekommt (was als Ganzes verschoben werden kann, ist eine Konstituente: *La niña come una manzana en el jardín – En el jardín la niña come una manzana*). Ein Sonderfall des Verschiebetests ist die Topikalisierung: Teilketten, die aus der „neutralen" Grundwortstellung an die erste Stelle im Satz verschoben werden können, sind Konstituenten: *La niña come una manzana en el jardín – Una manzana come la niña en el jardín*. Die Expansionsprobe zeigt an, wie sehr eine Konstituente erweitert werden kann, ohne dass sich die Beziehungen zu den anderen Satzteilen ändern: *La niña come una manzana – La niña pequeña come una manzana – La niña pequeña de Juan come una manzana – La niña pequeña de Juan que esta en el jardín come una manzana*. Mit Hilfe der Tests gelangt man zu einer vorläufigen Gliederung von Sätzen, die im Laufe der Analyse noch modifiziert werden kann. Manchmal ergeben sich auch alternative Möglichkeiten.

Durch Anwendung der oben genannten Tests lässt sich herausfinden, dass der Satz *La niña come una manzana* folgende Zergliederungen zulässt:

Abb. 1

La niña come una manzana			
La niña	come una manzana		
La	niña	come	una manzana
La	niña	come	una	manzana

Diese Vorgehensweise, einen Satz sukzessiv in kleinere Einheiten zu segmentieren, nennt man IC-Analyse (IC steht für engl. *immediate constituents* ‚unmittelbare Konstituenten'). Hierbei geht man davon aus, dass ein Satz und all seine analysierbaren Konstituenten zweiteilig (binär) sind. Es gibt verschiedene Möglichkeiten, diese sukzessive Vorgehensweise zu veranschaulichen. Es handelt sich dabei um Hilfsinstrumente, anhand derer man hierarchische Strukturen von Sätzen abbilden kann. Diese sind: die obige Kästchenschreibweise, die Klammerstruktur (z.B. [[[La] [niña]] [[come] [[una] [manzana]]]]) oder die nachstehende Baumstruktur.

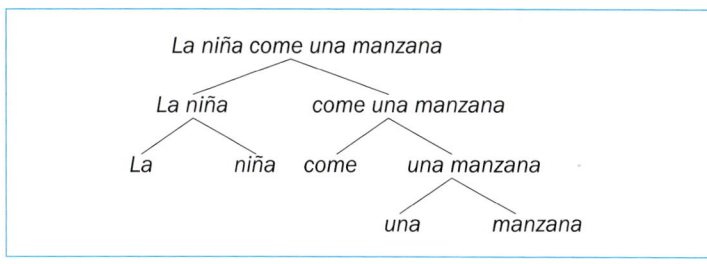

Abb. 2

Im Folgenden benutzen wir die Baumstruktur für die Veranschaulichung syntaktischer Phänomene, da sie hierarchische Relationen leicht nachvollziehbar macht. Die Klammernotation ist in der linguistischen Literatur sehr verbreitet, für den ungeübten Leser allerdings schwer verständlich.

Auf allen Ebenen der Baumstruktur haben wir Konstituenten, die immer weiter zergliedert werden können, bis hin zu den Wörtern. Diese Konstituenten können wir nun aufgrund gemeinsamer Eigenschaften zu Klassen zusammenfassen, d.h. in verschiedene syntaktische Kategorien einordnen. Genauso wie Wörter nach Wortarten (Wortkategorien) klassifiziert werden, können auch Wortgruppen in phrasale Kategorien eingeteilt werden. Die Benennung der phrasalen Kategorien richtet sich nach dem zentralen Glied einer Wortgruppe. Wir unterscheiden zunächst zwischen Nominalphrasen (NP; sp. *sintagma nominal* (SN)), die ein Nomen (N) und einen Determinierer (D) enthalten, wie z.B. *la niña* und *una manzana*, und Verbalphrasen (VP; sp. *sintagma verbal* (SV)), die ein Verb (V) und eventuell eine Nominalphrase enthalten, wie z.B. *come una manzana*.

Üblicherweise wird der Satz nicht auf allen Ebenen im Strukturbaum notiert, sondern nur an den so genannten Terminalsymbolen (Endknoten), denjenigen Stellen im Baum, die nicht weiter verzweigen. An allen anderen Knoten werden lediglich die syntaktischen Kategorien (z.B. VP, NP etc.) notiert (S = Satz):

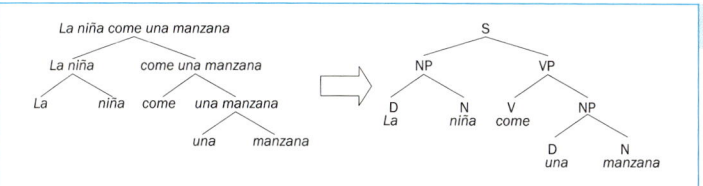

Abb. 3

Sie sehen, dass die Wortebene die unterste Ebene ist, die nunmehr nur noch in Morpheme und Phoneme segmentierbar ist. Zwischen der Wortebene und der Satzebene haben wir Einheiten (Wortgruppen), die größer als Wörter, aber kleiner als Sätze sein können, die so genannten Phrasen (sp. *sintagmas*).

Um die Bestandteile einer Baumstruktur und die darin enthaltenen Relationen benennen zu können, bedient man sich in der Syntaxtheorie einer eigenen Terminologie. Der Punkt, an dem eine Verästelung vorliegt, wird Knoten genannt, die einzelnen Zweige nennt man Kanten, die Endelemente (z.B. Wörter) Terminalsymbole (vgl. Carnie 2002: 66ff.):

Abb. 4 |

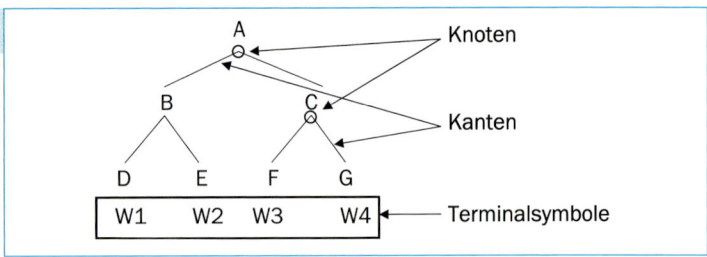

Dominanz
Innerhalb einer solchen Struktur können verschiedene Relationen voneinander abgegrenzt werden. Eine davon ist die Dominanz: Ein Knoten dominiert alle tieferen Knoten im Baum, mit denen er durch Kanten verbunden ist; er dominiert unmittelbar nur die nächsttieferen Knoten. A dominiert B, C, D, E, F und G, wobei nur B und C unmittelbar dominiert werden. Unmittelbar dominierende Knoten nennt man informell auch Mutterknoten (oder Mutter). B ist Mutter von D und E, C ist Mutter von F und G, A ist Mutter von B und C. Dementsprechend nennt man B und C dann Töchter von A. B und C sind hingegen Schwestern. Wenn man die Relation der Dominanz berücksichtigt, kann man eine genauere formale Definition des Begriffs *Konstituente* im Sinne von syntaktischer Einheit liefern: Eine Konstituente ist eine Kette von Terminalsymbolen, die von einem identischen Knoten dominiert wird.

5.4.2 | Phrasentypen und X-bar-Schema

In der Generativen Grammatik nimmt man an, dass die Satzgenerierung durch die sukzessive Zusammenfügung von Wörtern zu größeren Wortgruppen erfolgt, die wir Phrasen genannt haben. Je nachdem, welches Wort den obligatorischen Kern (Kopf; sp. *núcleo*) der Phrase bildet, wird hier zwischen Nominalphrasen (NP), Verbalphrasen (VP), Adjektivphrasen (AP; sp. *sintagma adjetival* (SA)) und Präpositionalphrasen (PP; sp. *sintagma preposicional* (SPrep)) unterschieden. Beispiele für die unterschiedlichen Phrasentypen werden in nachstehender Tabelle gegeben:

▶ **Tabelle 1**

Phrasentyp	Kopf	Beispiel	Bestandteile der Phrase
NP (SN)	N	los **niños**	D + N
		los **niños** *guapos*	D + N + A
		los **niños** *de mi hermana*	D + N + P + D + N
		los **niños** *que van a la escuela*	D + N + Konj. + V + P + D + N
AP (SA)	A	**orgullosa**	A
		muy **orgullosa**	Adv + A
		muy **orgullosa** *de sus niños*	Adv + A + P + D + N
VP (SV)	V	**llora**	V
		come *una manzana*	V + D + N
		regala *un libro a María*	V + D + N + P + N
		cree *que María vendrá*	V + Konj. + N + V
		es *muy orgullosa*	V + Adv + A
PP (SPrep)	P	**de** *sus niños*	P + D + N
		desde *ayer*	P + Adv

Für die Verbalphrasen *comer una manzana* und *ir a la estación* nehmen wir vorläufig folgende Strukturen an:

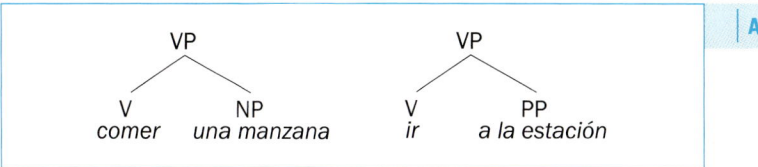

Abb. 5

Sowohl die NP als auch die PP zeichnen sich dadurch aus, dass sie Schwestern des Verbs (des Kopfes) sind. Der Schwesterknoten eines Kopfes wird Komplementposition genannt: Die NP (*una manzana*) und die PP (*a la estación*) sind also Komplemente des Verbs (*comer* bzw. *ir*). Merke: Das Komplement ist nicht gleichzusetzen mit dem direkten Objekt; hier wird keine Funktion eines Elements (z.B. Subjekt, direktes Objekt etc.), sondern lediglich eine Stellung in Bezug auf einen Kopf erfasst. So erfüllen nach der traditionellen Grammatik die NP und die PP unterschiedliche Funktionen (*una manzana* = direktes Objekt vs. *a la estación* = direktionales Objekt), aus Sicht der Konstituentenstruktur haben sie aber denselben Status (Komplement des Verbs).

Im Unterkapitel 4.3 wurde bereits darauf hingewiesen, dass nicht nur Verben so genannte Valenzträger sind. Es gibt weiterhin eine Reihe von Substantiven, die die Eigenschaft besitzen, „Leerstellen" zu eröffnen. Ein solches Substantiv ist beispielsweise *hija*, denn man ist schließlich immer ‚die Tochter von jemandem'. Demnach kann *hija* ein Komplement verlangen wie z.B. die Präpositionalphrase *de Juan*, die sich im Strukturbaum in der Komplementposition des Substantivs befindet. Somit ist die zugrunde liegende Struktur der VP (*ir a la estación*) mit der von *hija de Juan* identisch: Kopf und Komplement. Die Nominalphrase *hija de Juan* muss, um in einem Satz auftreten zu können, in der Regel mit einem Artikel (Determinierer (D)) kombiniert werden. Erst mit der Spezifikatorposition ist die Nominalphrase vollständig; man sagt auch: Die maximale Projektionshöhe ist erreicht. Im Spanischen erscheint der Determinierer links vom Phrasenkopf in einer Position, die Spezifikator (Spec, sp. *especificador*) genannt wird. Spezifikatoren sind nicht rekursiv (nicht beliebig wiederholbar), d.h. es gibt pro Phrase nur eine Spezifikatorposition:

(1) a. *La esta hija de Juan.
    b. *Una la hija de Juan.

Bezüglich der NP stellt sich uns folgendes Bild dar: In *la hija de Juan* haben wir drei Konstituenten (*la*, *hija* und *de Juan*), die gemeinsam eine Nominalphrase ergeben. Nehmen wir zunächst an, es ergäbe sich folgende Baumstruktur:

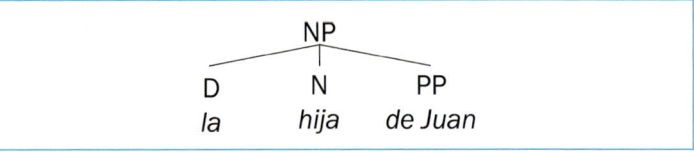

Betrachten Sie nun nachstehende Beispiele:

(2) a. **La** hija de Juan y **la** mujer de Pedro.
    b. **La** hija de Juan y mujer de Pedro.

Während es sich im Beispielsatz (2a), in dem beide Nominalphrasen einen Determinierer aufweisen, um zwei Frauen handelt, ist in (2b)

nur von einer Frau die Rede. Dasselbe gilt übrigens auch für das
Deutsche, vergleichen Sie folgende Sätze: *Die Tochter von Johan und
die Frau von Peter* vs. *Die Tochter von Johan und Frau von Peter.*
Aus dem Beispiel (2b) wird deutlich, dass *hija de Juan* und *mujer de
Pablo* je eine Konstituente bilden können, auf die sich der Determi-
nierer *la* gleichermaßen bezieht. Wenn nun aber *hija de Juan* eine
Konstituente ist, muss angenommen werden, dass es zwischen der
Ebene der Terminalsymbole und der phrasalen Ebene (hier: NP) eine
weitere Ebene gibt (vgl. Fanselow/Felix [3]1993: 49). Wir modifizieren
obige Struktur folgendermaßen (Spec,NP = Spezifikatorposition der
Nominalphrase):

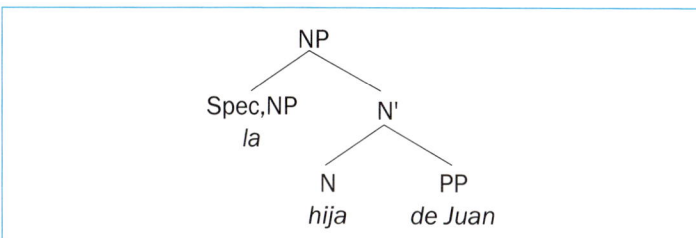

Abb. 7

Diese so genannte Zwischenprojektionsebene (auch Ein-bar-Ebene; sp.
proyección estructural intermedia) wird im Strukturbaum durch einen hochgestellten Strich (engl. *bar*, sp. *barra*) symbolisiert (hier: N').
    Durch erklärende Zusätze können innerhalb einer Phrase be-
stimmte Modifikationen erfolgen. So kann z.B. *hija de Juan* durch
beliebig viele Relativsätze (als S = Satz notiert) erweitert werden: *hija
de Juan* [s *que está en Madrid*] [s *que es muy guapa*]. Diese sind im
Gegensatz zu den Komplementen nicht-valenzdeterminiert und somit fakultativ. Sie unterliegen dennoch bestimmten Beschränkungen, die semantischer Natur sind. So wäre z.B. *hija de Juan* [s *que es
la hija de Pedro*] semantisch inakzeptabel. Modifizierende Phrasen
nennt man in der Generativen Grammatik Adjunkte (in der Valenztheorie nennt man sie Zirkumstanten, vgl. Unterkapitel 4.3). Da
Adjunkte nicht von der Valenz des jeweiligen Kopfes (Verb, Nomen
etc.) abhängen, können beliebig viele davon auftreten, sie sind rekursiv (wiederholbar). Typischerweise werden diese Zusätze an der
Zwischenprojektionsebene adjungiert, d.h. sie sind Schwestern einer Zwischenprojektionsebene, nicht eines Kopfes. Wir erhalten folgende Struktur:

Abb. 8

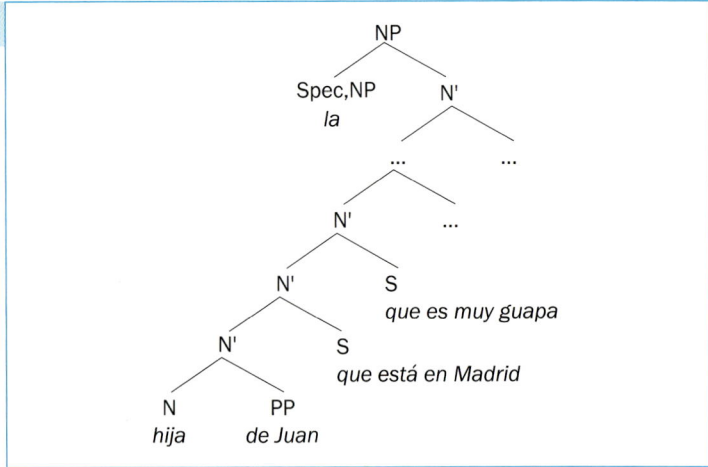

Im obigen Beispiel stehen die Adjunkte stets rechts vom Kopf. Dies ist jedoch nicht die einzige Möglichkeit: Adjunkte können auch links vom Kopf erscheinen, z.B. *la tontísima hija de Juan que está en Madrid* ... Betrachten Sie folgende Abbildung:

Abb. 9

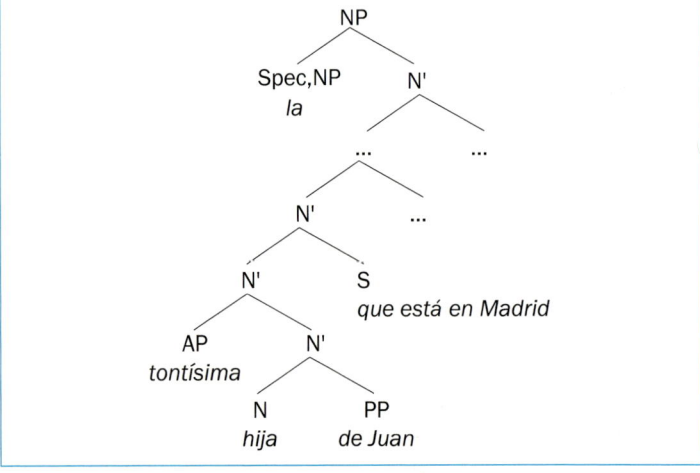

Das Schema für die Nominalphrase kann etwas abstrakter wie folgt zusammengefasst werden:

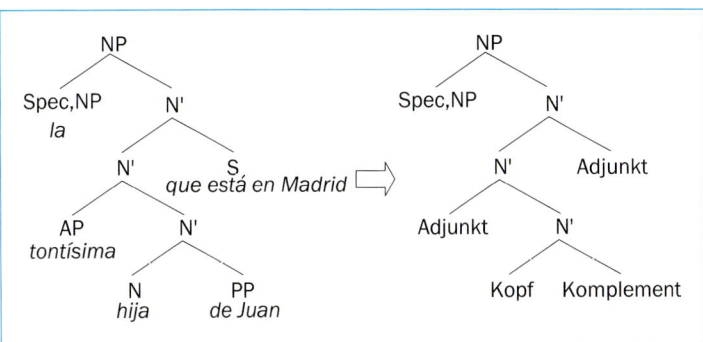

Abb. 10

Nicht jede dieser Positionen im Strukturbaum muss unbedingt besetzt sein. Nicht besetzte Positionen werden in der Regel in der Baumstruktur auch nicht notiert. Das Grundschema in Abbildung 10 trifft auch auf die übrigen lexikalischen Kategorien V, A und P zu. Daher schreibt man dieses Grundschema noch allgemeiner, um alle Phrasentypen in einem Grundschema zu erfassen: Wir ersetzen den Kopf (z.B. N, V, A oder P) durch einen Platzhalter X, das Komplement (z.B. NP, PP etc.) durch Y(P) und die Adjunkte (z.B. AP, PP etc.) durch W(P), Z(P) etc. und erhalten eine Struktur, die für alle Phrasentypen zutrifft, das so genannte X-bar-Schema (sp. *módulo X'*):

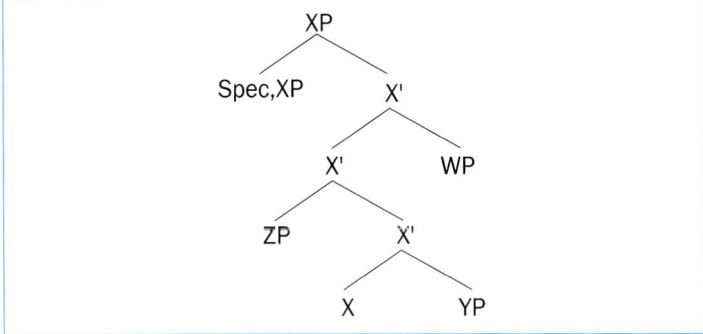

Abb. 11

Alle Generalisierungen, die bezüglich des X-bar-Schemas getroffen werden, gelten für sämtliche Phrasentypen im selben Maße. Wir halten zunächst folgende Generalisierungen fest: Jeder Kopf X projiziert eine XP, d.h. „entfaltet" sich zu einer XP. Abhängig von den spezifischen Eigenschaften des Kopfes hat dieser ein Komplement (YP) als Schwester und bildet gemeinsam mit diesem die Zwischenprojektionsebene (X'). Die Ergänzung auf der obersten Ebene ist der Spezifikator (Spec,XP). Die Ergänzungen zu X oder seinen Projektionen sind stets phrasale Elemente (also keine Köpfe). Beachten Sie, dass, mit Ausnahme der Kopfposition, nicht alle Positionen realisiert werden müssen, d.h. eine Phrase kann auch nur aus einem Kopf bestehen. Die Eigenschaften der einzelnen Positionen im X-bar-Schema sind folglich:

- **Kopf** (X): obligatorisches Element, dessen Argumentstruktur den weiteren Aufbau der Phrase bestimmt.
- **Komplement** (YP): hängt von der Argumentstruktur des jeweiligen Phrasenkopfes ab. Im Strukturbaum sind Komplemente Schwestern von X und Töchter von X^I.
- **Adjunkt** (WP, ZP): ist grundsätzlich fakultativ, da er nicht von der Argumentstruktur des Kopfes abhängt, und rekursiv, d.h. zahlenmäßig uneingeschränkt wiederholbar. Im Strukturbaum erscheint er als Schwester von X^I.
- **Spezifikator** (Spec,XP): durch den Spezifikator wird die maximale Projektion (sp. *proyección estructural máxima*) XP abgeschlossen. Die Spezifikatorposition ist eine nicht-rekursive Position. Im Strukturbaum ist Spec,XP Tochter von XP und Schwester von X^I.

Die nachstehende Tabelle, enthält Beispiele möglicher spanischer Phrasen, die Sie mit Hilfe von Abbildung 11 in Strukturbäume umwandeln können (vgl. Lorenzo González 2001: 95):

▶ **Tabelle 2**

	Spec,XP	ZP (Adjunkt)	X (Kopf)	YP (Komplement)	WP (Adjunkt)
Nominalphrase	*la* *un* *la*	*increíble*	*destrucción* *vaso* *cama* *camas*	*de la cuidad* *de agua*	*por los Romanos*
Verbalphrase			*come* *bebe* *duerme* *va*	*una manzana* *un vaso de agua* *a Madrid*	*en tren*
Adjektivphrase	*muy*		*lleno* *cansado*	*de salud* *de trabajar*	
Präpositionalphrase	*casi*		*a* *sin*	*la derecha* *problemas*	

Satzstruktur

Was bisher noch nicht thematisiert wurde, ist die Frage, wie die Satz-
struktur innerhalb des X-bar-Schemas darzustellen ist. Anders ge-
fragt: Was ist der Kopf der maximalen Projektion S (Satz)? Nach der
IC-Analyse besteht der Satz zunächst aus zwei Teilen: der Subjekt-
NP und der VP. Sowohl die NP als auch die VP sind jedoch maximale Projektionen, die nicht weiter projizieren können. Wie kommt ein
Satz zustande?

Der Satz als IP

Ein Satz wie z.B. *La niña comer una manzana* ist deshalb ungrammatisch, weil das Verb in seiner Infinitivform steht. Wie im Unterkapitel 3.2.4 erwähnt, zeichnen sich infinite Verbformen dadurch
aus, dass sie weder nach Person noch nach Numerus, Tempus oder
Modus flektieren. Die Information über diese Flexionskategorien ist
aber für einen grammatischen Satz maßgeblich. In der Generativen
Grammatik wird angenommen, dass Flexionsmerkmale außerhalb
der VP in einer eigenen syntaktischen Kategorie repräsentiert sind.
Diese Kategorie wird in der Regel I (auch: INFL, engl. *inflection*; in neueren Ansätzen T (engl. *tense*)) genannt. Die spanische Terminologie für
I ist Flex (von sp. *flexión*); die dazugehörige maximale Projektion wird
SFlex genannt. I trägt die Merkmale für Tempus/Modus, aber auch die
für Person und Numerus, d.h. Tempus/Modus- und Kongruenzmerkmale werden unter einem Kopf subsumiert.

Warum sollte I ein eigener syntaktischer Kopf sein? In den europäischen Sprachen werden die Flexionsmerkmale wie Tempus,
Modus, Person und Numerus am Verb realisiert. Dies ist jedoch nicht
in allen Sprachen der Fall. Im Chinesischen erscheint das Flexions-
morphem am Satzende. Da das X-bar-Schema für alle Sprachen gleichermaßen gelten soll, muss dem Flexionselement eine vom Verb
unabhängige Position zugewiesen werden. Daher werden die Flexionsmerkmale in der Kategorie I zusammengefasst, die einen eigenen syntaktischen Kopf bildet. Anders als die bisher bekannten
syntaktischen Köpfe ist I kein lexikalisches Element, sondern wird
als funktionale Kategorie bezeichnet, da es sich bei den Repräsen-
tanten von I um eine geschlossene Klasse von Elementen handelt.

Für den Satz *La niña come una manzana* gilt Folgendes: Die VP
come una manzana ist obligatorisches Komplement der funktiona-
len Kategorie I bzw. des Kopfes I. Die Subjekt-NP steht hingegen in
Spec,IP. Der Satz ist demnach eine maximale Projektion von I, d.h.
eine Flexionsphrase. Nachstehende Abbildung zeigt dieselbe Baum-

struktur, einmal mit der deutschen und daneben mit der spanischen Terminologie:

Abb. 12

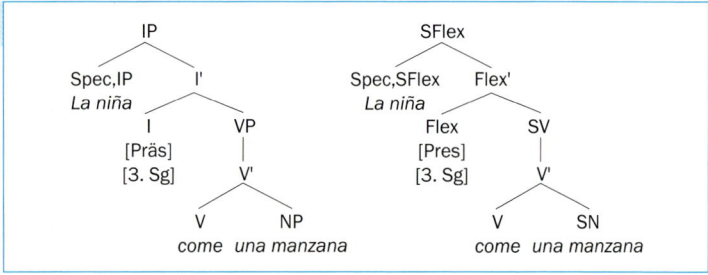

Der Kopf I hat, wie jeder andere Kopf auch, bestimmte Selektionsbeschränkungen, die sein Komplement erfüllen muss (Kopf-Komplement-Relation). In diesem Fall ist es so, dass I bestimmt, welche Verbform selegiert (ausgewählt) werden muss. Gleichzeitig hat I die Aufgabe zu überprüfen, ob die Kongruenzmerkmale der Verbform mit denen des Subjekts übereinstimmen. Hierzu muss das Verb aus seiner Basisposition (dort, wo es ursprünglich steht) hinaus nach I bewegt werden, wo die „Merkmalsüberprüfung" (engl. *feature checking*) stattfindet:

Abb. 13

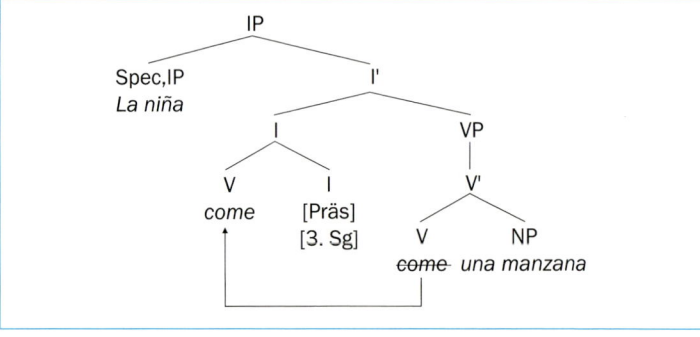

Kopfbewegung Da sowohl I als auch V ein Kopf ist, nennt man diese Art von Bewegung Kopf-zu-Kopf-Bewegung. Zusätzliche Evidenz für diese Bewegung erhält man durch verschiedene Sprachdaten; hier sei nur die Stellung des spanischen Adverbs *frecuentemente*, das ein Adjunkt ist, kurz erwähnt. Betrachten Sie zunächst folgendes Beispiel:

(3) *La niña come frecuentemente una manzana.*

Wir hatten bereits erwähnt, dass Adjunkte entweder links oder rechts vom Kopf (hier V) angefügt werden. Für die Adjunktion von *frecuentemente* innerhalb der VP ergeben sich zunächst folgende Möglichkeiten (AdvP = Adverbialphrase):

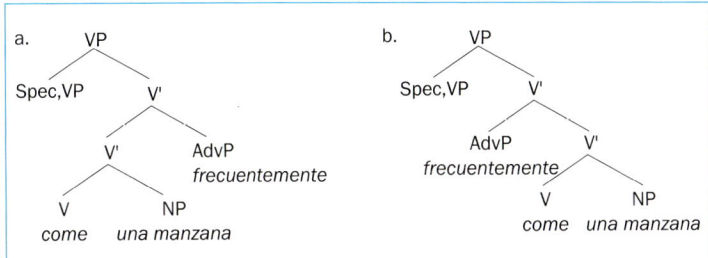

Abb. 14

Beide Möglichkeiten entsprechen nicht der gewünschten Wortreihenfolge, denn das Adverb sollte zwischen dem Verb *come* und der NP *una manzana* stehen. Bewegt sich nun aber das Verb nach I, wo die morphosyntaktischen Merkmale „überprüft" werden, erhalten wir die gewünschte Reihenfolge:

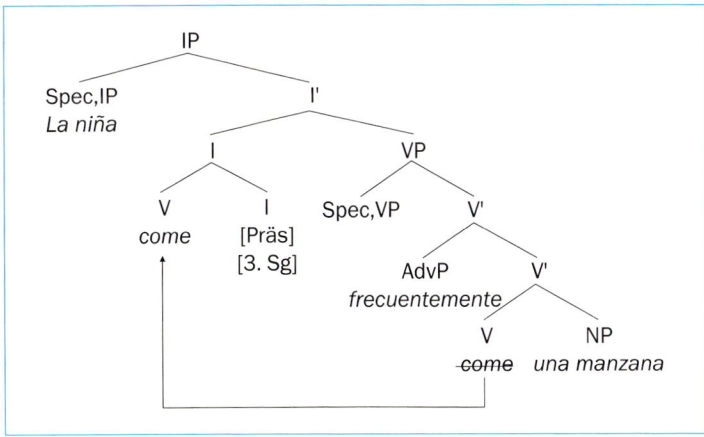

Abb. 15

Theta-Theorie   5.4.4

Eine bereits erwähnte Grundannahme der Generativen Grammatik ist, dass Sprache aus zwei Komponenten besteht: dem Lexikon und einem „berechnenden" (komputationalen) System. Die syntaktische

Komponente dieses komputationalen Systems haben wir in Form des X-bar-Schemas bereits kennen gelernt.

In erster Linie sind im Lexikon all jene Informationen gespeichert, die nicht durch allgemeine Regeln vorhersagbar sind, so z.B. die Wortart, das Genus bei Substantiven, die Konjugationsklasse bei Verben etc. Das Lexikon enthält folglich bestimmte morphosyntaktische Informationen, die Sie bereits aus dem Kapitel zur Morphologie kennen. Wir haben außerdem im Unterkapitel 4.3 gesehen, dass manche Wörter (z.B. Verben) bestimmte Ergänzungen fordern, d.h. scheinbar nicht nur Informationen über sich selbst, sondern auch über nötige Mitspieler mit sich bringen. Da diese Tatsache, d.h. die Valenz von Wörtern, ebenso wenig vorhersagbar ist, nimmt man auch hier an, dass sie im Lexikon vermerkt ist. Im Unterkapitel 4.3 haben wir bereits angemerkt, dass keine Eins-zu-eins-Relation zwischen der Valenz eines Verbs (semantische Valenz) und der syntaktischen Realisierung der Valenzeigenschaften („syntaktische Valenz") besteht. In der GG wird die „syntaktische Valenz" (ohne Berücksichtigung des Subjektarguments) durch die so genannte Subkategorisierung erfasst, während die semantische Valenz durch das so genannte Theta-Raster und die Wertigkeit durch die Argumentstruktur festgehalten wird.

Argumentstruktur

Die Argumentstruktur des Verbs *ir* besagt, wie viele „Leerstellen" dieses Verb eröffnet, d.h. wie viele Aktanten das Verb fordert. Sie erfasst also das, was wir im Unterkapitel 4.3 mit nullwertig, einwertig etc. bezeichnet haben. In der GG wird bei der Argumentstruktur das Subjekt unterstrichen, da es sich um ein „besonderes" Argument handelt, nämlich um ein Argument, das sich außerhalb der Verbalphrase befindet. Im Strukturbaum steht das Subjekt des Satzes unter Spec,IP.

Subkategorisierung

Der Subkategorisierungsrahmen erfasst die Art (z.B. NP) der von einem Kopf geforderten Komplemente. Verben lassen sich bezüglich der Art und der Anzahl von Objekten, die sie verlangen, in verschiedene Unterklassen einteilen. Für die Unterscheidung zwischen intransitiven, transitiven und ditransitiven Verben ist lediglich die Art und die Anzahl der Objekte von Belang, das Subjekt-Argument spielt dabei keine Rolle. Der Subkategorisierungsrahmen des Verbs *ir* sieht folgendermaßen aus: *ir*, Verb [___ PP] („*ir* ist ein Verb, das eine PP als Komplement verlangt').

Theta-Raster

Jedes Argument übernimmt eine bestimmte semantische Rolle, die ihm vom Verb zugewiesen wird. Die Theta-Rollen werden in der GG in einem so genannten Theta-Raster erfasst. Beachten Sie, dass Adjunkte keine Argumente sind und daher auch nicht im Theta-

Raster erscheinen. Für das Verb *ir* kann dieses in vereinfachter Form wie folgt dargestellt werden (vgl. Carnie 2002: 170):

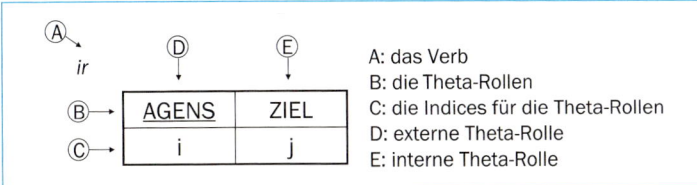

Abb. 16

A: das Verb
B: die Theta-Rollen
C: die Indices für die Theta-Rollen
D: externe Theta-Rolle
E: interne Theta-Rolle

Die Indizes (Singular: Index) dienen dazu, ein Argument mit der jeweiligen Theta-Rolle zu verbinden. Wenden wir obiges Theta-Raster auf einen konkreten Satz an, ergibt sich z.B. folgender indizierter Satz (vgl. Carnie 2002: 171): *Los campesinos$_i$ van a Madrid$_j$*. Für das Verb *ir* fassen wir das Gesagte wie folgt zusammen (vgl. Müller/Riemer 1998: 32):

(4)		*ir*, Verb	
	Argumentstruktur:	1	2
	Theta-Raster:	AGENS	ZIEL
	referentieller Index:	i	j
	syntaktische Kategorien:	NP	PP

Bitte beachten Sie, dass es keine genaue Entsprechung zwischen einer Theta-Rolle und einer syntaktischen Kategorie gibt, d.h. nicht jede PP bekommt die Theta-Rolle ZIEL und nicht jede NP ist AGENS.

Jedes Argument muss genau eine Theta-Rolle erhalten. Eine Theta-Rolle darf also nicht zweimal (d.h. an zwei Argumente) vergeben werden, sondern muss genau einem Argument zugewiesen werden (aber nicht unbedingt einer bestimmten syntaktischen Kategorie, z.B. NP). Diese Bedingung wird in der GG Theta-Kriterium genannt.

Theta-Kriterium

Die Information über Zahl und Art der Theta-Rollen kommt aus dem Lexikon, die Theta-Vergabe erfolgt hingegen in der Syntax, wie im folgenden Strukturbaum zu erkennen ist:

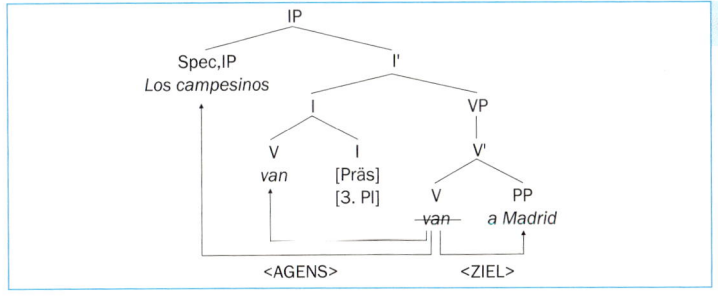

Abb. 17

5.4.5 | Kasustheorie

Kasus ist eine grammatische Kategorie, die an nominalen Klassen realisiert werden kann. Im Deutschen wird Kasus bekanntlich morphologisch (durch Flexion) realisiert, z.B.:

(5) Die Frau$_\text{Nominativ}$ schenkt dem Sohn$_\text{Dativ}$ ihrer Freundin$_\text{Genitiv}$ einen Pullover$_\text{Akkusativ}$.

Bei der Übersetzung des Satzes stellen wir fest, dass bei spanischen Nominalphrasen Kasus zwar nicht morphologisch markiert wird, aber die Präposition *a* das Dativobjekt und die Präposition *de* das Genitivobjekt einleitet.

(6) *La mujer*$_\text{Nominativ}$ *regala un jersey*$_\text{Akkusativ}$ *al hijo*$_\text{Dativ}$ *de su amiga*$_\text{Genitiv}$.

Pronominalisiert man nun das direkte und das indirekte Objekt, sieht man, dass im spanischen Pronominalsystem Kasus morphologisch realisiert wird (vgl. Unterkapitel 3.2.3):

(7) *La mujer*$_\text{Nominativ}$ *se*$_\text{Dativ}$ *lo*$_\text{Akkusativ}$ *regala*.

Wenn im Spanischen pronominale Objekte kasusmarkiert sind, ist anzunehmen, dass Nominalphrasen, die durch diese ersetzt werden können, ebenfalls Kasus erhalten. Dieser muss allerdings nicht notwendigerweise morphologisch sichtbar sein, d.h. nicht durch Flexionssuffixe realisiert werden. In der Generativen Grammatik unterscheidet man daher zwischen morphologischem Kasus (sp. *caso morfológico*), der durch Flexion realisiert wird, und abstraktem Kasus (sp. *caso abstracto*), der sich auf die Kasuskategorie unabhängig von ihrer Realisierung bezieht (vgl. Ramers 2000: 90). Hierauf aufbauend wurde in der GG der so genannte Kasusfilter formuliert, nach dem jede syntaktisch realisierte Nominalphrase stets abstrakten Kasus erhalten muss, ganz gleich, ob dieser morphologisch realisiert wird oder nicht.

Art der Kasuszuweisung   Je nach Position im Strukturbaum erhalten Nominalphrasen „automatisch" Nominativ oder Akkusativ. So weisen Verben und Präpositionen ihren Komplementen im Spanischen automatisch Akkusativ (Akk) zu, wenn die Komplementposition von einer Nominalphrase besetzt wird. Der Nominativ (Nom) wird hingegen nicht vom Verb, sondern von I$_\text{finit}$ (INFL) zugewiesen, und zwar an die Nominalphrase in Spec,IP (an das Subjekt). Diese Annahme beruht darauf, dass im Spanischen (und auch im Deutschen) nur finite Sätze ein Nominativ-Argument haben: *Juan compra un libro para María* vs. **Juan com-*

prar un libro para María. Diese Art von Kasuszuweisung hängt von der Position im Strukturbaum ab und wird daher strukturelle Kasuszuweisung genannt; den entsprechenden Kasus bezeichnet man analog hierzu als strukturellen Kasus. Folgende Darstellung verdeutlicht die strukturelle Kasuszuweisung:

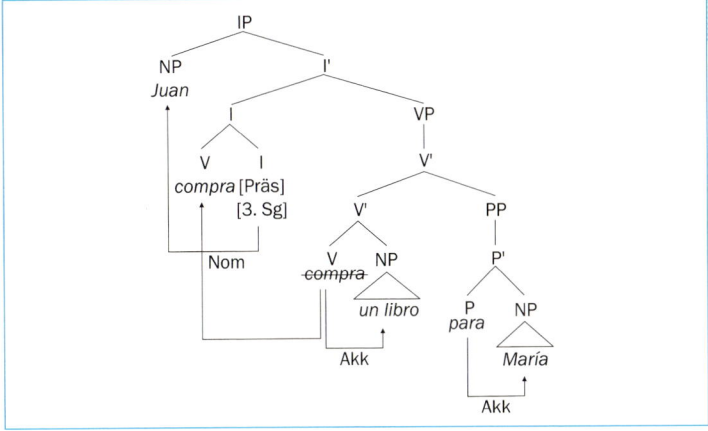

Abb. 18

Vergleichen wir zunächst den Aktivsatz in (8a) mit dem Passivsatz in (8b):

(8) a. *Un chico*_{AGENS/Nom} *ha comprado el libro*_{THEMA/Akk}.
   b. *El libro*_{THEMA/Nom} *ha sido comprado (por un chico).*

Im Passivsatz (8b) muss offensichtlich das AGENS aus (8a) nicht realisiert werden, es kann nur als adjungierte PP auftreten. Weiterhin wird das Akkusativobjekt aus (8a) mit der Theta-Rolle THEMA durch die Passivierung zu einem Nominativ-Argument mit derselben Theta-Rolle in (8b) (es erhält Nominativ, da es nach der Passivierung in Spec,IP steht, d.h. in der Subjektposition). Diese Beobachtung erklärt man in der GG durch die Annahme, dass passive Verbformen keine so genannte externe Theta-Rolle (AGENS) und keinen strukturellen Kasus Akkusativ zuweisen können. Weiterhin nimmt man an, dass die Nominalphrase *el libro* in einem Satz wie *El libro ha sido comprado* zunächst in der Komplementposition steht und dort die so genannte interne Theta-Rolle THEMA vom Verb zugewiesen bekommt. Die strukturelle Kasuszuweisung ist allerdings aufgrund der genannten Besonderheit passiver Verbformen nicht möglich. Der oben aufgeführte Kasusfilter besagt jedoch, dass jede Nominalphrase kasusmarkiert werden muss. Die NP (*el libro*) bewegt sich daher aus der kasus-unmarkierten Objektposition in die kasusmarkierte (aber theta-unmarkierte) Subjektposition (Spec,IP) (vgl. Müller/Riemer 1998: 129ff.). Vergleichen Sie folgende Baumstrukturen miteinander:

Abb. 19

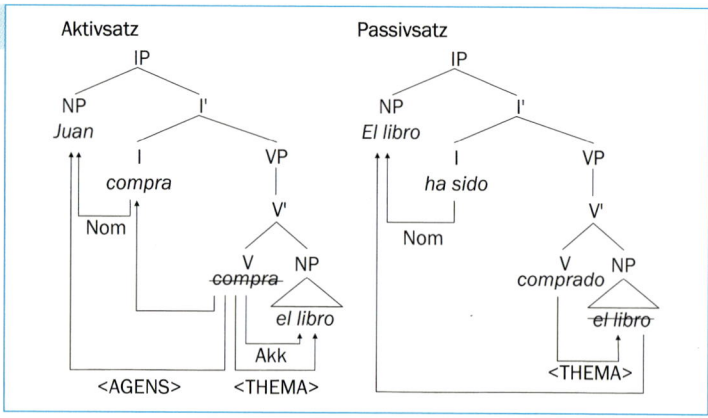

Anders verhält es sich mit Dativ- und Genitivobjekten: hier findet bei der Passivierung kein Kasuswechsel statt. Betrachten wir folgende deutsche Beispiele (vgl. Müller/Riemer 1998: 97):

(9) a. Sie hilft ihm$_{\text{Dativ}}$.
   b. Ihm$_{\text{Dativ}}$ wird geholfen.
   c. *Er$_{\text{Nominativ}}$ wird geholfen.
   d. Sie gedachten der Opfer$_{\text{Genitiv}}$.
   e. Der Opfer$_{\text{Genitiv}}$ wurde gedacht.
   f. *Die Opfer$_{\text{Nominativ}}$ wurden gedacht.
   g. Er kauft einen Apfel$_{\text{Akkusativ}}$.
   h. Ein Apfel$_{\text{Nominativ}}$ wurde gekauft.

Inhärenter Kasus   Der Unterschied zwischen Akkusativ einerseits und Dativ und Genitiv andererseits liegt darin begründet, dass letztere eine inhärente Eigenschaft der jeweiligen Verben (oder Präpositionen) bilden: *helfen* vergibt immer Dativ, *gedenken* vergibt immer Genitiv. Dieser Kasus, der unabhängig von der Position im Strukturbaum erhalten bleibt (also auch bei der Passivierung), wird inhärenter Kasus genannt. Er wird zusammen mit anderen inhärenten Eigenschaften des Verbs im Lexikon gespeichert. Sobald ein Verb inhärenten Kasus hat, ist die strukturelle Kasuszuweisung nicht mehr gegeben.

Der Gegenstandsbereich der Syntax ist die wissenschaftliche Untersuchung und Beschreibung der mentalen Fähigkeit von Sprechern, aus Wörtern grammatische Sätze zu bilden. Ein Satz wird als grammatisch bezeichnet, wenn die Sprecher einer gegebenen Sprache solche Sätze benutzen und/oder akzeptieren. In Abhängigkeit von ihrer Zielsetzung werden Syntaxtheorien als beobachtungs-, beschreibungs- und erklärungsadäquat bezeichnet. Die Generative Grammatik erhebt Anspruch auf Erklärungsadäquatheit, d.h. sie strebt nicht nur die korrekte Beschreibung der Kompetenz muttersprachlicher Sprecher an, sondern möchte darüber hinaus erklären, wie es möglich ist, dass ein Kind seine Muttersprache erwerben kann. Den diesbezüglichen Erklärungsansatz bildet die Nativitätshypothese. In der Generativen Grammatik stellt man sich die Universalgrammatik als eine Menge von abstrakten universalsprachlichen Prinzipien (sp. *principios universales*) vor, die eine Liste von Auswahlmöglichkeiten (Parametern; sp. *parámetros*) zur Verfügung stellen. Ausgehend von diesen allgemeinen Grundlagen haben wir uns der sukzessiven Zergliederung eines Satzes in immer kleinere Bestandteile zugewandt und sind auf verschiedene Darstellungsmöglichkeiten eingegangen. Zur Benennung der Bestandteile einer Baumstruktur und ihrer Relationen bedient man sich in der (generativen) Syntaxtheorie einer eigenen Terminologie. Es wurde ein Grundschema – das X-bar-Schema (sp. *módulo X'*) – eingeführt, das für alle Phrasentypen zutrifft. Die unterschiedlichen Eigenschaften der einzelnen Positionen im Baum sowie weitere Grundannahmen wie die Theta- und die Kasustheorie wurden in ihren Grundzügen skizziert. Das Zusammenspiel von Theta-Vergabe, Kasuszuweisung und Passivierung wurde abschließend anhand eines Beispiels illustriert.

I. Erklären Sie kurz, weshalb die folgenden Sätze ungrammatisch sind:

    a. *Mercedes puso las flores.*

    b. *José Luis jugábamos al baloncesto.*

    c. *Mercedes en el búcaro.*

II. Ist der Satz *El panecillo contento llamó al coche para jugar al aje-drez* agrammatisch?

III. Geben Sie jeweils den Typ der unterstrichenen Phrase an:

    a. *Mis <u>hermanas mayores</u> vinieron a visitarme.*

    b. *Los hermanos <u>de mi novio</u> vinieron a visitarme.*

    c. *<u>Duermo</u>.*

    d. *El vestido de la niña es <u>muy bonito</u>.*

IV. Stellen Sie folgende Phrasen gemäß dem X-bar-Schema (als Baum-struktur) dar:

    a. *un vaso de agua*

    b. *muy cansado de trabajar*

    c. *la solución del problema*

    d. *Pedro lee un libro delante de la escuela a las cinco de la tarde*

Sprachgeschichte

Das folgende Kapitel befasst sich mit der Entwicklung, die das Spanische von seinem Ursprung aus dem Vulgärlatein bis heute erfahren hat. Der erste Teil beschäftigt sich mit Aspekten der so genannten externen Sprachgeschichte, also mit politischen, kulturellen, demographischen etc. Gegebenheiten auf der Iberischen Halbinsel, die Einfluss auf die Sprachentwicklung hatten. Im zweiten Teil werden Aspekte der internen Sprachgeschichte behandelt: der Lautwandel, der morphosyntaktische Wandel und der semantische Wandel. Wir werden hierbei schwerpunktmäßig auf den Lautwandel eingehen.

Externe Sprachgeschichte | 6.1

Vor der militärischen und politischen Expansion Roms war das Latein nicht mehr als die Sprache der Stadt Rom, d.h. eine von vielen Sprachvarietäten aus einer Sprachenvielfalt auf dem heutigen Gebiet Italiens. Als Rom größere Macht gewann, breitete sich das Lateinische mit den Truppen, dem Verwaltungsapparat etc. über die anderen Gebiete des heutigen Italiens aus. Andere bis dahin gesprochene Sprachen (z.B. das Etruskische, das u.a. im heutigen Gebiet der Toskana gesprochen wurde) gingen dadurch verloren, dass ihre Sprecher mit der Zeit das Latein übernommen haben, wobei „Relikte" dieser Sprachen in das Lateinische einflossen und zu verschiedenen Dialektalisierungen führten. Ähnlich war es, als die Iberische Halbinsel von den Römern erobert wurde. Bis auf das Baskische (sp. *vascuence* oder *euskera*) wurden alle auf der Iberischen Halbinsel gesprochenen Sprachen zugunsten des Lateins bzw. des so genannten Vulgärlateins (lat. *vulgus* ‚Volk') aufgegeben, jedoch nicht ohne Spuren zu hinterlassen: Auch sie führten zu verschiedenen Dialektalisierungen.

Das klassische Latein, das Literatursprache, Sprache der Gebildeten und der privilegierten Klasse war, galt bis ins 5. Jahrhundert als schriftliche Norm, seine mündliche Verwendung war allerdings diastratisch (vgl. Unterkapitel 1.1.3) beschränkt. Es ist durch reichliche literarische Zeugnisse (von Cicero, Caesar, Vergil etc.) belegt. Man nimmt an, dass hingegen das so genannte Vulgärlatein die gesprochene Sprache darstellte und zwar nicht erst in der postklassischen Periode, sondern bereits in der klassischen Periode (1. Jahrhundert v. Chr. bis ins 2. Jahrhundert). In den einzelnen Provinzen hat sich das Vulgärlatein aufgrund von Sozialstruktur und anderen Einflüssen (z.B. Substrateinflüssen) unterschiedlich ausgeprägt, so dass es ein heterogenes sprachliches Gebilde darstellte (vgl. *Metzler Lexikon Sprache* 1993: 352f.). Die romanischen Sprachen haben sich primär aus dem Vulgärlatein entwickelt, wurden jedoch vom klassischen Latein, das weiterhin Bildungs-, Kirchen-, Verwaltungs- und Rechtssprache war, kontinuierlich beeinflusst. Da die Sprachzeugnisse des Vulgärlateins weniger reich überliefert sind, müssen nicht belegte Formen rekonstruiert werden.

Ausbreitung des Vulgärlateins auf der Iberischen Halbinsel

Im Zuge des Zweiten Punischen Krieges (201 v. Chr.) breitete sich das Vulgärlatein allmählich auf der Iberischen Halbinsel aus. Die Römer nahmen allerdings kein unbesiedeltes Gebiet ein, sondern eroberten zahlreiche Völker und Volksstämme, die bereits auf der Iberischen Halbinsel lebten. Die folgende Karte gibt einen Überblick über die vorrömischen Siedlungsgebiete (aus: Hualde/Olarrea/Escobar 2001: 208):

Abb. 1

Diese Völker und Volksstämme hatten zum Zeitpunkt der Römischen Eroberung selbstverständlich auch eigene Sprachen, so dass es zu einem Sprachkontakt zwischen dem Vulgärlatein und den Sprachen dieser Völker kam. In der diachronen Sprachwissenschaft verwendet man die folgende Terminologie, um verschiedene Konstellationen von Sprachkontakt zu bezeichnen:

1. **Substrat** (sp. *su(b)strato*): Die eroberten Völker nehmen die Sprache der Eroberer an, wobei bestimmte Merkmale ihrer jeweiligen Sprache (Substrat), bevor diese verloren gehen, in die Sprache der Eroberer einfließen.
2. **Superstrat** (sp. *superstrato*): Die Sprache der Eroberer (Superstrat) hinterlässt Spuren im eroberten Sprachgebiet.
3. **Adstrat** (sp. *adstrato*): Die Sprache der Eroberer und die der Einheimischen beeinflussen sich nur gering gegenseitig oder auch einseitig, existieren jedoch weiterhin nebeneinander ohne sich zu verdrängen.

Im Falle der romanischen Sprachgebiete nahmen die eroberten Völkerschaften nach einer Zeit der Mehrsprachigkeit das Vulgärlateinische an. Die unterschiedlichen Substrate (also die Sprachen der eroberten Völker) führten, wie bereits erwähnt, zu verschiedenen Dialektalisierungen des Vulgärlateins. Aber auch die zeitliche Dimension der Eroberung der Iberischen Halbinsel beeinflusste die Herausbildung der verschiedenen Dialektalisierungen. In den langen Jahren der Römischen Eroberung und des Römischen Reiches hat sich das Vulgärlatein natürlich auch selbst gewandelt. In früher eroberten Territorien lagen ältere Sprachstufen des Vulgärlateins zugrunde als in den später eroberten Gebieten. Dieser Umstand (und der Faktor der Substrate) gilt nicht nur für die Iberische Halbinsel, sondern für die romanischen Sprachen im Allgemeinen.

Als das westliche Römische Reich im 5. Jahrhundert zu zerfallen begann, drangen mehrere germanische Stämme auf die Iberische Halbinsel vor (im Rahmen der so genannten Völkerwanderung, sp. *Invasión de los Bárbaros*). Die germanischen Volksstämme (Goten etc.) haben ihre Sprachen zugunsten der Sprache der Eroberten aufgegeben. Man zählt sie daher zu den Superstraten der iberischen Sprachen. Ihr Einfluss war jedoch sehr gering. Es sind vor allem eine Reihe von Eigennamen und Ortsnamen, die sich niedergeschlagen haben (vgl.

Die Westgoten

Metzeltin 1973: 7): *Gonzalo, Alfonso, Hernando, Fernando*. Aber auch Wörter wie z.B. *guerra, guiar, rico, ganso* etc. sind germanischen Ursprungs (siehe Penny 1999: 215ff. für weitere Germanismen).

Die maurische Eroberung

Im Jahre 711 drangen Berber und Araber über Gibraltar auf die Halbinsel vor und eroberten innerhalb kürzester Zeit das Westgotenreich. Die gesamte Iberische Halbinsel bis auf die atlantischen und mediterranen Küsten im Norden war fest in maurischer Hand. Anders als bei der Romanisierung der Halbinsel hielt die Mehrheit der christlichen Bevölkerung unter der muslimischen Herrschaft zwischen

711-1492 am Romanischen fest, d.h. an den jeweiligen aus dem Vulgärlatein entstandenen Dialekten. Die Mauren bezeichneten die romanische Sprache in ihrem Herrschaftsgebiet als Aljamia (sp. *aljamía* ‚nicht-arabische/fremde Sprache‘). Die unter islamischer Herrschaft lebenden Romanen wurden Mozaraber (sp. *mozárabos* ‚arabisiert‘) genannt, so dass deren Sprache heute statt Aljamia auch als Mozarabisch bezeichnet wird. Es gibt nur spärliche Zeugnisse von dieser romanischen Sprache in den letzten Strophen (*harǧa*) arabischer Kanzonen (*muwaššaha*), die in arabischer bzw. hebräischer Schrift vorliegen. Viele Mozaraber sind bereits unter der Herrschaft der Almoraviden und Almohaden ausgewandert. Ihre Sprache wurde während der *Reconquista* durch das Kastilische verdrängt.

Arabische Einflüsse

Unter den Arabern war Al-Andalus jedoch zweisprachig mit Arabisch als Amts- und Kultsprache. Das Arabische wurde weder zugunsten der Sprache der Eroberten aufgegeben, noch wurde die Sprache der Eroberten durch das Arabische verdrängt. Somit ist das Arabische als Adstratsprache zu werten. Das spanische Vokabular weist in allen Bereichen Arabismen auf. Hier seien nur wenige genannt (vgl. Penny [2]2002: 265ff.):

- **Begriffe der Kriegsführung**: *alférez* ‚Leutnant‘, *jinete* ‚Reiter‘, *tambor* ‚Trommel‘, *atalaya* ‚Wachturm, Aussichtsturm‘ etc.
- **Das zivile Leben betreffende Begriffe**: *alcalde* ‚Bürgermeister‘, *aldea* ‚Dorf‘, *almacén* ‚Warenhaus, Lager‘ etc.
- **Den Handel betreffende Begriffe**: *aduana* ‚Zoll‘, *ahorrar* ‚sparen‘, *alquiler* ‚Miete‘, *tarifa* ‚Tarif, Gebühr‘ etc.
- **Haus und Bau betreffende Begriffe**: *adobe* ‚Luftziegel‘, *alcantarilla* ‚Abwasserkanal; Gully‘, *albañil* ‚Maurer‘, *azotea* ‚(Dach-)Terrasse‘, *alfombra* ‚Teppich‘, *almohada* ‚Kissen‘ etc.

- **Begriffe für Lebensmittel**: *aceite* ‚Öl‘, *aceituna* ‚Olive‘, *algodón* ‚Baumwolle; Watte‘, *arroz* ‚Reis‘, *limón* ‚Zitrone‘, *naranja* ‚Orange‘, *azafrán* ‚Safran‘, *zanahoria* ‚Mohrrübe, Karotte‘ etc.

Im Spanischen wurden viele Wörter mit dem arabischen Artikel übernommen, im Italienischen hingegen nicht: sp. *arroz* vs. it. *riso*, sp. *azúcar* vs. it. *zucchero*.

Die Nordküsten der Iberischen Halbinsel umfasste mehrere   *Reconquista* unabhängige christliche Königreiche: Asturien (718-910), (Asturien-)León (910-1252), Kastilien (931-1252), Kastilien-León (1252-1517), Navarra (905-1516), Aragón (1035-1516), Portugal (1139-1910) und die Grafschaft Barcelona (878-1196). Trotz der sehr frühen Expansion der Christen von Norden aus in Richtung Süden gelang der Durchbruch erst im Jahre 1212. Mitte des 11. Jahrhunderts lag die Hälfte des Südens in kastilischen Händen. Nur das Reich Nasrid in Granada konnte sich bis 1492 halten, bis es von den Truppen Ferdinands von Aragón und Isabellas von Kastilien (sp. *los reyes católicos* ‚das katholische Königspaar‘) zerschlagen wurde.

Die linke der zwei folgenden Karten zeigt die Sprachsituation auf der Iberischen Halbinsel vor der *Reconquista* (Rückeroberung durch die Christen) im 10. Jahrhundert. Man unterscheidet folgende Sprachgebiete: von Westen nach Osten das galicisch-portugiesische, das (asturisch-)leonesische, das kastilische, das baskische, das (navarro-)aragonesische und das katalanische; in Richtung Süden das arabische sowie das mozarabische Sprachgebiet. Die rechte Karte zeigt die Sprachsituation während der *Reconquista* im 14. Jahrhundert (aus: Hualde/Olarrea/Escobar 2001: 286):

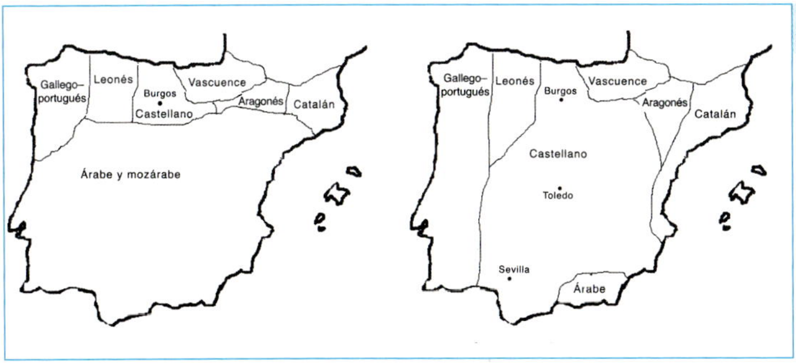

Abb. 2

Anhand der Karten kann man deutlich erkennen, wie sich die Sprachen des Nordens im Zuge der *Reconquista* Richtung Süden ausbreiteten und das Mozarabische, sofern noch vorhanden, verdrängten. Das heute in Andalusien gesprochene Spanisch ist daher kein Primärdialekt, d.h. kein Dialekt, der direkt aus dem Lateinischen entstanden ist, sondern ein aus dem Kastilischen entstandener so genannter Sekundärdialekt.

Das Judenspanisch
Im Jahre 1200 gab es wahrscheinlich mehr als 200.000 Juden auf der Iberischen Halbinsel. Sie besaßen kein eigenes Gebiet, sondern lebten entweder unter den Christen oder den Muslimen. Als sich die Machtverhältnisse zwischen dem christlichen Norden und dem muslimischen Süden veränderten, sahen sich viele nach einer Serie von Pogromen gezwungen, zum Christentum zu konvertieren (1391). Die nicht-konvertierten Juden wurden 1492 durch das katholische Königspaar aus dem Land vertrieben. Sie zogen erst nach Portugal weiter, wo sie 1497 vertrieben wurden, und siedelten sich dann in Nordafrika und im Osmanischen Reich an. In den judenspanischen Gemeinden der Vertriebenen lebte ihre romanische Sprache, das so genannte Judenspanisch (auch Spaniolisch oder Judeo-Español; sp. *judeo-español* auch: *judeo espanyol*), weiter. Durch die Abtrennung vom „Mutterland" hat es die Sprachentwicklungen, die das moderne Spanisch erfahren hat, nicht durchgemacht und somit einige Merkmale des Spanischen des 15. Jahrhunderts bewahrt; dennoch hat es sich durch Sprachkontakt verändert. Das Judenspanisch zählt heute ca. 200.000 Sprecher, die vorwiegend auf dem Balkan und in Istanbul leben, aber auch in Nordafrika und in den USA (vor allem in New York).

Auswirkungen der Reconquista auf die heutige Sprachsituation
Die Expansion Kastiliens im Zuge der *Reconquista* nach Südwest und Südost ließ wenig Raum für die Verbreitung der anderen Sprachen. Da die Eroberung und Kolonialisierung des amerikanischen Kontinents und der pazifischen Inseln (1492-17. Jahrhundert) durch das kastilische Königreich durchgeführt wurde, konnte sich auch hier – in Teilen Nord-, Mittel- und Südamerikas – das Kastilische verbreiten. Die meisten Varietäten des Spanischen der Neuen Welt gehen wahrscheinlich nicht auf das Kastilische des Nordens, sondern eher auf ein Kastilisch mit südspanischem (andalusischem) Einschlag zurück, da die Schiffe von Sevilla aus starteten. Außerhalb des kastilisch sprechenden Gebiets herrscht in Spanien bis heute Mehrsprachigkeit: in Gibraltar (in Abbildung 3 durch die Ziffer 2 gekennzeichnet) wird neben Kastilisch auch Englisch, im Arántal (in

Abbildung 3 durch die Ziffer 1 gekennzeichnet) wird Aranesisch (ok-
zitanischer Dialekt), Katalanisch und Kastilisch, in den anderen Gebieten wird neben den jeweiligen regionalen Sprachen ebenso Kastilisch gesprochen (Galizisch-Kastilisch, Katalanisch-Kastilisch).
Die heutige Sprachsituation auf der Iberischen Halbinsel ist in
nachstehender Karte dargestellt (aus: Hualde/Olarrea/Escobar 2001:
287):

Abb. 3

Die romanischen Sprachen

In der Literatur ist man sich über die Anzahl der romanischen Sprachen keineswegs einig: Die einen
zählen ein Idiom zu den Dialekten, andere verlangen die Anerkennung desselben Idioms als Sprache.
Wir werden auf eine ausführliche Diskussion verzichten und listen hier zehn romanische Sprachen auf.
Die jeweilige Kurzbeschreibung sowie die Sprecherzahlen sind aus *Metzler Lexikon Sprache* (²2000) entnommen:

1. **Portugiesisch**: wird in Portugal (ca. 10,5 Mio. Sprecher), Brasilien (ca. 100 Mio. Sprecher), auf den Azo-
   ren und in einigen ehemaligen Kleinkolonien Asiens gesprochen. Hat sich im Mittelalter vom Norden der Iberischen Halbinsel (Galizien) in den Süden ausgebreitet und das Mozarabische verdrängt.

2. **Galizisch**: ist mit dem Portugiesischen eng verwandt und wird oftmals als Dialekt desselben eingestuft. Erst nach der Unabhängigkeit Portugals hat sich das Galizische, dessen Sprachgebiet unter spanischer Verwaltung blieb, selbständig weiterentwickelt. Es wurde und wird stetig vom Spanischen beeinflusst.

3. **Spanisch**: mit über 300 Mio. Sprechern ist das Spanische die meist gesprochene romanische Sprache. Das Verbreitungsgebiet umfasst Spanien, die Kanarischen Inseln, die Enklaven Ceuta und Melilla, 19 lateinamerikanische und karibische Staaten, spanische Minderheiten in Marokko und der Westsahara und schließlich hispanophone Gruppen in den USA. Die heutige Standardsprache hat sich aus dem kastilischen Dialekt von Burgos entwickelt.

4. **Katalanisch** (ca. 7-8 Mio. Sprecher): wird in Katalonien, Andorra, Valencia, in Teilen des französischen Roussillon, auf den Balearen und in der Stadt Alghero (Sardinien) gesprochen. Die Katalanisch-Sprecher sind beinahe ausschließlich zweisprachig, d.h. entweder katalanisch-spanischsprachig oder katalanisch-französischsprachig. Im Mittelalter war das Katalanische eine bedeutende europäische Kultursprache, die ab dem Ende des 15. Jahrhunderts vom Kastilischen zurückgedrängt wurde (Zeit der *Decadència*), bis sie im 19. Jahrhundert revitalisiert wurde (die *Renaixença*) und sich heute in allen Bereichen wiederfindet.

5. **Okzitanisch**: die Sprecherzahl des Okzitanischen (*Langue d'Oc*) variiert zwischen 2-3 Mio. aktiven und ca. 12 Mio. passiven Sprechern. Oftmals begegnet man der Bezeichnung Provenzalisch, wobei dies ein Dialekt des Okzitanischen ist. Das Sprachgebiet umfasst in etwa das südliche Drittel Frankreichs (von der Garonne bis zur italienischen Grenze). Das Okzitanische hatte als Sprache der Troubadours, besonders im 12.-14. Jahrhundert, große Bedeutung, wird aber seit dem Hochmittelalter kontinuierlich vom Französischen verdrängt.

6. **Französisch** (ca. 80 Mio.): das Hauptverbreitungsgebiet des Französischen liegt in Frankreich, Kanada, der Schweiz, Belgien und Luxemburg. Im italienischen Aosta-Tal finden sich immer weniger Französischsprecher. Die Verbreitung des Französischen außerhalb Europas geht hauptsächlich auf Kolonialisierungen zurück: Antillen, Französisch Guayana, die westlichen Inseln des Indischen Ozeans, Algerien, Marokko, Tunesien, Indochina, Neukaledonien, Französisch-Polynesien u.a. Das Französische hat sich aus dem Dialekt um die *Île de France* (Paris) entwickelt, das im Mittelalter bereits als *Langue d'Oïl* (lat. *hoc ille > oïl > oui*) bezeichnet wurde. Das Französische hat sich im Vergleich zu anderen romanischen Sprachen am weitesten vom Latein entfernt.

7. **Rätoromanisch**: man unterscheidet drei rätoromanische Sprachen: das Bündnerromanisch (auch: Rumantsch, ca. 40 000 Sprecher), das Dolomitenladinisch und das Friaulisch. Letztere werden in Italien gesprochen. Das Bündnerromanisch (oft schlicht als Rätoromanisch bezeichnet) ist die vierte offizielle Sprache der Schweiz (das Sprachgebiet begrenzt sich auf den Kanton Graubünden).

8. **Sardisch** (ca. 1 Mio.): als Sprache der Insel Sardinien gliedert sich das Sardische in drei Dialekte: Kampidanesisch, Nuoresisch und Logudoresisch. Hier konnte bis heute keine Standardisierung erfolgen. Die meisten Sprecher sind zweisprachig: Sardisch-Italienisch.

9. **Italienisch** (ca. 55 Mio.): wird hauptsächlich in Italien und im Tessin (Schweiz) gesprochen. Das heutige „Standarditalienisch" geht auf einen spätmittelalterlichen florentinischen Dialekt zurück. Italien ist bis heute ein dialektal sehr vielfältiges Sprachgebiet, so dass selbst die *lingua nazionale* auf der Basis der noch sehr lebendigen Dialekte regional differenziert ist. Das Italienische ist die romanische Sprache, die am stärksten vulgärlateinische Züge aufweist.

10. **Rumänisch** (ca. 21 Mio.): wird in Rumänien und Moldavien gesprochen sowie von Minderheiten in der Ukraine, in Griechenland und im früheren Jugoslawien. Die isolierte Lage am Balkan und die frühe Ausgliederung führten dazu, dass einerseits bestimmte lateinische Wörter, die anderswo ausgestorben sind, erhalten blieben, andererseits wurde das Rumänische von den umliegenden nicht-romanischen Sprachen ständig beeinflusst.

Bezogen auf die Sprache der eroberten Völker gruppiert man die romanischen Sprachen wie folgt (vgl. *Metzler Lexikon Sprache* ²2000):

- **Iberoromania**: hierzu zählt man das Portugiesische, das Galizische, das Spanische und das Katalanische. Man glaubte fälschlicherweise lange an eine einheitliche Substratsprache, *Iberisch*.
- **Galloromania**: hierzu zählt man die Sprachen, dessen Sprachgebiet in vorrömischer Zeit gallisch war. Diese Sprachen unterlagen folglich keltischen Substrateinflüssen: galloitalienische Dialekte (Piemontesisch, Ligurisch, Lombardisch, Emilianesisch), Ladinisch (auch: Alpenromanisch), Französisch, Okzitanisch und Frankoprovenzalisch.
- **Italoromania**: der Teil der Romania, der das Italienische bzw. die italienischen Dialekte (abgesehen von den norditalienischen Dialekten, vgl. Galloromania), das Sardische und das Korsische umfasst.
- **Rätoromania**: Bezeichnung für drei getrennte Sprachgebiete, in denen Ladinisch, Rumantsch oder Friaulisch gesprochen wird.
- **Dakoromania**: der Name leitet sich aus der römischen Provinz *Dacia* ab. Hierzu zählt man das Rumänische, das dem Sprachbund der Balkansprachen angehört.

Die romanischen Sprachen lassen sich im Hinblick auf bestimmte Aspekte des Sprachwandels auch der West- oder Ostromania zuordnen. Die Grenze zwischen diesen zwei „Blöcken" verläuft innerhalb Italiens auf der so genannten Linie La Spezia – Rimini. Die romanischen Sprachen und Dialekte westlich und nördlich dieser Linie sind westromanisch, diejenigen östlich und südlich ostromanisch. Die zwei wichtigsten Lautphänomene, die zu dieser Unterscheidung führen, sind:

1. Erhalt der stimmlosen Verschlusslaute (Plosive) in intervokalischer Stellung im Ostromanischen, Veränderung bzw. Schwund derselben im Westromanischen:

rum.	*fo**c***	sp.	*fue**g**o*
it.	*fuo**c**o*	frz.	*feu*

2. Pluralbildung durch Veränderung des auslautenden Vokals in der Ostromania, in der Westromania in der Regel durch Anfügung von /s/:

rum.	*lup/lup**i***	sp.	*lobo/lobo**s***
it.	*lupo/lup**i***	frz.	*loup/loup**s***

Interne Sprachgeschichte | 6.2

Bisher haben wir politische, kulturelle und demographische Faktoren berücksichtigt, die einen Einfluss auf die Entwicklung der Sprache ausübten, uns also mit der externen Sprachgeschichte des Spanischen befasst. In diesem Unterkapitel wollen wir nun genauer darauf eingehen, welche Veränderungen innerhalb der Sprache stattgefunden haben, wie sich die Sprache phonologisch, morphosyntaktisch und auch semantisch aufgrund der genannten Ereignisse gewandelt hat. Wir beschränken uns hierbei auf das Kastilische. Da Sprachwandel sich kontinuierlich vollzieht, ist es nicht möglich, genau zu datieren, wann welcher Wandel stattgefunden hat. Anhand der externen Sprachgeschichte sowie durch überlieferte Sprachdaten (literarische oder auch nicht-literarische Texte wie Grabinschriften etc.) ist jedoch eine relativ genaue Periodisierung möglich. Das Vulgärlateinische breitete sich ab dem 3. Jahrhundert v. Chr. systematisch auf der Iberischen Halbinsel aus. Die Sprachen vor dieser Zeit werden hier unter dem Begriff vorromanische Sprachen (sp. *prerromance*) zusammengefasst, als protoromanische Sprachen (sp. *protorromance*) werden die Sprachen nach der Latinisierung bezeichnet, für die es keine Sprachdaten gibt und die somit nur rekonstruiert werden können.

Die ersten schriftlichen Sprachdaten findet man in den so genannten *Glossen*, deren Datierung nicht unumstritten ist. Menéndez Pidal datiert die *Glosas Emilianenses* (von Mönchen aus den Klöstern San Millán de la Cogolla (Rioja) geschrieben) zunächst auf das Jahr 977, Díaz/Díaz hingegen ins 11. Jahrhundert. Selbst die exakte Datierung der Glossen würde allerdings „nur" Auskunft über die älteste Verschriftlichung geben, der Zeitpunkt, ab dem die Sprache gesprochen wurde, kann dadurch nicht bestimmt werden. Einige Beispiele aus den *Glosas Emilianenses* werden nachstehend gegeben (vgl. Berschin/Fernández-Sevilla/Felixberger 1987: 81f.):

> **Hinweis**
>
> Glossen sind Übersetzungen oder Erklärungen schwieriger Wörter am Rand oder zwischen den Zeilen eines Textes. Im Falle der *Glosas Emilianenses* handelt es sich um Übersetzungen aus dem Latein in das im Gebiet von Rioja gesprochene Romanische.

Latein	Glosse	Neuspanisch
diversis	*muitas*	*muchas*
caracterem	*seignale*	*señal*
indica	*amuestra*	*muestra*
pecuniam	*ganato*	*ganado*

Ab dieser Zeit spricht man vom Altspanischen bzw. Altkastilischen (sp. *castellano medieval*). Das Altspanische lässt natürlich eine feinere Gliederung in verschiedene Perioden zu. Man unterscheidet vor allem zwischen drei Phasen: das Kastilische vor der Herrschaft Alfonso X (auch *Alfonso el Sabio* genannt) (sp. *castellano prealfonsí*), das Kastilische während seiner Herrschaft von 1260-1290 (sp. *castellano alfonsí*) und das Kastilische des 15. Jahrhunderts (sp. *castellano preclásico*). Ab dem 16. Jahrhundert bis zum 17. Jahrhundert, in den so genannten *Siglos de Oro*, spricht man vom klassischen Spanisch (sp. *español clásico*). Sprachlich vollzieht sich in dieser Zeit der letzte große phonologische Wandel (vgl. Unterkapitel 6.2.1). Ab dem 18. Jahrhundert bis heute spricht man vom modernen Spanisch oder Neuspanischen (sp. *español moderno*). Folgende Abbildung verdeutlicht die nur grob vorgenommene Periodisierung:

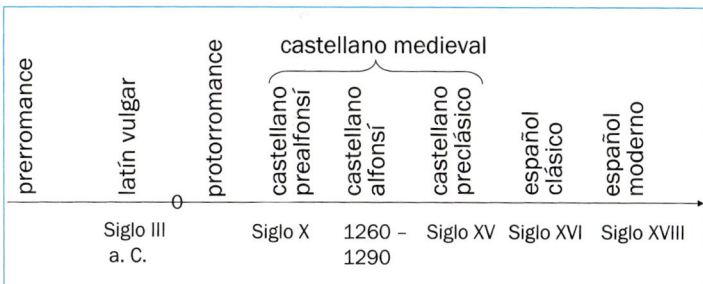

Abb. 4

Lautwandel

6.2.1

Das klassische lateinische Vokalsystem besteht aus zehn Phonemen, die sich anhand dreier distinktiver Merkmale unterscheiden: Öffnungsgrad (hoch, mittel, tief), Artikulationsort (vorn, hinten) und Vokallänge (kurz, lang):

Vokalsystem

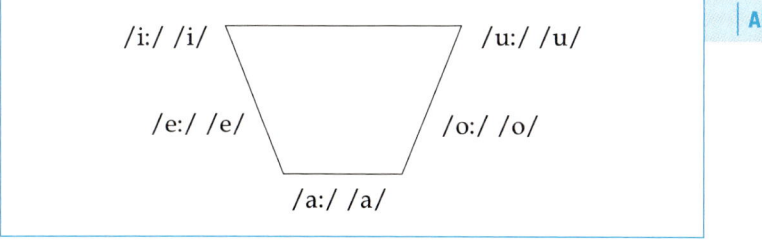

Abb. 5

Anhand der folgenden Minimalpaare sieht man, dass die Vokallänge ein distinktives Merkmal im klassischen Latein (im Folgenden mit Großbuchstaben notiert) ist: LĪBER ‚frei' vs. LIBER ‚Buch', VĒNIT ‚er kam' vs. VENIT ‚er kommt', MĀLUM ‚Apfel' vs. MALUM ‚schlecht/böse', ŌS ‚Mund' vs. OS ‚Knochen' (lange Vokale werden in der Graphie mit einem hochgestellten Querstrich dargestellt). Obschon die Unterscheidung zwischen kurzen und langen Vokalen distinktiv ist, erfuhr sie im gesprochenen Latein (Vulgärlatein) einen fundamentalen Wandel. Dies lag u.a. darin begründet, dass kurze Vokale stets etwas offener artikuliert werden als lange Vokale.

Hinweis

Der Verlust des distinktiven Merkmals der Quantität (Länge) wird als Quantitätenkollaps bezeichnet.

Minimalpaare wie LĪBER vs. LIBER wurden im Vulgärlatein durch Vokalqualität unterschieden: /liber/ vs. /lıber/ (statt /li:ber/ vs. /liber/). Wir nehmen für das gesprochene Latein vorläufig folgendes überreiches Vokalsystem an, dessen Oppositionen teilweise auf nur sehr geringen phonetischen Unterschieden beruhen:

Abb. 6

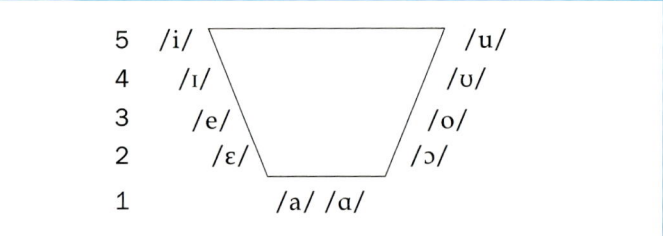

Für die weitere Entwicklung des Vokalsystems müssen die Vokale je nach Eigenschaft der Silbe, ob betont oder unbetont, getrennt voneinander behandelt werden. Hierfür ist es notwendig, kurz etwas zur lateinischen Betonung zu sagen. Zweisilbige Wörter werden im Lateinischen stets auf der vorletzten Silbe betont. Die betonte Silbe ist in den folgenden Beispielen unterstrichen: DULCE, EGŌ, GALLU, AVIS, CALCE, CAPIT, PUGNU etc. Bei drei- und mehrsilbigen Wörtern hängt die Betonung von der Struktur der zweitletzten Silbe ab: Ist sie lang, d.h. besteht ihr Reim aus mehr als zwei Elementen (Länge, also [:], wird hierbei als Element gezählt), wird sie betont. Wenn nicht, dann wird in der Regel die drittletzte Silbe betont. Wir betrachten die folgenden drei Möglichkeiten:

1. Die vorletzte Silbe ist lang, da sie einen langen Vokal enthält, und wird daher betont (betonte Silben werden durch x markiert):

Abb. 7

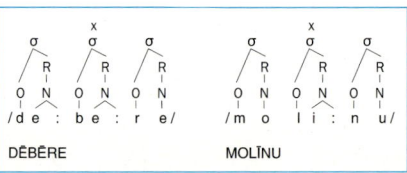

2. Die vorletzte Silbe ist lang, da der Reim aus Nukleus und Koda besteht, und wird daher betont:

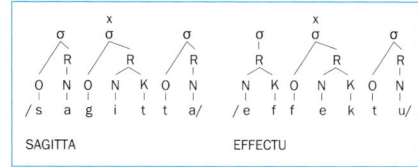

Abb. 8

3. Die vorletzte Silbe ist kurz, d.h. der Reim besteht nur aus einem Element, und daher wird die drittletzte Silbe betont:

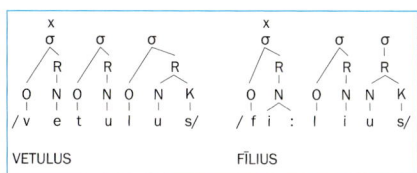

Abb. 9

Das durch den Quantitätenkollaps entstandene obige Vokalsystem weist fünf unterschiedliche Öffnungsgrade auf. Da der akustische Vokalunterschied viel zu gering ist, führte dies zu einer Verschmelzung der Öffnungsgrade 3 und 4 sowie zur Aufhebung des Unterschieds zwischen /a/ und /ɑ/. Das vulgärlateinische Vokalsystem wies durch diese Verschmelzungen nur noch sieben Vokalphoneme auf:

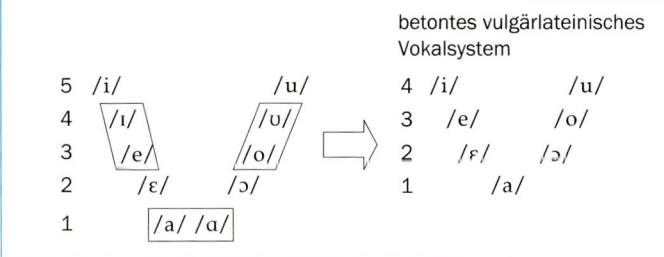

Abb. 10

Während der vulgärlateinischen Phase wurden die betonten Vokale durch Assimilation (‚lautliche Angleichung'; sp. *asimilación*) mit einem folgenden hohen Vokal ([i]) oder einem hohen Glide ([j], [i̯]) um einen Grad gehoben, d.h. um einen Grad geschlossen. Dieser Prozess wird Metaphonie (sp. *metafonía*) genannt: /ɛ/ > /e/, /ɔ/ > /o/, /e/ > /i/ und /o/ > /u/. Die bereits hohen Vokale /i/ und /u/ waren natürlich hier-

Metaphonie

von ausgeschlossen. Bei der Metaphonie unterscheidet man fünf relevante Umgebungen, wobei nicht jeder Vokal in allen Umgebungen
um einen Grad angehoben wird (siehe hierfür Mackenzie 2001: 94
und Penny ²2002: 48ff.). Wir führen an dieser Stelle lediglich die folgenden Beispiele an: MĀTERIA > [maˈtei̯ra] > *madera*, OCTO > [ˈɔi̯to]
> *ocho*, VITREU > [ˈβetrjo] > *vidrio* und LŪCTA > [ˈloi̯ta] > *lucha*.

Diphthongierung   In einer späteren Periode wurden die betonten Vokale etwas
gelängt. Dies ging wiederum mit einem Unterschied in der Vokalqualität einher (sie wurden etwas höher artikuliert). Um jedoch
eventuelle homophone (gleichlautende) Wörter zu vermeiden, wurden diese „neuen" gelängten Vokale wahrscheinlich im Öffnungsgrad abgesenkt. So entstanden die Kombinationen [eɛ] und [oɔ], die
bei der weiteren Entwicklung hin zum Spanischen die Diphthonge
[je] und [we] ergaben: BENE > /ˈbɛne/ > /ˈbeɛne/ > *bien*, PETRA >
/ˈpɛtra/ > /ˈpeɛtra/ > *piedra*, BONUS > /ˈbɔno/ > /ˈboɔno/ > *bueno*
und OSSUM > /ˈɔsso/ > /ˈoɔsso/ > *hueso*.

Die lateinischen   Die lateinischen Diphthonge AE ([ai̯]) und OE ([oi̯]) wurden im
Diphthonge   Vulgärlatein monophthongiert, d.h. auf einen Vokal reduziert: AE >
/ɛ/ (CAELUM > /ˈkɛlo/ > *cielo*) und OE > /e/ (POENA > /ˈpena/ > *pena*).
Dies geschah zu einem relativ frühen Zeitpunkt, so dass /ɛ/ (> AE)
später, wie oben erwähnt, noch diphthongierte. Mit anderen Worten: Die Monophthongierung fand vor der Diphthongierung statt,
ansonsten würde man für CAELUM > sp. *quelo* oder Ähnliches er-
warten. In manchen Fällen wurde AE allerdings zu /e/ (und nicht zu
/ɛ/) reduziert (SAETA > *seda*). Im Vulgärlatein wurde der Diphthong
AU ([au̯]) nur manchmal monophthongiert (z.B. klat. AURIS vs. vlat.
ORICLA > sp. *oreja*), erst in einer späteren Phase (in der Entwicklung
zum Spanischen) wurde AU systematisch zu /o/ reduziert: MAURU
> *moro*.

Die hier behandelte Entwicklung des betonten Vokalsystems wird
üblicherweise durch folgende Darstellung zusammengefasst:

Abb. 11

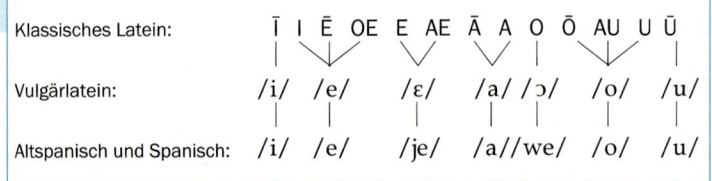

Klassisches Latein:	Ī	I	Ē	OE	E	AE	Ā	A	O	Ō	AU	U	Ū
Vulgärlatein:	/i/		/e/			/ɛ/		/a/	/ɔ/		/o/		/u/
Altspanisch und Spanisch:	/i/		/e/			/je/		/a/ //we/			/o/		/u/

Folgende Beispiele sollen die oben dargestellte Entwicklung illustrieren: VĪTA > *vida*, PILU > *pelo*, PLĒNU > *lleno*, POENA > *pena*,

PETRA > *piedra*, CAELU > *cielo*, CĀRU > *caro*, MANU > *mano*, NOVU > *nuevo*, FLŌRE > *flor*, MAURU > *moro*, CUPPA > *copa* und CŪPA > *cuba*.

Abgesehen von der bereits besprochenen Diphthongierung sind durch Metathese (Umordnung von Phonemen innerhalb eines Wortes; sp. *metátesis*) neue Diphthonge entstanden. In den folgenden Beispielen wurde der Glide in die vorausgehende Silbe verschoben und es entstanden verschiedene Diphthonge. Im weiteren Verlauf der Entwicklung ergaben diese unterschiedliche Resultate: MĀTERIA > /maˈtɛrja/ > /maˈtei̯ra/ > *madera*, CASEU > /ˈkasjo/ > /ˈkai̯so/ > *queso*, CORIU > /ˈkɔrjo/ > /ˈkɔi̯ro/ > *cuero*, DŌRIU > /ˈdorjo/ > /ˈdoi̯ro/ > *Duero*, SEGŪSIU > /saˈgusjo/ > /saˈgui̯so/ > *sabueso* und SAPUĪ > /ˈsapwi/ > /ˈsau̯pi/ > altsp. *sope* (sp. *supe*). [marginal: Entstehung neuer Diphthonge]

Bei den unbetonten Vokalen sind zunächst folgende Positionen zu unterscheiden: der unbetonte Vokal befindet sich in einer wortinitialen Silbe, in einer wortfinalen Silbe oder in einer Silbe mitten im Wort. Bei letzteren unterscheidet man weiterhin, ob diese unbetonte Silbe vor der betonten Silbe (vortonig) oder nach ihr (nachtonig) steht. In einer wortinitialen Silbe wird der unbetonte Vokal zwar mit weniger Energie artikuliert als die betonten Vokale, unter den unbetonten ist er allerdings derjenige, der am meisten Energie aufweist. In diesem Fall wurden die zehn Vokale und drei Diphthonge des klassischen Lateins auf die folgenden fünf reduziert: [marginal: Die unbetonten Vokale]

Klassisches Latein:	Ī	I	Ē	OE	E	AE	Ā	A	O	Ō	AU	U	Ū
Vulgärlatein und Spanisch:	/i/		/e/				/a/		/o/			/u/	

Abb. 12

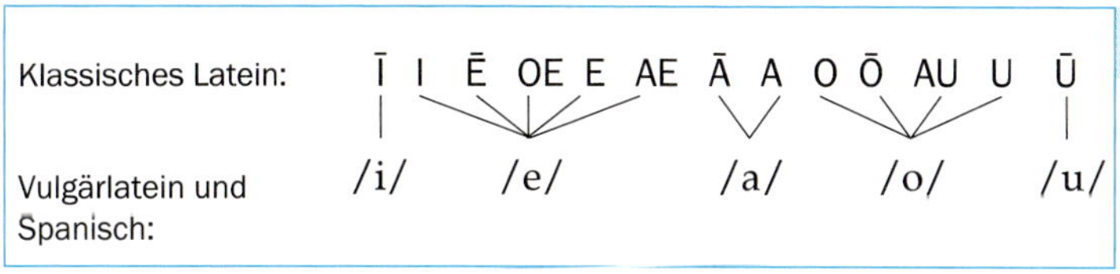

Folgende Beispiele sollen die oben dargestellte Entwicklung illustrieren: RĪPĀRIA > *ribera*, PLICĀRE > *llegar*, SĒCŪRU > *seguro*, SENIŌRE > *señor*, PRAECŌNE > *pregón*, PĀNĀRIA > *panera*, CAPISTRU > *cabestro*, CORTICEA > *corteza*, NŌMINĀRE > *nominar*, PAUSARE > *posar*, SUSPECTA > *sospecha* und CŪRĀRE > *curar*.

In einer wortfinalen Silbe haben in der Entwicklung zum Spanischen nur drei Vokale überlebt: /e/, /a/ und /o/, die später zum Teil getilgt wurden (s.u.). Es ergibt sich folgendes Schaubild:

Abb. 13

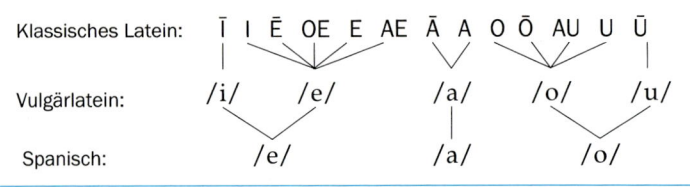

Die Entwicklung ist an folgenden Beispielen sichtbar: RĪSĪ > *rise*, IOVIS > *jueves*, PATRĒS > *padres*, DE UNDE > *donde*, CANTĀS > *cantas*, CANTANT > *cantan*, OCTO > *ocho*, CANTŌ > *canto*, VĪNU > *vino* und MANŪS > *mano*.

Bei den finalen unbetonten Vokalen ist /e/ relativ unstabil und wurde in vielen Fällen ganz getilgt. Dies geschah zu zwei unterschiedlichen Zeitpunkten. Im 10. und 11. Jahrhundert wurde /e/ nach einem dentalen oder alveolaren Konsonanten (außer /t/) getilgt: MĒNSE > *mes*, PĀNE > *pan*, PĀCE > *paz* etc. Im 13. Jahrhundert wurde aufgrund französischer Einflüsse /e/ unabhängig von dem vorausgehenden Konsonanten getilgt: *siet* (neben *siete*), *lech* (neben *leche*), *noch* (neben *noche*) etc. Nur bei manchen Wörtern ging die Form mit /e/ ganz verloren wie z.B. in CALCE > *coçe* > *coz*, PISCE > *pisçe* > *pez* etc. (die lautliche Realisierung des Graphems ç ist [ts]).

Synkope   Die Vokale einer unbetonten Silbe, die weder wortinitial noch -final ist, waren am stärksten vom Vokalwandel betroffen. Bis auf /a/, welcher der sonorste Vokal ist, gingen alle anderen Vokale im gesprochenen Latein verloren. Die Vokale, die sich noch eine Zeit halten konnten, wurden spätestens im vorliterarischen Spanisch getilgt. Durch die Tilgung dieser unbetonten Vokale ergaben sich „neue" Konsonantengruppen, die einem weiteren Lautwandel unterzogen wurden. Im *Appendix Probi* (eine Korrekturliste im Anhang eines Werks des Grammatikers Probus aus dem 6. oder 7. Jahrhundert (vgl. Penny 1991: 4)) werden die „korrekten" Formen den umgangssprachlichen Formen gegenübergestellt (‚X, nicht Y'). Es sind u.a. folgende Beispiele aufgeführt: ANGULUS NON ANGLUS, CALIDA NON CALDA, SPECULUM NON SPECLUM etc. Anhand dieser Beispiele erkennt man den

Schwund der Vorton- bzw. Nachtonsilbe im Vulgärlatein (vulgärlateinische Synkope). In einer sehr viel späteren Phase (vorliterarisches Spanisch) bzw. in der späteren Entwicklung zum Spanischen können unter vielen anderen folgende Beispiele von Vokalschwund aufgezählt werden: CATĒNĀTU > *cadenado > *cadnado > candado, SEPTIMĀNA > *setemana > setmana > semana etc.

Nach Penny (1991: 34f.) spielt beim klassischen Latein die Höhe bzw. der Tonhöhenwechsel eine wichtige Rolle bei der Betonung (bei einer betonten Silbe steigt die Tonhöhe), man sagt, es hätte einen musikalischen Akzent (engl. *pitch-accent*). Das gesprochene Latein sowie das Spanische haben hingegen, so Penny, einen so genannten dynamischen Akzent (engl. *stress-accent*), bei dem der Atemdruck im Vordergrund steht (eine betonte Silbe wird mit mehr Volumen bzw. Atemdruck realisiert). Der Wandel bezüglich des Akzenttyps (von *pitch-accent* zu *stress-accent*) hatte zur Folge, dass einer der Vokale in einen Hiatus abgeschwächt (mit weniger Atemdruck realisiert) wurde und sich ein Hiatus nicht länger halten konnte. Dies hatte zunächst zwei Folgen:

Verlust des Hiatus

1. der schwächere (unbetonte) Vokal ging verloren: PARIETE > PARETE > *pared*, DUŌDECIM > *doce* etc., oder
2. der schwächere Vokal wurde zu einem Glide umgewandelt. So wurde Ī, I, Ē, E + Vokal zu [j] + Vokal und Ū, U, Ō, O + Vokal zu [w] + Vokal. Diese Wandlung hat u.a. die eingangs besprochene Metaphonie ausgelöst. Die Auswirkung, die diese Glides auf die Konsonanten hatten, werden im nächsten Abschnitt erläutert.

Das Vulgärlatein sowie das klassische Latein weisen 13 konsonantische Phoneme auf, die in nachstehender Tabelle erfasst werden.

Die Entwicklung des Konsonantensystems

Tabelle 1: Das lateinische Konsonantensystem			
	labial	**dento-alveolar**	**velar**
stimmlose Plosive	/p/	/t/	/k/
stimmhafte Plosive	/b/	/d/	/g/
stimmlose Frikative	/f/	/s/	/h/
Nasale	/m/	/n/	
Laterale		/l/	
Vibranten		/r/	

Vergleicht man diese Tabelle mit der Tabelle der konsonantischen Phone des Spanischen im Unterkapitel 2.3.1, erahnt man das Ausmaß des Lautwandels in diesem Bereich. Von den oben aufgeführten Phonemen sind alle bis auf /h/, das bereits im 1. Jahrhundert v. Chr. verloren ging, im Altspanischen erhalten geblieben. Der Lautwandel liegt also vielmehr darin, dass eine Reihe neuer Phoneme hinzugekommen ist: die palatalen Konsonanten und die stimmhaften Frikative.

Für das Altspanische kann folgendes Konsonantensystem angenommen werden:

▶ Tabelle 2: Das altspanische Konsonantensystem

	labial	dental	(dento-) alveolar	prepalatal	midpalatal	velar
Plosiv stl.	p	t				k
Plosiv sth.	b	d				g
Frikativ stl.			s	ʃ		(h)
Frikativ sth.	β		z	ʒ		
Affrikat stl.			tˢ	tʃ		
Affrikat sth.			dᶻ		ɟ	
Lateral			l	ʎ		
Nasal	m		n	ɲ		
Vibrant			r, r̄			

Vom Latein zum Altspanischen: die palatalen Konsonanten

Die Konsonanten, die sich vom Latein zum Altspanischen entwickelt haben, sind z.B.: /tˢ/, /dᶻ/, /tʃ/, /ʒ/, /ʃ/, /ɟ/, /ɲ/ und /ʎ/. Bezüglich des spanischen Konsonantismus unterscheidet man zwei Palatalisierungsphasen. Die erste Palatalisierung ,Verschiebung des Artikulationsortes in Richtung harter Gaumen' (im 1.-2. Jahrhundert) beruht auf der Einwirkung von palatalem [j] auf den vorausgehenden Konsonanten; die zweite Palatalisierung betrifft die lat. Phoneme /k/ und /g/ vor den Vokalen /i/ und /e/. Aber auch bestimmte Konsonantengruppen sowie der lat. Vokal wurden palatalisiert.

Die neu entstandenen altspanischen Phoneme, deren lateinische Quelle sowie die spanische Entsprechung sind in nachstehender Tabelle anhand von Beispielen dargestellt. Die Abkürzungen (C) und (V) bedeuten, dass ein Konsonant oder ein Vokal als Ausgangspunkt notwendig ist, dieser jedoch nicht direkt auf das Resultat Einfluss hat (vgl. Penny ²2002: 61ff.):

Tabelle 3

altsp. Phoneme	lat. Quelle	Beispiel (lat. > altsp.)	Spanisch
/tˢ/	(C) /t/ + [j]	MARTIU > [martju] > *março* [martˢo]	*marzo*
	(C) /k/ + [j]	CALCEA > [kalkja] > *calça* [kaltˢa]	*calza*
	/tt/ + [j]	MATTIANA > [mattjana] > *ma(n)çana* [ma(n)tˢana]	*manzana*
	/kk/ + [j]	BRACCHIU > [brakkjo] > *braço* [bratˢo]	*brazo*
	/pt/ + [j]	*CAPTIĀRE > [kaptjare] > *caçar* [katˢar]	*cazar*
	/kt/ + [j]	*DIRĒCTIĀRE > [direktjare] > *adereçar* [aderetˢar]	*aderezar*
	initiales /k/ (E/I)	CISTA > [kesta] > *cesta* [tˢesta]	*cesta*
	/sk/ (E/I)	PISCĒS > [peskes] > [pettˢes] > *peçes* [petˢes]	*pez*
	/kk/ (E/I)	FLACCIDU > [flakkedu] > *[ʎattsio] > [ʎatˢjo] > *lacio* [latˢjo]	*lacio*
/dᶻ/	(V) /t/ + [j]	PUTEU > [potjo] > [potˢo] > *pozo* [podᶻo]	*pozo*
	(V) /k/ + [j]	ĒRĪCIU > [erikjo] > [eritˢo] > *erizo* [eridᶻo]	*erizo*
	(V) /k/ (E/I)	VĪCĪNU > [bikino] > [betˢino] > *vezino* [bedᶻino]	*vecino*
/tʃ/	/kt/	FACTU > [fakto] > [fai̯to] > *fecho* [fetʃo]	*hecho*
	(U) /lt/	MULTU > [multo] > [mui̯to] > *mucho* [mutʃo]	*mucho*
	(C) /pl ~ kl ~ fl/	AMPLU > [amplo] > [ampʎo] > *ancho* [antʃo]	*ancho*
/ʒ/	/l/ + [j]	FĪLIU > [filjo] > *fijo* [fiʒo]	*hijo*
	(V) /kl/	OC(U)LU > [ɔklo] > [oi̯lo] > [oʎo] > *ojo* [oʒo]	*ojo*
	(V) /gl/	TEG(U)LA > [tɛgla] > [tei̯la] > [teʎa] > *teja* [teʒa]	*teja*
/ʃ/	/ks/ (V)	MAXILLA > [maksiʎa] > [mei̯siʎa] > *mexilla* [meʃiʎa]	*mejilla*
/j̡/	initiales /i/ (V)	IACET > [jaket] > *yaze* [j̡atˢe]	*yace*
	(V) /i/ (V)	MĀIU > [maio] > *mayo* [maj̡o]	*mayo*
	initiales /g/ (E/I)	GYPSU > [gepso] > *yesso* [j̡eso]	*yeso*
	/g/ + [j]	FĀGEA > [fagja] > *faya* [faj̡a]	*haya*
	/d/ + [j]	RADIĀRE > [radjare] > *rayar* [raj̡ar]	*rayar*
	initiales /ˈɛ/	EQUA > [ɛkua] > [jegwa] > *yegua* [j̡egwa]	*yegua*
/ɲ/	/n/ + [j]	VĪNEA > [binja] > *viña* [biɲa]	*viña*
	/gn/	PUGNU > [pugnu] > [puɲno] > *puño* [puɲɲo]	*puño*
	/nn/	ANNU > [anno] > *año* [aɲo]	*año*
/ʎ/	/ll/	CABALLU > [kaballo] > *cavallo* [kabaʎo]	*caballo*
	initiales /pl/	PLŌRĀRE > [plorare] > *llorar* [ʎorar]	*llorar*
	initiales /kl/	CLĀMĀRE > [klamare] > *llamar* [ʎamar]	*llamar*
	initiales /fl/	FLAMMA > [flamma] > *llama* [ʎama]	*llama*

In der gesamten Westromania und somit auch im Spanischen unterliefen die Konsonanten unterschiedliche Lautwandlungen, die zusammen als Abschwächungsprozesse bzw. Lenition bezeichnet werden. Im Vulgärlatein gab es verschiedene Fälle von Assimilation

Vom Latein zum Altspanischen: die stimmhaften Frikative

zweier Laute. So ergaben die lat. Konsonanten RS > /ss/ (DOSSUM statt DORSUM), PS > /ss/ (ISSE statt IPSE), PT > /tt/ (SETTEMBRES statt SEP-TEMBRIS), MN > /nn/ (ALUNNUS statt ALUMNUS) und MB > /mm/ (*LUMMUS statt LUMBUS). Es entstand ein Konsonantensystem, das, wenn man die aus dem klassischen Latein existenten Geminate (Doppelkonsonanten) mitzählt, eine große Anzahl an Geminaten (sp. *consonantes geminadas*) besaß. Die Geminate wurden in der Entwicklung zum Spanischen jedoch nicht beibehalten, sondern durch verschiedene Abschwächungsprozesse (Lenition) verändert. In einem ersten Schritt wurden die Doppelkonsonanten degeminiert (gekürzt), was eine Art Kettenreaktion auslöste: Die einfachen lat. Konsonanten wurden daraufhin sonorisiert (stimmlose wurden stimmhaft) – die degeminierten Konsonanten waren hiervon allerdings nicht betroffen, d.h. der Output der Degeminierung war <u>nicht</u> Input für die Sonorisierung –, lat. und altsp. stimmhafte Plosive wurden spirantisiert (frikativiert) und ergaben die „neuen" stimmhaften Frikative (/β/, /z/, /ʒ/ und /j̑/), diese wurden dann teilweise getilgt (der Output der Sonorisierung kann Input für die Spirantisierung und der Output der Spirantisierung kann Input für die Tilgung sein). Diese Kettenreaktion sei anhand der velaren Plosive /k/ bzw. /g/ dargestellt. Der lateinische Kontrast /kk/-/k/-/g/ ergab in der Regel altsp. /k/-/g/-/ɣ/. In manchen Fällen blieb das lat. /g/ als altsp./sp. /ɣ/ erhalten wie z.B. bei PLAGA > *llaga*, in anderen ging es in der Entwicklung zum Spanischen verloren wie z.B. bei LĒGĀLE > *leal* (vgl. Penny [2]2002: 76):

▶ **Tabelle 4**

	Prozess	lat.	altsp.	sp.	Beispiel
1.	Degeminierung:	lat. /kk/ >	altsp. /k/	sp. /k/	SICCU > *seco*
2.	Sonorisierung:	lat. /k/ >	altsp. /g/		SECŪRU > *seguro*
3.	Spirantisierung:		altsp. /g/ >	sp. /ɣ/	*seguro* > *seguro*
		lat. /g/ >	altsp. /ɣ/	sp. /ɣ/	PLĀGA > *llaga*
4.	Tilgung:		altsp. /ɣ/ >	∅	LĒGĀLE > *leal*

Die Geminate -NN- (u.a. durch Assimilation von -MN- entstanden) und -LL- wurden, wenn silbenfinal, degeminiert, z.B.: DOMN(E) > *don*, CALL(I)CU > *galgo*. In intervokalischer Stellung, d.h. zwischen zwei Vokalen, ergaben sie die Palatale [ɲ] bzw. [ʎ]: PANNU > *paño*, GALLU > *gallo*.

Als Resultat der oben beschriebenen Abschwächungsprozesse entstanden im Altspanischen die stimmhaften Frikative. Die Entwicklung dieser z.T. im Lateinischen nicht bekannten Phoneme ist in folgender Tabelle kurz zusammengefasst (vgl. Penny [2]2002: 85):

▶ Tabelle 5

altsp. Phoneme	lat. Quelle	Beispiel
/β/	-B- -V-	CABALLU > caballo CLĀVE > llave
/z/	-S- -NS-	CASA > casa MĒNSA > mesa
/ʒ/	L + [j] (V)CL (V)GL	MULIERE > mugier NOVĀC(U)LA > navaja REG(U)LA > reja
/ǰ/	I- (+V) -I- initiales G (+E/I) G + [j] D + [j] initiales (H)E	IUGU > yugo MAIŌRĒS > mayores GYPSU > yesso EXAGIU > ensayo PODIU > poyo HERBA > yerva

Nicht alle dreizehn lateinischen Konsonanten konnten am Wortende stehen. Von den acht, die wortfinal vorkamen, wurden -T, -D, -M und -C getilgt: SALĪVIT > saliod > salió, ALIQUOD > algo, NOVUM > nuevo und ILLĪC > allí. Die Konsonanten -L, -S und -N blieben hingegen erhalten: MEL > miel, MONTĒS > montes und IN > en. Wortfinales -R wurde in das Wortinnere verschoben (Metathese): SEMPER > siempre, QUATTUŌR > quatro. Durch die Tilgung von unbetontem wortfinalen -E wurden ursprünglich wortinterne Konsonanten wortfinal. Handelte es sich hierbei um ein /-t-/, wurde dieser zu /-d-/ sonorisiert wie z.B. in AETĀTE > edad, wortfinal gewordenes /-d-/ wurde hingegen getilgt wie in FIDE > fe.

Die finalen lateinischen Konsonanten

Durch die Tilgung von wortinternen unbetonten Vokalen (Synkope, sp. síncopa) entstanden „neue" Konsonantengruppen, die sich unterschiedlich weiterentwickelt haben. Es gab zwei Phasen, in denen diese Vokale getilgt wurden: eine, die chronologisch nach den Palatalisierungsprozessen jedoch vor den Abschwächungsprozessen (Lenition) stattfand, und eine andere, die sich erst danach ereignete (10.-11. Jahrhundert). Analog hierzu unterscheidet man zwischen primären Konsonantengruppen wie z.B. -CL- sowie -GL-, die direkt

Sekundäre Konsonantengruppen

aus dem Latein bzw. Vulgärlatein entnommen wurden, und sekundären Konsonantengruppen, die erst nach den Abschwächungsprozessen entstanden. Manche der sekundären Konsonantengruppen blieben unverändert erhalten, während andere phonetisch angepasst wurden. Beispiele für Letztere sollen kurz aufgeführt werden (das Hochkomma zeigt die synkopierte Stelle an, also die Stelle des Vokalschwunds) (vgl. Penny [2]2002: 86ff.):

▶ Tabelle 6

Dissimilation (Vergrößerung des phonetischen Unterschieds)	Statt zwei Nasale, ein Nasal und ein Liquid: Anstelle von N oder M wird ein /l/ bzw. ein /r/ realisiert.	N'M M'N	> /lm/ > /rm/ > /mr/	ANIMA > alma MINIMĀRE > mermar HOMINE > omne > *omre (> hombre; siehe weiter unten)
	Die Ersetzung von N durch /r/ oder /l/ erleichtert die artikulatorische Bewegung.	NG'N ND'N	> /ngr/ > /ngl/ > /ndr/	SANGUINE > sangre *ĪNGUINE > ingle LENDINE > liendre
Metathese (Umstellung der Phoneme)	Die Umkehr der Phonemreihenfolge erleichtert die Artikulation.	T'N T'L M'L N'R	> /nd/ > /ld/ > /lm/ > /rn/	CATĒNĀTU > candado CAPITULU > cabildo CUMULU > colmo VENERIS > viernes
Epenthese (Einschub eines Phonems)	Der Einschub von /b/ oder /d/ erleichtert den Übergang vom vorausgehenden zum folgenden Konsonanten.	M'R N'R M'N M'L	> /mbr/ > /ndr/ > /mbr/ > /mbl/	HUMERU > (h)ombro INGENERĀRE > engendrar FĒMINA > hembra TREMULĀRE > temblar

Phonologischer Wandel
seit dem Mittelalter: die
Sibilanten

Das Altspanische kennt sieben Sibilanten (dentale, alveolare und palatale Frikative und Affrikaten; s.o.), von denen nur /tʃ/ unverändert erhalten blieb, der hier nicht weiter berücksichtigt wird. Im 16. Jahrhundert wurden die Affrikaten /tˢ/ und /dᶻ/ zu den Frikativen /s̪/ und /z̪/ abgeschwächt. Darüber hinaus wurden diese und die anderen stimmhaften Sibilanten desonorisiert, so dass sie mit ihren stimmlosen Gegenstücken verschmolzen. Im 16. Jahrhundert reduzierte sich somit die Zahl der Sibilanten von sechs auf drei: /s̪/, /s/ und /ʃ/. Diese Sibilanten unterscheiden sich phonetisch nur sehr wenig voneinander, da die Artikulationsorte sehr eng beieinander liegen. Gegen Mitte des 16. Jahrhunderts erhöhte sich dieser phonetische Unterschied dadurch, dass eine Verschiebung des Artikulationsortes stattfand: Der dento-alveolare Frikativ wurde interdental und der palatale velar realisiert. Es ergibt sich folgendes Schaubild (Penny 1991: 88):

Abb. 14

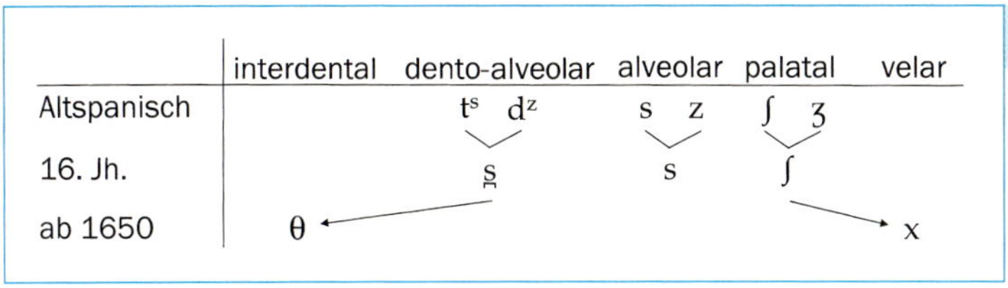

	interdental	dento-alveolar	alveolar	palatal	velar
Altspanisch		tˢ dᶻ	s z	ʃ ʒ	
16. Jh.		s̟	s	ʃ	
ab 1650	θ				x

Beispiele sind: MULIERE > /muˈljɛre/ > /moˈljere/ > /muˈʎer/ > /muˈʒer/ > /muˈʃer/ > sp. *mujer* [muˈxer], PUTEU > /ˈpɔtjo/ > /ˈpotˢo/ > /ˈposo̞/ > sp. *pozo* [ˈpoθo], CASA > /ˈkasa/ > /ˈkaza/ > sp. *casa* [ˈkasa].

In Sevilla und in weiten Teilen Andalusiens haben sich die Sibilanten anders entwickelt als im Kastilischen. Auch hier wurden die Affrikaten /tˢ/ und /dᶻ/ im 16. Jahrhundert zu den Frikativen /s̟/ und /z̟/ abgeschwächt. Danach fielen hier jedoch die alveolaren Frikative mit den dento-alveolaren zusammen. Anschließend fand Desonorisierung der zwei stimmhaften Sibilanten statt. Zuletzt verschmolzen palatales /ʃ/ und laryngales /h/ miteinander. Für das Andalusische und das amerikanische Spanisch gilt also folgende Entwicklung (Penny 1991: 90):

Abb. 15

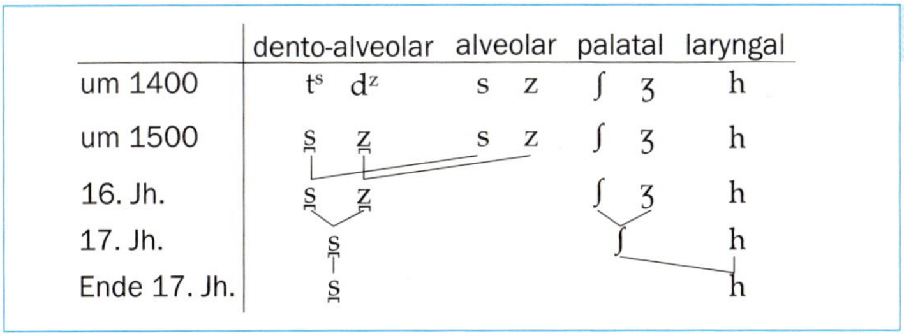

	dento-alveolar	alveolar	palatal	laryngal
um 1400	tˢ dᶻ	s z	ʃ ʒ	h
um 1500	s̟ z̟	s z	ʃ ʒ	h
16. Jh.	s̟ z̟		ʃ ʒ	h
17. Jh.	s̟		ʃ	h
Ende 17. Jh.	s̟			h

Beispiele (vgl. oben): MULIERE > /muˈljɛre/ > /moˈljere/ > /muˈʎer/ > /muˈʒer/ > /muˈʃer/ > Andalusien [muˈher], PUTEU > /ˈpɔtjo/ > /ˈpotˢo/ > /ˈposo̞/ > Andalusien [ˈposo̞], CASA > /ˈkasa/ > /ˈkaza/ > Andalusien [ˈkasa̟] (wenn *ceceo*, vgl. Unterkapitel 2.3.2 *ceceo* vs. *seseo*).

Der hier aufgeführte Lautwandel betrifft nur diejenigen Wörter, welche die komplette Entwicklung vom Vulgärlatein bis zum modernen Spanisch durchgemacht haben. Solche Wörter, wie z.B. *reja* (< REGULA), werden als volkstümlich bezeichnet: Hier fand Synkope und Palatalisierung von -GL- zu /x/ statt. Wörter, die aus dem schriftlichen Latein direkt übernommen (entlehnt) wurden, haben diesen Lautwandel nicht durchlaufen und werden als gelehrte Wörter (sp. *cultísmos*) bezeichnet. Ein solches gelehrtes Wort ist z.B. sp. *regular* (< RĒGULĀRIS), das nur eine minimale lautliche Modifikation erfahren hat, aber keine Synkope, und dadurch auch keine Palatalisierung von -GL-. Demgegenüber wird sp. *reglar* (< REGULA) als halb-gelehrt bezeichnet, da es zwar erst später aus dem geschriebenen Latein entlehnt wurde, aber dennoch bestimmte Aspekte des Lautwandels stattgefunden haben. Zwar fand hier die Palatalisierung nicht statt, doch der unbetonte Vokal -U- wurde synkopiert.

6.2.2 | Morphosyntaktischer Wandel

Substantive | Das Flexionssystem der lateinischen Substantive ist weit ausgeprägter als im Spanischen. Das klassische Latein kennt fünf Kasus: Nominativ (normalerweise für das Subjekt des Satzes), Akkusativ (normalerweise für das direkte Objekt des Verbs), Genitiv (zeigt normalerweise den Besitzer/Eigentümer einer Sache an), Dativ (normalerweise für das indirekte Objekt des Verbs) und Ablativ (zeigt in der Regel Instrumentalität, Art und Weise oder Ort an). Bezogen auf die jeweilige Kasusendung werden Substantive in fünf Deklinationsklassen gefasst. Im Vulgärlatein wurden die semantischen/grammatischen Relationen, auf die im klassischen Latein durch Kasus verwiesen wurde, verstärkt durch Präpositionen ausgedrückt (DE SERVŌS statt SERVŌRUM). Somit reduzierte sich das Kasussystem auf zwei Kasus: Nominativ (Nom.) und Obliquus (Obl.). Weiterhin reduzierten sich die Deklinationsklassen bedingt durch den Vokalwandel und die Tilgung wortfinaler Konsonanten von fünf auf drei. Das vulgärlateinische Kasussystem, aus dem sich das Spanische entwickelt hat, ist in nachstehender Tabelle aufgeführt (vgl. Mackenzie 2001: 104, Penny ²2002: 126ff.):

▶ **Tabelle 7**

		Deklinationsklasse		
Numerus	**Kasus**	**O-Klasse**	**A-Klasse**	**E-Klasse**
Singular	Nom.	LUPUS > [ˈlopos]	PORTA > [ˈpwerta]	FŌNS > [[ˈfwentes]
	Obl.	LUPUM > [ˈlopo]	PORTAM > [ˈpwerta]	FONTEM > [ˈfwente]
Plural	Nom.	LUPĪ > [ˈlopi]	PORTAE > [ˈpwertas]	FONTĒS > [ˈfwentes]
	Obl.	LUPŌS > [ˈlopos]	PORTĀS > [ˈpwertas]	FONTĒS > [ˈfwentes]

Im weiteren Verlauf der Entwicklung wurde das [s] der Singularformen (z.B. LUPUS) ebenso wie wortfinales -M (z.B. LUPUM) getilgt, somit war die Unterscheidung zwischen Nominativ und Obliquus nur noch bei den Pluralformen der O-Klasse hörbar (z.B. LUPĪ, LUPŌS). Auch dieser ging allerdings im Laufe der Zeit verloren, so dass wir im Spanischen keinen morphologischen Kasus mehr haben (vgl. Unterkapitel 5.4.5)

Bezüglich des Genus gab es zwei bedeutende Entwicklungen: Die drei Genera des klassischen Lateins (Femininum, Maskulinum und Neutrum) wurden auf zwei reduziert (Femininum und Maskulinum); Genus und Nominalendung wurden angeglichen. Die Neutrumformen auf -UM, -US und -Ū wurden an die maskulinen O-Gruppe assimiliert: PRĀTUM > *prado*, VĪNUM > *vino*, CORNU > *cuerno*, CORPUS > *cuerpo*, TEMPUS > *tiempo*, PECTUS > *pecho* etc. Ebenso verhält es sich mit den Pluralformen des Neutrums, die auf -A enden: TEMPORA > *tiempos*, CORNUA > *cuernos*. Andere Pluralformen mit -A wurden hingegen in die A-Klasse überführt: ARMUM/ARMA > *arma/armas*, FOLIUM/FOLIA > *hoja/hojas*, LIGNUM/LIGNA > *leña/leñas* etc.

Das klassische Latein kannte weder bestimmte noch unbestimmte Artikel. In einer späten Phase des gesprochenen Lateins trat jedoch anscheinend das Bedürfnis auf, Substantive zu determinieren. Die Basis für die unbestimmten Artikel bilden die Numeralia (Zahlwörter) ŪNUS (> *un*) und ŪNA (> *una*), für die bestimmten Artikel waren die Demonstrativpronomina ILLE/ILLŌS und ILLA/ILLĀS (> *el/los* und *la/las*) Grundlage. Diese dienten auch als Basis der Personalpronomina *él*, *ella*, *ello* (< ILLUD). **Artikel**

Bezüglich des Kasus- und Genussystems haben sich die Adjektive analog zu den Substantiven gewandelt. Ein besonderer Aspekt ist hier jedoch der Wandel von der lat. synthetischen Komparation zur analytischen. Das Lateinische kannte abgesehen von den synthetischen Formen lat. FORTIS, FORTIOR und FORTISSIMUS auch analytische Konstruktionen wie ARDUUS, MAGIS (oder PLŪS) ARDUUS und MAXIME (später MULTUM) ARDUUS. In der Entwicklung hin zum Spanischen wurde lediglich das Verfahren zur Bildung der analytischen Formen übernommen, nur die sehr gebräuchlichen synthetischen Formen gingen als solche in das Spanische ein: MELIOR > *mejor*, PEIOR > *peor*, MAIOR > *mayor* etc. Alle anderen folgen hingegen dem analytischen Bildungsmuster, d.h. sie werden im heutigen Spanisch analytisch gebildet: FORTIS > *fuerte*, MAGIS FORTIS > **Adjektive** (*él*) *más fuerte* und MULTUM FORTIS > *muy fuerte*. Superlativen-dungen wie z.B. *-ísimo* in *fuertísimo* gelten als gelehrt.

Adverbien   Auch die Bildung der Adverbien war zunächst analytisch und nicht synthetisch wie im Lateinischen. Im gesprochenen Latein er-gab das Substantiv MENTE (Ablativ von MENS ‚Geist') zusammen mit einem kongruierenden Adjektiv ein Adverbial der Art und Weise wie z.B. BONĀ MENTE ‚guten Geistes'. Das Substantiv MENTE ent-wickelte sich dann zu einem Derivationssuffix zur Bildung von Ad-verbien. Die Tatsache, dass bei der Adverbbildung im modernen Spa-nisch eine Adjektivform im Femininum zugrunde liegen muss, geht historisch hierauf zurück: Da MENS feminin ist, muss das Adjektiv auch feminin sein. Synchron betrachtet rechnet man die Vokale häu-fig auch dem Derivationssuffix zu, also *-ament* (z.B. *clara*mente) oder *-emente* (z.B. *fuerte*mente) als Allomorphe von *-mente* (z.B. *actual-mente*). In diesem Fall fügt sich das Suffix an einen Adjektivstamm an, nicht an eine feminine Adjektivform.

Verben   Beim Verbalsystem, das im Lateinischen bis auf sehr wenige For-men wie z.B. LAUDĀTŪRUM ESSE ‚loben werden' und LAUDĀTUM ESSE ‚gelobt worden sein' synthetischer Natur ist, sind in der Ent-wicklung zum Spanischen eine Reihe analytischer Formen hinzu-gekommen. So hat sich z.B. der *pretérito perfecto* aus der im ge-sprochenen Latein existenten Konstruktion HABERE + Partizip Perfekt entwickelt: *epistulam scriptam habeo* ‚ich habe den ge-schriebenen Brief' > *he escrito la carta* ‚ich habe den Brief geschrie-ben'. Die Futurformen des Spanischen gehen auch auf eine peri-phrastische Konstruktion des Vulgärlateins zurück, obschon sie selbst synthetisch sind: vlat. CANTĀRE HABEŌ > altsp. *cantar* (*h*)*e*/*cantaré* > sp. *cantaré*. Ähnlich verhält es sich mit dem Kondi-tional, dessen Ausgangsbasis auch eine periphrastische Konstrukti-on ist: vlat. CANTĀRE HABĒBAM > altsp. *cantar* (*h*)*ía* > sp. *cantaría*.

6.2.3 | Semantischer Wandel

Unter dem Begriff semantischer Wandel bzw. Bedeutungswandel werden zum einen Fälle zusammengefasst, in denen zur Bedeutung eines Wortes eine weitere hinzugetreten ist, die sich dann „einge-bürgert" hat, also lexikalisiert wurde (= produktiver Bedeutungs-wandel), und solche, in denen eine lexikalisierte Bedeutung unge-bräuchlich wurde und verloren ging (= reduktiver Bedeutungs-wandel) (vgl. Blank 2001: 70). Dies zeigt, dass die Relation zwischen einem sprachlichen Zeichen und dem mit ihm verbundenen Konzept alles andere als eine fixe, stabile ist. Es gibt verschiedene Mechanismen, die zu einem Bedeutungswandel führen können. Einige sind Ihnen indirekt bereits aus Kapitel 4 bekannt. Blank (2001) (siehe auch Penny 1991) zählt neun solcher Mechanismen auf: die Metapher, die Metonymie, die kohyponymische Übertragung, die Bedeutungserweiterung bzw. -reduktion, die Ellipse, die Volksetymologie, der kontrastbasierte Bedeutungswandel, der analogische Bedeutungswandel und die Bedeutungsverstärkung bzw. -abschwächung. Wir werden an dieser Stelle nur einige wenige Beispiele betrachten.

Ein Wort kann zu einem bestimmten Zeitpunkt, abgesehen von seiner „geläufigen" Bedeutung, metaphorisch verwendet werden. Diese zunächst einmalige metaphorische Verwendung kann usuell werden und tritt damit zur lexikalischen Bedeutung des betreffenden Zeichens hinzu. Dieses weist dann eine wörtliche und eine metaphorische Bedeutung auf, ist also polysem (vgl. Unterkapitel 4.2.2). Nun kann es geschehen, dass im Laufe der Sprachgeschichte nur noch die ursprünglich metaphorische Bedeutung bestehen bleibt. Ein Ihnen bereits bekanntes Beispiel ist das spanische Wort *músculo*, das nur noch Muskel und nicht wie im Lateinischen MUSCULUS ‚kleine Maus' bedeutet. Die ursprünglich metaphorische Bedeutung, die auf der Ähnlichkeit der Bewegung einer Maus und eines Muskels basierte, ist verloren gegangen.

Metapher

Der metonymische Bedeutungswandel vollzieht sich auf ähnliche Weise wie der metaphorische mit dem Unterschied, dass er nicht auf einer Ähnlichkeitsbeziehung, sondern auf einer reellen Beziehung der Konzepte basiert, oder wie Blank (2001: 79) es formuliert, dass die „Sachverhalte tatsächlich etwas ‚miteinander zu tun haben'". So können zwischen den Sachverhalten Relationen unterschiedlicher Natur bestehen: Handelnder-Handlung, Ursache-Folge, Gegenstand-typischer Aspekt, Teil-Ganzes etc. Eine Teil-Ganzes-Übertragung fand z.B. von lat. PORTU ‚Hafeneinfahrt' zu sp. *puerto* ‚Hafen' statt. Im Lateinischen bezeichnete PORTU nur einen Teil des Hafens, im Spanischen ist hingegen *puerto* der ganze Hafen. Ähnlich verhält es sich mit dem lat. Wort MUSCULUS ‚Muskel', das u.a. einen Teil des Oberschenkels bezeichnet, sich im Spanischen jedoch zu *muslo* ‚Oberschenkel' entwickelt hat.

Metonymie

Bei häufig zusammen auftretenden Wörtern wie z.B. bei der Phrase REM NĀTA ‚Nichts' wurde eines der beiden Wörter weggelassen

Ellipse

(Ellipse), wobei sich die Gesamtbedeutung jedoch nicht veränderte. Im Altspanischen führte die Auslassung von REM zu *nada*. Bei der Entwicklung zum Katalanischen und Aragonesischen wurde im gleichen Fall hingegen NĀTA weggelassen, und so entstanden die Formen *res* bzw. *ren*.

Es gibt verschiedene Motive, die zu einer Aufhebung oder Veränderung der Relation zwischen einem sprachlichen Zeichen und dem mit ihm verbundenen Konzept führen. Einige Motive für semantischen Wandel seien in Anlehnung an Blank (2001: 95ff.) nachstehend genannt:

- **Auftauchen neuer Referenten**: Das Auftauchen neuer Gegenstände, sei es durch „Import", durch Erfindungen etc., verlangt in der Regel nach einer Benennung des betreffenden Objekts. Hierfür kann ein aus einer anderen Sprache entlehntes Wort dienen (vgl. Unterkapitel 6.1.4), ein neues Wort wird gebildet oder ein bereits existentes Wort wird eben in seiner Bedeutung erweitert.
- **Sozio-kultureller Wandel**: Der Wandel gesellschaftlicher Strukturen kann einerseits zur Veränderung einer Bedeutung führen, andererseits kann auch eine Bedeutung verloren gehen. Hierunter fällt z.B. der Bedeutungswandel von sp. *alcalde* (< arab. *qâḍī*). Ursprünglich bezeichnete dieses Wort einen Richter des islamischen Rechtsystems; später, nachdem es aus historischen Gründen auf der Iberischen Halbinsel keine islamischen Richter mehr gab, wurde es für Personen mit administratorischen Aufgaben benutzt. Im heutigen Spanisch bezeichnet es den Bürgermeister.
- **Enge konzeptuelle oder sachliche Verbindung**: Zwei Konzepte können so eng miteinander verbunden sein, dass man für deren Benennung dasselbe sprachliche Zeichen verwendet. Ein Bedeutungswandel, der gleichzeitig auch auf soziale Faktoren zurückzuführen ist, betrifft das Wort sp. *armario*. Es leitet sich von *arma* ab und bezeichnete zunächst ein Waffenlager oder auch einen Waffenschrank. Als dann Kleidungsstücke in ähnlicher Form aufbewahrt wurden, kam die heutige Bedeutung *armario* (,Kleiderschrank') zustande.
- **Emotionale Markierung eines Konzeptes**: Über bestimmte Bereiche unseres Lebens sprechen wir nur ungern und wenn, verwenden wir oftmals verhüllende Bezeichnungen. Diese können zu einem Bedeutungswandel führen. Des Öfteren geht Bedeu-

tungswandel auch auf ein Tabu zurück, bestimmte Wörter auszusprechen. Stellvertretend werden dann beschönigende Wörter
benutzt (Euphemismus = sprachliche Beschönigung). So kam sp.
embarazada (ursprünglich ‚belastet/behindert') als Euphemismus
für sp. *preñada* ‚schwanger' auf und „übernahm" dessen Bedeutung, *buscona* ‚Suchende' für *prostituta* ‚Prostituierte', *dar a luz*
wörtlich ‚Licht geben' für *parir* ‚gebären'. Die lateinischen Begriffe für ‚links' LAEVUS, SCAEVUS und SINISTER wurden aus
Aberglaube vermieden (sp. *izquierda* ist eine Entlehnung aus dem
Baskischen).

Zusammenfassung

Die romanischen Sprachen sind das Resultat der Entwicklung des Vulgärlateins. Die jeweiligen Sprachen der von den Römern eroberten Völker hinterließen hierbei Spuren, die u.a. zur Ausgliederung verschiedener romanischer Sprachen führten. Daher sind wir approximativ
auf die vorrömische Bevölkerung der Iberischen Halbinsel und deren
Sprachen eingegangen. Bis auf das Baskische sind die Sprachen dieser
Völker verloren gegangen, wobei sie jedoch als Substratsprachen begrenzte Einflüsse auf das gesprochene Latein hatten. Die Römische Eroberung, der Zerfall des Westgotenreiches, die maurische Eroberung,
die Herausbildung der christlichen Königreiche sowie die *Reconquista* und deren Auswirkungen auf die Sprachsituation wurden im ersten Unterkapitel skizziert und mit verschiedenen Abbildungen illustriert. Nach der Erörterung dieser politischen, kulturellen und
demographischen Faktoren, die man unter dem Begriff externe
Sprachgeschichte zusammenfasst, sind wir genauer auf die Veränderungen, die sich innerhalb der Sprache vollzogen haben, eingegangen
(interne Sprachgeschichte). Als wichtigste Aspekte des Lautwandels
wurden der Quantitätenkollaps (und seine Folgen), die Synkope der
unbetonten Vokale (2 Phasen), die Entstehung der palatalen Konsonanten (1. und 2. Palatalisierung) und der stimmhaften Frikative sowie der phonologische Wandel der Sibilanten ab dem Mittelalter vorgestellt. Abschließend wurde anhand ausgewählter Beispiele ein
Abriss des morphosyntaktischen und semantischen Wandels gegeben.

Aufgaben

I. Syllabifizieren Sie die folgenden Wörter und begründen Sie den jeweiligen Wortakzent: ADDŪCERE, AMĀRELLU, CAPRA.

II. Wie kann man erklären, dass sich ein und dasselbe Etymon, z.B. COLLOCĀRE, zu zwei verschiedenen Wörtern (*colgar*, *colocar*) entwickelte?

III. Wie hat sich die Komparation (d.h. die Steigerung der Adjektive) vom Latein zum Spanischen entwickelt? Welche synthetischen Formen haben „überlebt"?

7. Lösungen zu Teil A

I. Der Entwurf einer systematischen Theorie der Sprachbeschreibung ist eines der wichtigsten Anliegen des Strukturalismus. Hierfür scheint es notwendig, Sprache nicht nur in ihrem Verlauf und in ihren Veränderungen zu untersuchen, wie es in der vorangegangenen, historisch ausgerichteten Tradition üblich war, sondern sich mit der Sprache zu einem bestimmten Zeitpunkt zu beschäftigen. Dabei bietet sich die Gegenwart an, weil wir vom jeweils gegenwärtigen Sprachzustand immer die größte Kenntnis haben. Der Begriff Synchronie bezieht sich auf einen zeitlich fixierten Zustand, während Diachronie auf Veränderung eines Sprachzustandes in unterschiedlichen Zeitintervallen verweist.

II. a. präskriptiv (vorschreibend)

b. Für die moderne Sprachwissenschaft kommt eine präskriptive Vorgehensweise nicht in Frage. Sie will nicht ein System beschreiben, das irgendwann als „korrekt" festgelegt wurde und an dem künstlich festgehalten wird. Wenn die Realität der Sprecher von der einmal gesetzten ‚Norm' abweicht, dann muss man die Realität beschreiben (oftmals sind solche häufig vorkommenden Regelverletzungen der Beginn von Sprachwandel). Diese Vorgehensweise nennt man deskriptiv, also beschreibend. Sie ist frei von jeder Wertung.

III. Die Anzahl der möglichen Sätze in einer natürlichen Sprache wie Spanisch oder Deutsch ist unendlich, auch wenn ein Sprecher im Laufe seines Lebens nur eine endliche Menge von Sätzen äußern kann. So ist *Sei niemals ununterschieden von dem, als was du jenen in dem, was du wärst oder hättest sein können, dadurch erscheinen könntest, dass du unterschieden von dem wärst, was jenen so erscheinen könnte, als seiest du anders!*(vgl. Grewendorf/Hamm/Sternefeld [5]1991: 32) ein grammatischer Satz, den Sie mit größter Wahrscheinlichkeit von sich aus nie geäußert hätten. Eine Sprache kann also als eine unendliche Menge von Sätzen bezeichnet werden. Abgesehen davon können die Sätze selbst unendlich lang sein. Nehmen wir z.B. Relativsätze; sie sind prinzipiell unbegrenzt, d.h. wir können beliebig viele Relativsätze aneinander reihen: *Peter spricht mit dem Mann, der die Frau kennt, die das Mädchen sucht, das den Jungen mag, der die Katze streichelt...* Wir sehen, dass ein Satz aus verschiedenen Teilen besteht, wobei einer dieser Teile wiederum ein Satz sein kann, der aus verschiedenen Teilen wiederum besteht etc. Die unendliche Anfügung von z.B. Relativsätzen wird rekursive Regelanwendung oder Rekursivität genannt. Sie erklärt die prinzipielle Unendlichkeit natürlicher Sprachen. Somit sind nicht die Regeln selbst unendlich, sondern ihre Anwendung.

Lösungsvorschläge zu Kapitel 2: Lautlehre

I. a. phonetische Transkription: [poŋgo], [embiðia], [kan̪tan̪te], [em̪faðarse]

    b. phonologische Transkription: /pongo/, /embidia/, /kantante/, /enfadarse/

II. *traigo*:   [ɣ]   stimmhafter, velarer Frikativ
    sabor: [β]   stimmhafter, bilabialer Frikativ
    pongo: [ŋ]   stimmhafter, velarer Nasal
               [g]   stimmhafter, velarer Plosiv
    abogado: [β]   stimmhafter, bilabialer Frikativ
               [ɣ]   stimmhafter, velarer Frikativ
               [ð]   stimmhafter, interdentaler Frikativ
    guitarra: nur in der Graphie, wird lautlich nicht realisiert
    ahora: nur in der Graphie, wird lautlich nicht realisiert
    envase: [m]   stimmhafter, bilabialer Nasal
               [b]   stimmhafter, bilabialer Plosiv

III. Abkürzungen: O = Onset, N = Nukleus, R = Reim, K = Koda und σ = Silbe.

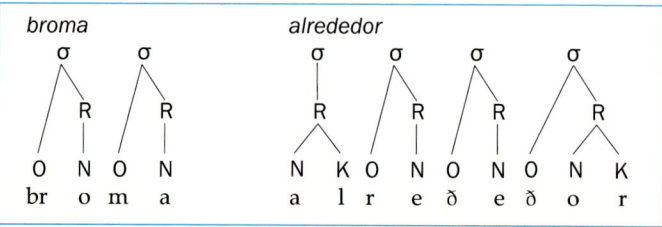

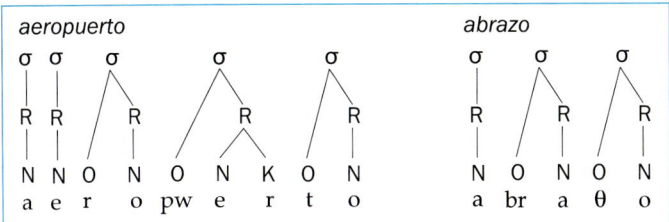

IV. [mi.ser.ma.nas.so.ni.ɣwa.les.a.to.ðas.les.gus.ta.el.ma.ra.θul]

Lösungsvorschläge zu Kapitel 3: Morphologie

I.

einfaches Wort (Simplex)	Derivat	Kompositum
antílope	riqueza	pez espada
cerveza	desencadenar	caradura
inteligente	agricultor	
imperio	imposible	
caracul	imperial	

II. Das Morphem {pod-} hat die Allomorphe *pod-*, *pued-* und *pud-*. Dies wird aus folgendem Teilparadigma des Verbs *poder* deutlich:

INDICATIVO					SUBJUNTIVO			
presente					**imperfecto**			
VSt	SE	TM	PN		VSt	SE	TM	PN
pued			o		pud	ie	ra/se	
pued	e		s		pud	ie	ra/se	s
pued	e				pud	ie	ra/se	
pod	e		mos		pud	é	ra/se	mos
pod	é		is		pud	ie	ra/se	is
pued	e		n		pud	ie	ra/se	n

III. *volv-ie-ra-n, esper-ó, re-hac-e-r* und *recuerd-a-s*

IV. Für *apedreamiento*, *desarmar* und *abrelatas* ergeben sich folgende Strukturen (FE = Flexionsendung):

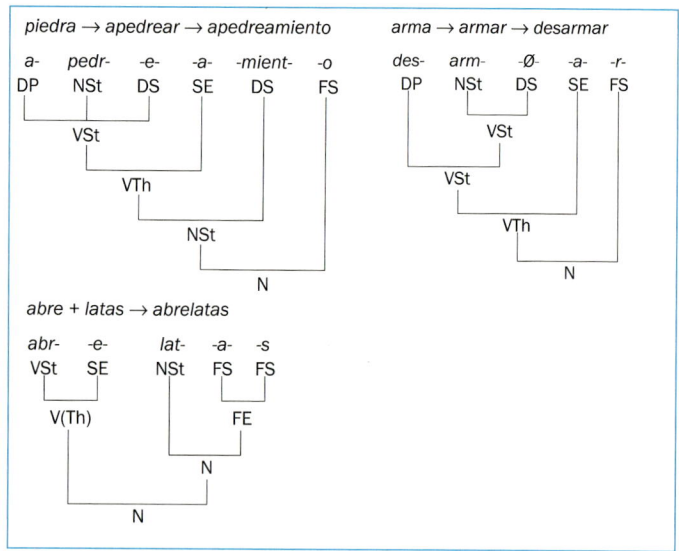

I. Für die Verwandtschaftsnamen im Spanischen ergibt sich folgende Matrix (vgl. Hoffmann (Hg.) 1996: 659):

Seme \ Lexeme	padres	padre	madre	hermanos	hermano	hermana	hijos	hijo	hija	tío	tía	primo	prima	sobrino	sobrina
Lebewesen	+	+	+	+	+	+	+	+	+	+	+	+	+	+	+
Mensch	+	+	+	+	+	+	+	+	+	+	+	+	+	+	+
verwandt	+	+	+	+	+	+	+	+	+	+	+	+	+	+	+
dir. Verwandtschaft	+	+	+	+	+	+	+	+	+	–	–	–	–	–	–
gleiche Generation	–	–	–	+	+	+	–	–	–	–	–	+	+	–	–
älter	+	+	+				–	–	–					–	–
männlich		+	–		+	–		+	–	+	–	+	–	+	–
weiblich		–	+		–	+		–	+	–	+	–	+	–	+
Mehrzahl	+			+											

II. a. *presente/ausente*: komplementäre Antonymie
 b. *animal/perro*: Hyper-/Hyponymie (*animal* ist Hyperonym von *perro*, *perro* ist ein Hyponym
 von *animal*)
 c. *corto/breve*: Synonymie
 d. *dar/coger*: direktionale Antonymie
 e. *fácil/difícil*: konträre Antonymie

III. Man spricht von Polysemie, wenn ein Zeichen im Laufe der Zeit mehrere *signifiés* entwickelt (z.B. *pata* ‚Pfote' und ‚Tischbein'; *ratón* ‚Maus' und ‚Computermaus'). Die Relation bzw. der Zusammenhang zwischen den beiden Bedeutungen kann mehr oder weniger nachvollziehbar (durchsichtig) sein. Homonymie liegt vor, wenn zwei etymologisch völlig verschiedene Zeichen lautlich zusammenfallen und dadurch zufällig den gleichen Signifikanten erhalten (z.B. *real* ‚königlich' und ‚wirklich').

IV. In einer frühen Version der Prototypentheorie ist man davon ausgegangen, dass die Kategorien unscharfe Grenzen haben und sich somit in der Peripherie überlappen können. Dies trifft z.B. bei den verschiedenen Kategorien der Farbadjektive zu: Ein untypisches Rot, das sich in der Peripherie der Kategorie befindet, kann sich z.B. mit der Peripherie der Kategorie *Orange*, *Gelb* etc. überlappen. Dies wurde in einer späteren Version der Prototypentheorie revidiert, in der man sowohl von unscharfen als auch von scharfen Grenzen ausgeht, d.h. es gibt Kategorien, die sich überlappen, und solche, die klar von anderen getrennt sind. Zu Letzteren zählt wohl auch die Kategorie Vogel, denn so untypisch ein Vogel auch sein mag, ist er dennoch kein untypischer Hund etc.

Lösungsvorschläge zu Kapitel 5: Syntax

I. a. Das Verb *poner* ist dreiwertig, es fehlt also ein Argument.
 b. Die grammatischen Merkmale des Subjekts *José Luis* stimmen nicht mit denen des Prädikats *jugábamos* überein. Das Subjekt muss jedoch in Person und Numerus mit dem Prädikat kongruieren.
 c. Hier ist kein Prädikat vorhanden.

II. Nein, er ist zwar semantisch inakzeptabel, aber grammatisch.

III. a. Nominalphrase (NP)
   b. Präpositionalphrase (PP)
   c. Flexionsphrase (IP)
   d. Adjektivphrase (AP)

IV. Es ergeben sich folgende Baumstrukturen:

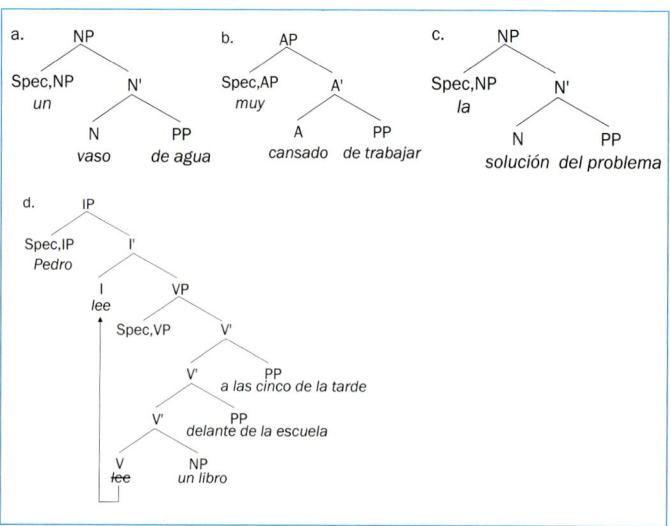

Lösungsvorschläge zu Kapitel 6: Sprachgeschichte

I. AD-DŪ-CE-RE: Die vorletzte Silbe wird nicht betont, da der Reim aus nur einem Element besteht. Daher wird die drittletzte Silbe (-DŪ-) betont.
A-MĀ-REL-LU: Die vorletzte Silbe (-REL-) wird betont, da ihr Reim aus zwei Elementen gebildet wird.
CA-PRA: Bei zweisilbigen Wörtern wird in der Regel die vorletzte Silbe betont, also CA-.

II. Beim Lautwandel unterscheidet man prinzipiell zwischen denjenigen Wörtern, die die komplette Entwicklung vom Vulgärlatein bis zum modernen Spanisch durchgemacht haben (volks-

tümliche Wörter), und denjenigen, die diesen Wandel nur teilweise bzw. überhaupt nicht vollzogen haben (halb-gelehrte bzw.
gelehrte Wörter), da sie erst zu einem späteren Zeitpunkt, d.h.
nachdem der Lautwandel vollzogen war, in den Wortschatz aufgenommen wurden. Das spanische Verb *colgar* ,(auf)hängen' (<
COLLOCĀRE ,setzen, stellen, legen') gilt als volkstümlich und hat
u.a. die Lenition durchlaufen, was an dem Frikativ ([ɣ]) ersichtlich ist. Darüber hinaus sehen Sie an der deutschen Übersetzung,
dass hier auch ein semantischer Wandel stattgefunden hat. Demgegenüber hat das gelehrte Wort *colocar* ,setzen, stellen, legen'
diesen Wandel nicht vollzogen.

III. Es fand ein Wandel von der lat. synthetischen Komparation zur
analytischen spanischen Adjektivsteigerung statt. Das bereits im
Lateinischen existierende analytische Muster der lat. Komparation wurde beibehalten: FORTIS > *fuerte*, MAGIS FORTIS > (*él*)
más fuerte und MULTUM FORTIS > *muy fuerte*. Nur die sehr gebräuchlichen synthetischen Formen behielten ihre synthetische
Form: MELIOR > *mejor*, PEIOR > *peor*, MAIOR > *mayor* etc.

8. Literatur zu Teil A

Literatur

Abercrombie, David (1967): *Elements of General Phonetics*. Edinburgh: Edinburgh University Press.

Alarcos Llorach, Emilio (⁴1974): *Fonología española*. Madrid: Gredos.

Alvar, Manuel (1993): *La formación de palabras en español*. Madrid: Arco/Libros.

Alvar, Manuel & Bernard Pottier (1983): *Morfología histórica del español*. Madrid: Gredos.

Bartschat, Brigitte (1996): *Methoden der Sprachwissenschaft. Von Hermann Paul bis Noam Chomsky*. Berlin: Erich Schmidt.

Bierwisch, Manfred (1969): „Strukturelle Semantik". In: Hoffmann, Ludger (Hg.) (1996): *Sprachwissenschaft. Ein Reader*. Berlin/New York: de Gruyter. 657-671.

Blank, Andreas (2001): *Einführung in die lexikalische Semantik für Romanisten*. Tübingen: Niemeyer.

Blank, Andreas (1997): *Prinzipien des lexikalischen Bedeutungswandels am Beispiel der romanischen Sprachen*. Tübingen: Niemeyer.

Blank, Andreas & Peter Koch (Hg.) (1999): *Historical Semantics and Cognition*. Berlin: de Gruyter.

Bernecker, Walther L. (1999): *Spanische Geschichte. Vom 15. Jahrhundert bis zur Gegenwart*. München: Beck.

Berschin, Helmut/Fernández-Sevilla, Julio & Josef Felixberger (1987): *Die spanische Sprache: Verbreitung, Geschichte, Struktur*. München: Hueber.

Bosque, Ignacio & Violeta Demonte (Hg.) (1999): *Gramática descriptiva de la lengua española*. 3 Bde. Madrid: Espasa.

Bustos Gisbert, Eugenio de (1986): *La composición nominal en español*. Salamanca: Ediciones Universidad de Salamanca.

Carnie, Andrew (2002): *Syntax. A Generative Introduction*. Oxford, UK: Blackwell.

Cartagena, Nelson & Hans-Martin Gauger (1989): *Vergleichende Grammatik Spanisch-Deutsch*. 2 Bde. Mannheim: Dudenverlag.

Chomsky, Noam (1965): *Aspects of the theory of syntax*. Cambridge, MA: MIT Press. [sp. Übersetzung (1970): *Aspectos de la teoría de la sintaxis*. Madrid: Aguilar.]

Chomsky, Noam (1986): *Knowledge of Language: Its Nature, Origin and Use*. New York: Praeger.

Chomsky, Noam (1957): *Syntactic Structures*. La Haye: Mouton.

Coseriu, Eugenio (1964): „Pour une sémantique diachronique structurale". In: *Traveaux de Linguistique et de Littérature* II, 1. 139-186.

Coseriu, Eugenio (1973): *Probleme der strukturellen Semantik*. Vorlesung, gehalten im Wintersemester 1965/1966 an der Universität Tübingen. Autorisierte und bearbeitete Nachschrift von Dieter Kastovsky. Tübingen: Narr.

Coseriu, Eugenio (1975): „Die funktionelle Betrachtung des Wortschatzes". In: Moser, H. (Hg.): *Probleme der Lexikologie und der Lexikographie*. Schriften des Instituts für Deutsche Sprache 39. Düsseldorf: Schwamm. 7-25.

Echenique Elizondo, María Teresa & María José Martínez Alcalde (2000): *Diacronía y gramática histórica de la lengua española*. Valencia: Tirant Lo Branch.

Fanselow, Gisbert & Sascha W. Felix (^{3}1993): *Sprachtheorie. Eine Einführung in die Generative Grammatik*. Band 1: *Grundlagen und Zielsetzungen*. Tübingen: Francke.

Fradejas Rueda, José Manuel (1997): *Fonología histórica del español*. Madrid: Visor Libros.

Frías Conde (2001): „Introducción a la fonética y fonología del español." In: IANUA: *Revista Philologica Romanica*. [http://www.romaniaminor.net/ -ianua]

Fromkin, Victoria & Robert Rodman (^{5}1993): *An Introduction to Language*. New York: Harcourt Brace.

Fromkin, Victoria (Hg.) (2000): *Linguistics. An Introduction to Linguistic Theory*. Malden, MA: Blackwell Publisher Inc.

Gabriel, Christoph (o.J.): *Einführung in die romanische Sprachwissenschaft. Skript zur Lehrveranstaltung WS 2002/2003*. Universität Osnabrück. [http://www.home.uni-osnabrueck.de/cgabriel/lehre.html]

Gauger, Hans-Martin (1972): *Zum Problem der Synonymie*. Tübingen: Narr.

Gauger, Hans-Martin (1999): „Semantische Sonderwege des Spanischen." In: Große, Sybille & Axel Schönberger (Hg.): *Dulce et decorum est philologiam colere. Festschrift für Dietrich Briesemeister zu seinem 65. Geburtstag*. Berlin: Domus Editoria Europaea. 251-255.

Geckler, Horst & Kattenbusch, Dieter (^{2}1992): *Einführung in die italienische Sprachwissenschaft*. Tübingen: Niemeyer.

Glück, Helmut (Hg.) (^{2}2000): *Metzler Lexikon Sprache*. Stuttgart/Weimar: Metzler.

Grewendorf, Günther/Hamm, Fritz & Wolfgang Sternefeld (^{5}1991): *Sprachliches Wissen. Eine Einführung in moderne Theorien der grammatischen Beschreibung*. Frankfurt a.M.: Suhrkamp.

Grewendorf, Günther (2002): *Minimalistische Syntax*. Tübingen/Basel: Francke.

Hall, Alan T. (2000): *Phonologie: eine Einführung*. Berlin: de Gruyter.

Harris, James (1980): „Lo morfológico en una gramática generativa: alternancias vocálicas en las formas verbales del español". In: Guitar, Jorge & Joaquín Roy: *La estructura fónica de la lengua castellana: fonología, morfología y dialectología*. Barcelona: Anagrama. 141-200.

Harris, James (1991): „The exponence of gender in Spanish". In: *Linguistic Inquiry* 22. 27-62.

Harris, James W. (1969): *Spanish phonology*. Cambridge, MA: MIT Press.

Haegeman, Liliane (^{2}1994): *Introduction to Government & Binding Theory*. Oxford: Blackwell.

Hoffmann, Ludger (Hg.) (1996): *Sprachwissenschaft. Ein Reader*. Berlin/New York: de Gruyter.

Hualde, José Ignacio (1999): „La silabificación en español". In: Núñez Cedeño, Rafael & Alonso Morales Front. Washington, DC: Georgetown University Press. 170-188.

Hualde, José Ignacio/Olarrea, Antxon & Anna María Escobar (2001): *Introducción a la lingüística hispánica*. Cambridge, UK: Cambridge University Press.

Hurford, James R. & Brendan Heasley (1983): *Semantics: a Coursebook*. Cambridge, UK: Cambridge University Press.

Jackendoff, Ray (1977): *The Architecture of the Language Faculty*. Cambridge, MA: MIT Press.

Jackendoff, Ray (2002): *Foundations of Language. Brain, Meaning, Grammar, Evolution*. Oxford: Oxford University Press.

Jakobson, Roman (1960): „Linguistics and Poetics". In: Sebeok, Thomas A. (Hg.): *Style in Language*. New York u.a.: Wiley. 350-377.

Jackendoff, Ray (1983): *Semantics and Cognition*. Cambridge, MA: MIT Press.

Jackendoff, Ray (1994): *Patterns in the Mind. Language and Human Nature*. Exeter: Basic Books.

Junco Torres, Antonio Francisco (2002): *Historia de España. Landeskunde*. Stuttgart: Schmetterlingverlag.

Kleiber, Georges ([2]1998): *Prototypensemantik. Eine Einführung*. Tübingen: Narr.

Klenk, Ursula (2003): *Generative Syntax*. Tübingen: Gunter Narr Verlag.

Kotschi, Thomas (2001): „Dependenzgrammatik". In: Holtus, Günter / Metzeltin, Michael & Christian Schmitt (Hg.): *Lexikon der Romanistischen Linguistik* (LRL), Band I,1. Tübingen: Niemeyer. 322-369.

Ladefoged, Peter ([3]1993): *A Course in Phonetics*. New York: Harcourt Brace Jovanovich.

Lapesa, Rafael ([9]1981): *Historia de la lengua española*. Madrid: Credos.

Linke, Angelika/Nussbaumer, Markus & Paul R. Portmann ([4]2001): *Studienbuch Linguistik*. Tübingen: Niemeyer.

Lorenzo González, Guillermo (2001): *Comprender a Chomsky. Introducción y comentarios a la filosofía chomskyana sobre el lenguaje y la mente*. Madrid: A. Machado Libros.

Mackenzie, Ian (2001): *A Linguistic Introduction to Spanish*. München: Lincom Europa.

Malkiel, Yakov (1958): „Los interfijos hispánicos. Problema de la lingüística histórica y estructural". In: Catalán, Diego (Hg.): *Miscelánea homenaje a André Martinet. Vol. 2: Estructuralismo e historia*. La Laguna: Universidad de la Laguna. 107-199.

Malmberg, Bertil (Hg.) (1968): *Manual of Phonetics*. Amsterdam/London: North-Holland.

Malmberg, Bertil (1976): *Einführung in die Phonetik als Wissenschaft*. München: W. Fink.

Martinet, André (1960): *Grundzüge der allgemeinen Sprachwissenschaft*. Stuttgart: Kohlhammer.

Menéndez Pidal, Ramón ([13]1968): *Manual de gramática histórica de la lengua española*. Madrid: Espasa-Calpe.

Menéndez Pidal, Ramón ([5]1964): *Orígenes del español: estado lingüístico de la Península Ibérica hasta el siglo XI*. Madrid: Espasa-Calpe.

Metzeltin, Michael (1973): *Einführung in die hispanistische Sprachwissenschaft*. Tübingen: Niemeyer.

Müller, Natascha & Beate Riemer (1998): *Generative Syntax der romanischen Sprachen: Französisch, Italienisch, Portugiesisch, Spanisch*. Tübingen: Stauffenburg.

Navarro Tomás, Tomás ([19]1977): *Manual de pronunciación española*. Madrid: Consejo Superior de Investigaciones Científicas.

Noll, Volker (2001): *Das amerikanische Spanisch. Ein regionaler und historischer Überblick*. Tübingen: Niemeyer.

Núñez Cedeño, Fernando (1993): *Morfología de la sufijación española*. Santo Domingo: Universidad Pedro Henríquez Ureña.

Ogden, Charles K. & Ivor A. Richards ([10]1966): *The Meaning of Meaning*. London: Routledge & Kegan Paul.

Pelz, Heidrun ([5]2000): *Linguistik: eine Einführung*. Hamburg: Campe.

Penny, Ralph (1991): *A History of the Spanish Language*. Cambridge, UK: Cambridge University Press.

Penny, Ralph ([2]2002): *A History of the Spanish Language*. Cambridge, UK: Cambridge University Press.

Pinker, Steven (1994): *The Language Instinct*. New York: Morrow.

Pinker, Steven ([3]1999): *Words and Rules. The Ingredients of Language*. New York: Basic Books.

Pompino-Marshall, Bernd (1995): *Einführung in die Phonetik*. Berlin: de Gruyter.

Pöckl, Wolfgang/Rainer, Franz & Bernhard Pöll ([3]2003): *Einführung in die romanische Sprachwissenschaft*. Tübingen: Niemeyer.

Pullum, Geoffrey K. & William A. Ladusaw (1996): *Phonetic Symbol Guide*. Chicago: University of Chicago Press.

Pörings, Ralf & Ulrich Schmitz (1999): *Sprache und Sprachwissenschaft. Eine kognitiv orientierte Einführung*. Tübingen: Gunter Narr.

Quillis, Antonio (1985): „El estudio coordinado de la lengua española hablada en Hispanoamérica y en España". In: *Actes du XVIIe Congrès International de Linguistique et de Philologie Romanes*. Bd. 7. Aix-en-Provence: Université de Provence. 317-328.

Radford, Andrew (2000): *Introducción a la lingüística*. Cambridge, UK: Cambridge University Press.

Radford, Andrew (1997): *Syntactic Theory and the Structure of English*. Cambridge, UK: Cambridge University Press.

Rainer, Franz (1993): *Spanische Wortbildung*. Tübingen: Niemeyer.

Ramers, Karl-Heinz (2000): *Einführung in die Syntax*. München: W. Fink.

Robins, Robert H. (1966): „The development of the word class system of the European grammatical tradition". In: *Foundations of Language* 2. 3-19.

Rojas, Nelson (1977): „Aspectos de la morfología del diminutivo -ito". In: Chevalier, Maxime u.a. (Hg.): *Actas del Quinto Congreso Internacional de Hispanistas (Burdeos 1974)*. Bordeaux: Instituto de Estudios Ibéricos e Iberoamericanos, Université de Bordeaux III. 753-751.

Rosch, Eleonora (1978): *Cognition and categorization*. New York: Wiley.

Saussure, Ferdinand de ([3]1969): *Cours de linguistique générale*. Hrsg. von Charles Bally und Albert Sechehaye. Lausanne/Paris. [dt. Übersetzung von Hermann Lommel 1931, [3]1967: *Grundfragen der allgemeinen Sprachwissenschaft*. Berlin]

Salvador, Gregorio (1985): *Semántica y lexicología del español*. Madrid: Paraninfo.

Schlösser, Rainer (2001): *Die romanischen Sprachen*. München: Beck.

Schwarz, Monika & Jeanette Chur ([2]1996): *Semantik. Ein Arbeitsbuch*. Tübingen: Narr.

Schwarze, Christoph ([3]1980): *Einführung in die Sprachwissenschaft. Mit Beispielen aus dem Französischen und dem Deutschen*. Kronberg/Ts.: Scriptor.

Schwarze, Christoph & Aditi Lahiri (1999): *Einführung in die französische Phonologie*. Fachgruppe Sprachwissenschaft der Universität Konstanz. Arbeitspapier Nr. 88.

Schwarze, Christoph (1992): *Sprachgeschichte und Sprachwandel. Unter besonderer Berücksichtigung des Französischen, des Italienischen und des Spanischen*. Arbeitspapier Nr. 49. Fachgruppe Sprachwissenschaft der Universität Konstanz.

Schpak-Dolt, Nikolaus (1999): *Einführung in die Morphologie des Spanischen*. Tübingen: Niemeyer.

Sosa, Juan Manuel (1999): *La entonación del español*. Madrid: Cátedra.

Spencer, Andrew (1991): *Morphological Theory. An Introduction to Word Structure in Generative Grammar*. Oxford, UK: Blackwell.

Stockwell, Robert P./Bowen, J. Donald & John W. Martin (1965): *The Grammatical Structure of English and Spanish*. Chicago/London: University of Chicago Press.

Thiele, Johannes (1992): *Wortbildung der spanischen Gegenwartssprache*. Leipzig/Berlin: Langenscheidt.

Trujillo, Ramón (1988): *Introducción a la semántica*. Madrid: Acro.

Ulrich, Winfried (1972): *Linguistische Grundbegriffe*. Kiel: Hirt.

Wesch, Andreas (2001): *Grundkurs Sprachwissenschaft Spanisch*. Stuttgart: Klett.

Wurzel, Wolfgang Ullrich (1988): „Derivation, Flexion und Blockierung". In: *Zeitschrift für Phonetik, Sprachwissenschaft und Kommunikationsforschung* 41 (2). 179-198.

B
Literaturwissenschaftlicher Teil

Einführung in die Literaturwissenschaft

Einleitung

In diesem Kapitel werden zunächst die Dimensionen desjenigen ab-
gesteckt, was gemeinhin als Literatur bezeichnet wird. Sodann werden Sie mit Arbeitsbereichen der Literaturwissenschaft vertraut gemacht und in Besonderheiten der hispanistischen Literaturwissenschaft eingeführt.

Überlegungen zum Gegenstandsbereich der Literaturwissenschaft

1.1

Das lateinische Wort *litteratura* bedeutet ‚Schrifttum'. Der Gegenstandsbereich der Literaturwissenschaft ist also wesentlich an das
Medium Text gebunden. Nun gibt es Texte ganz unterschiedlicher
Art, und bei gewissen Texten werden Sie spontan zustimmen, dass
es sich um Literatur handelt, bei anderen Texten werden Sie etwas
zögerlicher sein und bei manch anderen gar nicht von Literatur sprechen wollen. Wenn Sie indes versuchen müssten, aus dem jeweiligen Text heraus zu bestimmen, ob er ‚literarisch' oder ‚nicht-litera-
risch' sei, werden Sie schnell an die Grenzen eines solchen Versuches
stoßen. Jan Mukařovský hat 1936 in seinem Aufsatz „Ästhetische
Funktion, Norm und ästhetischer Wert als soziale Fakten" Literatur
als dasjenige definiert, was eine bestimmte kulturelle Gemeinschaft
als Literatur ansieht. Was als literarischer Text gilt und was nicht,
ist also auch ein kulturspezifisches Phänomen – im Vergleich zu anderen Wissenschaften fällt es der Literaturwissenschaft deshalb relativ schwer, ihren Gegenstandsbereich exakt zu bestimmen. Auch
wenn die Frage, was Literatur eigentlich ist, nicht abschließend beantwortet werden kann, werden Ihnen im Folgenden einige Merkmale vorgestellt, welche die meisten Texte teilen, die von verschiedenen kulturellen Gemeinschaften und zu verschiedenen Zeiten als
‚Literatur' angesehen wurden.

Funktionen von Sprache

In dem Aufsatz „Linguistik und Poetik" aus dem Jahre 1960 hat Roman Jakobson die verschiedenen Funktionen des Sprachzeichens bestimmt (vgl. Sprachwissenschaftlicher Teil, Unterkapitel 1.2.3):

Abb. 1

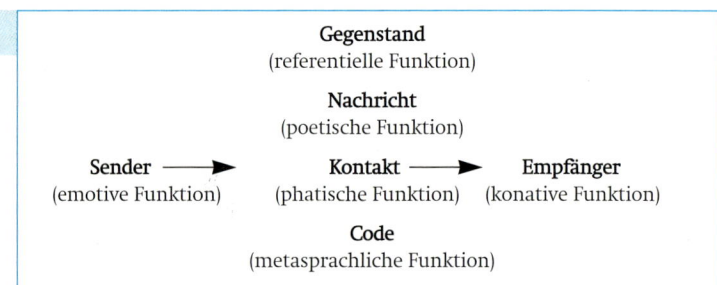

An jeder Kommunikation sind nach Jakobson sechs Komponenten beteiligt: Sender, Empfänger, eine Nachricht, die zwischen Sender und Empfänger vermittelt wird, sodann ein gemeinsamer Code, der die Nachricht verstehbar macht, ein Kontakt, d.h. ein physisches Kommunikationsmedium, und ein Gegenstand, auf den sich die Nachricht bezieht. Diese sechs Faktoren sind stets vorhanden, es können jedoch einer oder mehrere dominieren. Je nachdem, welche Faktoren dominieren, ergeben sich verschiedene Kommunikationsfunktionen: Drückt der Sender seine subjektive Befindlichkeit aus, ist die Funktion der Sprache in der betreffenden Botschaft emotiv, zielt er auf eine Einflussnahme gegenüber dem Empfänger, hat sie dominant konative Funktion. Ist die referentielle Funktion dominant, so zielt die Nachricht auf die nähere Qualifizierung des thematisierten Gegenstands ab. Wenn auf den Code selbst Bezug genommen wird, liegt eine metasprachliche Funktion der Sprache vor. Ist die Herstellung oder Aufrechterhaltung des Kontakts Ziel des Sprechaktes, nennt Jakobson dies phatische Funktion. Die in unserem Kontext besonders wichtige poetische Funktion ergibt sich, wenn die Verfasstheit der Nachricht im Vordergrund der Kommunikation steht. Texte mit dominanter poetischer Funktion werden in der Regel als ,literarisch' bezeichnet. Gemeint ist damit, dass in solchen Texten weniger der Inhalt des Gesagten im Vordergrund steht als die Art und Weise, wie die betreffenden Texte formuliert sind. Michael Lentz erklärt das Verhältnis von Form und Inhalt in literarischen Texten wie folgt: „Dieses Wie kann im besten Fall dergestalt sein, dass

Die poetische Funktion

es das Was neu definiert." (Lentz 2003) Der Begriff der Poetizität (bzw. Literarizität) geht auf Jakobsons These einer *poetischen* Funktion zurück und meint, dass entsprechende Texte vor allem auf ihr ‚Gemachtsein' verweisen.

In literarischen Texten wird Sprache anders benutzt als im All- Literarizität
tag. Dieses Phänomen haben die Russischen Formalisten, ein Kreis von Literaturkritikern und Linguisten, dem auch Roman Jakobson zeitweise angehörte, mit dem Begriff der *Literarizität* belegt. Litera- rische Texte bemühen sich, Form und Inhalt in Übereinstimmung zu bringen, verfremden die Alltagssprache, sind mehrdeutig und be- ziehen sich auf sich selbst. Das Konzept Literarizität impliziert, dass auch nicht-literarische Texte Verfahren benutzen können, die in li- terarischen Texten dominant sind: Wenn beispielsweise eine Zahn- pasta-Werbung verspricht, dass die Zähne beim Zähneputzen mit eben dieser Zahnpasta „weiß, weißer, am weißesten" werden, be- dient sich die Sprache der Werbung literarischer Verfahren, in die- sem Falle einer rhetorischen Figur namens Polyptoton, d.h. der Wie- derholung eines Wortes in unterschiedlicher Flexion. Man bezeichnet diese Wiederholung gleicher sprachlicher Elemente, für die das Polyptoton nur ein Beispiel von mehreren Möglichkeiten ist, mit dem Begriff der *Rekurrenz*. Die Rekurrenz geht über die Wort- ebene hinaus und etabliert in einem Text durch Wiederholung Sinn- beziehungen.

Wir werden im Folgenden die Besonderheiten der poetischen Sprachfunktion verdeutlichen. Betrachten Sie die beiden Textaus- schnitte, zunächst einige Bibelverse aus dem Buch *Kohelet* (Der Pre- diger Salomo), sodann einen Text des Barockdichters Luis de Gón- gora (1561-1627).

> **1,2** Es ist alles ganz eitel, sprach der Prediger, es ist alles ganz eitel. **1,3** Was hat der Mensch für Gewinn von all seiner Mühe, die er hat unter der Sonne? **1,4** Ein Geschlecht vergeht, das andere kommt; die Erde aber bleibt immer bestehen. [...] **11,9** So freue dich, Jüngling, in deiner Jugend und laß dein Herz guter Dinge sein in deinen jungen Tagen. Tu, was dein Herz ge- lüstet und deinen Augen gefällt; aber wisse, daß dich Gott um das alles vor Gericht ziehen wird. [...] **12,1** Denk an deinen Schöpfer in deiner Ju- gend, ehe die bösen Tage kommen und die Jahre sich nahen, da du wirst sagen: „Sie gefallen mir nicht"; [...] **12,6** ehe der silberne Strick zerreißt und die goldene Schale zerbricht und der Eimer zerschellt an der Quelle und das Rad zerbrochen in den Brunnen fällt. **12,7** Denn der Staub muß wieder zur Erde kommen, wie er gewesen ist, und der Geist wieder zu Gott, der ihn gegeben hat. **12,8** Es ist alles ganz eitel, spricht der Prediger, ganz eitel.

Mientras por competir con tu cabello,	Solange sogar glänzendes Gold in der Sonne
oro bruñido al sol relumbra en vano;	vergebens mit dem Glanz Deines Haars wetteifert;
mientras con menosprecio en medio el llano	Solange mit Geringschätzung über die Weite
mira tu blanca frente el lilio bello;	Deine weiße Stirn die schöne Lilie schaut;
mientras a cada labio, por cogello,	Solange jeder Lippe, um sie zu erhaschen,
siguen más ojos que al clavel temprano;	mehr Augen folgen als der frisch erblühten Nelke;
y mientras triunfa con desdén lozano	Und solange mit üppiger Verachtung
del luciente cristal tu gentil cuello:	Dein zarter Hals über strahlendes Kristall obsiegt:
goza cuello, cabello, labio y frente,	genieße Hals, Haar, Lippen und Stirn,
antes que lo que fue en tu edad dorada	bevor dasjenige, was in Deiner goldenen Zeit
oro, lilio, clavel, cristal luciente,	Gold, Lilie, Nelke, strahlender Kristall war,
no sólo en plata o vïola troncada	nicht nur in Silber oder gebrochenes Violett
se vuelva, mas tú y ello juntamente	sich wandelt, sondern auch Du und all dies zusammen
en tierra, en humo, en polvo, en sombra, en nada.	in Erde, in Rauch, in Staub, in Schatten, in Nichts.

Beide Texte thematisieren die Vergänglichkeit als eine grundlegende Bedingung menschlicher Existenz. Ihnen ist dieser Gedanke aus verschiedenen Kontexten vertraut.

Erklärung

Schon in der vorchristlichen Antike war die Vergänglichkeit ein zentrales Motiv von Kunst und Dichtung. Sie kennen das so genannte *Carpe-Diem*-Motiv (lat. *carpe diem* = dt. *nütze den Tag*), das angesichts der Vergänglichkeit die Lust am Leben betont und auf das **Diesseits** orientiert ist. In der jüdisch-christlichen Tradition gibt es die Sicht auf das Leben im Bewusstsein des Todes mit einer Orientierung auf das **Jenseits**. Hier fungiert der Tod als Mahnung vor Sinnenlust, Eitelkeit und dem Streben nach vergänglichen irdischen Gütern. Dies wird *vanitas*-Motiv (lat. *vanitas* = dt. *leerer Schein*) genannt.

Vergleichen Sie nun die beiden Texte. Der Text von Góngora hat eine besondere Form: Sie sehen 14 Verse, die in zwei 4-versige Strophen, so genannte Quartette (sp. *cuartetos*), und zwei 3-versige Strophen, so genannte Terzette (sp. *tercetos*), gegliedert sind. Man nennt diese Form Sonett (sp. *soneto*). Schauen Sie nun auf die Enden der jeweiligen Verse:

Mientras por competir con tu cab**ello**,	A
oro bruñido al sol relumbra en v**ano**;	B
mientras con menosprecio en medio el ll**ano**	B
mira tu blanca frente el lilio b**ello**;	A
mientras a cada labio, por cog**ello**,	A
siguen más ojos que al clavel tempr**ano**;	B
y mientras triunfa con desdén loz**ano**	B
del luciente cristal tu gentil cu**ello**:	A
goza cuello, cabello, labio y fr**ente**,	C
antes que lo que fue en tu edad dor**ada**	D
oro, lilio, clavel, cristal luci**ente**,	C
no sólo en plata o vïola tronc**ada**	D
se vuelva, mas tú y ello juntam**ente**	C
en tierra, en humo, en polvo, en sombra, en n**ada**.	D

Der Text ist strukturell nach einem Reimschema (ABBA ABBA CDC DCD) geformt. Lesen Sie nun den Text laut vor. Sie können sich auch zusätzlich eine Lesung des Textes im Internet (http://www.cervantesvirtual.com) anhören. Sie werden bemerken, dass der Text einen besonderen Rhythmus aufweist. Wenn Sie den Text nun noch einmal anschauen, werden Sie sehen, dass die einzelnen Verse nach ihrer Silbenzahl exakt gleich gebaut sind. Was Jakobson mit der poetischen Funktion der Sprache meint, ist besonders gut an lyrischen Texten nachzuvollziehen, da diese aufgrund ihrer besonderen sprachlichen und strukturellen Eigenart den Blick auf die spezifisch ästhetische Struktur ihrer Nachricht lenken, oder, mit den Worten Jakobsons, die ‚sprachliche Botschaft auf sich selbst' einstellen. Sie werden in Kapitel 4.1 im Rahmen der Lyrikanalyse ausführlich mit dem Konzept Jakobsons vertraut gemacht.

In Bezug auf die poetische Funktion der Sprache wird auch von der Autoreflexivität literarischer Texte gesprochen, d.h. diese Art von Texten bezieht sich auf sich selbst, indem sie ihren Status als gemachte und bewusst in einer bestimmten Art und Weise geformte Erzeugnisse thematisieren. Betrachten Sie nochmals die Struktur

Autoreflexivität

des oben stehenden Sonetts. Der letzte Vers weicht bereits typografisch von den anderen Versen ab. Die Anzahl von elf Silben wird nur durch die Zusammenziehung von aufeinanderstoßenden Vokalen erreicht (vgl. Kapitel 4.2), die Elemente, in die sich die Metaphern der Schönheit der Jugend im Tod verwandeln werden, werden ohne verknüpfende Bindewörter und in einer gewissen Abstufung gebracht, all dies mit dem Ergebnis, dass die Aufmerksamkeit auf das letzte Wort, *nada*, gerichtet wird. Am Ende der Reihung steht also das Nichts. Versuchen Sie nun einmal, die umgekehrte ‚Bewegung‘ nachzuvollziehen: Lesen Sie das letzte Wort rückwärts. Aus *nada* wird *adán*, das spanische Wort für den (biblisch) ersten Menschen, Adam. Die strukturelle Hervorhebung des letzten Wortes scheint also keine Zufälligkeit zu sein. Man nennt diese Umstellung der Buchstaben eines Wortes Anagramm.

Literarische Texte als Abweichung von einer bestimmten Folie

Aus dem Vergleich mit dem Bibel-Text erkennen Sie in dem obigen Beispiel noch eine weitere Eigenart des Literarischen, welche die Russischen Formalisten herausgestellt haben: Nach ihrer Ansicht entstehen literarische Texte vor allem durch Abweichung von einer bestimmten Folie. „Dabei kann als automatische Folie entweder die Alltagssprache als solche, ein Spezialdiskurs oder auch ein bereits existierender literarischer Diskurs dienen." (Link 2001: 25) Die Vergänglichkeit des Lebens und die Geringschätzung irdischer Werte waren die Hauptthemen kirchlicher Mahnpredigten vom 15. bis zum 17. Jahrhundert. Góngora nimmt in seinem Sonett das Problem der Vergänglichkeit auf, das in den theologischen Diskursen seiner Zeit virulent war, und formt es in gereimte Verse. So verfremdet er die Art, das Problem zu versprachlichen, und ist damit in der Lage, die Aufmerksamkeit der Leser auf seine spezifische Formung eines allgemein bekannten Gedankens zu lenken. Jürgen Link (2001: 25) hat in Anlehnung an die Überlegungen der Russischen Formalisten Verfremdung als eine typische Struktur literarischer Texte festgehalten. Jan Mukařovský hat bereits 1932 in dem Essay „Die Standardsprache und die poetische Sprache" darauf hingewiesen, dass die poetische Sprache eine ‚individuelle kreative Leistung‘ sei, die „auf dem Hintergrund erstens der Standardsprache und zweitens der jeweils gültigen poetischen Norm gesehen werden müsse. Mukařovský unterstrich in seinem Essay, dass poetische Sprache erst möglich wird durch systematische Verletzung der standardsprachlichen Norm. Je stabiler die Norm der Standardsprache, desto weitgefächerter die Variationsmöglichkeiten bei poetischen Verletzungen." (Bartschat 1996: 102)

Gleichzeitig sehen Sie, dass literarische Texte nicht in einem Raum entstehen, der von der Welt völlig losgelöst ist, sondern dass sie vielmehr die Diskurse ihrer Zeit wahrnehmen, mit aufnehmen und auch umwandeln: „Literatur ist im Spektrum der Diskurse diejenige Rede, in der viele, wenn nicht alle Dinge verhandelt werden bzw. werden können, die ansonsten, dort aber separat, in den Spezialistendiskursen behandelt werden." (Küpper 2001a: 194) Sie erkennen hier eine Anforderung an Literaturwissenschaftler, die über die Textlektüre hinausgeht: Für die Analyse literarischer Texte ist die Kenntnis der Diskurse, die zur Entstehungszeit des Textes dominant waren, unerlässlich. – Der französische Philosoph Michel Foucault versteht unter Diskursen soziokulturelle Deutungsmuster, mithilfe derer wir sinnliche Wahrnehmung verstehen. Wir teilen das Erlebte in Kategorien, legen Bedeutungen fest und etablieren Beziehungsgeflechte. Im gesellschaftlichen Miteinander legen wir auf diese Weise eine mentale Ordnung fest, die bestimmt, was wahr, was gut und was ‚normal' ist. Diskurse sind kultur-, kontext- und zeitabhängig, es werden entsprechend verschiedene Diskurse einer Zeit, z.B. politische, theologische, ökonomische Diskurse, unterschieden. Alle Diskurse einer Epoche fasst Foucault unter dem Begriff der *Episteme*, dem griechischen Wort für Wissen, zusammen (in Kapitel 1.2.1 wird noch einmal ausführlich auf den Begriff des Diskurses eingegangen). – Für eine Analyse des Gedichts von Góngora wäre demnach die Kenntnis des kulturellen Wissens seiner Zeit, des Barock, von großem Gewinn, um die Spezifik *dieses* Gedichts beurteilen zu können.

Diskurs

Überlegen Sie vor diesem Hintergrund, wie das anagrammatische letzte Wort des Sonetts – *nada-adán* – gedeutet werden kann. Eine Möglichkeit wäre, dass Adam hier als Symbol für die Menschheit steht. Der gesamten Menschheit ist Sterblichkeit eigen. Wie ist dann zu interpretieren, dass am Ende einer Kette von Verwandlungen in Metaphern des Todes in entgegengesetzter Lektürerichtung ein Symbol für die Menschheit zu finden ist? Es ließe sich eine Lesart vorschlagen, die den Text als eine sehr spezielle Stellungnahme zur Vergänglichkeit des Lebens ansieht: Aus dem Nichts erhebt sich die Menschheit in ein anderes Leben, möglicherweise in das Jenseits. Durch die Betonung des Genusses jedoch – *genieße Hals, Haar, Lippen und Stirn, bevor ‚sie' [...] in Erde, in Rauch, in Staub, in Schatten, in Nichts* zerfallen – könnte auch eine weniger theologische als weltliche Aufforderung im Mittelpunkt des Sonetts stehen.

Die literarische Inszenierung des Vergänglichkeits-Motivs unterscheidet sich deutlich von dem Bibel-Text oder etwa einer philosophischen Abhandlung: Das Konzept Vergänglichkeit wird nicht eindeutig angezeigt, sondern eher ein Spielraum für unser Nachdenken über Vergänglichkeit eröffnet. Gerade der unscharfe Umgang des literarischen Texts mit dem extra-literarischen Konzept macht ihn produktiv. Sie sehen bereits eine weitere Besonderheit literarischer Texte: Sie sind mehrdeutig lesbar und inszenieren diese Mehrdeutigkeit als strukturelles Merkmal.

Mehrdeutigkeit als strukturelles Merkmal literarischer Texte

Die strukturelle Offenheit oder semantische Unbestimmtheit literarischer Texte hat in der Literaturwissenschaft zu Überlegungen geführt, wie es im Akt des Lesens dazu kommt, dass Leser einem Text eine bestimmte Bedeutung zuweisen. Diesen Blick auf Texte nennt man auch Rezeptionsästhetik (sp. *estética de la recepción*), weil er sich vor allem auf die Vorgänge des Lesens, die Aufnahme (Rezeption) des Textes durch den Leser richtet. Im Jahre 1967 hat der Romanist Hans Robert Jauß in seiner Antrittsvorlesung „Literaturgeschichte als Provokation der Literaturwissenschaft" an der Universität Konstanz die „Erwartungshorizonte" der Leser als ein Moment vorgeschlagen, das bei der Analyse literarischer Texte zu beachten sei. Jauß hat den Begriff in Auseinandersetzung mit dem „Horizont"-Begriff des Philosophen Hans-Georg Gadamer entwickelt. Verstehen findet nach Gadamer in dem Augenblick statt, in dem unser eigener Bedeutungshorizont mit dem Horizont des Textes, den wir aufnehmen, verschmilzt (vgl. weiter unten, Kapitel 1.2.1). Jauß geht nun davon aus, dass es ein Spezifikum literarischer Texte sei, den Erwartungshorizont der Leser zu durchbrechen. Hochwertige literarische Texte erfüllen nicht die Erwartungen der Leser (dies sei vielmehr eine Domäne der Trivialliteratur), sondern irritieren den Leser zunächst. Das ‚Verstehen' eines solchen Textes ist sodann ein Prozess wechselseitiger kritischer Reflexion der eigenen Erwartungen und des im Text Gesagten. Mit anderen Worten: Die Lektüre literarischer Texte hat immer auch eine kritische Dimension. Sie erweitert das Weltverständnis des Lesers, macht sein Bild von der Welt (und der eigenen Person) komplexer.

Der Anglist Wolfgang Iser (1994) hat dieser Auffassung – ein Text sei nicht etwas schlechthin Gegebenes, sondern gewinne seine Gestalt erst in der Lektüre durch einen Leser – einen phänomenologischen Akzent gegeben: Literarische Texte zeichnen sich unter anderem dadurch aus, dass sie Momente von Unbestimmtheit enthalten.

Diese Unbestimmtheitsmomente nennt Iser Leerstellen. Der Leser konkretisiere im Leseprozess die Leerstellen zu etwas Bestimmtem, zur Bedeutung des Texts. So gesehen hat ein Text nicht von vornherein eine bestimmte Bedeutung, sie kommt erst im Akt des Lesens, im Prozess der Rezeption, zustande.

Leerstellen

In diesem Prozess der Rezeption kommt es dazu, dass der Leser bestimmte Vorstellungen über den Urheber des Textes, den er gerade liest, mit in die Bedeutungsgebung einbezieht. Der Literaturwissenschaftler Wayne C. Booth (1974) hat für dieses Konzept den Begriff des impliziten Autors vorgeschlagen. Der implizite Autor steht hierbei für die abstrakte Vorstellung des Lesers über den Erschaffer des Textes und dessen Wertesystem. Wolfgang Iser hat parallel dazu den Begriff des impliziten Lesers geprägt. Damit beschreibt Iser die Steuerungsmechanismen, die ein Autor bei der Bedeutungsbildung einsetzt, um die Lektüre des Texts durch einen Leser zu lenken. Die entsprechenden Strategien legen also eine bestimmte Interpretation (oder zumindest eine gewisse Spannbreite von Interpretationen) eines gegebenen Texts nahe.

Impliziter Autor/ Impliziter Leser

Ein weiteres Kriterium für die Bestimmung desjenigen, was wir unter Literatur verstehen, ist das Verhältnis der Texte zur außersprachlichen Wirklichkeit, ihre Fiktionalität. Fiktionale Texte funktionieren auf eine besondere Weise. Aristoteles versteht Dichtung als Nachahmung, *Mimesis* (sp. *mimesis* oder *mímesis*). Platon hat im 10. Buch seines Werkes *Der Staat* (*Politeia*) die Mimesis der Dichtung als etwas Schlechtes betrachtet, da in seiner Weltsicht die Dinge, die wir auf der Welt sehen, nur Nachahmungen von Ideen sind. Der Dichter ahme bereits Nachgeahmtes noch einmal nach und entfernte sich somit noch weiter von den ursprünglichen Ideen: „Dieses Nachahmen [steht] an dritter Stelle hinter der Wirklichkeit [...]. Freilich haben wir den größten Vorwurf gegen sie – die Dichtkunst – noch gar nicht erhoben. Denn dass sie Kraft genug hat, die Anständigen zu verderben – ganz wenige bestimmte ausgenommen – ist doch in jeder Hinsicht schrecklich." Aristoteles vertritt hingegen die Auffassung, dass das Publikum nur durch mimetische Handlungs- und Figurenkonzeption bereit ist, die ‚Gefühlswirkung' der Tragödie zuzulassen und auf sich zu beziehen, um so zur Reinigung, Katharsis (sp. *catarsis*), von diesen negativen Gefühlen zu gelangen. Sie finden in Unterkapitel 3.1 eine ausführliche Erklärung der aristotelischen Konzepte Mimesis und Katharsis.

Fiktionalität

Mimesis

Katharsis

Dichtung und
Geschichtsschreibung

In Kapitel 9 der *Dichtkunst* (*Poetik*) unterscheidet Aristoteles die Dichtung von der Geschichtsschreibung. Die Dichtung rede vom Allgemeinen und von dem, was sein könne. Die Perspektive sei aus diesem Grunde philosophischer als im Falle der Geschichtsschreibung, diese rede vom Besonderen, von dem, was tatsächlich geschehen ist:

> Aus dem Gesagten ergibt sich auch, daß es nicht Aufgabe des Dichters ist mitzuteilen, was wirklich geschehen ist, sondern vielmehr, was geschehen könnte, d.h. das nach den Regeln der Wahrscheinlichkeit oder Notwendigkeit Mögliche. Denn der Geschichtsschreiber und der Dichter unterscheiden sich nicht dadurch voneinander, daß sich der eine in Versen und der andere in Prosa mitteilt – man könnte ja auch das Werk Herodots in Verse kleiden, und es wäre in Versen um nichts weniger ein Geschichtswerk als ohne Verse –; sie unterscheiden sich vielmehr dadurch, daß der eine das wirklich Geschehene mitteilt, der andere, was geschehen könnte. Daher ist Dichtung etwas Philosophischeres und Ernsthafteres als Geschichtsschreibung; denn die Dichtung teilt mehr das Allgemeine, die Geschichtsschreibung hingegen das Besondere mit. Das Allgemeine besteht darin, daß ein Mensch von bestimmter Beschaffenheit nach der Wahrscheinlichkeit oder Notwendigkeit bestimmte Dinge sagt oder tut – eben hierauf zielt die Dichtung, obwohl sie den Personen Eigennamen gibt.

Literatur als sekundäres
modellbildendes System

Der russische Semiologe Jurij M. Lotman (1993) folgt dem Nachahmungsbegriff von Aristoteles, wenn er Literatur als sekundäres modellbildendes System beschreibt. Literatur erzeugt mittels sprachlicher Zeichen ein Modell der Wirklichkeit, eine Art zweite (sekundäre) Wirklichkeit, die sich von der – ersten (primären) – Wirklichkeit unterscheidet. Dieser Unterschied wird vom Leser erkannt, wenn dieser eine so genannte ästhetische Sicht auf die Dinge einnimmt.

Abb. 2

Sie sehen in Abb. 2 die perfekte Nachahmung eines Apfels, aber Sie sehen, wie das Textelement des Bildes explizit macht – „Dies hier ist kein Apfel" –, keinen ‚echten' Apfel. Lotman vertrat die Position, dass durch die Auseinandersetzung mit dem Modell die Erkenntnis über die primäre Wirklichkeit gefördert werde. Denn unter ‚modellbildend' versteht Lotman, dass literarische Texte nicht nur irgendeinen Sachverhalt darstellen, sondern einen verallgemeinernden Blick auf die Welt inszenieren: Die Darstellung der Vergänglichkeit in Góngoras Sonett bezieht sich eben nicht nur auf ein individuelles lyrisches Du, sondern auf die Menschheit im Allgemeinen. Lotman veranschaulicht seine These wie folgt:

> Jeder einzelne Text modelliert gleichzeitig sowohl ein bestimmtes spezielles als auch ein universales Objekt. So bildet das Sujet der *Anna Karenina* etwa einerseits ein bestimmtes verengtes Objekt ab [...]. [Andererseits lässt sich] das Schicksal der Heldin vorstellen als Abbildung des Schicksals j e d e r Frau einer bestimmten Epoche und einer bestimmten sozialen Schicht, j e d e r Frau überhaupt, ja j e d e s Menschen. (Lotman 1972: 303)

„Man könnte diese zweite Ebene der Lektüre: das Schicksal der Anna Karenina als ‚Abbildung des Schicksals jeder Frau, ja jedes Menschen', als eine rhetorische, symbolische oder auch allegorische Lektüre bezeichnen, in dem Sinne, dass wir dem Text unterstellen, er meine ‚eigentlich' etwas anderes, als was er zunächst sagt. [...] Die symbolische Ebene des Texts wird vom jeweiligen Leser im Akt der Lektüre entworfen. Wie jeder Akt der Symbolisierung, d.h. der Zuweisung von Bedeutung, ist sie deshalb beliebig, oder anders ausgedrückt, etwa in der Terminologie Umberto Ecos, ‚offen'." (Küpper 2001b: 222) Aus diesem Grunde muss in der wissenschaftlichen Auseinandersetzung mit literarischen Texten diese Zuweisung von Bedeutung so geschehen, dass für jeden Leser die Interpretation nachvollziehbar wird, d.h. so beschaffen ist, dass sie einleuchtet. Davon unberührt bleibt, dass es durchaus verschiedene Interpretationen eines jeweiligen literarischen Texts geben kann. ‚Nachvollziehbarkeit' ist etwas anderes als ‚Richtigkeit' (zumal ‚ausschließliche Richtigkeit'), aber sie unterscheidet sich auch von einer rein subjektiven Interpretation, von ‚Beliebigkeit'.

Arbeitsbereiche und Methoden der Literaturwissenschaft | 1.2

Die Arbeitsbereiche der Literaturwissenschaft lassen sich in drei Hauptgebiete einteilen: Textanalyse, Textkritik und Literaturgeschichte, deren Aufgabengebiete und Fragestellungen im Folgenden dargelegt werden.

1.2.1 | Textanalyse

Die Textanalyse ist die Grundlage aller literaturwissenschaftlichen Richtungen, je nach Methode ändern sich jedoch die Fragen, die an den Text gestellt werden. Eine strukturalistische Textanalyse funktioniert beispielsweise anders als eine psychoanalytische Textinterpretation. Sie erhalten im Folgenden einen knappen Überblick über die Möglichkeiten, sich der Antwort auf die Frage *Was ist die Bedeutung eines literarischen Textes?* anzunähern.

Hermeneutik   Die Hermeneutik begreift die Frage nach der Bedeutung eines literarischen Texts als grundsätzliche Fragestellung zum Vorgang des Verstehens im Allgemeinen. Verstehen ergibt sich nach Ansicht der Hermeneutik aus der Konfrontation bereits vorhandenen Weltwissens mit etwas Unbekanntem. Im Vergleich mit dem Unbekannten wird das bereits vorhandene Wissen berichtigt und dient dann, in der korrigierten Version, als neuer Ausgangspunkt für weitere Begegnungen. Da sich dieser Vorgang wiederholt und wie eine Spirale funktioniert, wird diese Perspektive auf den Akt des Verstehens ‚hermeneutischer Zirkel' genannt. Dergestalt sind die Überlegungen des Philosophen Hans-Georg Gadamer, der in seiner Abhandlung „Wahrheit und Methode" (1960) den Blick um den Aspekt des historischen Verstehens erweitert hat: Bei der Lektüre eines historischen Texts verschmilzt, so Gadamer, das Vor-Wissen des jeweiligen Lesers (er nennt dies auch den Horizont des Rezipienten) mit dem historischen Zusammenhang (dem historischen Horizont), in dem der Text entstanden ist. Diese Horizontverschmelzung ist dadurch möglich, dass in den historischen Horizont des Werkes bereits die Horizonte vorheriger Rezipienten eingegangen sind, wir also die Tradition des Werkes kennen. Ähnlich funktioniert demnach der Verstehensprozess bei der Lektüre literarischer Texte: Individuelles Verstehen funktioniert in Abhängigkeit von der Tradition, in der ein Werk steht.

Rezeptionsästhetik   Sie haben bereits weiter oben nachvollziehen können, wie die so genannte Konstanzer Schule, vor allem Hans Robert Jauß, teils in Anlehnung, teils in Kritik an Gadamer den Begriff des Erwartungshorizonts des Lesers gebildet hat. Verglichen mit Gadamers Konzept der ‚Tradition' als eines ‚objektiven Überlieferungsgeschehens' betont das Konzept des Erwartungshorizonts stärker die Legitimität der subjektiven Verstehensvoraussetzungen jeweiliger Leser. Nach Wolfgang Isers Ansicht sagt ein Autor in einem Text nicht alles explizit, sondern lässt vieles im Unbestimmten. Die Rezeptionsästhetik beantwortet die Frage *Was ist die Bedeutung eines literarischen Textes?* mit der Behauptung, dass in literarischen Texten ein Aufriss, ein Entwurf etabliert wird, den der jeweilige Leser im Prozess der Lektüre kraft seiner Phantasie und seines Wissenshorizonts auffüllt und konkretisiert.

Der Strukturalismus in der Literaturwissenschaft versucht die Methoden der strukturalistischen Linguistik (vgl. Sprachwissenschaftlicher Teil, Kapitel 1) auf die Analyse literarischer Texte zu übertragen. Ferdinand de Saussure hat unter anderem Sprache als ein System von Zeichen zu einem gegebenen Zeitpunkt (und nicht in seiner historischen Entwicklung) untersucht. Jedes Zeichen besteht – wie die beiden Seiten eines Blattes Papier – aus einem Signifikanten (dem bezeichnenden Ausdruck) und einem Signifikat (der Vorstellung, auf die der bezeichnende Ausdruck abzielt). Die Beziehung zwischen Signifikant und Signifikat ist willkürlich (arbiträr) und Ergebnis gesellschaftlicher Übereinkunft. Zeichen erhalten ihre Bedeutung durch Unterscheidung voneinander und sind in ein System eingebunden.

Strukturalismus

Karlheinz Stierle erklärt in seinem Aufsatz „Die Struktur narrativer Texte" (1977) die Mechanismen der Übertragung der strukturalistischen Linguistik auf die Literaturwissenschaft wie folgt:

> Wir gehen davon aus, daß zwischen der Struktur, die allen Texten gemeinsam ist, und der je konkreten Struktur des spezifischen Textes Strukturen von relativer Allgemeinheit liegen, die für unser Verständnis der einzelnen Texte eine wesentliche Rolle spielen. Damit folgen wir einer Grundauffassung der strukturalen Literaturwissenschaft, daß nämlich die konkrete Komplexität des jeweiligen einzelnen literarischen Werkes bezogen werden kann auf ein überschaubares Ensemble von elementaren Strukturen, die durch ihre Kombination und durch ihren je besonderen Kontext unendlich vielfältige Differenzierungen erfahren können. Das Verstehen eines Textes vollzieht sich immer im Hinblick auf diese elementaren Textstrukturen, auch dann, wenn sie uns gar nicht zu Bewusstsein kommen. So ist es ja auch mit der Sprache selbst: Wir benutzen sie und verstehen sprachliche Äußerungen, ohne daß es notwendig wäre, eine Einsicht in den Bau der Sprache zu haben. Aber wir verstehen das, was wir verstehen, sehr viel besser und genauer, wenn wir in der Lage sind, uns die Bauformen der Sprache wie der Texte zu Bewußtsein zu bringen.

Der Strukturalismus stellt also zunächst die Frage *Was ist die Bedeutung eines literarischen Textes?* zugunsten der Frage nach den Strukturen des Texts zurück. Die elementaren Textstrukturen selbst sollen analysiert werden, wobei der einzelne Text als Teil eines umfassenderen Korpus und somit seine einzelnen Strukturen als repräsentativ für die Strukturen des gesamten Systems gesehen werden.

Literatursemiotik   Die literaturwissenschaftliche Semiotik (vgl. Sprachwissenschaftlicher Teil, Kapitel 1) bezieht neben den Textstrukturen auch die einem Text zugrunde liegenden kulturellen Strukturen mit in die Analyse ein. Die Literatursemiotik (vgl. Link 2001: 24-27) ist eine der Grundlagen unseres in Kapitel 1.1 unternommenen Versuchs einer Abgrenzung des Gegenstandsbereichs der Literaturwissenschaft. Link fasst vier Merkmale von Texten zusammen, die zu verschiedenen Zeiten und in verschiedenen Kulturen als poetisch betrachtet wurden: Autofunktionalität, Verfremdung, Vorherrschen der Konnotation und Vorherrschen der Symbolik. Unter dem Begriff der Autofunktionalität versteht die Literatursemiotik die oben ausführlich erklärte Einstellung auf die Form der Sprache selbst, also dasjenige, was Jakobson als poetische Funktion bezeichnet hat. Ebenso wurde die Verfremdung als Strukturmerkmal literarischer Texte und ihre These, literarische Texte als Abweichung von einer Folie aufzufassen, bereits erläutert, wobei als Folie verschiedene Diskurse (die Alltagssprache, Spezialdiskurse o.Ä.) dienen können. Wir wollen uns nun mit den beiden anderen Merkmalen befassen, welche in der Literatursemiotik als grundlegend für literarische Texte aufgefasst werden.

Denotation und Konnotation   Die Semiotik unterscheidet in der von Roland Barthes (1966) und Umberto Eco (2000) ausgearbeiteten Begrifflichkeit des dänischen Sprachwissenschaftlers Louis Hjelmslev zwischen Denotation und Konnotation (vgl. hierzu auch die Überlegungen von Karl Otto Erdmann in seinem Buch *Die Bedeutung des Wortes* aus dem Jahre 1922). Unter Denotation (von lat. *denotare* = dt. *bezeichnen*) ist die Grundbedeutung eines sprachlichen Ausdrucks zu verstehen, Konnotation (von lat. *con* = dt. *mit* + lat. *notatio* = dt. *Bezeichnung*) bezieht sich auf die indirekte, gewissermaßen mitgegebene Bedeutung eines sprachlichen Ausdrucks. Die Denotation von *Rose* lässt sich zum Beispiel als ‚meist mit Stacheln versehene Blume eines Strauchgewächses, deren Blätter kugelig und in den verschiedensten Farben erscheinen‘ beschreiben. Diese Denotation bleibt in allen Kontexten gleich, während die Konnotation variiert: Die Konnotation von *Rose* kann die Schönheit der Rose, des Weiteren die Verletzungsgefahr durch Dornen und schließlich die Kurzlebigkeit dieser Schönheit durch schnelles Verblühen sein. Es wird sozusagen der denotative Kern überlagert durch einen bestimmten Kontext, ein räum-

lich-regionales oder stilistisches Register, oder auch durch individuelle Gefühlswerte. Die Literatursemiotik nimmt an, dass im literarischen Diskurs die Konnotation ungleich wichtiger ist als in der Alltagssprache, ja oftmals schwerer wiegt als die rein denotative Ebene.

Mit dem Symbolbegriff fasst die Literatursemiotik eine bestimmte Form von Konnotationen: „Dabei steht ein denotiertes ‚Bild‘ nach   Symbolik
dem Prinzip der metaphorischen oder auch synekdochischen Analogie für mindestens eine konnotierte Bedeutung. [...] Semiotisch gesehen ist die Grundstruktur dabei stets ähnlich: einer oder mehrerer Picturae (Bilder) werden eine oder mehrere Subscriptiones
(Sinne) nach verschiedenen möglichen Verweisstrukturen integriert." (Link 2001: 27) Sie wissen sicher aus Ihrer Lektüreerfahrung,
dass viele Dichter die *Rose* als Symbol für *Liebe* verwenden. Die Semiotik sieht die große Bedeutung des symbolischen Prinzips als ein
Spezifikum literarischer Texte an.

Der Dekonstruktivismus hat die Frage *Was ist die Bedeutung ei-*   Dekonstruktivismus
nes literarischen Textes? gerade im Hinblick auf die Tatsache diskutiert, dass Bedeutung nicht ‚vorgefertigt‘ in einem literarischen
Text vorliegt, sondern im Akt der Lektüre vom Leser miterzeugt
wird. Angesichts dieser Einsicht wird im Dekonstruktivismus die
Frage gestellt, ob es überhaupt eine vom Leser unabhängige Bedeutung eines Texts geben kann, oder ob nicht vielmehr viele verschiedene Lesarten gleichwertige Bedeutungen erzielen, die nicht hie-
rarchisierbar sind. Der französische Philosoph Jacques Derrida
(1967) hat seine Überlegungen auf den Zeichenbegriff von Ferdinand de Saussure basiert und darauf hingewiesen, dass nach Saussure Bedeutung durch die Unterscheidung eines Zeichens von anderen Zeichen entsteht, dieser Prozess der Unterscheidung indes
kein endlicher, sondern ein unendlicher Prozess ist, der es unmöglich macht, ein Signifikat zu fixieren. Derrida ging es um eine Kritik einer philosophischen Tradition, die die Erscheinungen der Welt
als unveränderlich betrachtet. In dem Aufsatz „Die Struktur, das
Zeichen und das Spiel im Diskurs der Geisteswissenschaften" (1967)
geht es Derrida vor allem darum zu zeigen, dass die Voraussetzung
einer eindeutigen Bindung von Signifikant und Signifikat zu großen Widersprüchen führt:

> Der Signifikant ‚Rose‘ vermittelt uns die Vorstellung oder das Signifikat
> ‚Rose‘, weil er sich von dem Signifikanten ‚Hose‘ unterscheidet. Das Sig-
> nifikat ist also sozusagen das Ergebnis der Differenz zweier Signifikanten.
> Aber es ist darüber hinaus auch das Ergebnis der Differenz zwischen vie-

len anderen Signifikanten: ‚Lose', ‚Pose', ‚rosa', etc. Dies stellt Saussures Sichtweise des Zeichens als einer klaren symmetrischen Einheit zwischen einem bestimmten Signifikanten und einem bestimmten Signifikat in Frage. Denn das Signifikat ‚Rose' ist in Wirklichkeit das Ergebnis eines komplexen Zusammenwirkens von Signifikanten ohne erkennbares Ende. Bedeutung ist das Nebenprodukt eines potentiell endlosen Spiels von Signifikanten und nicht so sehr eine Vorstellung, die fest an einen bestimmten Signifikanten geklebt worden ist. Der Signifikant gibt uns nicht direkt ein Signifikat preis, wie etwa ein Spiegel ein Bild wiedergibt: Es gibt keine harmonischen Eins-zu-eins-Entsprechungen zwischen der Ebene der Signifikanten und der der Signifikate. [...] Da die Bedeutung davon abhängt, was das Zeichen *nicht* ist, ist seine Bedeutung auch immer in bestimmtem Sinne abwesend. Bedeutung ist, wenn man so will, die ganze Signifikantenkette entlang verstreut oder verteilt, sie kann nicht so leicht festgenagelt werden und ist niemals in einem Zeichen allein vollständig präsent, sondern stellt mehr eine Art konstantes Flackern von gleichzeitiger An- und Abwesenheit dar. [...] Aus alledem folgt, dass die Sprache eine sehr viel weniger stabile Angelegenheit ist, als die klassischen Strukturalisten gedacht hatten. Anstatt eine wohldefinierte, klar abgegrenzte Struktur mit symmetrisch zugeordneten Signifikanten und Signifikaten darzustellen, beginnt sie nun mehr und mehr wie ein grenzenloses Netz auszusehen. (Eagleton [3]1994: 110-113)

Intertextualität   Der literarische Text ist aus der Perspektive des Dekonstruktivismus kein geschlossenes Ganzes, sondern ein Gewebe intertextueller Bezüge. Unter Intertextualität sind nicht nur die expliziten Bezüge von Texten untereinander zu verstehen, der Begriff meint auch eine spezielle Verfasstheit literarischer Texte, insofern diese mit sämtlichen Arten von bedeutungstragenden Äußerungen verwoben sind. Der Dekonstruktivismus stellt unter diesen Voraussetzungen die Frage *Was ist die Bedeutung eines literarischen Textes?* gar nicht mehr, sondern sucht eher nach den Brüchen und den Widersprüchen in literarischen Texten, da die Vorstellung einer klaren und von allen Beteiligten nachvollziehbaren Kommunikation als Voraussetzung von Bedeutungskonstitution nicht mehr gelten soll. Damit ist aber auch die Unterscheidung zwischen ‚richtiger' und ‚falscher' Interpretation, die Sie möglicherweise aus der Benotung Ihrer Deutschaufsätze in der Schule kennen, aufgehoben.

Der Dekonstruktivismus wird kaum noch als eigenständige Methode praktiziert, heutige Textanalysen beherzigen indes die grundsätzlichen Einwände dieser Denkrichtung und achten in einem hohen Maße darauf, die Voraussetzungen und Grenzen desjenigen aufzuzeigen, was leicht für selbstverständlich gehalten wird.

Feministische Literaturwissenschaft   Eine Verbindung der grundsätzlichen Einsichten des Dekonstruktivismus mit speziellen inhaltlichen Gesichtspunkten stellt die Feministische Literaturwissenschaft dar, die sich weniger als eine theoretische Position, sondern eher als ein weit differenziertes Methodenspektrum beschreiben lässt. Ganz grundlegend geht es der Feministischen Literaturwissenschaft um einen weiblichen Blick auf literarische Texte von Frauen, eine Analyse der Rezeption von literarischen Texten durch Frauen sowie eine Untersuchung der Darstellung von Frauen in Texten. Kate Millet hat sich 1969 in der Studie *Sexual Politics* mit der Frage *Was ist die Bedeutung eines literarischen Textes?* aus feministischer Perspektive befasst und eine bewusst gegenläufige Re-Lektüre von prominenten Texten vorgeschlagen, um so stereotype Frauenbilder aufzudecken. Die Auseinandersetzung mit weiblicher Autorschaft geht zurück auf einen Essay von Virginia Woolf, „A Room of One's Own" aus dem Jahre 1929, in dem sich die Autorin die Frage nach den (nicht zuletzt auch ökonomischen) Möglichkeiten für Frauen stellt, Schriftstellerin zu werden. Die französische Feministische Literaturwissenschaft hat versucht, mit subversiven Texterzeugungsstrategien wie zum Beispiel der Einfügung von Neologismen, freier Interpunktion oder auch Wortspielen die männlich zentrierte Logik in Texten zu unterminieren. Die so genannten *Gender Studies* unterscheiden zwischen biologischem Geschlecht (engl. *sex*) und der Geschlechtsidentität, die wir durch die Gesellschaft vermittelt bekommen (engl. *gender*). Es geht in den *Gender Studies* um den Versuch, die Opposition ‚weiblich' / ‚männlich' aufzubrechen, indem in der Analyse literarischer Texte aufgezeigt wird, wie diese Opposition konstruiert wird. Die Geschlechtsidentität wird als eine variable Erscheinung diskutiert, die sich vermittels sprachlicher Prozesse und damit eben auch literarischer Texte etabliert. Diese Mechanismen rücken im Bereich der *Gender Studies* in den Brennpunkt bei der Beantwortung der Frage nach der Bedeutung eines literarischen Texts.

Gender Studies

Die psychoanalytische Literaturwissenschaft beruft sich auf die von Sigmund Freud etablierte Psychoanalyse. Die Traumanalyse Freuds sucht den verborgenen Trauminhalt hinter dem offenkundigen Trauminhalt mittels eines Analyseprozesses zu ergründen, der der Suche nach der Bedeutung eines literarischen Texts ähnelt. Bereits Freud hat in der Entfaltung seiner Theorie literarische Figuren verwandt, um die von ihm untersuchten mental-seelischen Prozesse zu veranschaulichen (Ödipus). Demnach enthalten literarische Texte ähnlich wie der Traum eine verborgene Bedeutung, die mithilfe psychoanalytischer Deutung an die Oberfläche gebracht wer-

Die psychoanalytische Literaturwissenschaft

den kann. Es ist hierbei wichtig festzuhalten, dass es in der psycho-
analytischen Untersuchung literarischer Texte heute nicht mehr um
den Autor geht, sondern um die Erzählende Instanz, da man seit
Carl Gustav Jung davon ausgeht, dass in Texten überindividuelle Er-
fahrungen in grundlegenden allgemeingültigen Deutungsmustern
ihren Ausdruck finden, so genannte ‚Archetypen'. Der französische
Psychoanalytiker Jacques Lacan hat diese Überlegungen re-interpre-
tiert und nimmt an, dass das Unbewusste ganz ähnliche Strukturen
wie die Sprache aufweist und demnach ähnlich beschreibbar ist.
Sprache (und damit auch der literarische Text) ist Ausdruck des Un-
bewussten.

Diskursanalyse   Die Grundlagen der Diskursanalyse haben wir bereits oben
(Unterkapitel 1.1) kurz dargelegt. Der Begriff Diskurs stammt wie
erwähnt von dem französischen Philosophen Michel Foucault. Unter Diskursen sind Bündel von Aussagen über ein bestimmtes Gebiet von Wissen sowie soziokulturelle Deutungsmuster zu verstehen, mit denen wir sinnliche Wahrnehmung kategorisieren. Es
wurde auch schon gesagt, dass Foucault die Gesamtheit der Diskurse einer Epoche unter dem Begriff der *Episteme*, dem griechischen
Wort für Wissen, zusammenfasst. Die Diskursanalyse untersucht
nun die verschiedenen historischen Diskursschichten, die ganz unterschiedlicher Art sein können, wie z.B. politische, theologische,
ökonomische, medizinische Diskurse. Foucault selbst hat als Histo-
riker und Philosoph verschiedene Einzeldiskurse wie ‚Sexualität'
und ‚Wahnsinn' untersucht und gezeigt, in welchem Maße das Individuum in seinem Weltverhältnis von den Diskursen seiner Zeit
abhängig ist. Die literaturwissenschaftliche Diskursanalyse untersucht, welche diskursiven Elemente einer Epoche oder auch einer
Gesellschaft in literarische Texte eingeschrieben sind und legt die
Transformationen offen, denen diese Diskurse in literarischen Texten unterliegen.

Der Begriff des   Im Anschluss an Foucault wurde die Frage aufgeworfen, inwie-
Aufschreibesystems fern Medien Diskurse regulieren, welche medientechnische Basis ihnen zugrunde liegt. Der Kulturwissenschaftler Friedrich Kittler hat
diese Medien-Basis mit dem Begriff des Aufschreibesystems anschaulich bezeichnet. Kittler versteht hierunter das Netz von Medi-
en, Institutionen und Techniken, mit dem eine jeweilige Kultur ihre
Daten aufzeichnet. Unser zeitgenössisches Aufschreibesystem zu
Beginn des neuen Jahrtausends hat den Computer zum Mittelpunkt,
während zum Beispiel das Aufschreibesystem des 19. Jahrhunderts

von der Schrift bestimmt war und dasjenige des beginnenden 20. Jahrhunderts von den neuen technischen Erfindungen wie dem Film oder dem Grammophon. Eine medienwissenschaftliche Analyse versucht aufzuzeigen, inwiefern die historisch variablen ‚Aufschreibesysteme' je verschiedene Varianten von Literatur generieren.

Textkritik

1.2.2

Die Textkritik ist ein anderer wichtiger Arbeitsbereich der Literaturwissenschaft. Hierbei geht es nicht um Interpretation und Deutung, sondern um die Sicherung eines zuverlässigen Texts als Ausgangspunkt für weitere Analysen. Insofern ist die Textkritik letztlich immer Basis jeder weitergehenden literaturwissenschaftlichen Analyse. Dies gilt auch historisch: Am Beginn dessen, was man heute ‚Literaturwissenschaft' nennt, in der ‚Philologie' des 19. Jahrhunderts, stand die Textkritik im Zentrum aller Bemühungen. Die Textkritik konzentriert sich zunächst auf ältere Texte noch vor der Zeit des Buchdrucks. Die Vervielfältigung solcher Texte durch die Technik des handschriftlichen Abschreibens, die in älteren Zeiten noch nicht vorhandene Autorisierung einer bestimmten Version sowie Probleme ähnlicher Art machen die Erstellung einer so genannten ‚zitierfähigen Version' eines Texts zu einem Gegenstand wissenschaftlicher Bemühungen.

Der Philologe Karl Lachmann (1793-1851) hat in der ersten Hälfte des 19. Jahrhunderts die Grundlagen der wissenschaftlichen Textedition geschaffen. Seine Methode der philologischen Textkritik wendet sich gegen die Praxis, nur *eine* handschriftliche Überlieferung heranzuziehen, und empfiehlt als ersten Arbeitsschritt die Sammlung aller überlieferten Handschriften. Diese erste Etappe der Textkritik wird *Heuristik* genannt. Dann werden die Manuskripte verglichen. Dieser Schritt wird als *Kollation* bezeichnet. Sodann werden die Ergebnisse der Kollation gesichtet, geordnet und anhand der Gemeinsamkeiten sowie Unterschiede Abhängigkeiten der verschiedenen Handschriften aufgezeigt. Manchmal ist es möglich, die Handschriften in Überlieferungsgruppen zusammenzufassen und fehlerhafte Handschriften ganz auszusortieren. Diese so genannte Rezension führt zur Erstellung eines Handschriften-Stammbaums (*Stemma*), an dessen Anfang das angenommene Original des Textes steht, der *Archetyp*. Im nächsten Schritt, der *Examination*, wird ver-

Grundlagen der wissenschaftlichen Textedition

sucht, einen Text herzustellen, der möglichst nah an den Archetyp herankommt. Dies wird durch den letzten Arbeitsschritt, die *Emendation*, erreicht, bei der die Ergebnisse der Examination verbessert werden. Wenn formale und auch inhaltliche Ungereimtheiten *(Korruptelen)* auftreten, werden diese ebenso beseitigt wie mögliche Einschübe *(Interpolationen)*, die der Abschreiber der Handschrift eingefügt hat. Gelegentlich wird der Text durch eigene textkritische Verbesserungen *(Konjekturen)* dem Archetyp noch näher angeglichen. – Wenn Sie sich mit Texten aus der Zeit vor der Erfindung des Buchdrucks auseinandersetzen, sollten Sie unbedingt eine so genannte historische Edition, eine Textausgabe, die nach den Methoden der oben dargestellten genealogischen Textkritik erstellt wurde, benutzen. Wenn möglich, greifen Sie auf eine historisch-kritische Ausgabe zurück. Diese Editionen geben in einem textkritischen Apparat die wichtigsten Lesarten an und begründen die getroffenen Auswahlentscheidungen.

Auch wenn die Texte, mit denen Sie sich auseinandersetzen, nach der Erfindung des Buchdrucks entstanden sind, müssen Sie dennoch textkritische Überlegungen miteinbeziehen. Es gibt bei Druckwerken die Erstausgabe (lat. *editio princeps*) und die Ausgabe letzter Hand, die letzte von einem Autor zu Lebzeiten autorisierte Ausgabe seines Textes. Bei der Herausgabe von modernen Texten werden häufig auch Handschriften des Autors und andere Materialien, wie z.B. Vorarbeiten zum Text in Entwürfen oder Notizen, mit in die Ausgabe aufgenommen. In jedem Fall sollten die Entstehungsstufen der Texte dokumentiert und erklärt sein, ebenso wie eventuelle Anpassungen von Orthographie und Interpunktion. Sie sollten als Grundlage Ihrer Textanalyse immer die beste verfügbare Ausgabe des jeweiligen Textes benutzen, wenn vorhanden, eine historisch-kritische Ausgabe, eine Studienausgabe oder die letzte Ausgabe des Textes. Sie müssen in literaturwissenschaftlichen Arbeiten immer explizit machen, mit welcher Textgrundlage Sie arbeiten. – Für die spanische Literatur gibt es einige empfehlenswerte Reihen. Die Reihe *Clásicos Castellanos* wird in fast allen Universitätsbibliotheken gesammelt und bietet sorgfältige Texteditionen. Eine gute Alternative, auch zur Anschaffung, sind die Studienausgaben der *Letras Hispánicas* und der *Clásicos Castalia.*

Die Reihen *Clásicos Castellanos, Letras Hispánicas* und *Clásicos Castalia*

Literaturgeschichte

1.2.3

Ein gesondertes Arbeitsgebiet der Literaturwissenschaft, die Literaturgeschichte, verknüpft die Darstellung historischer Ereignisse eines Landes mit den Entstehungs- und Aufführungsbedingungen sowie der Aufnahme (Rezeption) der Literatur einer Sprachgemeinschaft der jeweiligen Zeit. Im europäischen Kontext und in Spanien beginnt die Literaturgeschichtsschreibung in der Mitte des 19. Jahrhunderts: Zwischen 1861 und 1865 veröffentlichte José Amador de los Ríos die erste epochenübergreifende Literaturgeschichte, die *Historia crítica de la literatura española*. Der Literaturgeschichtsschreibung stellen sich ähnliche Probleme wie der Geschichtsschreibung: Beide Disziplinen müssen eine Auswahl treffen, welche Fakten präsentiert werden, sodann müssen die Art der Präsentation und die Anordnung der Fakten offengelegt werden. Die Russischen Formalisten haben die Geschichte der Literatur wie eine Evolution betrachtet: Neue Formen lösen alte, überkommene Formen ab. „Die Frage nach der Möglichkeit der Literaturgeschichte wird kontrovers diskutiert. Als symptomatisch dafür kann der Titel einer der neuesten Monographien zu ihrer Theorie gelten: *Is Literary History possible?* (Perkins 1992). Ähnlich betitelt die Zeitschrift *New Literary History* ihr inzwischen klassisch gewordenes Heft von 1970 – mit Aufsätzen unter anderem von Hans Robert Jauß, Michael Riffaterre, Stanley Fish und Hayden White – mit der komplementären Frage: *Is Literary History Obsolete?* Die Beispiele lassen sich ohne Schwierigkeit vermehren und belegen eine generelle Skepsis des 20. Jahrhunderts gegenüber der Literaturgeschichte." (Pechlivanos 1995: 170f.)

Um gewisse Zeiträume voneinander abzugrenzen, benutzt Literaturgeschichtsschreibung so genannte Epochenbegriffe, um die Fakten zu ordnen. Sie kennen möglicherweise die Einteilung in Mittelalter (sp. *Edad Media*), Renaissance (sp. *Renacimiento*) und Barock (sp. *Barroco*) – diese beiden Epochenbegriffe werden in der spanischen Literaturwissenschaft oft auch zur Epoche des *Siglo de Oro* bzw. der *Siglos de Oro* (16. und 17. Jahrhundert) zusammengefasst –, Aufklärung (sp. *Ilustración*), Romantik (sp. *Romanticismo*) und Realismus (sp. *Realismo*). Diese Ordnungsprinzipien sind Konstruktionen, die helfen sollen, die Vergangenheit konzeptuell verfügbar zu machen.

Die Lektüre von Literaturgeschichten ist für ein literaturwissenschaftliches Studium unerlässlich, um einen Überblick über die jeweilige Epoche oder erste Informationen über einen Autor und seine Zeit zu erhalten. Viele Literaturgeschichten enthalten ein hilfreiches Verzeichnis mit weiterführender Literatur. Die von Francisco Rico begründete *Historia y crítica de la literatura española* enthält beispielsweise ausführliche Beiträge der führenden Wissenschaftler zu den einzelnen Themen, die von Hans-Jörg Neuschäfer herausgegebene deutschsprachige *Spanische Literaturgeschichte* bietet in einem Band einen hervorragenden Überblick über die Entwicklung der spanischen Literatur. Der Literaturwissenschaftler Hans Ulrich Gumbrecht hat eine Literaturgeschichte geschrieben, welche die Standortgebundenheit des Autors, also die Subjektivität der Auswahl und Präsentation der Fakten, bereits im Titel explizit macht: „*Eine* Geschichte der spanischen Literatur".

1.3 | Hispanistische Literaturwissenschaft

Die deutschsprachige hispanistische Literaturwissenschaft ist im Rahmen der Institutionalisierung der philologischen Disziplinen in der ersten Hälfte des 19. Jahrhunderts entstanden. 1821 erhielt Friedrich Christian Diez eine „Lehrerstelle für die südlichen Litteraturen und Sprachen" an der Universität Bonn, seine Studien zum Vulgärlatein gelten als der Ursprung der deutschsprachigen Romanistik – Diez erlangte den Doktorgrad im selben Jahr mit einer Ausgabe von spanischen Romanzen. Die Entstehung der neueren Philologien ist eng mit den Ideen der Romantik verbunden und kann als Spätfolge dieser Bewegung betrachtet werden: „Die Entdeckung der eigenen Vergangenheit und die der anderen Völker, die Sehnsucht nach dem Mittelalter und die damit verbundene Suche nach der ‚Volkspoesie' als einem vermeintlich authentischen Ausdruck der ‚Volksseele' waren die entscheidenden Verbindungslinien zwischen der Romantik und der entstehenden historisch-kritischen Sprach- und Literaturwissenschaft." (Bräutigam 1997: 15) Vergleichen Sie hierzu auch den Eintrag zum Schlagwort *Spanische Litteratur* in Meyers Konversations-Lexikon aus dem Jahre 1888:

> Die spanische Nationallitteratur, hervorgegangen aus dem durch heldenhafte Anstrengung erstarkten eigentümlichen Selbstgefühl eines Volkes, dessen Phantasie in den Erinnerungen einer thatenreichen Vergangenheit schwelgte, und durch Reichtum und Originalität der Produktion auf allen Gebieten der Dichtkunst gleich ausgezeichnet, reicht in ihren Anfängen bis in die Zeit zurück, wo sich nach der Eroberung des Landes durch die Araber die ersten christlichen Staaten im Norden der Halbinsel gebildet hatten.

Vor allem die Brüder Friedrich und August Wilhelm Schlegel waren große Bewunderer der spanischen Literatur. Von 1803 bis 1809 veröffentlichte August Wilhelm Schlegel fünf Bände über das spanische Theater und übersetzte spanische und portugiesische Texte. Bis heute ist seine gemeinsam mit Ludwig Tieck erstellte Übersetzung der Werke von Cervantes bekannt.

Die deutschsprachige Hispanistik gehörte zu dem größeren Fach ‚Romanistik‘, wobei die Frankreichstudien trotz der Begeisterung der Romantik für Spanien lange Zeit im Vordergrund der romanistischen Arbeit standen. Der Erste Weltkrieg und seine politisch-ökonomischen Folgen führten in der Fachgeschichte der Romanistik zu einer neuerlichen Hinwendung zu spanischen Themen, oft eben auch außerhalb der rein philologischen Betrachtung in Verknüpfung mit wirtschaftlichen Zielsetzungen. Frankreich als traditioneller Schwerpunkt der Romanistik geriet nach der Niederlage im Ersten Weltkrieg aus dem Blick, die spanische Kultur wurde – wie bereits in der Perspektive der Romantik – zum Ideal. „Von den bedeutendsten Romanisten war Karl Vossler derjenige, der sich in den zwanziger Jahren am entschiedensten und dauerhaftesten der spanischen Kultur zuwandte." (Bräutigam 1997: 26) Der Privatgelehrte Ludwig Pfandl (1881-1942) war der erste, der sich ausschließlich mit der spanischen Literatur befasste: 1929 erschien seine *Geschichte der spanischen Nationalliteratur in ihrer Blütezeit*. Im Mittelpunkt dieser Literaturgeschichte, aber auch generell der Hispanistik dieser Zeit standen die Klassiker der spanischen Literatur, der *Cid*, Calderón de la Barca, Lope de Vega und Cervantes. Aus einer wissenschaftsgeschichtlichen Perspektive gehören die Arbeiten von Leo Spitzer über Cervantes (*Das Gefüge einer cervantinischen Novelle:* El celoso extremeño 1931), Lope de Vega (*Die Literarisierung des Lebens in Lopes* Dorotea 1932) und Quevedo (*Zur Kunst Quevedos in seinem* Buscón 1927) zu den wichtigsten hispanistischen Publikationen der Weimarer Republik. Im Dritten Reich war die Hispanistik zwar eine feste Forschungsrichtung an den deutschen Universitäten, wurde aber nicht weiter ausgebaut und seitens des NS-Staats – im Gegensatz zur Germanistik – weniger beachtet. 1940 erscheint Karl Vosslers „Poesie der Einsamkeit in Spanien" als nachhaltigste hispanistische Veröffentlichung dieser Zeit, sein Schüler Werner Krauss, der seinen wissenschaftlichen Schwerpunkt ebenfalls in der Auseinandersetzung mit der spanischen Literatur sah, wurde 1943 inhaftiert und ging nach dem Krieg in die DDR. Die Lage des Fachs im Nachkriegsdeutschland war vom Tod der beiden ausgewiesensten Hispanisten – Ludwig Pfandl und Karl Vossler – geprägt, Leo Spitzer kehrte nicht aus der Emigration nach Deutschland zurück. Ab Mitte der 50er Jahre etabliert sich indes eine immer stärker werdende hispanistische Forschung und Lehre in Deutschland, 1955 und 1956 veröffentlicht Hugo Friedrich mit *Der fremde Calderón* eine zentrale Studie. Bis zu den 70er Jahren ist die deutsche Romanistik noch von der Frankoromanistik dominiert, doch seitdem hat sich die Hispanistik zur größten Teildisziplin der Romanistik entwickelt, nicht zuletzt aufgrund der Tatsache, dass sie sich mit der am weitesten verbreiteten romanischen Sprache befasst: Der französischen Sprache und Kultur mit ihren weltweit ca. 90 Millionen Sprechern stehen ca. 300 Millionen Sprecher des Spanischen gegenüber.

Die geisteswissenschaftliche Disziplin *Filología Hispánica* in Spanien ist ebenfalls im 19. Jahrhundert entstanden; ab der Jahrhundertmitte erschienen zahlreiche literaturgeschichtliche Darstellungen wie die *Historia crítica de la literatura española* des Inhabers des seinerzeit einzigen Lehrstuhls für spanische Literatur in Madrid, José Amador de los Ríos. Die Entwicklung der Disziplin in Spanien ist vor allem mit den Namen Marcelino Menéndez Pelayo (1856-1912) und Ramón Menéndez Pidal (1869-1968) verbunden. Menéndez Pelayo gilt als der eigentliche Gründer der spanischen Literaturwissenschaft. Er folgte 1878 mit 22 Jahren Amador de los Ríos auf den Lehrstuhl für spanische Literatur in Madrid nach, auf dem er 20 Jahre forschte und lehrte, bis er sich nach seiner Ernennung zum Direktor der Nationalbibliothek nur noch der Forschung widmete:

> Das Werk, mit dem er [Marcelino Menéndez Pelayo] berühmt wurde, die *Historia de los heterodoxos en España* (1880-82), bietet einen umfangreichen Überblick über alle Tendenzen der spanischen Literatur- und Geistesgeschichte [...], die im Widerspruch zur orthodoxen Theologie der katholischen Kirche stehen. Dabei bemüht es sich vor allem um den Nachweis, dass all diese von der Orthodoxie abweichenden Bestrebungen dem Wesen des spanischen Geistes nicht gemäß seien. (Stenzel 2001: 28)

Das Werk, aber auch das Leben von Menéndez Pelayo stehen in der konservativ-katholischen spanischen Tradition: 1884 wurde er Abgeordneter der Konservativen Partei für Mallorca, 1891 für den Verwaltungsbezirk Zaragoza. Sein literatur- und geisteswissenschaftliches Werk umfasst in der *Edición Nacional* 67 Bände (Madrid: Consejo Superior de Investigaciones Científicas, 1940-1966), darunter sind das Großprojekt zur Ästhetik, die *Historia de las ideas estéticas en España*, aber auch philosophische Essays, Studien über das Theater von Lope de Vega, die *Historia de la poesía hispano-americana* und die *Biblioteca de traductores españoles* zu finden.

Der wichtigste Schüler von Menéndez Pelayo ist Ramón Menéndez Pidal, mit dessen Name die endgültige Etablierung der Spanischen Philologie verbunden ist. Von 1899 bis 1939 forschte er auf dem Lehrstuhl für spanische Literatur in Madrid und gründete und leitete ein historisches Forschungszentrum (*Centro de Estudios Históricos*). Zudem gehörte er 1914 zu den Gründungsherausgebern der *Revista de filología española* und war für zwei längere Zeiträume Präsident der *Real Academia Española* (1929-1939 und 1948-1968). Zu seinen ersten Werken gehören die heute noch als Standardwerke geltenden Studien zur spanischen Grammatik (*Manual de gramática histórica española,* 1904) sowie die Textedition und der Kommentar des altspanischen Heldenliedes *Cantar de mío Cid* (*Cantar de mío Cid. Texto, gramática y vocabulario*, 1908-1911). Das umfangreiche Œuvre enthält daneben Studien zur Literaturgeschichte, Stilanalysen des Werks von Teresa de Ávila und Lope de Vega sowie auch etymologische Forschungen. In den zwanziger Jahren des 20. Jahrhunderts rückten historische Analysen in den Mittelpunkt seines Interesses, bei denen Menéndez Pidal den Ursprüngen der spanischen Kultur (*Orígenes del español,* 1926) und den Besonderheiten des Aufeinandertreffens christlicher, jüdischer und muslimischer Kultur im mittelalterlichen Spanien nachging (*La España del Cid* 1929). Seine großangelegte Geschichte Spaniens, die er in den dreißiger Jahren begonnen hatte, blieb bis zu seinem Tod unvollendet. Bis heute bietet die von ihm begründete Reihe der *Clásicos Castellanos* zuverlässige kritische Textausgaben der spanischen Literatur.

Die spanische Literaturwissenschaft war lange Zeit geprägt von den Folgen des Bürgerkriegs und der anschließenden Franco-Diktatur, die liberalere Forscher aus den Institutionen zum Teil bis ins Exil drängte. Die heutige *Filología Hispánica* unterscheidet sich nur noch insofern von der deutschsprachigen Hispanistik, dass sie das Miteinander von Sprach- und Literaturwissenschaft, von Textedition und Literaturgeschichte, in Forschung und Lehre sehr viel nachdrücklicher betont.

Zusammenfassung

Sie haben in diesem Kapitel einige Merkmale kennen gelernt, welche die meisten Texte teilen, die von verschiedenen kulturellen Gemeinschaften und zu verschiedenen Zeiten als ‚Literatur' angesehen wurden. Zunächst sollte Roman Jakobsons *poetische Funktion* von Kommunikation die Eigenart von literarischen Texten verdeutlichen, die ‚sprachliche Botschaft auf sich selbst' einzustellen. Dann wurden Verfremdung, Abweichung von einer bestimmten sprachlichen Folie und mehrfache Lesbarkeit als typische Merkmale literarischer Texte festgehalten. Die Beschreibung von Literatur als „sekundäres modellbildendes System" des russischen Semiologen Jurij M. Lotman wurde verdeutlicht und die Spezifik des literarischen Diskurses im Rahmen der Diskurse seiner Zeit ausgeführt.

Sie sollten nach der Lektüre des Überblicks der Arbeitsbereiche der Literaturwissenschaft mit den Bereichen Textanalyse, Textkritik und Literaturgeschichte vertraut sein und eine Vorstellung von den Grundannahmen der verschiedenen literaturtheoretischen Richtungen Hermeneutik, Rezeptionsästhetik, Strukturalismus, Literatursemiotik und Diskursanalyse besitzen. Fachgeschichte und Besonderheiten der hispanistischen Literaturwissenschaft wurden in 1.3 dargelegt.

Aufgaben

1. Lesen Sie den folgenden Textausschnitt:

„Der Strukturalismus ist demnach für alle seine Nutznießer im wesentlichen eine Tätigkeit, das heißt die geregelte Aufeinanderfolge einer bestimmten Anzahl geistiger Operationen: man könnte von strukturalistischer Tätigkeit sprechen, wie man von surrealistischer Tätigkeit gesprochen hat (und vielleicht hat der Surrealismus die erste Erfahrung struktularer Literatur hervorgebracht; man müßte einmal darauf zurückkommen). Doch bevor wir untersuchen, was dies für Operationen sind, muß ein Wort über das Ziel gesagt werden.

Das Ziel jeder strukturalistischen Tätigkeit, sei sie nun reflexiv oder poetisch, besteht darin, ein „Objekt" derart zu rekonstituieren, daß in dieser Rekonstitution zutage tritt, nach welchen Regeln es funktioniert (welches seine „Funktionen" sind). Die Struktur ist in Wahrheit also nur ein Simulacrum des Objekts, aber ein gezieltes, „interessiertes" Simulacrum, da das imitierte Objekt etwas zum Vorschein bringt, das im natürlichen Objekt unsichtbar oder, wenn man lieber will, unverständlich blieb. Der strukturale Mensch nimmt das Gegebene, zerlegt es, setzt es wieder zusammen; das ist scheinbar wenig (und veranlaßt manche Leute zu der Behauptung, die strukturalistische Arbeit sei „unbedeutend, uninteressant, unnütz" usw.). Und doch ist dieses Wenige, von einem anderen Standpunkt aus gesehen, entscheidend; denn zwischen den beiden Objekten, oder zwischen den beiden Momenten strukturalistischer Tätigkeit bildet sich etwas Neues, und dieses Neue ist nicht Geringeres als das allgemein Intelligible: das Simulacrum, das ist der dem Objekt hinzugefügte Intellekt, und dieser Zusatz hat insofern einen anthropologischen Wert, als er der Mensch selbst ist, seine Geschichte, seine Situation, seine Freiheit und der Widerstand, den die Natur seinem Geist entgegensetzt. Man sieht also, warum von strukturalistischer Tätigkeit gesprochen werden muß: Schöpfung oder Reflexion sind hier nicht originalgetreuer „Abdruck" der Welt, sondern wirkliche Erzeugung einer Welt, die der ersten ähnelt, sie aber nicht kopieren, sondern verständlich machen will. Man kann also sagen, der Strukturalismus sei im wesentlichen eine Tätigkeit der Nachahmung, und insofern gibt es streng genommen keinerlei technischen Unterschied zwischen wissenschaftlichem Strukturalismus einerseits und der Kunst andererseits, im besonderen der Literatur: beide unterstehen einer Mimesis, die nicht auf der Analogie der Substanzen gründet (wie in der sogenannten realistischen Kunst), sondern auf der der Funktionen (was Lévi-Strauss Homologie nennt)."

Aus: Roland Barthes: *„Die strukturalistische Tätigkeit"*, aus dem Französischen von Eva Moldenhauer, *Kursbuch 5*, Mai 1966, S. 190-196).

Lesen Sie nochmals die Bemerkungen in Kapitel 1.2.1 zum Strukturalismus in der Literaturwissenschaft und versuchen Sie dann, in Ihren eigenen Worten die Ziele einer literaturwissenschaftlichen Strukturanalyse zusammenzufassen.

2. Erstellen Sie mithilfe der von Hans-Jörg Neuschäfer herausgegebenen spanischen Literaturgeschichte ([³2006]: *Spanische Literaturgeschichte*. Stuttgart: Metzler) und einem literaturwissenschaftlichen Lexikon – z.B. *Metzler-Literatur-Lexikon – Begriffe und Definitionen*. Stuttgart: Metzler oder Hess, Rainer, G. Siebenmann, M. Frauenrath & T. Stegman (Hgg.) (¹2003). *Literaturwissenschaftliches Wörterbuch für Romanisten* (LWR). Tübingen: Francke – eine erste Arbeits-Übersicht über die Epochen der spanischen Literaturgeschichte, ihre historischen Besonderheiten und die wichtigsten Autoren und Werke.

Erzähltextanalyse

In diesem Kapitel wird zunächst in grundlegende Elemente der Erzähltextanalyse eingeführt. Daraufhin wird eine Erklärung der Erzählebenen (*histoire*/*discours*) gegeben, danach werden Handlungs- und Raumdimension sowie Figurenkonfiguration als weitere Aspekte der Analyse dargelegt. Sodann wird die Unterscheidung von Erzählinstanz und Erzählmodus verdeutlicht und die Zeitstrukturen in narrativen Texten erklärt.

Grundlegende Elemente der Erzähltextanalyse

En un lugar de la Mancha, de cuyo nombre no quiero acordarme, no ha mucho tiempo que vivía un hidalgo de los de lanza en astillero, adarga antigua, rocín flaco y galgo corredor. [...] Frisaba la edad de nuestro hidalgo con los cincuenta años. Era de complexión recia, seco de carnes, enjuto de rostro, gran madrugador y amigo de la caza. Quieren decir que tenía el sobrenombre de *Quijada*, o *Quesada*, que en esto hay alguna diferencia en los autores que deste caso escriben: aunque por conjeturas verosímiles se deja entender que se llamaba *Quejana*. Pero esto importa poco a nuestro cuento: basta que en la narración dél no se salga un punto de la verdad. Es, pues, de saber, que este sobredicho hidalgo, los ratos que estaba ocioso (que eran los más del año), se daba a leer caballerías con tanta afición y gusto, que olvidó casi de todo punto el ejercicio de la caza, y aun la administración de su hacienda; y llegó a tanto su curiosidad y desatino en esto, que vendió muchas hanegas de tierra de sembradura para comprar libros de caballerías en que leer, y así, llevó a su casa todos cuantos pudo haber dellos [...]. (Miguel de Cervantes: DON QUIJOTE, Kapitel 1)

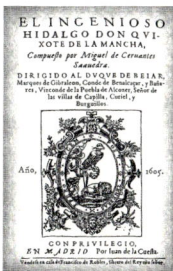

An einem Ort in La Mancha, an dessen Namen ich mich nicht erinnern will, lebte vor nicht allzu langer Zeit ein Edelmann, einer von jenen, die einen Speer im Waffengestell, einen alten Schild, einen mageren alten Gaul und einen flinken Windhund haben. [...] Unser Edelmann war um die 50 Jahre alt. Er war von zähem Aussehen, hager, hatte ein dürres Gesicht und er war ein großer Frühaufsteher und Freund der Jagd. Man behauptet, dass er den Zunamen *Quijada* oder *Quesada* hatte, denn hier gibt es einige Unterschiede bei den Autoren, die über diesen Fall schreiben; aber es gibt Anhaltspunkte dafür, dass er wahrscheinlich *Quejana* hieß. Indes, dies hat eine geringe Bedeutung für unsere Geschichte, es genügt, dass in dem Bericht über dieselbe an keinem Punkt von der Wahrheit abgewichen wird.

Man muss nun wissen, dass der benannte Edelmann in denjenigen Momenten, in denen er sich dem Müßiggang überließ (dies war die meiste Zeit des Jahres der Fall), sich dem Lesen von Ritterbüchern hingab. Er tat dies mit so viel Neigung und Vergnügen, dass er darüber fast ganz und gar die Ausübung der Jagd und sogar die Verwaltung seines Besitzes vergaß. Seine Wissbegierde und Verstiegenheit gingen so weit, dass er viele Morgen Land verkaufte, um sich Ritterbücher zum Lesen zu kaufen, und auf diese Weise brachte er so viele Bücher in sein Haus, wie er bekommen konnte.

Dieser längere Ausschnitt aus dem Roman *Don Quijote* von 1605 soll dazu dienen, einige grundlegende Fragestellungen bei der Analyse von Erzähltexten aufzuwerfen. *Was* wird *wie* erzählt? ist hierbei die erste Leitfrage. Bereits der erste Satz des Romans macht Sie mit einer Instanz vertraut, welche die Geschehnisse vermittelt, dem **Erzähler** so genannten Erzähler (sp. *narrador*). Diese Erzählinstanz beginnt also: *An einem Ort in La Mancha, an dessen Namen ich mich nicht erinnern will, lebte vor nicht allzu langer Zeit ein Edelmann* [...]. Sie werden schnell erkennen, dass es entsprechende Erzählformen nicht nur in literarischen Texten, sondern auch in unserer alltäglichen Kommunikation gibt: *Vor nicht allzu langer Zeit fuhr meine Freundin nach Berlin* wäre ein Beispiel aus der nicht-literarischen (pragmatischen) Kommunikation, *Vor nicht allzu langer Zeit war der 1. FC Köln noch in der 2. Fußball-Bundesliga* könnte der Anfang einer Sportreportage sein.

Faktuale und fiktionale Erzählungen Was wir mit dem Allgemeinbegriff Erzähltext belegen, umfasst Märchen (sp. *cuento*), Fabeln (sp. *fábula*), Legenden (sp. *leyenda*), Novellen (*novela corta*), Romane (sp. *novela*), aber eben auch Zeitungsartikel, Biographien, Gespräche und mehr. Eine Möglichkeit der Abgrenzung wäre, nichtfiktionale von fiktionalen Erzählungen zu unterscheiden. Zu den fiktionalen Erzählungen gehören die genannten literarischen Textformen, nichtfiktionale (faktuale) Erzählungen wären beispielsweise Zeitungsartikel, Biographien oder auch Geschichtsbücher. Bitte beachten Sie, dass es sich hierbei um eine rein logische Unterscheidung handelt, die von den tatsächlich existierenden Erzähltexten immer wieder problematisiert wird. Literarische Texte spielen häufig mit dieser Unterscheidung, indem sie den Status eines ‚wirklichen Geschehens‘ beanspruchen und inszenieren. Dies können Sie etwa an unserem Textausschnitt erkennen, wenn der Erzähler über die Hauptfigur das Folgende sagt: *Man behauptet, dass er den Zunamen Quijada oder Quesada hatte, denn hier gibt es einige Unterschiede bei den Autoren, die über diesen Fall schrei-*

ben; aber es gibt Anhaltspunkte dafür, dass er wahrscheinlich Que-
jana hieß. Indes, dies hat eine geringe Bedeutung für unsere Ge-
schichte, es genügt, dass in dem Bericht über dieselbe an keinem
Punkt von der Wahrheit abgewichen wird.

Des Weiteren existieren natürlich auch literarische Texte, die
auf ‚wahren‘, überprüfbaren Fakten beruhen. Und im Bereich der
pragmatischen Texte (Reportagen, Berichte über historische Ereignisse) werden die Fakten fast durchweg mit Vermutungen, Bewer-
tungen und Deutungen angereichert, die, für sich genommen, keinen faktualen, sondern genau genommen einen fiktionalen Status
haben.

Erzählen ist eine elementare Form der menschlichen Kommunikation und zunächst einmal Bericht von Geschehen. Der Zweck dieses Berichts ist, etwas individuell Erlebtes anderen mitzuteilen, um
Gemeinsamkeit herzustellen und angesichts dieser individuellen Erfahrung, die aber jedem widerfahren könnte, das Existieren in einer nicht zu überschauenden Welt besser zu verarbeiten. Der Literaturwissenschaftler Hans Ulrich Gumbrecht hat diese Suche nach
gemeinsamer Erfahrung „Intersubjektivität von Sinnbildung" genannt.

Erzählen realisiert sich in Texten. Der Text ist ein Gebilde aus
Sprachzeichen. Die Bedeutung von Texten basiert darauf, dass sie
strukturiert, d.h. aus Elementen zusammengesetzt sind, die auch in
anderen Texten vorkommen, die wir im Laufe unserer Sozialisation
wie eine Sprache lernen und eines Tages ‚verstehen‘. Aus diesem
Grund hat die Erzähltextanalyse die Strukturanalyse der Linguistik
auf die Textebene übertragen (vgl. Kapitel 1) und fragt, wie Strukturen und Formen von Texten aussehen und wie diese Strukturen Bedeutung erzeugen. Für eine solche strukturale Analyse von Erzähltexten hat die so genannte Pariser Semiologische Schule ein
spezifisches Textmodell entworfen. Eine wichtige Anregung dafür
waren die Überlegungen der Russischen Formalisten, vor allem die
Unterscheidung von Fabel und Sujet bei Boris Tomaševskij. Unter
Fabel versteht Tomaševskij die chronologische Anordnung des Geschehens (die „Gesamtheit der Motive in ihrer logischen, kausal-tem-
poralen Verknüpfung"), unter Sujet hingegen die Ordnung, die der
Künstler dem Geschehen in Abweichung von der chronologischen
Ordnung gegeben hat (die „Gesamtheit derselben Motive in derjeni-
gen Reihenfolge und Verknüpfung, in der sie im Werk vorliegen")
(Tomaševskij 1985: 218). Tzvetan Todorov hat diese Dichotomie in

Intersubjektivität von
Sinnbildung

Fabel und Sujet

histoire und *discours*

Erweiterung einer Begrifflichkeit von Émile Beneviste mit der heute allgemein üblichen Unterscheidung zwischen *histoire* und *discours* gefasst. Unter *histoire* (sp. *historia*) versteht Todorov die von dem Text erzählte Geschichte, mit *discours* (sp. *discurso*) bezeichnet er die Modellierung dieser Geschichte, so wie sie in einem konkreten Text vorliegt. Was den *discours* betrifft, differenziert Gérard Genette (1998) nach Erzähltext = *récit* und Akt des Erzählens = *narration*. Karlheinz Stierle hat dieses Textmodell noch weiter verfeinert, Sie werden in Kapitel 2.2 ausführlich mit der Terminologie vertraut gemacht.

Erzählsituationen nach Stanzel

Die Erzählinstanz (oder auch: der Erzähler) ist vom Produzenten des Texts, dem Autor (sp. *autor*), zu unterscheiden. Es existieren verschiedene Möglichkeiten, mit denen die Erzählinstanz den Text vermitteln kann. In der Terminologie Franz K. Stanzels (1995) lassen sich gewisse Erzählsituationen differenzieren. Zunächst ist die neutrale Erzählsituation zu nennen, in der die Erzählinstanz gar nicht oder kaum wahrzunehmen ist. Dies ist in der Regel im Märchen der Fall. Daneben existiert die auktoriale Erzählsituation mit einer allwissenden Erzählinstanz (sp. *narrador omnisciente*), die Einblick in alle Figuren und Geschehnisse hat, Vergangenheit und Zukunft überblickt, das Geschehen wertet und kommentiert und manchmal sogar den Leser anspricht. Weiterhin gibt es die Ich-Erzählsituation, in der die Erzählinstanz in der ersten Person spricht (sp. *narrador en primera persona*), d.h. selbst zur fiktionalen Welt gehört.

Schließlich existiert noch die personale Erzählsituation, in welcher es zwar einen Erzähler gibt, der außerhalb der fiktionalen Welt steht und der in seiner Gegenwart stets spürbar bleibt, der aber das Geschehen aus Sicht einer (zuweilen mehrerer) Figuren präsentiert (sp. *narrador en tercera persona*).

Wenn Sie nun wiederum einen Blick auf unser eingangs eingeführtes Beispiel werfen, werden Sie schnell feststellen, dass hier eine auktoriale Erzählsituation vorliegt: Der Erzähler hat Einblick in alle Bereiche der fiktionalen Welt, einschließlich des Innenlebens der Hauptfigur, und kommentiert das Geschehen.

Epos

Wie bereits erwähnt, existieren verschiedene Formen von Erzählliteratur. Historisch gesehen ist das Epos (sp. *epopeya*) die älteste oder auch Vor-Form unserer heutigen Erzählliteratur. Das Epos wurde vor allem mündlich tradiert und war nicht zuletzt aus diesem Grunde als Versdichtung konzipiert: Die gebundene Form erleichtert das Memorieren. Epen sind inhaltlich an den Bericht von mythologischen oder historischen Begebenheiten geknüpft. Im Mittelpunkt steht ein Held, der die Normen und Ideale seiner Schicht perfekt erfüllt. Zu den ältesten Heldenepen gehört das altmesopotamische *Gilgamesch*-Epos aus dem 2. Jahrtausend vor Christus. Sein Held ist der sumerische König Gilgamesch, es wird von der legendären Gründung des Stadtstaates von Uruk berichtet. Die so genannten homerischen Epen aus dem 8. Jahrhundert vor Christus (nach Homer, unter dessen Namen die Epen überliefert wurden), *Ilias* (Epos von den 51 entscheidenden Tagen des Trojanischen Krieges) und *Odyssee* (Epos, das die Abenteuer des Odysseus während seiner zehn Jahre dauernden Heimfahrt aus dem Trojanischen Krieg nach Ithaka schildert), stellen die Vorbilder für die neuzeitliche Epik dar. In Frankreich entsteht um 1100 das *Rolandslied* (*Chanson de Roland*), das älteste französische Heldenepos (frz. *chanson de geste*, sp. *cantar de gesta*), dem als historisches Ereignis die Vernichtung der vom bretonischen Markgrafen Roland geführten Heeresnachhut Karls des Großen im Tal von Roncesvalles in den westlichen Pyrenäen im Jahr 778 zugrunde liegt. Im Epos ist Roland ein Neffe und einer der 12 Hofritter Karls. Der Kampf Rolands und sein Tod bilden den Höhepunkt der Handlung. Das Epos hat eine große Nachwirkung gehabt und zu zahlreichen Nachdichtungen angeregt. In Deutschland ist Ihnen das mittelhochdeutsche Heldenepos *Nibelungenlied* aus der Zeit um 1200 bekannt. In Spanien entsteht um 1140 der *Cantar de mío Cid* eines der ältesten spanischen Literaturdenkmäler. Vorbild für den Helden des Epos ist die historische Figur des Rodrigo Díaz aus Vivar bei Burgos (gestorben 1099) mit dem Beinamen El Cid (von arab. *Sayyid* = dt. *Herr*), der im Jahre 1087 Valencia eroberte. Das Epos besteht aus 3731 meist assonierenden Versen, die in drei Gesänge (sp. *cantares*) unterteilt werden. Epen sind ein besonders einschlägiges Beispiel für die oben umrissene Problematik, narrative literarische Texte mit dem Fiktionalitätskriterium zu fassen: Sie thematisieren in der Regel Ereignisse, die sich so oder ähnlich tatsächlich zugetragen haben, gehen allerdings in der ‚Literarisierung‘ dieser Ereignisse so weit, dass man sie schwerlich als ‚faktualen‘ historischen Bericht einordnen kann.

Der Roman (sp. *novela*) hat das Epos abgelöst und ist bis heute   Roman
die bekannteste Form von Erzählliteratur. Unser einführendes Textbeispiel stammte ja bereits aus dem ersten modernen Roman, dem *Don Quijote*. Unter Roman wird eine Großform der Erzählkunst in Prosa verstanden. Letzteres unterscheidet den Roman vom Epos

und vom Vers-Roman, Umfang und Vielschichtigkeit wiederum unterscheiden ihn von epischen Kleinformen, insbesondere von Novelle und Kurzgeschichte. Das Wort *Roman* geht zurück auf das altfranzösische Wort *romanz*, welches ab dem 12. Jahrhundert eine Textübersetzung aus dem Lateinischen in die Volkssprache und um die Mitte des 12. Jahrhunderts auch jeden eigenständigen volkssprachlichen Text meint. In der zweiten Hälfte des 12. Jahrhunderts entwickelt sich das Wort zum literarischen Gattungsbegriff.

In Europa finden sich Vorstufen des Romans in der Prosaliteratur des griechischen Geschichtsschreibers Herodot (5. Jahrhundert v. Chr.). Der antike Roman im eigentlichen Sinne entfaltete sich etwa vom 1. Jahrhundert v. Chr. bis zum Ende des 3. Jahrhunderts n. Chr., d.h. in der Kultur des Späthellenismus und der römischen Kaiserzeit. Der älteste vollständig erhaltene Roman ist der des Chariton von Aphrodisias über die Liebe zwischen Chaireas und Kallirhoe aus dem ersten oder zweiten nachchristlichen Jahrhundert. Das Hauptwerk der Gattung in lateinischer Sprache sind die *Metamorphosen* (auch: *Der goldene Esel*) von Lucius Apuleius aus dem zweiten nachchristlichen Jahrhundert. Der wichtigste griechische Roman, *Aithiopika* von Heliodor, datiert aus dem 3. Jahrhundert n. Chr. Das europäische Mittelalter kennt keinen Prosa-Roman im eigentlichen Sinne, doch existieren zahlreiche Prosaauflösungen von Helden- oder Artus-Epen. Es folgt ein kurzer Überblick der Romanformen des *Siglo de Oro*, eine ausführlichere Übersicht bietet Neuschäfer (1997: 123-151).

Hinweis

Das spanische Wort für Roman ist *novela*. Diese Bezeichnung war ursprünglich auf die Dichtungen im Stil der italienischen Novelle eingeschränkt, wird aber seit dem 16. Jahrhundert im Spanischen für erzählende Literatur schlechthin gebraucht.

Schäferroman

Im Spanien der Frühen Neuzeit (16. und 17. Jahrhundert, *Siglo de Oro*, oftmals auch als *Siglos de Oro* bezeichnet) entstehen aus der Auseinandersetzung mit antiken Vorbildern verschiedene Romantypen, wie zum Beispiel der Schäferroman (sp. *novela pastoril*). Literarisches Vorbild für diese Romanform sind die *Idyllen* von Theokrit (ca. 280-260 v. Chr.), die als erste Form der bukolischen Dichtung (von gr. *bukólos*, dt. *Rinderhirt*) bezeichnet werden, sowie Vergils *Bucolica* (entstanden 41-37 v. Chr.), eine Sammlung von zehn Hirtengedichten. In Italien hatte Giovanni Boccaccio 1341/1342 ein Nymphenspiel (it. *Ninfale d'Ameto*, dt. *Ametos Nymphenspiel*) im Wechsel von Vers und Prosa (Fachausdruck: Prosimetrum) verfasst. Diese Kombination von Vers und Prosa ist seitdem für die Gattung kennzeichnend. In Spanien ist der bekannteste Schäferroman *Diana* von Jorge de Montemayor (1558), aber auch Cervantes hat mit *La Galatea* 1585 zu dieser Romanform beigetragen, ebenso Lope de Vega mit *La Arcadia* von 1598.

Der Schelmenroman (sp. *novela picaresca*) oder pikareske Roman entsteht in Spanien und ist eine Gattung, die ohne direkte Vorbilder in der antiken und mittelalterlichen Literatur im Spanien der Frühen Neuzeit ist und dann sehr rasch in ganz Europa Verbreitung findet. Benannt ist die Form nach der Hauptfigur, dem Schelm oder *pícaro*, der aus seinem Leben erzählt. Schelmenromane haben meist eine episodische Struktur und bieten Raum für Satire und Gesellschaftskritik. Zentrale spanische Schelmenromane sind der anonym verfasste *Lazarillo de Tormes* (1554), der Text *Guzmán de Alfarache* von Mateo Alemán (1589/1604) und Francisco de Quevedos Roman *Vida del Buscón* von 1626.

Der pikareske Roman

Der Ritterroman (sp. *novela de caballerías*) ist eine höchst populäre Romanform des *Siglo de Oro*. Vor allem der *Amadís de Gaula* (1508 erschienen, aber wahrscheinlich früher entstanden) und der Roman *Tirant lo Blanc* (1940) des katalanischen Schriftstellers Joanot Martorell sind stilbildend für diese Form. Es handelt sich dabei um Erzählungen von höchst phantastischen, teils märchenhaften Abenteuern ‚fahrender Ritter‘ (sp. *caballeros andantes*), d.h. um populäre Weiterentwicklungen der mittelalterlichen narrativen Großformen (*cantares de gesta* und höfischer Roman). Der einleitend zitierte Text des Cervantes ist von der Gesamtstruktur her als eine Parodie dieses Genres angelegt.

Ritterroman

Der Begriff *Novelle* ist von dem italienischen Wort *novella* abgeleitet, was Neuigkeit bedeutet. Als älteste italienische Novellensammlung gilt der *Novellino* (1250). Diese kurzen Erzählungen inspirierten die italienischen Autoren des *Trecento*, die auch erstmals den Begriff *Novelle* als Gattungsbezeichnung verwendeten. Seit Giovanni Boccaccios Novellensammlung *Il Decamerone* (entstanden um 1348/1353) werden mit dem Begriff Erzähltexte bezeichnet, die wesentlich kürzer als ein Roman sind sowie meist nur eine Haupthandlung und wenige Hauptfiguren haben. Die Handlung von Novellen konzentriert sich auf ein zentrales Ereignis, durch das der Lebensweg der Hauptfigur eine Wendung erfährt. In einem Gespräch mit Eckermann hat Goethe diese Form so beschrieben: „Denn was ist eine Novelle anderes als eine sich ereignete unerhörte Begebenheit." (Gespräche mit Eckermann, 29. Januar 1827) In Boccaccios No-

Novelle

vellenzyklus *Il Decamerone* hat sich eine Gruppe von zehn jungen Adligen an einen Ort außerhalb der Stadt Florenz, in der die Pest wütet, zurückgezogen. Innerhalb von zehn Tagen werden insgesamt 100 Geschichten reihum erzählt. Boccaccios Novellentechnik hatte große Wirkung. Auch Geoffrey Chaucers Novellenzyklus *Canterbury Tales* (entstanden um 1380/1400) bedient sich der Form der Rahmenerzählung, Marguerite de Navarres *L'Heptaméron des nouvelles* (Erstausgabe 1558) ist explizit dem *Decamerone* nachgebildet. Cervantes' *Novelas ejemplares* (1613) entstehen ebenfalls in Auseinandersetzung mit Boccaccios Novellentechnik, entwickeln die Gattung jedoch entscheidend weiter.

Der Begriff Erzählung ist bewusst weit gehalten und bezieht sich allgemein auf kürzere Erzählformen in Prosa. Zu diesen erzählerischen Kurzformen gehört auch die Fabel (sp. *fábula*). Eine Fabel ist eine lehrhafte Erzählung, in der stark typisierte Figuren – oft Tiergestalten – die Hauptrolle spielen. Die Tiere handeln so, dass die Übereinstimmung mit typisch menschlichem Verhalten offensichtlich wird und aus diesem individuellen Verhalten eine allgemeine Lebensregel abgeleitet werden kann. Die Fabeln aus der griechischen (Äsop, 6. Jahrhundert v. Chr.) und lateinischen (Phädrus, 1. Jahrhundert n. Chr.) Tradition sind die Quellen der europäischen Fabeldichtung. Um 1180 entsteht in Frankreich eine Sammlung von Fabeln, die Marie de France unter dem Titel *Ysopet* veröffentlichte. Der bekannteste Fabeldichter in der Romania ist Jean de la Fontaine (1621-1695), in Spanien werden vor allem die Namen Tomás de Iriarte (1750-1791) und Félix María Samaniego (1745-1801) mit der Fabeldichtung in Verbindung gebracht.

Fabel

Hinweis

Aufgrund der Pointierung der Handlung ähnelt die Struktur der Novelle der des Dramas mit Exposition, Steigerung, Retardatio (Verzögerung) und Lösung (vgl. Dramenanalyse, Kapitel 3). Im Spanischen wird die Novelle *novela corta* genannt, nicht zuletzt, um sie von der Kurzgeschichte (sp. *cuento*) zu unterscheiden. Kurzgeschichte ist eine Lehnübersetzung des englischen Begriffes *short-story* und bezieht sich auf die Kurzform in Prosa des 20. Jahrhunderts, die sich vor allem durch die Reduktion ihrer Elemente zu einer lakonischen Kürze auszeichnet.

2.2 | Die Ebenen der Erzählung

In Kapitel 2.1 haben Sie bereits gesehen, dass die Erzähltextanalyse zwei grundlegende Kategorien narrativer Texte unterscheidet: *histoire* und *discours*. Unter *histoire* (sp. *historia*) ist die von dem Text erzählte Geschichte, unter *discours* (sp. *discurso*) deren Modellierung zu verstehen. Karlheinz Stierle hat in seiner Studie *Text als Handlung* (1974) vorgeschlagen, die Dichotomie von *histoire* und *discours* durch eine dreigliedrige Textkonstitutionsrelation zu ersetzen: Geschehen, Geschichte, Text der Geschichte (Stierle 1975: 49 – 55). Nach Stierle liegt die Ebene des Geschehens allen anderen Ebenen der Narration zugrunde. Jede Geschichte, jede Erzählung setzt ein – reales oder fiktives – Geschehen voraus. Der Erzähler ordnet die Geschehensmomente auf einer narrativen Achse an und legt Anfangs- und Endpunkt der Geschichte fest. Diese Anordnung von Geschehensmomenten bezeichnet Stierle als Ebene der Geschichte. „Im Hinblick auf das Geschehen ist die Geschichte eine Reduktion." (Stierle 1975: 51) Die Auswahl und Kombination von Geschehensmomenten ist chronologisch verknüpft und bildet meist eine Entwicklung zwischen einem Anfangs- und einem Endzustand ab.

[Randnotiz: Geschehen, Geschichte, Text der Geschichte]

Die Geschichte hat nach Stierle zwei Bezugspunkte: Zum einen bezieht sich die Geschichte auf das Geschehen, zum anderen auf den Text der Geschichte. Der Begriff *Text der Geschichte* oder *discours* erfasst die ‚sprachliche' Seite des Erzählens. Das Verhältnis von Geschichte und Text der Geschichte ist jedoch keine unvermittelte sprachliche Manifestation, sondern eine kompliziertere Vermittlung, deren Besonderheit Stierle mit der Aufgliederung dieses Verhältnisses in Tiefendiskurs *(discours* I) und Oberflächendiskurs *(discours* II) Rechnung tragen will. Der Oberflächendiskurs macht die Verbindungen der Narration zu der gewählten Form deutlich, wie zum Beispiel die Wahl der Gattung oder auch der Stil des Autors, während der Tiefendiskurs die erzählerischen Möglichkeiten meint, mit denen über eine Geschichte verfügt werden kann, also den gesamten Bereich des Erzählerdiskurses.

[Randnotiz: Oberflächendiskurs]

[Randnotiz: Tiefendiskurs]

Die verschiedenen Textebenen stehen nach Stierle in verschiedenen Relationen zueinander: Das Geschehen ist Voraussetzung für die Geschichte, die Geschichte fundiert schließlich den Text der Geschichte. Stierle nennt dies die Fundierungsrelation. Des Weiteren verleiht jede narrative Ebene der ‚darunter liegenden' Ebene Sinn: Die Geschichte interpretiert das Geschehen, der Text der Geschichte interpretiert die Geschichte. Dies wäre die ‚hermeneutische' Relation. Schließlich dekodiert jede narrative Ebene die ‚darunter liegende' Ebene: Der Text der Geschichte macht die Geschichte sichtbar, die Geschichte macht das Geschehen sichtbar. Dies ist die Dekodierungsrelation der narrativen Textebenen zueinander (Stierle 1975: 50).

[Randnotiz: Fundierungsrelation]

[Randnotiz: Dekodierungsrelation]

2.3 | Zur Makrostruktur narrativer Texte (Ebene der ‚Geschichte' bzw. der ‚histoire')

2.3.1 | Segmentierung und Figurenkonfiguration

Narrative Texte erhalten ihre spezifische Struktur durch Handlung (sp. *acción*). Handlung ist hierbei jedoch der Oberbegriff für ein ganzes Bündel von einzelnen Handlungen, das umso komplizierter zu beschreiben ist, je mehr Figuren und mit ihnen verbundene Einzelhandlungen existieren. Der Roman *Don Quijote* besteht aus zahlreichen einzelnen Handlungen, welche die Hauptfigur und die Nebenfiguren erleben. Diese Aufteilung der Handlung in einzelne

Segmentierung   Teile wird analytisch mit dem Begriff der Segmentierung gefasst. Der russische Erzählforscher Vladimir Propp hat 1928 mit der Studie *Morphologie des Märchens* einen Beitrag zur Erzähltextanalyse geliefert, der von großer Bedeutung für spätere Modelle der Handlungsanalyse werden sollte. Propp hat in dieser Studie ein großes Korpus von russischen Zaubermärchen untersucht, indem er die inhaltliche Dimension nicht im Einzelnen, sondern im Hinblick auf die Gesamtheit der Texte analysierte. Auf diese Weise ist es Propp gelungen, typische Segmente der Märchenhandlung heraus-

Handlungsfunktionen   zuarbeiten. Diese Segmente nennt Propp Funktionen (sp. *funciones*). Beispiele für solche Handlungsfunktionen sind etwa der Zweikampf zwischen Held und Gegenspieler, Sieg über den Gegenspieler und Ähnliches. Die typische Reihung der Funktionen nennt Propp

Handlungssequenzen   Sequenz (sp. *secuencia*). Sequenzen gliedern die Handlung eines narrativen Texts. Den Funktionen sind bei Propp verschiedene Handlungsträger wie Held, Gegenspieler, das Opfer und weitere zugeordnet. Das Handlungsmodell, das Propp in *Morphologie des Märchens* dargelegt hat, ist zur Grundlage der strukturalen Analyse von Erzähltexten geworden. Es besitzt Tauglichkeit auch für alle anderen oben erwähnten Formen narrativer Texte. Die Funktions-Analyse ist ein Verfahren, das durch starke Schematisierung und hohe Abstraktion gekennzeichnet ist. Insofern erlaubt sie, die Spezifik eines gegebenen Texts im Vergleich zu anderen Texten in einer nachvollziehbaren Art und Weise zu erfassen. Die schon erwähnte parodistische Grundstruktur des *Don Quijote* etwa wird darin evident, dass die Funktion „Zweikampf zwischen Held und Gegenspieler" durchweg in der Form realisiert wird, dass die Gegenspieler keine wirklichen sind, sondern Instanzen, von denen der (komische) Held Quijote glaubt oder behauptet, es seien Ritter, während es sich de facto um Windmühlen, Schafhirten oder Ähnliches handelt.

Die französische Erzählforschung hat das Modell von Propp aufgegriffen und erweitert. Algirdas J. Greimas hat 1966 in seinem Werk *Sémantique structurale* das Handlungsmodell von Propp reformuliert. Greimas analysiert nicht nach Funktionen, sondern nach Aktanten (sp. *actante*), abstrakten Rollen, im Unterschied zu den Figuren in einem konkreten Text, den Akteuren (sp. *actor*). Die Aktantenpositionen nach Greimas lauten wie folgt: Subjekt (sp. *sujeto*), Objekt (sp. *objeto*), Sender (sp. *destinador*), Empfänger (sp. *destinatario*), Adjuvant (sp. *ayudante*) und Opponent (sp. *oponente*). Unter Subjekt ist die Hauptfigur des Texts zu verstehen, die das Objekt begehrt. Der Sender befördert die Handlung, der Empfänger ist derjenige Aktant, der von der Handlung des Subjekts profitiert. Der Adjuvant leistet dem Subjekt Hilfestellung, während der Opponent das Subjekt behindert. Die ganze Komplexität hochliterarischer narrativer Texte ist mit diesem Modell, ähnlich wie mit der Funktions-Analyse, schwer zu fassen, doch ist das Aktantenmodell ein nützliches Analyseschema, um die Handlungsdimension in einem gegebenen Text vor allem in kontrastiver Hinsicht zu beschreiben. Die Aktantenanalyse schematisiert die in einem jeweiligen Text erzählte Geschichte, indem sie die Interaktion der Figuren des Textes entsprechend beschreibt.

Aktanten und Akteure

Abgrenzung von Zeit und Raum

2.3.2

Für das Profil und die Bedeutung eines Texts ist es wesentlich, in welchem Abgrenzungsverhältnis die erzählte Geschichte zu dem Geschehen steht, auf das sie sich bezieht. Es gibt dabei die zwei grundsätzlichen Varianten, die Ereignisse *ab ovo* (von Beginn an) zu erzählen oder *medias in res* (mitten in der laufenden Handlung, d.h. zu Beginn der berichtenswerten Ereignisse) einzusteigen. Eine Erzählung *ab ovo* beginnt in der Regel mit der Geburt des Helden (mit eventuellem Bericht über die Vorfahren), fährt fort mit dessen Heranwachsen und geht erst dann zu den Abenteuern über. *Ab ovo* erzählte Texte vermitteln dem Leser ein Maximum an Orientierung über die fiktionale Welt, *medias in res* beginnende Texte sind spannungsgeladener

Beginn ab ovo oder medias in res

und können bis zur Verrätselung der Motive des Helden gehen. Der bereits mehrfach genannte *Don Quijote* ist ein Beispiel für eine Mischform. Das ‚Vorleben' des Helden – vor Beginn der Abenteuer – wird zwar erzählt, jedoch so knapp, dass die eigentlichen Gründe dafür, weshalb er verrückt wurde und meint, ein wirklicher Ritter zu sein, letztlich der Deutung des Lesers überantwortet bleiben.

Offenes und geschlossenes Ende

Für die Bedeutung des Texts ist jedoch die Modellierung des Endes der erzählten Geschichte noch wichtiger als die des Anfangs. Ein traditionelles ‚geschlossenes' Ende erzählt bis zum Tod des jeweiligen Helden (Beispiel: *Rolands-* oder *Nibelungenlied*) oder bis zum glücklichen Ende aller problematischen Konstellationen (Beispiel: *Odyssee*; Heimkehr des Helden nach Ithaka und Wiedereinsetzung in seine Rolle als Herrscher über sein kleines, überschaubares Reich). Ein offenes Ende bricht mitten in der Erzählung über diejenigen Ereignisse ab, die in dem Text thematisch sind, und überlässt auf diese Weise die Gesamtdeutung des Texts dem jeweiligen Leser. Ein solches offenes Ende ist häufig ein Merkmal moderner Erzähltexte.

Sujethafte und sujetlose Texte

Der russische Strukturalist Jurij M. Lotman hat in einer einflussreichen Studie den Gedanken ausgeführt, dass für die Bedeutung einer gegebenen Geschichte auch die ‚räumliche' Dimension von entscheidendem Belang ist (vgl. *Die Struktur literarischer Texte*, Kapitel 8). Lotman vertritt, dass die Räume in literarischen Texten grundsätzlich semantisiert sind, d.h. eine sekundäre Bedeutung haben. Er differenziert auf dieser Grundlage nach ‚sujethaften' und ‚sujetlosen' Texten. Sujethafte Texte sind solche, in denen der Gesamtraum eines Texts in (mindestens) zwei deutlich geschiedene Teil-Räume zerfällt. Überschreitet eine Figur eines Texts die Grenze zwischen diesen Teil-Räumen, so ist sie der Held des Texts. Die Grenzüberschreitung ist das zentrale Ereignis, und die räumliche Grenzüberschreitung immer auch eine ethisch-moralische. Ein anschauliches Beispiel entnehmen wir dem Schelmenroman *Lazarillo de Tormes*: Wenn der junge Lazarillo – im Unterschied zu Mutter und Geschwistern – das heimatliche Dorf verlässt und sich hinausbegibt in die ‚weite' Welt, überschreitet er nicht nur eine räumliche Grenze, sondern auch die Grenze zwischen provinzieller Naivität und gerissenem, ‚pikareskem' Wissen über das Funktionieren der Welt. Sujetlose Texte verweigern hingegen die Kategorie der Grenzüberschreitung und damit die des Ereignisses und auch die des Helden. Sie sind insofern in gewissem Sinne Anti-Romane, regen das Nachdenken des Lesers darüber an, wie traditionelle Romane funktionieren. Die erwähnte Einordnung des *Don Quijote* als erstem ‚modernen' Roman begründet sich auch daraus, dass in diesem Text alle Grenzüberschreitungen nur aus Sicht des Helden solche sind, sich aber aus Sicht des Erzählers und des Lesers als banale Zufälle ohne Belang darstellen.

Analyse der Diskursstruktur narrativer Texte | 2.4

Zur Erzählinstanz | 2.4.1

Bereits zu Beginn dieses Kapitels haben Sie anhand des Ausschnitts aus dem Roman *Don Quijote* gesehen, dass eine Besonderheit narrativer Texte die vermittelnde Instanz ist. Diese Ebene wird Erzählerdiskurs (sp. *discurso narrativo*) genannt. Die Typologie der Erzählsituationen nach Stanzel kennen Sie bereits. Innerhalb der Erzählsituationen wird unterschieden, ob die dargestellten Figuren reden, was entsprechend Personenrede genannt wird, während die erzählenden Passagen Erzählbericht oder auch diegetische Rede genannt werden. Gérard Genette hat in *Discours du récit* von 1972 und in *Nouveau discours du récit* von 1983 zur exakteren Analyse des Erzählerdiskurses vorgeschlagen, neben dem Standpunkt des Erzählers auch den Blickwinkel zu betrachten, aus dem die Ereignisse gesehen werden. Genette nennt diese analytische Kategorie den Modus (sp. *modo*) und unterscheidet verschiedene Fokalisierungstypen. Der Begriff Fokalisierung (sp. *focalización*) ist dabei ganz anschaulich gemeint: Wie der Fokus der Linse eines Fotoapparates den Lichteinfall reguliert, kann auch der Erzähler den Informationsstand des Lesers steuern. So kann der Erzähler beispielsweise dem Leser mehr Informationen mitteilen als die Figuren des narrativen Texts haben können. Dies wird unfokalisierte Erzählung (sp. *focalización cero*) genannt. In einer Erzählung mit interner Fokalisierung (sp. *focalización interna*) gibt der Erzähler den Wissensstand einer oder mehrerer Figuren wieder. In der externen Fokalisierung (sp. *focalización externa*, auch bekannt als engl. *camera eye perspective*) weiß der Erzähler weniger als die Figuren.

> Modus
> Fokalisierungstypen

Zum Modus gehören neben der Perspektive die Formen des Erzähldiskurses. Unter narrativisierter oder erzählter Rede (sp. *discurso relatado*) versteht Genette die distanzierteste Form von Personenrede. Die Erzählinstanz informiert über die wörtliche Rede oder die

Gedanken einer Figur, ohne die wörtliche Form zu reproduzieren. Genette macht das Gemeinte mit folgendem Beispiel deutlich: „Ich teilte meiner Mutter meine Entscheidung mit, Albertine zu heiraten." (Genette [2]1998: 122) Die wörtliche Rede wird hier nicht reproduziert, es wird von dem Akt der wörtlichen Rede berichtet.

Des Weiteren existiert die Möglichkeit der indirekten Rede (sp. *discurso* oder *estilo indirecto*), entweder als gesprochene Rede: „Ich sagte meiner Mutter, dass ich Albertine unbedingt heiraten müsste." oder als innere Rede: „Ich dachte, dass ich Albertine unbedingt heiraten müsste." (Genette [2]1998: 122) Auch hier erfährt der Leser die tatsächlich gesprochenen oder gedachten Worte nicht. Die Anwesenheit des Erzählers ist sehr stark spürbar. Die erlebte Rede (sp.

Erlebte Rede

estilo indirecto libre) als eine Variante der indirekten Rede kann sich indes sehr viel freier entfalten, der Erzähler und die Figur sind gleichzeitig anwesend, da ein Verb fehlt, das auf den Akt der erzählerischen Vermittlung verweist: „Ich ging zu meiner Mutter: Ich musste Albertine unbedingt heiraten." Hier kann die zweite Aussage sowohl die Gedanken der Figur wiedergeben als auch die Worte, welche die Figur an die Mutter richtet, wobei das Tempus das einzige Indiz dafür ist, dass es sich um wiedergegebene und nicht um direkte Rede handelt. Mit dieser Variante der indirekten Rede wird häufig der französische Autor Gustave Flaubert in Verbindung gebracht, der im 19. Jahrhundert die erlebte Rede zu einer sehr eindrucksvollen Ausdrucksform des personalen Erzählens gemacht hat. Merken Sie sich aus diesem Grund auch die französische Bezeichnung *style indirect libre*. Die berichtete Rede (sp. *estilo directo*) ist diejenige, in der der Erzähler vorgibt, als rede nicht er, sondern die Figur: „Ich muss Albertine unbedingt heiraten." (Genette [2]1998: 123) Eine Variante der berichteten, unmittelbaren Rede ist der innere Monolog (sp. *monólogo interior*).

Stimme

Genette hat mit der Stimme (sp. *voz*) noch eine weitere Analysekategorie eingeführt. Während die Fokalisierungstypen den Modus festlegen, interessiert bei der Kategorie *Stimme* die Frage, wer den Erzählerdiskurs spricht. In einem narrativen Text existieren verschiedene narrative Ebenen (sp. *niveles diegéticos*). Jede Erzählung erschafft eine Textwelt, die mit dem Begriff Diegese (sp. *diégesis*) bezeichnet wird.

Bei Genette beschreibt Diegese das „raumzeitliche Universum der Erzählung" (Genette [2]1998: 313) und definiert den Unterschied zwischen den verschiedenen narrativen Ebenen wie folgt: „Jedes Ereignis, von dem in einer Erzählung erzählt wird, liegt auf der nächst-

höheren diegetischen Ebene zu der, auf der der hervorbringende narrative Akt dieser Erzählung ange-
siedelt ist." (Genette ²1998: 163)
Eine erste Erzählebene, durch
die die Diegese konstituiert wird,
befindet sich grundsätzlich außerhalb der erzählten Welt. Diese wird dann extradiegetisch (sp.
extradiegético) genannt. Daneben kann eine weitere Erzählebene existieren, die Teil der diege-

tischen Welt ist. Diese wird als inner- oder auch intradiegetisch (sp.
intradiegético) bezeichnet. Eine Erzählung kann indes auch weitere
Erzählungen hervorbringen. In diesem Falle spricht Genette von me-
tadiegetischer Erzählung (sp. *metadiegético*). Unter einer Metalepse   Metalepse
(sp. *metalepsis*) versteht Genette den Übergang von einer narrativen
Ebene zur anderen:

> Cortázar erzählt die Geschichte eines Mannes, der von einer der Personen
> des Romans ermordet wird, den er gerade liest: das ist eine umgekehrte
> (und extreme) Form jener narrativen Figur, die die Klassiker die Metalep-
> se des Autors nannten und die darin besteht, so zu tun, als ‚bewirke der
> Dichter selbst die Dinge, die er besingt' [...]. (Genette ²1998: 167)

Eine weitere berühmte Metalepse finden wir in Miguel de Unamunos
Roman *Niebla* (1914), in dem Augusto, die Hauptfigur des Romans,
nach gescheiterten Liebesbeziehungen den Autor aufsucht, um mit
ihm über sein Ende zu sprechen. Es folgt ein Ausschnitt aus dem ein-
unddreißigsten Kapitel; zunächst spricht der Autor Unamuno:

> —Pues bien; la verdad es, querido Augusto — le dije con la más dulce de
> mis voces —, que no puedes matarte porque no estás vivo, y que no estás
> vivo, ni tampoco muerto, porque no existes...
> —¿Cómo que no existo? — exclamó.
> —No, no existes más que como ente de ficción; no eres, pobre Augusto, más
> que un producto de mi fantasía y de las de aquellos de mis lectores que
> lean el relato que de tus fingidas venturas y malandanzas he escrito yo; tú
> no eres más que un personaje de novela [...]. Ya sabes, pues, tu secreto.

> „Nun gut; die Wahrheit ist, lieber Augusto" – so sagte ich ihm so sanft ich
> konnte – „die Wahrheit ist, dass Du Dich nicht töten kannst, weil Du nicht
> lebendig bist, und dass Du weder lebendig noch tot bist, weil Du nicht
> existierst..."
> „Wie, ich existiere nicht?", rief er aus.
> „Nein, Du existierst nur als ein Wesen der Fiktion, Du bist, armer Augus-
> to, nicht mehr als Produkt meiner Phantasie und derjenigen meiner Le-

ser, welche die Erzählung Deines fiktiven Glücks und Unglücks lesen, die ich geschrieben habe. Du bist nur eine Romanfigur [...]. Nun weißt Du um Dein Geheimnis."

Entsprechend der Stellung zur diegetischen Welt lässt sich nun die Erzählinstanz näher bestimmen: Die Erzählinstanz kann (als Figur) Teil der von ihr erzählten Welt sein (homodiegetisch, sp. *homodiegético*), oder sie kann außerhalb stehen (heterodiegetisch, sp. *heterodiegético*). Für den Fall, dass in einer homodiegetischen Erzählung die Hauptfigur der Erzähler ist, schlägt Genette den Begriff autodiegetisch (sp. *autodiegético*) vor. Ein berühmtes Beispiel hierfür ist der Schelmenroman *Lazarillo de Tormes* (Erstausgabe 1554):

> Pues sepa vuestra merced, ante todas cosas, que a mí llaman Lázaro de Tormes, hijo de Tomé González y de Antona Pérez, naturales de Tejares, aldea de Salamanca. Mi nacimiento fue dentro del río Tormes, por la cual causa tomé el sobrenombre; y fue de esta manera: mi padre, que Dios perdone, tenía cargo de proveer una molienda de una aceña que está ribera de aquel río, en la cual fue molinero más de quince años; y, estando mi madre una noche en la aceña, preñada de mí, tomóle el parto y parióme allí. De manera que con verdad me puedo decir nacido en el río.

> Herr, Ihr sollt zunächst erfahren, dass man mich Lázaro von Tormes nennt, Sohn von Tomé González und Antona Pérez, die aus Tejares stammen, einem Dorf in der Nähe von Salamanca. Meine Geburt ereignete sich im Fluss Tormes, daher habe ich meinen Zunamen; und dies geschah so: Mein Vater, dem Gott vergeben möge, hatte die Aufgabe, eine Wassermühle zu versorgen, die am Ufer dieses Flusses lag. Dort war er seit mehr als fünfzehn Jahren Müller gewesen. Als nun meine schwangere Mutter eines Nachts in der Mühle war, setzten die Wehen ein und sie gebar mich eben dort. Auf diese Weise kann ich also mit Berechtigung von mir sagen, ich sei im Fluss geboren.

Genette bringt die narrative Ebene (extra- oder intradiegetisch) mit der Beziehung des Erzählers zur Geschichte (hetero- oder homodiegetisch) zusammen und gelangt auf diese Weise zu vier grundlegenden Erzählertypen:

1) Extradiegetisch-heterodiegetisch: Ein Erzähler erster Stufe erzählt eine Geschichte, in der er nicht vorkommt.
2) Extradiegetisch-homodiegetisch: Ein Erzähler erster Stufe erzählt eine Geschichte, in der er vorkommt.
3) Intradiegetisch-heterodiegetisch: Ein Erzähler zweiter Stufe erzählt eine Geschichte, in der er nicht vorkommt.
4) Intradiegetisch-homodiegetisch: Ein Erzähler zweiter Stufe erzählt eine Geschichte, in der er vorkommt.

Als Beispiel für den ersten Typus, den extradiegetisch-heterodiege-
tischen Erzähler, soll uns die Erzählung *El beso* von Gustavo Adol-
fo Bécquer dienen. Der Text berichtet von einem jungen Offizier, der
in Kriegswirren mit seinen Soldaten in einer Kirche in Toledo un-
tergebracht wird und sich dort in die marmorne Grabskulptur einer jungen Frau verliebt. Sie sehen bereits an dem folgenden kurzen Ausschnitt, wie hier ein Erzähler erster Stufe eine Geschichte
erzählt, in der er nicht vorkommt:

> En la época a que se remonta la relación de esta historia, tan verídica como
> extraordinaria, lo mismo que al presente, para los que no sabían apreci-
> ar los tesoros del arte que encierran sus muros, la ciudad de Toledo no era
> más que un poblachón destartalado, antiguo, ruinoso e insufrible.

> Zu der Zeit, auf die diese ebenso wahrheitsgetreue wie außergewöhnliche
> Geschichte zurückgeht, war die Stadt Toledo, genau wie heute, für alle die-
> jenigen, die die Kunstschätze nicht zu schätzen wussten, die ihre Stadt-
> mauern umschließen, nichts weiter als ein verkommenes, altes, baufälli-
> ges und unerträgliches Kaff.

Im weiteren Verlauf berichtet dann der junge Offizier als intradie-
getisch-homodiegetischer Erzähltypus von dem Standbild der jungen Frau, in die er sich verliebt hat:

> Yo me creía juguete de una alucinación, y sin quitarle un punto los ojos,
> ni aun osaba respirar, temiendo que un soplo desvaneciese el encanto. Ella
> permanecía inmóvil.

> Ich glaubte, Opfer einer Sinnestäuschung zu sein, und ohne auch nur ein-
> mal die Augen von ihr zu nehmen, wagte ich nicht zu atmen, aus Furcht,
> ein Hauch könne genügen, und der Zauber wäre zu Ende. Sie verharrte
> reglos.

Die hier bei Bécquer zu beobachtende Mischung mehrerer der von
Genette differenzierten Grundtypen ist nicht ungewöhnlich; in der
Erzählliteratur der Moderne stellt sie eher den Normalfall dar. – Ein
Beispiel für den extradiegetisch-homodiegetischen Erzähler finden
Sie in dem oben zitierten Ausschnitt aus *Lazarillo de Tormes*, ein
gutes Beispiel für den intradiegetisch-heterodiegetischen Erzählty-
pus gibt bereits Genette mit der Erzählerin der Geschichten von *Tau-
sendundeiner Nacht*: „Scheherezade [ist eine] Erzählerin zweiter
Stufe, die Geschichten erzählt, in denen sie im Allgemeinen nicht
vorkommt." (Genette [2]1998: 178)

Des Weiteren ist die Positionsbestimmung der narrativen Instanz im Verhältnis zur erzählten Geschichte von Bedeutung. Genette unterscheidet vier Narrationstypen: Die spätere (oder nach-
trägliche) Narration (sp. *narración ulterior*), die frühere (oder
vorausgreifende) Narration (sp. *narración anterior*), die gleichzeiti-

Narrationstypen

ge Narration (sp. *narración simultánea*) und die eingeschobene Narration (sp. *narración intercalada*). Die spätere Narration ist die „klassische Position der Erzählung in Vergangenheitsform, zweifellos die bei weitem häufigste" (Genette ²1998: 154). Seltener ist die frühere Narration, worunter Genette die voraussagende Erzählung im Futur versteht. Die gleichzeitige Narration wird im Präsens erzählt, als ob die Handlung simultan begleitet werde. Die eingeschobene Narration ist eine Erzählung mit mehreren Instanzen; Genette nennt als extremes Beispiel für eine eingeschobene Narration den Briefroman mit mehreren Briefeschreibern.

2.4.2 | *Mise en abyme*

Der aus der Wappenkunde stammende französische Begriff *mise en abyme* bedeutet im Deutschen *in-Abgrund-Setzung*. Der französische Autor André Gide hat Wappenbilder, in denen sich das Wappen selbst noch einmal wiederholt, als ein Beispiel für eine Struktur-‚Spiegelung' genommen, wie sie auch in literarischen Texten häufig vorkommt. (Gide, André [1948]: *Journal 1889-1938*) Zur Veranschaulichung des Gemeinten sollen zunächst diese beiden Abbildungen dienen:

Abb. 1

Jan Vermeer
(1632 – 1675):
L'art de la peinture

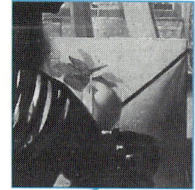

Auf dem Bild von Jan Vermeer blicken Sie auf eine Atelier-Szene, in der ein Maler gerade im Begriff ist, eben das Bild zu malen, dass Sie gerade betrachten. Das zweite Beispiel illustriert eine (potentielle) Verunendlichung der Spiegelungen, ein Effekt, den man gleichfalls zuweilen in fiktionalen Texten findet. Die ‚lachende Kuh‘ auf der Käsepackung trägt als Ohrringe die Käsepackung mit der lachenden Kuh, die wiederum die Käsepackung-Ohrringe trägt, und so weiter und so fort.

Abb. 2

Verpackung der
Käsesorte
Die lachende Kuh

In literarischen Kontexten beschreibt der Terminus *mise en abyme* eine ähnlich gefügte Struktur der Selbstbezüglichkeit: die gesamte Struktur eines Texts wiederholt sich – natürlich in geraffter Form – in einer Teilstruktur desselben Texts. Die grundlegende Studie über diese Form stammt von Lucien Dällenbach (*Le récit spéculaire*, 1977). Dällenbach unterscheidet zwei Varianten dieser Struktur. Die *réflexion de l'énoncé* (dies könnte man der Deutlichkeit halber mit dt. *Spiegelung der Aussage* wiedergeben) bezeichnet die Spiegelung des Inhalts eines Gesamttexts in einem Teil desselben Texts. Im Gegensatz hierzu ist die *réflexion de l'énonciation* (dt. *Spiegelung der Art des Sagens*) eine *mise en abyme* des Verfahrens, der Art und Weise, wie der Text gemacht ist. Es gibt Phänomene der einfachen Doppelung (*réduplication simple*) sowie wiederholte Doppelungen bis ins Unendliche, so wie auf der Käseschachtel von *La vache qui rit* (*réduplication répétée*). Ebenso variiert die Reichweite: Die *mise en abyme prospective* reflektiert Elemente der *histoire*, die, was die chronologische Ordnung betrifft, in der Zukunft liegen, die *mise en abyme rétrospective* bezeichnet das gegenteilige Phänomen, also eine rückblickende Spiegelung von Ereignissen. Es existiert auch eine Mischung beider zeitlicher Varianten, die *mise en abyme rétro-prospective*.

Der Literaturwissenschaftler Jean Ricardou hat sich in seinen Studien *Problèmes du Nouveau Roman* (1967) und *Le Nouveau Roman* (1973) ausführlich mit der *mise en abyme* in Erzähltexten befasst und unterstreicht, wie diese Struktur die ‚Gemachtheit‘ des Textes offenlegt. Es ist allerdings wichtig, zwischen formalen und inhaltlichen Spielarten von *mise en abyme* zu unterscheiden. So kann mit dieser Struktur auch eine inhaltliche Spiegelung, die beispielsweise enthüllenden Charakter hat, erfolgen.

Die weltliterarisch bekannteste *mise en abyme* ist ohne Zweifel in Shakespeares *Hamlet* zu finden: Die Schauspielertruppe führt vor der Gesellschaft des dänischen Königshofes ein Stück auf, das den (mutmaßlichen) Vorfällen am Hof – d.h. dem Inhalt des Dramas *Hamlet* bzw. seiner Vorgeschichte – in etwa entspricht (*mise en abyme rétrospective de l'énoncé*).

Eine prominente *mise en abyme de l'énonciation* kann man beispielsweise in der Erzählung *Tlön, Uqbar, Orbis Tertius* des argentinischen Autors Jorge Luis Borges finden. Die Erzählung erschien zum ersten Mal 1940 in der Zeitschrift *Sur*, Nr. 68. Zu der Erzählung gehört ein Nachwort, das für die Leser 1940 wie folgt begann: „Reproduzco el artículo anterior tal como apareció en el número 68 de *Sur*, con portada verde jade, mayo de 1940." (Ich gebe den vorhergehenden Artikel so wieder, wie er im Mai 1940 in der Nummer 68 von *Sur* mit jadegrüner Titelseite erschienen ist.) Die Leser hielten eben diese Ausgabe von *Sur* in den Händen. Borges hat für die Buchveröffentlichung der Erzählung diese *mise en abyme* aufgegeben.

Es gibt Interpretationen, die das gesamte 79. Kapitel des Romans *Rayuela* des argentinischen Autors Julio Cortázar als umfangreiche *mise en abyme* der poetischen Prinzipien des Romans *Rayuela* lesen. „Obwohl die *mise en abyme* ein überzeitliches und weit über den Bereich von Kunst und Literatur hinausgehendes Phänomen ist, erscheint sie in hochgradig autoreferentiellen und antimimetischen Texten wie dem *nouveau roman* und Erzählungen des Postmodernismus besonders häufig." (*Metzler Lexikon Literatur- und Kulturtheorie*: 373)

2.4.3 | Zur Analyse der Zeitdimensionen im narrativen Text

Ordnung, Dauer, Frequenz

In dem methodologischen Entwurf von Genette existieren noch drei weitere Analysekategorien für Erzähltexte: Ordnung (sp. *orden*), Dauer (sp. *duración*) und Frequenz (sp. *frecuencia*). Shlomith Rimmon-Kenan ordnet diese drei Gesichtspunkte dem Oberbegriff „Zeit" zu. Unter Ordnung versteht Genette zunächst die zeitlichen Ordnungsinstanzen im Text, ausgehend von der Unterscheidung zwischen Erzählzeit und erzählte Zeit. Unter erzählter Zeit ist diejenige Zeitspanne zu verstehen, die innerhalb der Geschichte (also auf der Ebene der *histoire*) vergeht. Erzählzeit ist die Zeitspanne außerhalb des Textuniversums. So kann beispielsweise die Erzählzeit in einem Roman mehrere Jahre aus dem Leben einer Figur auf weni-

Erzählzeit und erzählte Zeit

gen Seiten zusammenfassen, deren Lektüre nicht jahrelang, sondern nur wenige Minuten dauert. Der Literaturwissenschaftler Eberhard Lämmert hat in seiner Studie *Bauformen des Erzählens* bereits 1955 ein Analysemodell der Zeitstrukturen in narrativen Texten vorgestellt. Wir werden im Folgenden versuchen, wenn möglich sowohl die Bezeichnungen von Genette als auch von Lämmert vorzustellen.

Genette bemerkt, dass es in narrativen Texten zu Unstimmigkeiten der zeitlichen Ordnung kommen kann, indem etwa der chronologische Ablauf der Ereignisse unterbrochen oder neu angeordnet wird. Dies nennt Genette Anachronien (sp. *anacronía*).

Anachronien: Analepse und Prolepse

In Erzähltexten kann es zu der Konstellation kommen, dass ein Ereignis, das innerhalb der Geschichte zu einem früheren Zeitpunkt stattgefunden hat, erst nachträglich erzählt wird. Dies nennt Genette Analepse (sp. *analepsis*), Lämmert eine Rückwendung (sp. *retrospección*). Ein kurzes, aber anschauliches Beispiel für eine Analepse ist der folgende Ausschnitt aus Pedro Antonio de Alarcóns Erzählung *La última calaverada* (1881):

> Estaba yo en aquel tiempo (como sigo estándolo hoy) verdaderamente prendado de mi mujer; reconocía todas sus bellas cualidades; considerábame feliz en haber ligado mi vida a la suya; proclamaba que el matrimonio tenía indudablemente muchas ventajas... Pero...

> Ich war zu jener Zeit wirklich ganz von meiner Frau eingenommen (wie ich es auch heute noch bin); und bewunderte all ihre schönen Eigenschaften. Ich sah mich als glücklich an, mein Leben mit dem ihren verbunden zu haben; ich vertrat, dass die Ehe zweifelsohne viele Vorzüge hatte... Aber...

Genette nimmt an, dass jedem Text eine so genannte Basiserzählung (sp. *relato primero*; frz. *récit premier*) zugrunde liegt, die die Haupthandlung und die chronologische Reihenfolge im Wesentlichen einhalt. Von dieser Basiserzählung aus gesehen ist es Genette dann möglich, die Analepsen in externe und interne Analepsen zu unterteilen. Die externe Analepse (sp. *analepsis externa*) erzählt Ereignisse, die vor dem Beginn der Basiserzählung angesiedelt sind, das Zeitfeld der internen Analepse (sp. *analepsis interna*) fällt in dasjenige der Basiserzählung. Wenn ein analeptischer erzählerischer Nachtrag bis an die Basiserzählung heranreicht, ist dies nach Genette eine komplette Analepse (sp. *analepsis completa*); endet die Erzählung vergangener Ereignisse in einer Auslassung, wird dies eine partielle Analepse (sp. *analepsis incompleta*) genannt. Genette spricht von homodiegetischer Analepse (sp. *analepsis homodiegética*), wenn sich die Analepse auf die Figuren und die Handlung der

Basiserzählung bezieht. Ist dies nicht der Fall, spricht Genette von heterodiegetischer Analepse (sp. *analepsis heterodiegética*).

Wird ein später liegendes Ereignis im Voraus erzählt, nennt dies Genette eine Prolepse (sp. *prolepsis*), Lämmert Vorausdeutung (sp. *prospección*). Auch hier wird bei Genette zwischen externer und interner sowie kompletter und partieller Prolepse unterschieden. Ein typisches Beispiel für eine Vorausdeutung ist der folgende Textausschnitt aus der Novelle *La fuerza de la sangre* aus der Sammlung *Novelas ejemplares* (Erstausgabe 1613) von Miguel de Cervantes:

> Fuéronse a acostar todos, quedó toda la casa sepultada en silencio, en el cual no quedará la verdad deste cuento, pues no lo consentirán los muchos hijos y la ilustre descendencia que en Toledo dejaron, y agora viven, estos dos venturosos desposados, que muchos y felices años gozaron de sí mismos, de sus hijos y de sus nietos [...].

> Alle gingen zu Bett, und das ganze Haus blieb begraben in Schweigen, in welchem indes nicht die Wahrheit dieser Geschichte verbleiben wird, denn das werden die vielen Kinder und die erlauchte Nachkommenschaft, die in Toledo blieben und die noch heute leben, nicht erlauben, die Nachkommen dieser zwei glücklichen Gatten, die viele und glückliche Jahre sich aneinander erfreuten, an ihren Kindern und an ihren Enkeln [...].

Dauer   Unter Dauer (sp. *duración*) versteht Genette die Geschwindigkeit der Erzählung. Da es kein absolutes Maß gibt, mit dem die Dauer der Erzählung gemessen werden könnte, untersucht Genette die Zeitwechsel im Erzähltext. Er nennt diese Zeitwechsel Anisochronien (sp. *anisocronías*) und unterscheidet zwei grundlegende Formen, die Beschleunigung (sp. *aceleración*) und die Verlangsamung (sp. *desaceleración*) mit den vier narrativen Zeittypen *Summary* (sp. *sumario*), Pause (sp. *pausa*), Ellipse (sp. *elipsis*) und Szene (sp. *escena*).

Summary   Im *Summary* als Mittel der Zeitraffung (nach Lämmert, der auch noch weitere Formen von Zeitraffungen unterscheidet) ist die erzählte Zeit deutlich länger als die Erzählzeit. Bei der Pause wird die **Pause** Geschichte angehalten, um eine Beschreibung oder einen Kommentar einzufügen. Die Ellipse ist ein Mittel der Aussparung (so die Be-**Ellipse** zeichnung Lämmerts) und macht es möglich, viel Geschichte in wenig Zeit zu erzählen. Genette unterscheidet die bestimmte Ellipse (sp. *elipsis determinada*), in der die ausgesparte Zeit benannt wird (z.B. „Cinco meses más tarde" oder „Fünf Monate später"), sowie die unbestimmte Ellipse (sp. *elipsis indeterminada*), welche die ausgesparte Zeit nicht eingrenzt (z.B. „Pasó el tiempo" oder „Die Zeit verging"). – Die explizite Ellipse (sp. *elipsis explícita*) wird im Text deutlich gemacht (z.B. „Nun lassen wir die Geschichte unseres Helden einige Zeit ruhen"), die implizite Ellipse (sp. *elipsis implícita*) teilt dem Leser die Zeitaussparung nicht ausdrücklich mit, ist aber deutlich spürbar. Wenn eine Ellipse nicht spürbar ist oder sich erst im Nachhinein offenbart, spricht Genette von der hypothetischen Ellipse (sp. *elipsis hipotética*). In der Szene fallen Erzählzeit und erzählte Zeit zusammen, zum Beispiel in Dialogen.

Szene

Die letzte zeitliche Analysekategorie von Genette ist die Frequenz (sp. *frecuencia*). Darunter sind die Wiederholungsbeziehungen zwischen Erzählung und Diegese zu verstehen. Ein Ereignis kann mehrere Male erzählt werden. Hierbei unterscheidet Genette zwischen singulativem Erzählen (sp. *frecuencia singulativa*), repetitivem Erzählen (sp. *frecuencia repetitiva*) und iterativem Erzählen (sp. *frecuencia iterativa*). Das singulative Erzählen berichtet ein Geschehen einmal, das repetitive Erzählen wiederholt die Erzählung eines Geschehens und das iterative Erzählen gibt einmal etwas wieder, was wiederholt geschehen ist.

Frequenz

Zusammenfassung

Wir haben einleitend betont, dass die strukturale Erzählanalyse auf der Annahme beruht, Texte seien im Prinzip wie sprachliche Äußerungen unserer ‚normalen' Sprache aufgebaut: aus Elementen mit bekannten Bedeutungen, die wir nur miteinander verknüpfen müssen, um die Bedeutung des Gesamtbildes (Text bzw. Satz) zu erfassen. Sie erkennen vielleicht, dass es ungeachtet der prinzipiellen Vernünftigkeit dieser Annahme notwendig ist, die Parallelisierung von sprachlichen Äußerungen und Texten nicht im schematischen Sinne misszuverstehen. Die Sequenzen eines narrativen Texts (nach Propp) haben zwar eine Bedeutung, aber diese Bedeutung ist nicht über den je gegebenen Text hinaus in dem Sinne stabil, wie das die Teile / Wörter eines Satzes sind. Die im Unterkapitel zur Analyse der Diskursebene (2.4) dargestellten Techniken der Verknüpfung der Teile eines Erzähltexts haben eine Bedeutung, aber auch diese ist nach Form und Aussage ungleich flexibler als das Regelwerk der Verknüpfung von Wörtern zu Texten, der Grammatik. Von daher lässt sich das Interpretieren von (Erzähl-)Texten nicht in dem Maße schematisieren, lehren und lernen wie eine fremde Sprache. Es bedarf dazu einer gewissen Erfahrung.

Zusammenfassung

Ein guter Ausgangspunkt für die Analyse von Erzähltexten ist eine knappe Inhaltsangabe. Hierauf sollte eine sorgfältige Strukturanalyse der Handlung, der Figuren, der Erzählperspektive, der Zeitgestaltung und der Form der Redewiedergabe folgen, die sich nicht auf das bloße Aufzählen beschränkt, sondern vor allem Aussagen über Funktion und Wirkung dieser Strukturen versucht. Bei diesen Versuchen sollten Sie vor allem nach Identitäten und Differenzen zu entsprechenden Strukturen von Texten suchen, die Ihnen bereits bekannt sind. Für die abschließende Interpretation des Texts sollten Sie nicht nur formgeschichtliche Eigenheiten berücksichtigen, sondern die Ergebnisse der Strukturanalyse mit einer übergreifenden historischen Fragestellung in Zusammenhang bringen.

Aufgaben

1. Bestimmen Sie mithilfe der Terminologie, die Sie in Kapitel 2.4.3 kennen gelernt haben (Analepse / Prolepse; *Summary* / Pause; Ellipse / Szene; singulatives, repetitives und iteratives Erzählen), die Zeitstruktur der folgenden Textausschnitte:

   a) Pasaron días, semanas, meses; pasó un año sin disminuir en la pobre solitaria el dolor de la ausencia.

   Es vergingen Tage, Wochen, Monate; ein Jahr ging vorbei, ohne dass sich bei der bedauernswerten Alleinstehenden der Schmerz über die Abwesenheit verringert hätte.

   Fernán Caballero (1796-1877): La viuda del cesante

   b) Yo estreché su mano linda y delicada, y terminé con un saludo aquella escena, que empezaba a hacerme mucho daño. En esto llegó un elegante coche al parador. Un lacayo con librea negra avisó a la desconocida. Subió ella al carruaje; saludome de nuevo, y desapareció por la Puerta del Mar. Dos meses después volví a encontrarla. Sepamos dónde.

   Ich drückte ihre schöne und zarte Hand, und beendete mit einem Gruß die Szene, die mir allmählich weh zu tun begann. Da kam ein eleganter Wagen zur Haltestelle. Ein Lakai in schwarzer Livree machte Meldung bei der Unbekannten. Sie stieg in die Kutsche, grüßte mich nochmals und entschwand in Richtung Puerta del Mar. Zwei Monate später traf ich sie noch einmal. Wir werden erfahren, wo dies geschah.

   Pedro Antonio de Alarcón (1833-1891): El clavo

c) Dos meses habían transcurrido desde que el escudero de D. Alonso de Valdecuellos desengañó al iluso Manrique; dos meses durante los cuales en cada hora había formado un castillo en el aire, que la realidad desvanecía con un soplo.

> Zwei Monate waren vergangen, seit der Knappe von Don Alonso de Valdecuellos die Täuschung des träumerischen Manrique beendet hatte; zwei Monate, in denen dieser zu jeder Stunde Luftschlösser gebaut hatte, welche die Wirklichkeit mit einem Hauch zum Einstürzen brachte.

> Gustavo Adolfo Bécquer (1836-1870): *El rayo de luna*

d) Una hora después caminábamos Zarco y yo en dirección al cementerio. Mi pobre amigo me habló de esta manera: — Hace dos años que, estando de Promotor fiscal en ***, obtuve licencia para pasar un mes en Sevilla.

> Eine Stunde später gingen Zarco und ich Richtung Friedhof. Mein armer Freund sprach zu mir wie folgt: „Vor zwei Jahren, als ich noch Staatsanwalt in *** war, erhielt ich Erlaubnis, einen Monat in Sevilla zu verbringen."

> Pedro Antonio de Alarcón (1833-1891): *El clavo*

2. Versuchen Sie, in den folgenden Textausschnitten die Beziehung des Erzählers zur Geschichte (hetero- oder homodiegetisch) und den Fokalisierungstyp (unfokalisiert, interne oder externe Fokalisierung) zu bestimmen:

a) Emma Valcárcel fue una hija única mimada. A los quince años se enamoró del escribiente de su padre, abogado. [...] Quería casarse o morir; casarse para demostrar la pureza de su honor. Pero los pretendientes aceptables no parecían. La de Valcárcel seguía enamorada, con la imaginación, de su escribiente de los quince años; pero no procuró averiguar su paradero, ni aunque hubiese venido le hubiera entregado su mano, porque esto sería dar la razón a la maledicencia. Quería antes otro marido. Sí, Emma pensaba así, sin darse cuenta de lo que hacía: „Antes otro marido." El *después* que vagamente esperaba y que entreveía, no era el adulterio, era... tal vez la muerte del primer esposo, una segunda boda a que se creía con derecho.

> Emma Valcárcel war ein verwöhntes Einzelkind. Mit fünfzehn Jahren verliebte sie sich in den Schreiber ihres Vaters, welcher Anwalt war. [...] Sie wollte heiraten oder sterben; heiraten, um die Reinheit ihrer Ehre zu de-

monstrieren. Aber die akzeptablen Prätendenten erschienen nicht. Die Valcárcel war in ihrer Vorstellung immer noch in den Schreiber ihrer fünfzehn Jahre verliebt, aber sie versuchte nicht, seinen Aufenthaltsort herauszubekommen, und auch wenn er gekommen wäre, hätte nicht zugestimmt, ihn zu heiraten, denn dies hätte bedeutet, Anlass für Klatsch zu geben. Sie wollte vorher einen anderen Ehemann. Ja, Emma dachte so, ohne sich darüber klar zu werden, was sie tat: „Vorher einen anderen Ehemann". Das *Nachher*, das sie vage erwartete und ahnte, war nicht der Ehebruch, es war... vielleicht der Tod des ersten Ehemanns, eine zweite Hochzeit, auf die sie ein Recht zu haben glaubte.

(Clarín) Leopoldo Alas (1852-1901): *Su único hijo*

b) Yo, señora, soy de Segovia. Mi padre se llamó Clemente Pablo, natural del mismo pueblo; Dios le tenga en el cielo. Fue, tal como todos dicen, de oficio barbero, aunque eran tan altos sus pensamientos que se corría de que le llamasen así, diciendo que él era tundidor de mejillas y sastre de barbas. [...] Estuvo casado con Aldonza de San Pedro, hija de Diego de San Juan y nieta de Andrés de San Cristóbal. Sospechábase en el pueblo que no era cristiana vieja, [...] aunque ella, por los nombres y sobrenombres de sus pasados, quiso esforzar que era descendiente de la gloria.

Ich, Herrin, bin aus Segovia. Mein Vater hieß Clemente Pablo und stammte auch von dort, Gott hab ihn selig. Er war, so sagen alle, von Beruf Barbier, auch wenn seine Gedanken so hochfliegend waren, dass man ihn immer weniger so nannte und dazu überging, ihn Schermeister der Backen und Schneidermeister der Bärte zu nennen. [...] Er war verheiratet mit Aldonza de San Pedro, der Tochter von Diego de San Juan und Nichte des Andrés de San Cristóbal. Man verdächtigte sie im Dorf, keine Altchristin zu sein, [...] auch wenn sie mit den Namen und Zunamen ihrer Ahnen bestärken wollte, dass sie aus der ruhmreichen Linie stammte.

Francisco de Quevedo (1580-1645): *Historia de la vida del Buscón*

Dramenanalyse | 3

Einleitung

Dieses Kapitel soll Sie zunächst in die grundlegenden Fragestellungen der Dramenanalyse einführen, anschließend Besonderheiten des spanischen Dramas erklären und Ihnen dann die Analyseelemente der Raum- und Zeitebenen sowie der Figuren im Drama deutlich machen. Bitte beachten Sie, dass der Begriff *drama* im Spanischen weniger gebräuchlich ist. Sie werden in Kapitel 3.2 eingehend mit der Terminologie und den spezifisch spanischen Dramenformen vertraut gemacht.

Grundlegende Aspekte der Analyse dramatischer Texte | 3.1

Der Begriff *Drama* stammt aus dem Griechischen und bedeutet „Handlung". Damit wird der zentrale Akzent dramatischer Texte bereits deutlich: Es geht in dieser Textsorte darum, Handlung unmittelbar, gegenwärtig auf einer Bühne darzustellen. Dies geschieht durch die Rede der an der Handlung beteiligten Figuren. Dramatische Texte sind weniger für die Lektüre als für die Realisierung in einer Aufführung konzipiert. Eine Ausnahme bilden die so genannten Lesedramen. Eine grundlegende Eigenschaft des Dramas ist also seine Plurimedialität, die Kombination von Dramentext und Bühnenrealisierung. Die Literaturwissenschaft untersucht vornehmlich den dramatischen Text, der der Aufführung zugrunde liegt. Die Analyse der Aufführung gehört in den Bereich der Theaterwissenschaft.

> Begriff Drama

Die Gattung Drama gliedert sich in zahlreiche Untergattungen. Aristoteles beschreibt die Struktur des Dramas anhand der Tragödie wie folgt:

> Die Tragödie [ist] die Nachahmung einer in sich geschlossenen und ganzen Handlung, die eine bestimmte Größe hat; es gibt ja auch etwas Ganzes ohne nennenswerte Größe. Ein Ganzes ist, was Anfang, Mitte und Ende hat. [...] Demzufolge dürfen Handlungen, wenn sie gut zusammengefügt sein sollen, nicht an beliebiger Stelle einsetzen noch an beliebiger Stelle enden, sondern sie müssen sich an die genannten Grundsätze halten.

> Aristoteles: *Poetik*,
> 7. Kapitel

Drei Einheiten   In Anlehnung an Aristoteles wurde die dramentheoretische Regel
der drei Einheiten formuliert, welche eine geschlossene Handlung
mit Anfang, Mitte und Ende fordert, die an einem einzigen Ort spielen muss und eine gewisse zeitliche Ausdehnung nicht überschrei-
ten sollte. Die drei Einheiten meinen also Einheit der Handlung, Einheit des Ortes und Einheit der Zeit. – Gleichzeitig sind dramatische
Texte auch inhaltlich strukturiert. Das folgende Schaubild schematisiert den Spannungsbogen, der im Fall der Tragödie die dramatische Handlung kennzeichnet:

Abb. 1

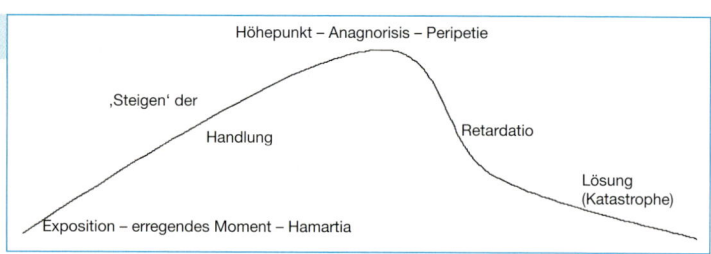

Unter Exposition (sp. *exposición*) ist die Vorgeschichte oder die Einleitung des dramatischen Texts zu verstehen, also Angaben wie der
Ort und die Zeit der Handlung, die Figuren und der Gegenstand der
Handlung. Das erregende Moment (der Begriff stammt von Gustav
Freytag) bezeichnet die inneren und äußeren Bedingungen, die den
Konflikt auslösen. Für die Tragödie benutzt Aristoteles im dreizehnten Kapitel der *Poetik* (*Dichtungslehre*) dafür den Begriff *Hamartia*
(sp. *hamartía*). *Hamartia* ist das griechische Wort für *Irrtum* und bezeichnet das Verkennen einer Situation durch den Helden, das die
tragische Verwicklung auslöst. Dabei ist wichtig festzuhalten, dass
dies keine subjektiv voll zurechenbare moralische Schuld meint,
doch ist der Held gleichwohl objektiv verantwortlich, so z.B. wenn
er die eigenen Möglichkeiten überschätzt und aus diesem Grund
Dinge tut, deren Konsequenz er noch nicht überblickt.

Das ,Steigen' der Handlung bezeichnet das unaufhaltsame Sich-
Zuspitzen des dramatischen Konflikts; auf dem Höhepunkt kommt
der Konflikt zur vollen Entfaltung. Unter Anagnorisis (sp. *anagnóri-
sis*) ist die Einsicht des Helden in die Hamartia zu verstehen. Er erkennt seine Fehleinschätzung. Dies kann ein Ansatz für eine innere Wandlung sein. Der Begriff *Peripetie* (sp. *peripecia*) bezeichnet die
Wende im Schicksal des Helden, die im Gegensatz zur Anagnorisis

von den äußeren Bedingungen bestimmt ist (vom Glück zum Unglück). Unter Retardation oder retardierendem Moment (sp. *retardación*) ist eine Verzögerung im Handlungsablauf zu verstehen, während der noch einmal ein alternativer Ausgang möglich scheint. Der Begriff Katastrophe (sp. *catástrofe*) beschreibt die Lösung des tragischen Konflikts.

Der soeben beschriebene Spannungsbogen äußert sich in der Einteilung dramatischer Texte in drei oder fünf Akte (sp. *acto*). Der einzelne Akt ist sowohl vom Inhalt als auch von der dramatischen Funktion bestimmt und beachtet zumeist die Einheit von Raum und Zeit. In der spanischen Terminologie existiert auch der Begriff *jornada*, welcher der deutschen Bezeichnung Aufzug entspricht. Man verwendet *Akt* und *Aufzug* sowie *acto* und *jornada* als synonyme Begriffe, wobei der Aufzug formal und inhaltlich weniger fest gebunden ist als der Akt.

Akt und Aufzug

Man unterteilt den dramatischen Text in Haupt- und Nebentext. Der Haupttext ist derjenige Text, der während der Aufführung gesprochen wird, unter Nebentext sind alle anderen Textteile des Dramas zu verstehen, wie zum Beispiel der Titel, das Figurenverzeichnis und vor allem die Regie- und Bühnenanweisungen (sp. *acotaciones*). Sie werden im dramatischen Text durch Kursivierung gekennzeichnet. Dies können schlicht Hinweise zu Auftritt, Kostüm oder Dekoration sein:

Haupt- und
Nebentext

Regie- und
Bühnenanweisungen

> Acto segundo / Cuadro primero:
> *Zaguán de casa de la novia. Portón al fondo. Es de noche. La novia sale con enaguas blancas encañonadas, llenas de encajes y puntas bordadas, y un corpiño blanco, con los brazos al aire. La criada lo mismo.*
> (Federico García Lorca: *Bodas de Sangre*, 1933)

> *Zweiter Akt / Erstes Bild:*
> *Vorhalle im Haus der Braut. Tor im Hintergrund. Es ist Nacht. Die Braut tritt auf in einem weißen Unterrock mit Volants, besetzt mit Spitzen und mit Stickereien. Sie trägt ein weißes ärmelloses Mieder. Ebenso die Magd.*

Regie- und Bühnenanweisungen können aber auch zu bedeutungstragenden Elementen werden: So beginnt etwa das Drama *Yerma* (1934) von Federico García Lorca mit einer Bühnen- und Regieanweisung, die das Thema – die Hauptfigur Yerma bleibt ungewollt kinderlos – einführt, kommentiert, und den Kinderwunsch Yermas auf den Bühnenraum projiziert:

> Acto primero / Cuadro primero:
> *Al levantarse el telón está Yerma dormida con un tabanque de costura a los pies. La escena tiene una extraña luz de sueño. Un Pastor sale de pun-*

tillas, mirando fijamente a Yerma. Lleva de la mano a un niño vestido de blanco. Suena el reloj. Cuando sale el pastor, la luz azul se cambia por una alegre luz de mañana de primavera. Yerma se despierta.

Erster Akt / Erstes Bild
Während sich der Vorhang hebt, sieht man Yerma, die mit einem Näh-körbchen an den Füßen schläft. Die Szene ist in ein sonderbares Traum-licht getaucht. Ein Schäfer betritt auf Zehenspitzen die Bühne und schaut Yerma unverwandt an. Er hat an der Hand ein weiß gekleidetes Kind. Die Uhr schlägt. Als der Schäfer abgeht, wechselt das blaue Licht zu einem fröhlichen Licht eines Frühlingsmorgens. Yerma erwacht.

Zieldrama und analytisches Drama Je nach Handlungsaufbau kann zwischen dem analytischen Drama und dem Zieldrama unterschieden werden. Das Zieldrama ent-spricht dem oben dargestellten Handlungsaufbau. Nach der Expo-sition beginnt ein Konfliktgeschehen, das sich bis zum Höhepunkt steigert, um dann nach einem Umschwung auf eine Lösung zuzu-steuern. Im analytischen Drama bestimmt ein zurückliegender Kon-flikt die Handlung, welche sich der Analyse dieses Ereignisses wid-met.

Entstehungsgeschichte des Dramas Die Gattung Drama entsteht wie die Lyrik in der griechischen An-tike im Umkreis des Dionysos-Kults. In der weiteren Differenzierung der Gattung wurden Stoffe der griechischen Mythologie in drama-tische Form gebracht und im Rahmen der Dionysien aufgeführt, wo-bei sich die Dramen mehr und mehr von ihrem traditionell religiö-sen Kontext lösten. Dies ist der Ursprung der antiken Tragödie. Auch die Komödie hat ihre Wurzeln in einem Festzug zu Ehren des Dionysos, bei dem junge Leute maskiert durch die Straßen zogen und derbe Späße treiben durften. Seit dem fünften Jahrhundert vor Christus ist durch die Werke des Aristophanes auch die Komödie eine anerkannte Untergattung des Dramas. Die römische Antike übernimmt die grundlegenden Eigenschaften des griechischen Dra-mas. Im Mittelalter wurde im Rahmen des geistlichen Spiels das Le-ben Christi und der Heiligen in dramatische Form gebracht. Dies ge-schah zunehmend in Form von Prozessionen. Auf diesem Weg gelangte das geistliche Spiel vom kirchlichen Aufführungsort in weltlichere Kontexte, so dass derartige Spiele zunehmend auch auf Marktplätzen oder ähnlichen öffentlichen Plätzen stattfanden. Im Zuge dieser Entwicklung wurden vermehrt Spiele in der Volksspra-che aufgeführt. In den verschiedenen Nationalliteraturen sind un-terschiedliche Ausprägungen des geistlichen Spiels entstanden. In Deutschland ist heute noch das Passionsspiel bekannt, in dem der Leidensweg Christi auf der Bühne dargestellt wird. In Spanien ist das Fronleichnamsspiel (sp. *auto sacramental*) als Hauptgattung des religiösen Theaters im *Siglo de Oro* entstanden. Der Begriff *auto* stammt von lat. a*ctus*, was „Handlung" bedeutet.

Die Hauptgattung des weltlichen spanischen Theaters ist die *comedia*. Neben der *comedia* existieren kürzere dramatische Gattungen wie *entremés, baile* und *mojiganga*. Die beiden Hauptgattungen des *Siglo de Oro* (*comedia* und *auto sacramental*) und die ihnen eigenen Bühnenformen werden in Kapitel 3.2 ausführlich vorgestellt. In diesem allgemeineren Teil wollen wir zunächst weiter auf die Unterscheidung von Tragödie und Komödie eingehen, wie sie in der *Poetik* des Aristoteles vorgenommen wird. Aristoteles erklärt die Eigenarten der Tragödie wie folgt:

Tragödie und Komödie

> Von derjenigen Kunst, die in Hexametern nachahmt, und von der Komödie wollen wir später reden; jetzt reden wir von der Tragödie, wobei wir die Bestimmung ihres Wesens aufnehmen, wie sie sich aus dem bisher Gesagten ergibt. Die Tragödie ist Nachahmung einer guten und in sich geschlossenen Handlung von bestimmter Größe, in anziehend geformter Sprache, wobei diese formenden Mittel in den einzelnen Abschnitten je verschieden angewandt werden – Nachahmung von Handelnden und nicht durch Bericht, die Jammer und Schaudern hervorruft und hierdurch eine Reinigung von derartigen Erregungszuständen bewirkt.
>
> Aristoteles: *Poetik*, 6. Kapitel

Diese Definition sollten Sie sich einprägen, da sie grundlegend für die gesamte spätere Dramentheorie ist. Die Tragödie soll durch Nachahmung (gr. *mimesis*) von Handlung Jammer (gr. *eleos*) und Schrecken (gr. *phobos*) hervorrufen, da durch das Wiedererleben dieser Zustände eine Reinigung (gr. *katharsis*) bewirkt wird. Wir sollten einen genaueren Blick auf die einzelnen Begriffe dieser Definition werfen.

Aristoteles versteht Dichtung als Nachahmung. Mimesis (sp. *mimesis* oder *mímesis*) wird zu einer Kategorie des dichterischen Schaffens, die im Nachahmungstrieb des Menschen ihren Ursprung hat und vermittels deren Aristoteles in Kapitel 2 der *Poetik* auch den Unterschied zwischen Komödie und Tragödie erklärt:

Mimesis

> Die Nachahmenden ahmen handelnde Menschen nach. Diese sind notwendigerweise entweder gut oder schlecht. [...] Demzufolge werden Handelnde nachgeahmt, die entweder besser oder schlechter sind, als wir zu sein pflegen, oder auch ebenso wie wir. So halten es auch die Maler: Polygnot hat schönere Menschen abgebildet, Pauson hässlichere, Dionysios ähnliche. Es ist nun offenkundig, dass von den genannten Arten der Nachahmung jede diese Unterschiede hat und dass sie dadurch je verschieden ist, dass sie auf die beschriebene Weise je verschiedene Gegenstände nachahmt. [...] Auf Grund desselben Unterschiedes weicht auch die Tragödie von der

> Komödie ab: die Komödie sucht schlechtere, die Tragödie bessere Menschen nachzuahmen, als sie in der Wirklichkeit vorkommen.

Aristoteles vertritt also die Auffassung, dass das Publikum nur durch mimetische Handlungs- und Figurenkonzeption bereit ist, die ‚Gefühlswirkung' der Tragödie zuzulassen und auf sich zu beziehen. Dies ist es jedoch nur bei einer bestimmten Art von nachgeahmten Menschen bereit zu tun, bei ‚besseren Menschen, als sie in der Wirklichkeit vorkommen'. In Anlehnung an diese Formulierung hat die

Fallhöhe

neuzeitliche Dramentheorie den Begriff der *Fallhöhe* entwickelt. Mit der Fallhöhe wird das Phänomen beschrieben, dass ein tragischer Fall stärker wahrgenommen wird, wenn er aus großer gesellschaftlicher oder moralischer Höhe geschieht. In Renaissance und Barock

Ständeklausel

wurde dies zur so genannten Ständeklausel vereindeutigt. Die Ständeklausel erachtet für die Tragödie nur Figuren von hohem sozialen Rang, für die Komödie solche von niederem Stand für angemessen.

Der Nachahmungsbegriff ist seit der Antike zentraler Ausgangspunkt dichtungstheoretischer Positionsnahmen (vgl. Kapitel 1.1), wobei zu beachten ist, dass sich die Auffassung von Wirklichkeit und auch von Nachahmung im Laufe der Zeit verändert hat.

Katharsis

Der Begriff *Katharsis* (sp. *catarsis*) ist bereits vor Aristoteles eine Bezeichnung für Reinigung, bezieht sich aber entweder auf religiöse Zusammenhänge, also zum Beispiel die Reinigung von ‚moralischer Unreinheit', oder auf medizinische Phänomene, zum Beispiel die Ausscheidung unreiner Stoffe. Aristoteles begreift Katharsis als einen seelischen und körperlichen Vorgang, bei dem eine befreiende Reinigung von Affekten stattfindet. Diese Reinigung löst ein seelisch-körperliches Lustgefühl (gr. *hedone*) aus. Der Katharsis-Begriff ist umstritten und in der Tat nicht leicht zu verstehen. Neben dieser ‚therapeutischen' Deutung ist in der Neuzeit eine didaktische Auslegung verbreitet, welche sich bereits in der Übersetzung von *eleos* als Mitleid und *phobos* als Furcht äußert: Der Zuschauer leidet das tragische Schicksal des Helden auf der Bühne mit und verhält sich in seiner Lebenswirklichkeit aus Furcht vor einem ähnlichen Schicksal ‚besser'. So erläutert Gotthold Ephraim Lessing im 75. Stück seiner Sammlung von Theaterkritiken, der *Hamburgischen Dramaturgie*:

> Denn er, Aristoteles, ist es gewiß nicht, der die mit Recht getadelte Einteilung der tragischen Leidenschaften in Mitleid und Schrecken gemacht hat. Man hat ihn falsch verstanden, falsch übersetzt. Er spricht von Mitleid und

Furcht, nicht von Mitleid und Schrecken; und seine Furcht ist durchaus nicht die Furcht, welche uns das bevorstehende Übel eines andern, für diesen andern, erweckt, sondern es ist die Furcht, welche aus unserer Ähnlichkeit mit der leidenden Person für uns selbst entspringt; es ist die Furcht, daß die Unglücksfälle, die wir über diese verhängt sehen, uns selbst treffen können; es ist die Furcht, daß wir der bemitleidete Gegenstand selbst werden können. Mit einem Worte: diese Furcht ist das auf uns selbst bezogene Mitleid.

Gotthold Ephraim Lessing: *Hamburgische Dramaturgie*,
75. Stück, den 19. Januar 1768

Das zweite Buch der *Poetik* des Aristoteles ist nicht erhalten geblieben, es befasste sich ausführlich mit der Komödie. Die kurzen Bemerkungen zur Komödie im erhaltenen Teil lauten wie folgt:

Die Komödie ist, wie wir sagten, Nachahmung von schlechteren Menschen, aber nicht im Hinblick auf jede Art von Schlechtigkeit, sondern nur insoweit, als das Lächerliche am Hässlichen teilhat. Das Lächerliche ist nämlich ein mit Hässlichkeit verbundener Fehler, der indes keinen Schmerz und kein Verderben verursacht, wie ja auch die lächerliche Maske hässlich und verzerrt ist, jedoch ohne den Ausdruck von Schmerz. Die Veränderungen der Tragödie, und durch wen sie bewirkt wurden, sind wohlbekannt. Die Komödie hingegen wurde nicht ernst genommen; daher blieben ihre Anfänge im Dunkeln.

Aristoteles: *Poetik*, 5. Kapitel

Das Lächerliche, die Komik ist das bestimmende inhaltliche Element der Komödie.

Was die Aufführung betrifft, haben sich in der Theatergeschichte verschiedene Bühnenformen herausgebildet, die in dem folgenden Schaubild aus einem der Standardwerke zum Drama (Pfister [7]1988: 42) schematisch dargestellt sind. Der Zuschauerraum ist in den Schaubildern einfach und der Bühnenraum doppelt schraffiert.

> **Hinweis**
>
> Prägen Sie sich ein, dass der deutsche Begriff *Komödie* und der spanische Begriff *comedia* nicht dasselbe bedeuten und sorgfältig voneinander unterschieden werden müssen. Die Komödie bezeichnet einen dramatischen Text komischen Inhalts mit glücklichem Ausgang. Der Begriff *comedia* bezeichnet ein Drama, das sowohl ernst als auch heiter sein kann. Im ersten Fall würde man es als „Schauspiel" bezeichnen, die inhaltlich komische *comedia* entspricht dem Terminus *Komödie*.

Abb. 2

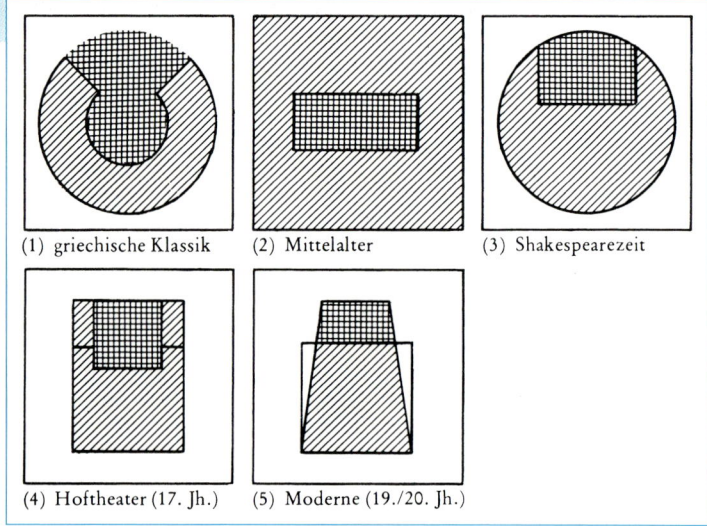

(1) griechische Klassik   (2) Mittelalter   (3) Shakespearezeit

(4) Hoftheater (17. Jh.)   (5) Moderne (19./20. Jh.)

Schema 1 zeigt Ihnen die Bühnenform des antiken griechischen Dramas, das Amphitheater, in dem das Publikum im Halbrund um die Bühne positioniert ist. Die Amphitheater, so Pfister, „besaßen Ausmaße, die eher an ein modernes Sportstadion als an ein modernes Theater erinnern; das in Epidaurus fasste vierzehntausend, das in Ephesus vierundzwanzigtausend Zuschauer" (Pfister [7]1988: 42). Diese Dimensionen erforderten bestimmte Stilmittel: „Deklamation und Chorgesang bestimmten die sprachliche Gestaltung, Masken und symbolische Kostüme signalisierten die Bedeutung eines Charakters, große Gebärden kennzeichneten den Schauspielstil." (Pfister [7]1988: 43)

Amphitheater

Schema 2 verdeutlicht die Bühnenform des mittelalterlichen geistlichen Spiels. Der Bühnenraum befindet sich auf beweglichen Schauwagen (vgl. Kapitel 3.2, *carro*-Bühne des *auto sacramental*), um die sich das Publikum auf den Straßen drängte.

Schauwagenbühne

Aus Gründen der Vollständigkeit soll auch im Rahmen dieser hispanistischen Einführung ein kurzer Blick auf die Bühnenform des elisabethanischen Theaters der Shakespearezeit geworfen werden, das nicht mehr auf der Straße, sondern in Theatergebäuden aufgeführt wurde (Schema 3). Wie bei den Schauwagenbühnen ist auch bei der Bühnenform der Shakespearezeit der Kontakt zum Publikum, das den Aufführungsraum von drei Seiten umringt, sehr eng.

Bühnenform der Shakespearezeit

In Schema 4 sehen Sie das europäische Hoftheater des 17. und
18. Jahrhunderts, welches für wesentlich geringere Zuschauerzah-
len entwickelt ist als die vorausgehenden Formen. Die vorherrschen-
de Bühnenform des 19. und 20. Jahrhunderts ist die so genannte
Guckkastenbühne (Schema 5), bei der das Publikum nur eine Perspektive auf den Bühnenraum hat und die Bereiche Bühne / Zuschauerraum durch den Bühnenrahmen und die Bühnenrampe deutlich
getrennt sind. „Bühnenbild, Kostüme, Requisiten, Schauspielstil
und Sprache sind auf getreue Wirklichkeitsnachahmung angelegt,
und der Vorhang erspart die Erschütterung der Illusion beim Wechsel des Bühnenbilds." (Pfister [7]1988: 44)

Hoftheater

Guckkastenbühne

Die Bühnenform und das dramatische Werk sind untrennbar verbunden. Zu Beginn des 20. Jahrhunderts gibt es verschiedene Ver-
suche, den starren Rahmen der Guckkastenbühne und die damit verbundene Form des Illusionsdramas aufzubrechen. So gründete
Federico García Lorca Anfang der dreißiger Jahre gemeinsam mit
Studenten der Madrider Universität das Wandertheater *La Ba-
rraca*, in ganz Europa wurde mit Theaterarchitektur experimentiert,
und Bertolt Brecht versuchte, mit seiner Konzeption des epischen
Theaters den Rahmen des Illusionstheaters auch inhaltlich zu spren-
gen. Brechts Theaterkonzeption wendet sich direkt gegen die Ka-
tharsis-Konzeption des aristotelischen Theaters: der Zuschauer soll
nicht mehr ‚mitfühlen', sondern in kritischer Distanz die Bühnen-
geschehnisse reflektieren, die ihm zudem nicht mehr nur durch
Handlung, sondern auch durch erzählende, kommentierende Einschübe nahe gebracht werden (daher die Bezeichnung episches
Theater). Zentrales Mittel der Theaterkonzeption von Brecht war der
so genannte Verfremdungs-Effekt, der Distanz zu dem auf der Bühne Gezeigten erzeugen sollte, um es aus neuer Perspektive zu hin-
terfragen. Dies sollte durch den Einsatz ‚epischer' Elemente, den
Aufbruch der Einheit von Zeit und Raum, die Distanz der Schauspieler zu ihrer Rolle und auch durch Lieder geschehen, die die Handlung unterbrechen und eine kritische Reflexion des bisher Gesehe-
nen ermöglichen sollten.

*Illusionstheater vs.
Episches Theater*

Verfremdungs-Effekt

Der Literaturwissenschaftler Volker Klotz hat die unterschiedlichen Dramenformen nach zwei grundlegenden Kategorien getrennt, in das so genannte offene und das geschlossene Drama (Klotz
[11]1985). So sind in der Form des geschlossenen Dramas die Einheit
von Handlung, Zeit, Raum, Stand der Figuren, Sprachstil und Straff-
heit der Komposition gewahrt, während der offenen Form des Dra-

*Geschlossenes und
offenes Drama*

mas eine vielfältige Handlungsanlage mit Nebenhandlungen, das Durchbrechen der Einheit von Zeit und Raum, Figuren unterschiedlicher Schichten und eine lockere Komposition eigen ist.

Dialog und Monolog   In unseren ersten definitorischen Eingrenzungen haben wir festgehalten, dass die Handlung im Drama durch die Rede der an der Handlung beteiligten Figuren realisiert wird. Es existieren nun verschiedene Möglichkeiten der Rede im Drama. Die häufigste Redeform ist der Dialog (sp. *diálogo*). Der Begriff stammt von dem griechischen Wort *diálogos* für Zwiegespräch ab und bezeichnet die von zwei oder mehreren Handlungsträgern im Drama geführte Rede und Gegenrede. Der Terminus *Monolog* (sp. *monólogo*) meint im Gegensatz dazu die Rede einer einzelnen Figur. Pfister ([7]1988: 180) weist auf die Mehrdeutigkeit des Begriffs *Monolog* hin und nennt zwei Kriterien, wie Dialog und Monolog voneinander getrennt gefasst werden können: „(1) das situative Kriterium der Einsamkeit des Sprechers, der seine Replik als Selbstgespräch an kein Gegenüber auf der Bühne richtet, und (2) das strukturelle Kriterium des Umfangs und des in sich geschlossenen Zusammenhangs einer Replik." Man differenziert im Spanischen begrifflich zwischen *soliloquio* für den ersten Fall und *monólogo* für den zweiten Fall.

***a parte*, Botenbericht und Teichoskopie**   Das *a parte* oder Beiseitesprechen meint die Rede einer Figur, die zwar vom Publikum, nicht aber von den anderen Figuren auf der Bühne gehört wird. Der *Botenbericht* ist eine indirekte Redeform im Drama, die ermöglicht, wichtige Ereignisse, die entweder zeitlich zurückliegen oder aus technischen Gründen auf der Bühne nicht darzustellen sind, durch den Bericht eines von außen kommenden Boten mit in die dramatische Handlung einzubeziehen. Die Teichoskopie oder auch Mauerschau erlaubt durch eine fiktive Erweiterung des Bühnenraumes, dem Zuschauer ein gleichzeitiges Geschehen zu vermitteln: Eine Figur des Dramas beschreibt ein für den Zuschauer nicht sichtbares Geschehen.

3.2 | Das spanische Drama

In diesem Kapitel sollen die beiden Hauptgattungen des spanischen Theaters im *Siglo de Oro* und die ihnen eigenen Bühnenformen ausführlich vorgestellt werden. Wie bereits erwähnt, ist in Spanien das Fronleichnamsspiel (sp. *auto sacramental*) die Hauptgattung des religiösen Theaters, während die Hauptgattung des weltlichen spanischen Theaters die *comedia* ist. Sowohl das *auto sacramental* als auch die *comedia* sind an bestimmte Bühnenformen gebunden.

Das *auto sacramental* | 3.2.1

Das *auto sacramental* ist dasjenige religiöse Schauspiel, das an Fronleichnam (sp. *Día del Corpus*) auf einer *carro*-Bühne aufgeführt wurde. In *Memoria de apariencias* (dt. *Verzeichnis der Bühnenausstattungen*) beschreibt Calderón de la Barca, einer der prägenden Autoren des *Siglo de Oro*, die Ausstattung von *carro*-Bühnen. Diese Beschreibungen bieten einen guten Einblick in die beeindruckende und prunkvolle Ausstattung der beweglichen *carro*-Bühnen. Hier sei als Beispiel nur der Beginn der Beschreibung des ersten *carro* aus der *Memoria de apariencias del auto A María el corazón* (1664) angeführt:

> El primer carro ha de ser una selva pintada de países y boscajes alegres y vistosos. Esta ha de tener en su primer cuerpo embebido el segundo, sin que se descubra nada dél, hasta que a su tiempo suba por elevación, y en ella se vea una casa a manera de ermita con su tejado a dos aguas, puerta y ventana, según la capacidad que la corresponda; ha de estar fundada como en el aire sobre nubarrones sembrados de serafines y de estrellas. A las cuatro esquinas desta casa han de subir con ella cuatro ángeles, niños pequeños, y delante de la fachada principal otro ángel [...].

> Der erste *carro* muss ein Wald sein, bemalt mit fröhlichen und herrlichen Landschaften und Gehölzen. Dieser Wald muss an seinem vorderen Teil einen zweiten Teil eingefügt haben, ohne dass man davon etwas entdecken kann, bis zu dem Zeitpunkt, an dem es sichtbar wird, indem es nach oben gehoben wird und man in diesem Wald ein Haus sieht nach Art einer Einsiedelei, mit Satteldach, Tür und Fenster im zur Größe entsprechenden Verhältnis. Es muss so aussehen, als sei dieses Haus in der Luft errichtet, auf großen Wolken, die mit Engeln und Sternen übersät sind. An den vier Ecken des Hauses sollen mit ihm zusammen Engel emporschweben, kleine Kinder, und vor der Fassade ein weiterer Engel [...].

Die *carro*-Bühnen waren also höchst eindrucksvoll ausgestattet, die jeweiligen Spielorte wurden auf verschiedenen Wagen dargestellt. Abbildung 3 zeigt Ihnen eine zeitgenössische *carro*-Bühne. Die *carro*-Bühnen hatten die Funktion, auch das Volk außerhalb der Städte mit Aufführungen zu versorgen und waren so wohl das erste moderne ‚Massenmedium‘.

Abb. 3

Im *auto sacramental* geht es, wie bereits gesagt, vornehmlich um Aufführungen zu Ehren des Fronleichnamswunders, sowie um allgemeinere theologische Fragen.

Erklärung

Das Fronleichnamsfest der katholischen Kirche wurde im Jahre 1263 von Papst Urban IV. eingeführt. Die deutsche Bezeichnung Fronleichnam stammt von dem mittelhochdeutschen Wort *vronlichnam*, das „Leib des Herrn" bedeutet. Im Spanischen heißt der Festtag entsprechend *Día del Corpus*. Der Festtag am Donnerstag nach dem ersten Sonntag nach Pfingsten ist der Verehrung der Eucharistie und des Mysteriums der Transsubstantiation gewidmet. *Eucharistie* ist der Begriff für das Abendmahl, unter *Transsubstantiation* wird die Lehre von der Realpräsenz von Christi Leib und Blut in den Substanzen Brot und Wein verstanden. Dieses Wunder gehört zu den zentralen Mysterien des christlichen Glaubens in seiner katholischen Ausprägung, die Eucharistie ist seit dem 2. Jahrhundert n. Chr. Sakrament.

Manfred Tietz (1997: 166) weist auf die Definition der *autos sacramentales* von Calderón hin, die im Vorspiel des *autos La segunda esposa* zu finden ist: *Sermones / puestos en verso, en idea / representable, cuestiones / de la Sacra Teología* – Predigten und Fragen der Heiligen Theologie, die in Verse und darstellbare Vorstellungen umgesetzt sind.

Die *autos sacramentales* sind im Zuge der Gegenreformation als Lehrstücke zu verstehen, die das Dogma erklären und den Glauben bestärken sollten. Dies geschah hauptsächlich durch allegorische Figuren. So handeln als Figuren im berühmten *auto El gran teatro del mundo* von Calderón unter anderen die allegorischen Figuren Welt (*El Mundo*), der weise Verstand (*La Discreción*), das Gesetz der Gnade (*La Ley de Gracia*), die Schönheit (*La Hermosura*), der Reiche (*El Rico*) und der Arme (*El Pobre*). Auch die *carro*-Bühnen waren zum Teil mit allegorischen Darstellungen ausgestattet. Vor dem eigentlichen *auto sacramental* gab es ein so genanntes Vorspiel (sp. *loa*), das den Inhalt des Stücks darlegt. Um die dogmatische Handlung aufzulockern, wurden so genannte Zwischenspiele (sp. *entremeses*) zwischen die einzelnen Akte eingefügt. Diese Zwischenspiele sind dramatische Kleinformen, schwankhafte satirisch-witzige Einakter, oft mit Musik und Tanz. *Entremeses* finden sich auch in der Aufführungspraxis der *comedia*, vgl. Kapitel 3.2.2.

loa und entremés

Zum besseren Verständnis des *auto sacramental* werfen wir am besten einen ausführlicheren Blick auf eines dieser Stücke. Das soeben erwähnte *auto El gran teatro del mundo* von Calderón soll uns als Beispiel dienen. Das Stück inszeniert den Gedanken, dass alle Menschen

Hinweis

Im 18. Jahrhundert ist das *entremés* weiterentwickelt worden zur Form des *sainete*. Das *sainete* besteht aus einem Akt, aus 300-700 achtsilbigen Versen und hat musikalische Elemente. *Sainetes* wurden als Zwischenspiele bei *comedias* gegeben. Im 18. Jahrhundert verbindet man vor allem den Namen Ramón de la Cruz mit dieser dramatischen Kurzform.

vor Gott gleich sind und dass nicht unsere weltliche Existenz, sondern das Leben nach dem Tod das eigentlich Entscheidende ist.

Die allegorische Figur *El Autor* (Der Schöpfer) weist die Welt an, als Bühne für das Leben zu dienen:

> *El Autor:* Seremos, yo el Autor, en un instante, / tú el teatro, y el hombre el recitante.
> Ich werde der Schöpfer sein, Du das Theater, und der Mensch der Handelnde.

Auf diesem Welttheater verteilt er sodann die Rollen der Menschen:

> *El Autor:* Yo a cada uno / el papel le daré que le convenga [...]. Ich werde jedem die Rolle geben, die ihm zukommt [...].

Es erscheinen der Reiche (*El Rico*), der König (*El Rey*), der Bauer (*El Labrador*), der Arme (*El Pobre*), die Schönheit (*La Hermosura*), der weise Verstand (*La Discreción*) und ein Kind (*El Niño*). Der Reiche, der König und die Schönheit nehmen ihre weltliche Rolle gern an, der Bauer und der Arme klagen, der weise Verstand nimmt die zugewiesene Rolle gleichmütig hin, das Kind bleibt neutral. Als entscheidende Losung für das Welttheater, d.h. das Leben, gibt der

Schöpfer den Menschen den Satz *Obrar bien, que Dios es Dios* (dt. Man soll sich gut verhalten, denn Gott ist Gott) mit auf den Weg. Nachdem die Welt die verschiedenen Figuren mit der entsprechenden Ausstattung für die jeweilige Rolle versorgt hat, beginnt das Welttheater:

> *Con música se abren a un tiempo dos globos: en el uno estará un trono de gloria, y en él el autor sentado; en el otro ha de haber representación con dos puertas: en la una pintada una cuna y en la otra un ataúd.*

> *Unter Musikbegleitung öffnen sich gleichzeitig zwei Kugeln: Auf der einen Kugel sieht man einen Ruhmesthron, auf dem der Schöpfer Platz genommen hat, auf der anderen Kugel spielt sich die Handlung ab. Man sieht dort zwei Türen: Auf die eine Tür ist eine Wiege, auf die andere ein Sarg gemalt.*

Das gute oder schlechte Handeln zeigt sich vor allem im Verhalten der verschiedenen Figuren gegenüber dem Armen. Nachdem das Spiel beendet ist, entscheidet der Schöpfer über das jenseitige Schicksal der Figuren:

> El autor: *Castigo y premio ofrecí | a quien mejor o peor | representase, y verán | qué castigo y premio doy.*

> Der Schöpfer: Ich verhieß Strafe und Lohn, je nachdem, wer sich besser oder schlechter verhielt, und sie werden sehen, welche Strafe und welchen Lohn ich gebe.

Der weise Verstand, der sein Schicksal mit Gleichmut aufgenommen hat, kommt auf der Stelle in den Himmel, ebenso der Arme, der sein Los ohne Auflehnung getragen hat und nur über sein Verhaftetsein in der Sünde geklagt hat. Die Schönheit, der König und der Bauer müssen zunächst im Fegefeuer Läuterung finden, dann dürfen auch sie in den Himmel. Das Kind wird weder bestraft noch belohnt (*ni te premio ni castigo*), allein dem Reichen wird die göttliche Gnade versagt:

> El autor: *Que aunque soy tu Autor, es bien | que de decirlo te corras, | pues que ya en mi compañía | no has de estar. De ella te arroja | mi poder. Desciende adonde | te atormenta tu ambiciosa | condición eternamente | entre penas y congojas.*

> Der Schöpfer: Auch wenn ich Dein Schöpfer bin, ist es recht so, wenn ich Dir sage, Du mögest fortlaufen, denn in meiner Gesellschaft darfst Du nicht mehr sein. Meine Macht verstößt Dich von ihr. Steig hinab, wo Dein hochfliegendes Verhalten Dich ewig mit Strafen und Qualen foltern soll.

Der Mensch, so die Aussage des *autos*, ist angesichts der Unabänderlichkeit und Unsicherheit seiner weltlichen Existenz aufgefordert, sich vor Gott gut zu verhalten, um des wahren, des ewigen Lebens teilhaftig zu werden.

Diese kurze Zusammenfassung von *El gran teatro del mundo* kann die rhetorische Kraft, die Calderóns Werken eigen ist, nicht vermitteln, soll Ihnen jedoch deutlich machen, wie die Gattung des *auto sacramental* theologisches Dogma in dramatische Handlung umsetzt und ästhetische sowie religiös-politische Dimensionen vereinigt. Die Sprache des *auto sacramental* ist ganz und gar von theologischen Fachtermini durchsetzt. Damit wird aber nicht auf ein diskursives Verständnis gezielt, sondern auf die fraglose Aufnahme der Konzepte. Dazu dienen auch die ‚Spezialeffekte‘, die in zahlreichen *autos* geboten werden.

Die *comedia*

3.2.2

Mit dem Begriff *comedia* wird im Allgemeinen das weltliche spanische Theater bezeichnet. Die Ausarbeitung und Vollendung der Gattung ist vor allem Lope de Vega zu verdanken, der 1609 die zentralen Elemente der *comedia* in seiner Schrift *Arte nuevo de hacer comedias en este tiempo* festgehalten hat. Lope empfiehlt – entgegen der Trennung bei Aristoteles –, das Tragische und Komische in der *comedia* zu mischen, da dies von großem Unterhaltungswert sei: *Lo trágico y lo cómico mezclado | [...] que aquesta variedad deleita mucho.* (Das Tragische und das Komische gemischt, [...] da diese Abwechslung großes Vergnügen bereitet.) Des Weiteren wird die Einheit der Handlung als wichtig erachtet, während die Einheit des Ortes und der Zeit eher zu vernachlässigen seien. Bei der Einteilung in drei Akte soll jedoch innerhalb eines Aktes die Einheit der Zeit gewahrt werden: *[...] y en tres actos de tiempo le reparta, | procurando, si puede, en cada uno | no interrumpir el término del día.* ([...] und in drei Zeiteinheiten (Akte) soll sie unterteilt werden / und man bemühe sich, innerhalb jeden Aktes / nicht einen Tag zu überschreiten.)

Lope erachtet es weiterhin als wichtig, das Versmaß dem Inhalt anzupassen: *Acomode los versos con prudencia | a los sujetos de que va tratando.* (Man soll mit Umsicht die Verse anpassen / an die Inhalte, die sie behandeln.) Was das Stilistische betrifft, solle in der *comedia* das Prinzip angewendet werden: *imitar a los que hablan* – die Sprache soll der jeweiligen Figur möglichst naturalistisch angepasst sein. Eine weitere Maxime der *comedia nueva* Lopes lautet: *sólo ha de imitar lo verisímil* – nur das Wahrscheinliche soll sie nachahmen. Diese Prinzipien wurden stilbildend für die Gattung der *comedia* im 17. Jahrhundert und weit darüber hinaus.

Das Publikum der *comedia* war hauptsächlich das Publikum der *corrales*. Jede größere Stadt in Spanien hatte im 17. Jahrhundert eine

Corral-Bühne

so genannte *corral*-Bühne. Das Wort *corral* (Hof) macht bereits deutlich, dass diese Bühnen nicht in eigens dafür errichtete Gebäude, sondern in ehemalige Wirtschaftshöfe (*corrales*) eingebaut waren. Sie sehen in Abbildung 4 den rekonstruierten *Corral de Almagro*.

Im 17. Jahrhundert gab es keine Stühle im Zuschauerraum, das Publikum stand vor der Bühne (den nicht überdachten Raum nennt man *patio*) und saß an den Seiten des *patios*. Die so genannten *aposentos* sind Logen, die ursprünglich zum Innenhof liegende Räume gewesen waren, in die man Fenster eingelassen hatte, bevor man Balkone wie in Abbildung 4 als *aposentos* baute. Die Bühne wird *tablado* genannt. Manfred Tietz (1997: 169) bemerkt: „Wie geschickt es Lope verstand, sein Theater im Hinblick auf das Publikum der *corrales* zu konzipieren, zeigt das Identifikationsangebot, das in ihm den hauptsächlichen Zuschauergruppen gemacht wird. [...] Die große Zahl der [...] einfachen Männer aus dem Volk kann sich mit der erst von Lope richtig ausgestalteten Kunstfigur des *gracioso* [...] identifizieren." Beim *gracioso* handelt es sich um eine Dienerfigur, die ein Vertrauter der Hauptfigur ist und auf einer niedrigeren Ebene das Hauptgeschehen ‚mitspielt'.

Die Aufführungspraxis der *comedia* ist wie beim *auto sacramental* in verschiedene Strukturelemente unterteilt: Es gibt ebenfalls ein Vorspiel (sp. *loa*), nach dem ersten Akt ein Zwischenspiel (sp. *entremés*), nach dem zweiten Akt nochmals ein Zwischenspiel, das the-

Jácara und *mojiganga*

matisch in der Welt der Diebe angesiedelt war und *jácara* genannt wird. Manfred Tietz (1997: 167) schreibt weiter: „Mit dem dritten Akt war zwar die *comedia* abgeschlossen, nicht aber der Theaternachmittag. Es folgte ein groteskes Maskenspiel, eine *mojiganga*, die das laute musikalische und tänzerische Ende des Theatererlebnisses bildete."

Die *comedias* des *Siglo de Oro* werden je nach ihrem thematischen Schwerpunkt unterteilt in: *comedias de capa y espada* (Mantel- und Degenstücke), *comedias de honor* (Ehrendramen), *comedias históricas* (Historische Stücke) und *comedias religiosas* (Religiöse Stücke), auch *comedias de santos* (Heiligenstücke) genannt. Die inhaltlichen Konventionen sind wie folgt: Die *comedias de capa y espada* werden so genannt, weil sie in der zeitgenössischen Gegenwart gehobener junger Leute spielen, die mit Mantel und Degen ausgestattet waren. Es geht um die Verwicklungen der Liebe, und die Stücke enden meist mit der Hochzeit der Hauptfiguren. Die *comedias de honor* verhandeln das Problem der Untreue einer Ehefrau, die in dem moralischen Kontext des Stücks (und der Zeit) aufgrund realer oder auch nur vermuteter Untreue getötet werden durfte, ohne dass diese Tötung eine strafrechtliche Konsequenz nach sich gezogen hätte. Die *comedias históricas* dramatisieren Stoffe aus der spanischen Geschichte, die *comedias religiosas* fügen religiöse oder Heiligengeschichten in dramatische Form.

Manfred Tietz (1997: 164) weist auf die Bühnenentwicklung im *Siglo de Oro* hin: „Am Hof – Madrid wurde zu Beginn des 17. Jh. endgültig die Hauptstadt Spaniens, und mit Philipp IV. übernahm 1621 ein Theaternarr die Regierung – entwickelte sich aus der *corral*-Bühne unter dem Einfluss italienischer Theaterspezialisten wie dem Architekten Lotti das *teatro palaciego*, ein Theater im geschlossenen Raum, mit einer Perspektivbühne und täuschend echten Kulissen (sp. *bastidores*) sowie einem *telón de boca*." Die sprechende spanische Bezeichnung für den Bühnenvorhang (sp. *telón de boca*) erklärt sich aus Abbildung 5; in Abbildung 6 sehen Sie die aufwendige Ausstattung der Palastbühne.

Abb. 5

Abb. 6

Dies ist eine schematische Abbildung des Bühnenraumes des *Coliseo del Buen Retiro*. Gut zu erkennen sind der Proszeniumsbogen (sp. *arco de proscenio*), die seitlichen Kulissen (sp. *bastidores laterales*) und der Vorhang, der den Bühnenhintergrund dekoriert (sp. *telón de fondo*). Unter Proszenium (sp. *proscenio*) ist derjenige Raum zu verstehen, der vor der eigentlichen Spielfläche zwischen Vorhang und Orchestergraben eine weitere Spielmöglichkeit eröffnet.

Als Beispiel für eine *comedia* wollen wir nun einen ausführlicheren Blick auf die erste Fassung eines der erfolgreichsten literarischen Stoffe des Abendlandes werfen: Seit der *comedia El burlador de Sevilla y convidado de piedra* (dt. *Der Spötter von Sevilla und der steinerne Gast* – Uraufführung 1624), die dem Mercedariermönch Gabriel Tellez (bekannter unter dem Pseudonym Tirso de Molina) aus der Schule Lope de Vegas zugeschrieben wird, ist der Don Juan-Mythos fester Bestandteil des Inventars der Weltliteratur. Tirso folgte im *Burlador de Sevilla* den poetologischen Empfehlungen Lope de Vegas „comedia nueva": Die Handlung beginnt *medias in res*.

Vv 1 – 20

ISABELA:	Duque Octavio, por aquí podrás salir más seguro.	ISABELA:	Herzog Octavio, auf diesem Wege wirst Du sicherer hinausgelangen.
DON JUAN:	Duquesa, de nuevo os juro de cumplir el dulce sí.	DON JUAN:	Herzogin, ich schwöre Euch von Neuem, das süße Ja zu erfüllen.
ISABELA:	Mi gloria, ¿serán verdades promesas y ofrecimientos, regalos y cumplimientos, voluntades y amistades?	ISABELA:	Meiner Treu, werden die Versprechen und Gelübde, Geschenke und Komplimente, die Zuneigung und die Freundschaft schließlich wahr werden?
DON JUAN:	Sí, mi bien.	DON JUAN:	Ja, meine Liebe.
ISABELA:	Quiero sacar/ una luz.	ISABELA:	Ich möchte ein Licht holen.
DON JUAN:	Pues, ¿para qué?	DON JUAN:	Nun weshalb?
ISABELA:	Para que el alma dé fe del bien que llego a gozar.	ISABELA:	Damit sich mir auch in die Seele einpräge, was ich gerade genossen habe.
DON JUAN:	Mataréte la luz yo.	DON JUAN:	Das Licht werde ich Dir auslöschen…
ISABELA:	¡Ah, cielo! ¿Quién eres, hombre?	ISABELA:	Himmel, wer bist Du, Mann?
DON JUAN:	¿Quién soy? Un hombre sin nombre.	DON JUAN:	Wer ich bin? Ein Mann ohne Name.
ISABELA:	¿Que no eres el duque?	ISABELA:	So bist Du nicht der Herzog?
DON JUAN:	No.	DON JUAN:	Nein.
ISABELA:	¡Ah de palacio!	ISABELA:	Zu Hilfe!
DON JUAN:	Detente. Dame, duquesa, la mano.	DON JUAN:	Warte. Gib mir die Hand, Herzogin.
ISABELA:	No me detengas, villano. ¡Ah del rey! ¡Soldados, gente!	ISABELA:	Halte mich nicht zurück, Schändlicher! Wo ist der König? Soldaten! Wachen!

Don Juan hat soeben im Schloss des Königs in Neapel die Gräfin Isabela verführt, indem er sich als ihr Verlobter Don Octavio ausgegeben hat. Er muss fliehen, erleidet auf der Flucht Schiffbruch und wird an der spanischen Küste bei Tarragona gerettet, wo es ihm mittels eines Heiratsversprechens gelingt, das Fischermädchen Tisbea zu verführen. Er flieht auch hier und gelangt nach Sevilla, wo er – wiederum mithilfe von Verkleidung – Doña Ana erobert. Als Doña Anas Vater, der Großkomtur Don Gonzalo, Genugtuung für die Entehrung seiner Tochter fordert, tötet ihn Don Juan im Duell. Don Juan flieht auf das Land und gelangt zu einer Bauernhochzeit. Dort verspricht er der Braut, dem Bauernmädchen Aminta, sie zur Frau zu nehmen, um sie so von ihrem Bräutigam zu trennen. Zurück in Sevilla verspottet Don Juan die steinerne Statue, die zu Ehren des getöteten Großkomturs aufgestellt wurde, und lädt den toten Don Gonzalo zum Nachtmahl ein. Die Statue erscheint tatsächlich als steinerner Gast, und nach einem ausgiebigen Essen reicht sie Don Juan die Hand und reißt den Verführer in die Tiefe. Inzwischen haben sich alle betrogenen Frauen und Männer vor dem König versammelt, der durch gezielte Verheiratung der Betrogenen die verletzte Ordnung wiederherstellt.

El burlador de Sevilla y convidado de piedra ist nicht zuletzt deshalb interessant, weil hier zahlreiche literarische Elemente aus anderen Gattungen aufgenommen und verarbeitet werden. Die ständigen Verkleidungen und Fluchten Don Juans gehören zum Genreinventar der *comedia de capa y espada*. Die Ehrenproblematik aus den *comedias de honor* wird gleichfalls verhandelt. Die Szene der Bauernhochzeit mit Tanz und Gesang sowie dem schwankhaften Inhalt nähert sich dem *entremés*. Betrachten Sie den folgenden Ausschnitt von Don Juans Auftritt bei der Bauernhochzeit.

Vv 1778 – 1823

DON JUAN: Con vuestra licencia quiero
sentarme aquí.

Siéntase junto a la novia

BATRICIO: Si os sentáis
delante de mí, señor,
seréis de aquesa manera
el novio.

DON JUAN: Cuando lo fuera
no escogiera lo peor.

GASENO: ¡Que es el novio!

DON JUAN: De mi error
e ignorancia perdón pido.

CATALINÓN: ¡Desventurado marido!

DON JUAN: Corrido está.

CATALINÓN: No lo ignoro,
mas, si tiene de ser toro,
¿qué mucho que esté corrido?
No daré por su mujer,
ni por su honor un cornado.
¡Desdichado tú, que has dado
en manos de Lucifer!

DON JUAN: ¿Posible es que vengo a ser,
señora, tan venturoso?
Envidia tengo al esposo.

Vv 1778 – 1823

DON JUAN: Mit Eurer Erlaubnis möchte ich
mich hierhin setzen.

Er setzt sich neben die Braut

BATRICIO: Wenn Ihr, Herr, Euch setzt,
und das vor mir hin,
werdet Ihr auf diese Weise
der Bräutigam sein.

DON JUAN: Wenn es so wäre,
hätte ich nicht das schlechteste
gewählt...

GASENO: Aber er ist der Bräutigam!

DON JUAN: Für meinen Irrtum
und meine Ignoranz bitte ich um
Verzeihung.

CATALINÓN: Unglücklicher Ehemann!

DON JUAN: Ich habe ihn schon gereizt.

CATALINÓN: Das sehe ich wohl.
Doch wenn es ein Stier ist,
was soll es, wenn er gereizt ist?
Ich würde keinen Heller für seine Frau
geben, noch für seine Ehre.
Du Unglücklicher, der Du dem
Teufel in die Hände gefallen bist!

DON JUAN: Ist es möglich, señora, dass ich
so glückselig sein werde?
Beneiden muss ich den Ehemann.

ARMINTA:	Parecéisme lisonjero.
BATRICIO:	Bien dije que es mal agüero en bodas un poderoso.
DON JUAN:	Hermosas manos tenéis para esposa de un villano.
CATALINÓN:	Si al juego le dais la mano, vos la mano perderéis.
[...]	

Tómale DON JUAN la mano a la novia.

DON JUAN:	¿Por qué la escondéis?
ARMINTA:	No es mía.
GASENO:	Ea, volved a cantar.
DON JUAN:	¿Qué dices tú?
CATALINÓN:	¿Yo? Que temo muerte vil de esos villanos.
DON JUAN:	Buenos ojos, blancas manos, en ello me abraso y quemo.
CATALINÓN:	Almagrar y echar a extremo: con ésta cuatro serán.
DON JUAN:	Ven, que mirándome están.
BATRICIO:	¿En mis bodas caballero? ¡Mal agüero!
GASENO:	Cantad.
BATRICIO:	Muero.
CATALINÓN:	Canten, que ellos llorarán.
MUSICOS:	„Lindo sale el sol de Abril, por trébol y toronjil; y aunque le sirva de estrella, Arminta sale más bella."

ARMINTA:	Ihr scheint mir ein Schmeichler zu sein.
BATRICIO:	Ich hatte Recht, dass es ein schlechtes Vorzeichen ist, wenn auf der Hochzeit ein hoher Herr auftaucht.
DON JUAN:	Ihr habt schöne Hände für die Frau eines Bauern.
CATALINÓN:	Wenn Ihr ihm im Spiel die Hand reicht, werdet Ihr sie verlieren.
[...]	

DON JUAN ergreift die Hand der Braut.

DON JUAN:	Warum verbergt Ihr Eure Hand
ARMINTA:	Es ist nicht die Meine.
GASENO:	He da, fangt wieder an zu singen!
DON JUAN:	Was sagst Du?
CATALINÓN:	Ich? Ich fürchte einen grausamen Tod von diesen Dorfbewohnern!
DON JUAN:	Gute Augen, weiße Hände, danach verglühe und verbrenne ich.
CATALINÓN:	In Verruf bringen und beiseite schieben, mit dieser werden es schon vier Frauen sein.
DON JUAN:	Komm, sie schauen mich an.
BATRICIO:	Auf meiner Hochzeit ein Edelmann? Ein schlechtes Vorzeichen!
GASENO:	Singt!
BATRICIO:	Ich sterbe!
CATALINÓN:	Man soll singen, denn sie werden weinen!
MUSICOS:	„Lieblich geht die Aprilsonne auf, bestrahlt Klee und Melisse; und obwohl sie ihr als Gestirn dient, erstrahlt Arminta noch schöner."

Die Verführungstaktik Don Juans wird satirisch von dem Diener Catalinón kommentiert, und der betrogene tölpelhafte Ehemann ist
ein klassisches Motiv des Schwanks. Der Gesang ergänzt die Dialoge. Die Mischung der verschiedenen Genres gestaltet die *comedia*
sehr abwechslungsreich, das seit Lope de Vegas Programmschrift er-
laubte Aufbrechen der drei Einheiten bringt ein hohes Tempo in die
dramatische Handlung.

Auch der theologische Aspekt der *comedias religiosas* hat einen
Stellenwert im *Burlador de Sevilla*: Don Juan wird für seine fortge-
setzten Sünden mit Höllenqualen bestraft.

Sie sollten an den Textausschnitten eine weitere Besonderheit der
dramatischen Gattung erkannt haben: Dramen (zumindest in der
Prä-Moderne) sind in Versen geschrieben und hoch rhetorisiert, so
dass bei der Interpretation dramatischer Texte sowohl die für narrative als auch für lyrische Texte einschlägigen Analyseinstrumentarien ebenfalls zum Einsatz kommen.

3.3 | Handlung

Mit dem oben gegebenen Einblick in die *comedia El burlador de Sevilla* sollte deutlich werden, dass die Handlung das zentrale Element
der dramatischen Form darstellt. Dazu nochmals Aristoteles:

> Die Tragödie ist Nachahmung einer guten und in sich geschlossenen
> Handlung [...]. Die Nachahmung von Handlung ist der Mythos. Ich verste-
> he hier unter Mythos die Zusammensetzung der Geschehnisse, unter Cha-
> rakteren das, im Hinblick worauf wir den Handelnden eine bestimmte Be-
> schaffenheit zuschreiben, unter Erkenntnisfähigkeit das, womit sie in
> ihren Reden etwas darlegen oder auch ein Urteil abgeben. [...] Der wich-
> tigste Teil ist die Zusammenfügung der Geschehnisse. Denn die Tragödie
> ist nicht Nachahmung von Menschen, sondern von Handlung und von Le-
> benswirklichkeit.
>
> Aristoteles: *Poetik*, 6. Kapitel

Geschichte, Handlung, Handlungssequenz und Geschehen

Bitte beachten Sie, dass Aristoteles unter Mythos in diesem Zitat
„kaum mehr als den Ereigniszusammenhang, der den Inhalt des
Dramas ausmacht", versteht (Asmuth 1980: 4). In der heutigen Terminologie wird dies auch *plot* genannt. Manfred Pfister (2001) unterscheidet zwischen Geschichte, Handlung, Handlungssequenz
und Geschehen. Unter Geschichte versteht Pfister die stoffliche
Grundlage, die noch nicht in irgendeiner dramatischen (oder anderen literarischen Form) modelliert ist, sozusagen den ‚Rohstoff' des
Dramas. Im Verhältnis dazu präzisiert Pfister Handlung als die ein-

zelne Aktion einer einzelnen Figur im Drama und will den Begriff nicht für den übergreifenden Handlungszusammenhang angewendet sehen. Für diesen Fall schlägt Pfister den Begriff *Handlungssequenz* vor. Mit *Geschehen* führt Pfister einen Begriff ein, der vor allem in der Analyse moderner Dramen zur Anwendung kommen kann, die ganz auf Handlung verzichten. „Diese Reduktion der Handlung auf Geschehen ist eine der wichtigsten strukturellen Transformationen des Dramas in der Moderne." (Pfister [7]1988: 270) Geschehen liegt also immer dann vor, wenn zwar die Bedingungen für eine Geschichte, aber nicht für eine Handlung erfüllt sind.

Neben der von Pfister differenzierten Terminologie existieren allgemeinere Abstufungen, so zum Beispiel die Unterscheidung von Haupt- und Nebenhandlung. Es können im Drama natürlich auch mehrere Haupthandlungen nebeneinander existieren. Dies muss in der einzelnen Analyse bestimmt werden. Zudem existieren kleinere Handlungselemente, die dramaturgisch höchst effektvoll sind und geringere, aber auch handlungsentscheidende Funktionen tragen können.

In der Traumeinlage „wird die Bühne zum Innenraum des Bewusstseins der träumenden Figur." (Pfister [7]1988: 295) Sie kennen aus dem Beispiel der Regieanweisung zu *Yerma* bereits eine Traumeinlage, in der das Innenleben der Figur in die räumliche Dimension verlagert wurde. Natürlich existieren auch Traumeinlagen, in denen Dialog oder Handlung stattfinden.

Das berühmteste Beispiel für das Spiel im Spiel ist in Shakespeares Drama *Hamlet* (Uraufführung [UA] 1602) zu finden: Es geht in dieser Tragödie um den Mord an König Hamlet (dem Älteren), den sein Bruder Claudius ausgeführt hat, um dessen Thron und dessen Frau zu besitzen. Der Geist des Ermordeten wendet sich an seinen Sohn, Prinz Hamlet (den Jüngeren), um diesem von dem Mord zu berichten und zur Rache aufzufordern. Um den Mörder zu entarnen, lässt Hamlet Claudius das Stück *The murder of Gonzago* vorspielen, dessen Handlung der Ermordung seines Vaters gleicht. Bei der Aufführung wird aus den Reaktionen von Claudius dessen Schuld deutlich. Das Spiel im Spiel kann, muss aber nicht in jedem Falle auf die Handlung bezogen sein. Das Drama der Moderne inszeniert das Spiel im Spiel auch als Mittel, die Fiktionalität des Dramas offen zu legen.

Haupt- und Nebenhandlung

Die Traumeinlage und das Spiel im Spiel

3.4 | Raum- und Zeitstruktur

Wir haben bereits gesehen, dass seit Lope de Vegas Schrift *Arte nuevo de hacer comedias en este tiempo* in der spanischen *comedia* die Einheit von Zeit und Ort von der aristotelischen Forderung abweicht.

> Raum und Zeit stellen zusammen mit der Figur und ihren sprachlichen und außersprachlichen Aktivitäten die konkreten Grundkategorien des dramatischen Textes dar. Das unterscheidet diesen von narrativen Texten, in denen nur die Erzähler- und Figurenrede konkret sind, der Raum und die Figur und ihre außersprachlichen Aktivitäten dagegen nur in sprachlicher Schematisierung und Abstraktion erscheinen.
>
> (Pfister [7]1988: 327)

In Tirso de Molinas *El burlador de Sevilla y convidado de piedra* sehen wir zahlreiche Schauplatzwechsel, und die dargestellte Zeit unterscheidet sich erheblich von der Zeit, die das Drama für seine Aufführung benötigt (diese Einheit wird Darstellungszeit genannt). Man kann diese Gegensätzlichkeit auch als offene Raum- und Zeitstruktur bezeichnen. Was den Raum betrifft, unternimmt Pfister ([7]1988: 327) eine Differenzierung zwischen neutralem, stilisiertem oder konkretisiertem Raum, also Raumentwürfen, die entweder gar nicht, auf eine bestimmte Aussage hin, oder ganz exakt beschrieben werden und so auch unterschiedliche Bedeutungsfunktionen für das Stück annehmen können.

Was die Zeitmodellierung betrifft, so ist die vornehmliche Zeitkategorie in dramatischen Texten das Präsens. Vergangenheit und Zukunft werden hierbei nicht ausgeschlossen, sondern durch verschiedene Kunstgriffe mit in die dramatische Handlung einbezogen. Die fiktive Zeit, die während eines Dramas dargestellt wird, kann durch Zeitdehnung und Zeitraffung gesteuert werden. Diese ‚fiktive Chronologie' (Pfister [7]1988: 365) wird wie folgt realisiert: Zunächst ist der Grad der Konkretisierung entscheidend. Zumeist liegt im Drama eine eher ‚relative Fixierung' von Chronologie vor, d.h., es bleibt offen, zu welchem Zeitpunkt eine Szene spielt und wie viel Zeit zwischen einzelnen Punkten liegt. Die Abstufungen reichen hin bis zu einer ‚absoluten Zeitfixierung', in der alle zeitlichen Dimensionen deutlich gemacht werden. Ebenso wie die Raumgestaltung kann auch die Zeitmodellierung bedeutungstragend für das Drama sein. Eine Analyse sowohl der Raum- als auch der Zeitstruktur ist bei der Drameninterpretation unerlässlich.

Figuren im Drama | 3.5

Auch was die Gestaltung der dramatischen Figuren betrifft, werden
verschiedene Techniken unterschieden. Die Gesamtheit der Figuren
eines Dramas wird als dramatisches Personal (sp. *dramatis perso-
nae*) bezeichnet, gleichwohl auch hier unterschieden in Haupt- und
Nebenfiguren. Es existieren nach Pfister nun vier Möglichkeiten, wie
der Leser oder Zuschauer eines Dramas über die verschiedenen dramatischen Figuren informiert werden kann:

1. Explizit auktorial, d.h. der Zuschauer wird ausdrücklich vom Autor im
   Nebentext oder durch sprechende Namen über die Figur informiert.
2. Implizit auktorial, d.h. die Information über die Figur stammt vom Autor, ist aber in den Beziehungen der Figuren enthalten und wird nicht
   explizit gemacht.
3. Explizit figural, d.h. die Eigenheiten der Figuren werden von den Figuren selbst im Sprechen und im Verhalten dargestellt, entweder durch
   Eigen- oder Fremdkommentar.
4. Implizit figural, d.h. die Figur wird indirekt entweder durch außersprachliche Mittel wie Mimik, Gestik, Maske, Kostüm oder durch bestimmte Requisiten charakterisiert, oder eben durch sprachliche Mittel
   wie ihr sprachliches Verhalten, den Sprachstil oder auch eine sprachliche Varietät.

(Pfister [7]1988: 252)

Die dramatischen Figuren lassen sich nach Pfister weiterhin durch
die zwei Analyseebenen der Figurenkonzeption und der Figurencha-
rakterisierung voneinander unterscheiden, wobei diese beiden Kategorien jedoch nicht strikt getrennt werden können. Unter Figurenkonzeption versteht Pfister ([7]1988, 240) das Menschenbild, das
der dramatischen Figur als Vorbild dient, während er mit Figuren-
charakterisierung die formalen Möglichkeiten der Beschreibung der
Figur meint.

Es existieren verschiedene Modelle der Figurenkonzeption. Eine
statische Figur bleibt während des gesamten Textes gleich und verändert sich nicht, auch wenn sich der Blick des Zuschauers auf die
Figur ändern kann. So sind Nebenfiguren häufig statisch konzipiert.

Dynamische Figuren verändern sich hingegen kontinuierlich
oder auch sprunghaft. Häufig sind die Hauptfiguren dynamisch
konzipiert.

Sodann lässt sich zwischen Ein- und Mehrdimensionalität unterscheiden: Eindimensionale Figuren besitzen eher wenige Eigenschaften, die in sich stimmig sind und auf eine bestimmte Charak-
tereigenschaft verweisen. Eine mehrdimensionale Figur ist durch

Statische und
dynamische Figuren

eine Vielzahl von Merkmalen bestimmt, die auf unterschiedlichen Ebenen liegen, wie zum Beispiel ihr biographischer Hintergrund, ihr Verhalten gegenüber anderen Figuren oder auch ihre Reaktionen.

Personifikation, Typ
und Individuum

Des Weiteren lassen sich drei Unterformen von Figuren ausmachen: die *Personifikation*, der *Typ* und das *Individuum*. Die *Personifikation* zielt auf die Illustration eines abstrakten Begriffs oder einer einzigen Eigenschaft, wie etwa im obigen Beispiel *Der Reiche* oder *Die Schönheit*. Beim *Typ* werden bestimmte Merkmale gebündelt, wie z.B. die Mutter, der Gelehrte usw. Beim *Individuum* erhält der Zuschauer eine Fülle von charakterisierenden Details und auf diese Weise eine sehr genau beschriebene dramatische Figur.

Zudem werden dramatische Figuren nach geschlossener oder offener Figurenkonzeption unterschieden. Die geschlossene Figur wird eindeutig definiert, entweder durch eine Reihe ausdrücklicher Informationen oder auch durch implizit gegebene Informationen. Die offene Figur wirkt hingegen widersprüchlich, weil zentrale Informationen nicht gegeben werden.

Eine letzte Unterscheidung wird mit den Begriffen transpsychologische und psychologische Figurenkonzeption gefasst. Bei der transpsychologischen Figurenkonzeption ist sich die dramatische Figur zu einem Grad, der bis an die Grenze des Unglaubwürdigen reicht, über ihre eigene Verfasstheit bewusst. Bei der psychologischen Figurenkonzeption ist das Bewusstsein der Figuren über ihr eigenes Sein eingeschränkt, was letztlich glaubwürdiger wirkt. Im Drama der Moderne kann eine dramatische Figur sogar ihre Identität verlieren und sich beispielsweise in mehrere Figuren aufspalten. Eine Untersuchung der Figuren und der Figurenkonzeption bei der Interpretation von dramatischen Texten kann für die Analyse höchst ertragreich sein.

Zusammenfassung

Eine exakte Bestimmung der Untergattung, der Handlung, der Figuren sowie der Raum- und Zeitmodellierungen bietet sich als Einstieg in die Deutung von dramatischen Texten an. Des Weiteren sind dramatische Texte rhetorisierte, ebenso wie lyrische oder narrative Texte, so dass bei der Interpretation ähnliche Analyseinstrumentarien zum Einsatz kommen können. Dramatische Texte verwenden rhetorische Figuren, aber in den Fügungen der Dialoge und Monologe ihrer Figuren auch Elemente, die Sie aus narrativen Texten kennen.

1. Betrachten Sie die Verse **1778-1823** aus *El burlador de Sevilla y convidado de piedra* und identifizieren Sie die Figur des *gracioso*. Wo wird in diesem Ausschnitt *a parte* gesprochen?
2. Zeigen Sie anhand des folgenden Textausschnitts die Möglichkeiten der nichtsprachlichen Darstellungsmittel im Drama auf. Fertigen Sie hierfür zunächst eine Übersetzung an. Es handelt sich um einen Ausschnitt aus Federico García Lorcas Tragödie *Bodas de Sangre* (*Bluthochzeit*, Uraufführung 1933). Darin unterdrückt die reiche Braut ihre Liebe zu dem armen Leonardo, da diese Verbindung den gesellschaftlichen Konventionen nicht entspricht, und fügt sich der Entscheidung, einen anderen, reicheren Mann zu heiraten. Auf der Hochzeit mit dem Reichen brechen aber die gezähmten Gefühle durch und Leonardo entführt die Braut in die Wälder. Der Betrogene holt das Paar ein, woraufhin die beiden Männer im Zweikampf sterben. Sie sehen hier einen Ausschnitt aus dem letzten Akt (Leonardo und die Braut im Wald).

Acto tercero/Cuadro primero

[...] *Aparecen Leonardo y la novia.* [...] *Toda esta escena es violenta, llena de gran sensualidad.*

NOVIA: ¿Oyes?
LEONARDO: Viene gente.
NOVIA: ¡Huye!
Es justo que yo aquí muera
con los pies dentro del agua,
espinas en la cabeza.
Y que me lloren las hojas,
mujer perdida y doncella.
LEONARDO: Cállate. Ya suben.
NOVIA: ¡Vete!
LEONARDO: Silencio. Que no nos sientan.
Tú delante. ¡Vamos, digo!
(Vacila la novia)
NOVIA: ¡Los dos juntos!
LEONARDO: *(Abrazándola)*
¡Como quieras!
Si nos separan, será
porque esté muerto.
NOVIA: Y yo muerta.
(Salen abrazados. Aparece la luna muy despacio. La escena adquiere una fuerte luz azul. Se oyen los dos violines. Bruscamente se oyen dos largos gritos desgarrados y se corta la música de los violines. Al segundo grito aparece la mendiga y queda de espaldas. Abre el manto y queda en el centro, como un gran pájaro de alas inmensas. La luna se detiene. El telón baja en medio de un silencio absoluto.)

3. Schlagen Sie die in Kapitel 1.2.1 des sprachwissenschaftlichen Teils dargelegten Zeichenbegriffe nach und diskutieren Sie, welchen Zeichencharakter auf einer Bühne dargestellte Gegenstände haben.

4. Stellen Sie die Unterschiede zwischen geschlossener und offener Dramenform zusammen und suchen Sie je ein Beispiel aus der spanischen Literaturgeschichte.

5. Arbeiten Sie aus der unten stehenden Exposition des Dramas *El cerco de Numancia* (1582) von Miguel de Cervantes die Elemente der Vorgeschichte heraus. Beschreiben Sie, wie Sie hierbei vorgehen und welche Hilfsmittel Sie gegebenenfalls benutzen.

Miguel de Cervantes: *Tragedia de Numancia*

Jornada I

Scena I

Salen primero CIPIÓN y JUGURTA.

CIPIÓN	Esta difícil y pesada carga
	que el Senado romano me ha encargado,
	tanto me aprieta, me fatiga y carga,
	que ya sale de quicio mi cuidado.
	Guerra de curso tan estraño y larga,
	y que tantos romanos ha costado,
	¿quién no estará suspenso al acabarla,
	o quién no temerá de renovarla?
JUGURTA	¿Quién, Cipión? Quien tiene la ventura
	y el valor nunca visto que en ti encierras,
	pues con ella y con él está sigura
	la victoria y el triunfo destas guerras.
CIPIÓN	El esfuerzo regido con cordura
	allana al suelo las más altas sierras,
	y la fuerza feroz de loca mano
	áspero vuelve lo que está más llano.
	Mas no hay que reprimir, a lo que veo,
	la furia del ejército presente,
	que, olvidado de gloria y de trofeo,
	yace embebido en la lascivia ardiente.
	Esto sólo pretendo, esto deseo:
	volver a nuevo trato a nuestra gente;
	que, enmendado primero el que es amigo,
	sujetaré más presto al enemigo.
	¡Mario!
	(Sale GAYO MARIO.)
GAYO MARIO	¿Señor?
CIPIÓN	Haz que a noticia venga
	de todo nuestro ejército, en un punto,
	que, sin que estorbo alguno le detenga,

```
                    parezca en este sitio todo junto,
                    porque una breve plática o arenga
                    les quiero hacer.
GAYO MARIO  Harélo en este punto.
CIPIÓN      Camina, porque es bien que sepan todos
            mis nuevas trazas y sus viejos modos.
```

Miguel de Cervantes: *Die Tragödie von Numancia*
1. Akt, 1. Szene
Zunächst treten Scipio und Jugurta auf!

SCIPIO: Es ist eine schwierige und betrübliche Last
mit der mich der römische Senat beauftragt hat
so sehr bedrängt es, ermüdet und belastet mich,
dass ich durch meine Sorge ganz
durcheinanderkomme.
Ein solch langer und sonderbarer Krieg,
der das Leben so vieler Römer gekostet hat,
wer wäre nicht erstaunt, wenn er endlich zu Ende geht
oder wer fürchtete nicht, dass er wieder begänne?

JUGURTA: Wer, Scipio? Wer verfügt über das Glück
und den Mut, den Du in Dir trägst?
Denn mit diesen Eigenschaften ist der
Sieg und der Triumph in diesen Kriegen sicher.

SCIPIO: Die von Vernunft geleitete Anstrengung
macht die höchsten Berge dem Erdboden gleich –
unter der wilden Kraft einer irren Hand
wird rauher noch, was eben war.
Aber man soll nicht, soweit ich es sehe,
die Wut des anwesenden Heeres verdrängen,
das, vergessen von Ruhm und Trophäen,
in glühender Unzüchtigkeit versunken liegt.
Nur dies erstrebe ich, ersehne ich:
Neue Bedingungen für unsere Leute;
Denn wenn man die Lage des Freundes verbessert,
wird man den Feind schneller unterwerfen.
Marius!
(Gaius Marius tritt auf)

GAIUS MARIUS:Herr?

Scipio: Mach dem gesamten Heere
auf einmal bekannt,
dass es sich – ohne sich von seinem Hindernis aufhalten
zu lassen – hier versammeln soll,
denn ich möchte ein kurzes Gespräch, eine kurze
Ansprache vor ihnen halten.

GAIUS MARIUS:Auf der Stelle.

SCIPIO: Beeile Dich, denn es ist gut, wenn alle unterrichtet sind
von meinen neuen Plänen und ihren alten Gewohnheiten.

Lyrikanalyse

Dieses Kapitel soll Ihnen des Näheren verdeutlichen, was mit dem Begriff der poetischen Funktion gemeint ist, Sie sodann von formaler Seite an die Analyse lyrischer Texte heranführen, Sie mit den Besonderheiten der spanischen Metrik und mit Bildern und Figuren als literarische Stilmittel vertraut machen. Anschließend sollen in einem weiteren Unterkapitel diejenigen weiteren Konstituenten lyrischer Texte vorgestellt werden, die Sie bei einer Analyse berücksichtigen sollten.

Vorbemerkung zur Analyse lyrischer Texte | 4.1

> Es gibt nur drei echte Naturformen der Poesie: die klar erzählende, die enthusiastisch aufgeregte und die persönlich handelnde: Epos, Lyrik und Drama. Diese drei Dichtweisen können zusammen oder abgesondert wirken. In dem kleinsten Gedicht findet man sie oft beisammen, und sie bringen eben durch diese Vereinigung im engsten Raume das herrlichste Gebilde hervor, wie wir an den schätzenswertesten Balladen aller Völker deutlich gewahr werden.
>
> Johann Wolfgang Goethe: *Naturformen der Dichtung*, 1819

Der Begriff *Lyrik* stammt von dem griechischen Wort für Leier (*lýra*) und bezeichnete in der Antike zunächst gesungene Dichtung. Aristoteles (384-322 v. Chr.) nennt im ersten Kapitel der *Poetik* neben Epos, Tragödie und Komödie auch die Dithyrambendichtung, das Flöten- und Zitherspiel, wobei die Dithyrambendichtung derjenigen „Naturform der Poesie" nahe kommt, die wir als Lyrik bezeichnen. Es handelte sich hierbei um Chorlyrik zu Ehren des Gottes Dionysos.

Vermutlich wurde auch die älteste erhaltene romanische Lyrik, die so genannten *jarchas*

Die unter islamischer Herrschaft lebenden christlichen Romanen wurden Mozaraber (sp. *mozárabos*; ‚arabisiert') genannt. Deren Sprache wird als Mozarabisch bezeichnet. Es gibt nur spärliche Zeugnisse von dieser romanischen Sprache in den letzten Strophen (*harǧa*) arabischer Kanzonen (*muwaššaha*), die in arabischer bzw. hebräischer Schrift vorliegen. Ihre Sprache wurde während der *Reconquista* vollends durch das Kastilische verdrängt.

(auch *harǧas*), mit Gesang vorgetragen. Die *jarchas* sind die Schluss-strophen hebräischer oder arabischer Kanzonen (so genannte *mu-waššaha*), die in der Sprache der Mozaraber verfasst waren.

Die *jarcha Tanto amare* wird auf das Jahr 1040 datiert, und sie ist das älteste erhaltene Gedicht in romanischer Sprache, älter noch als die ersten Gedichte der Troubadoure:

¡Tanto amare, tanto amare,	So viel Liebe, so viel Liebe
habib, tanto amare!	Geliebter, so viel Liebe!
Enfermeron olios nidios	Meine Augen sind krank geworden
e dolen tan male.	und schmerzen gar sehr.

Die Entstehungsgeschichte der Gattung Lyrik in Verbindung mit der Musik bedingt, dass ihre Texte eine spezifische Struktur aufweisen. Allerdings ist die metrische und rhythmische Strukturierung nicht nur auf die Lyrik zu beschränken. Das obige Zitat von Goethe macht deutlich, wie schwer es ist, die Textgattung Lyrik präzise zu bestimmen. Doch trotz der Tatsache, dass auch die Heldenepik für das Vortragen bestimmt ist, kann die „Überstrukturiertheit" (Link 2001) lyrischer Texte als ein bestimmendes Merkmal der Gattung festgehalten werden. Eine andere Eigenheit lyrischer Texte ist, dass sie in der Regel keine ‚Geschichte' im eigentlichen Sinne ‚erzählen', wie es narrativen oder dramatischen Texten eigen ist. Stenzel (2001) weist andererseits zu Recht darauf hin, dass eine der dominierenden Untergattungen der spanischen Lyrik, die Romanze, sehr wohl eine Geschichte transportiert.

Wir haben in Kapitel 1 bereits die verschiedenen Kommunikationsfunktionen kennen gelernt, die Roman Jakobson entwickelt hat:

Überstrukturiertheit lyrischer Texte

Abb. 1

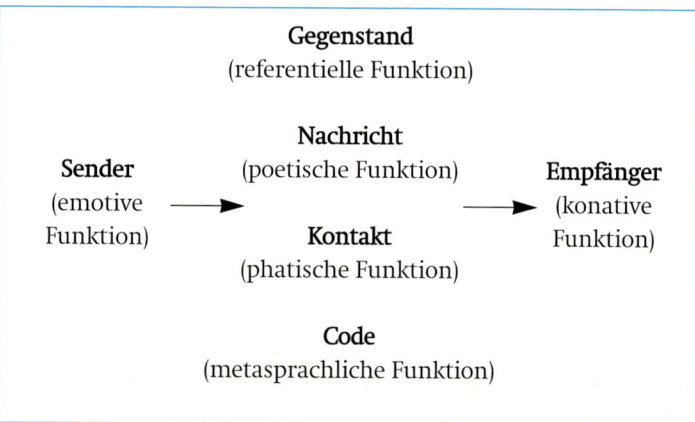

Gegenstand
(referentielle Funktion)

Nachricht
(poetische Funktion)

Sender   Empfänger
(emotive   ⟶   ⟶   (konative
Funktion)   Kontakt   Funktion)
(phatische Funktion)

Code
(metasprachliche Funktion)

In einem Kommunikationsakt sind diese sechs Komponenten stets vorhanden, eine oder mehrere können dominieren. Je nachdem, welche Komponenten dominant sind, ergeben sich verschiedene Kommunikationsfunktionen. Die *poetische* Funktion ergibt sich, wenn die Verfasstheit der Botschaft im Vordergrund der Kommunikation steht. Was Jakobson hiermit meint, ist besonders gut an lyrischen Texten nachzuvollziehen, die aufgrund ihrer sprachlichen und strukturellen Eigenart den Blick auf die spezifisch ästhetische Struktur ihrer Nachricht lenken, oder, mit den Worten Jakobsons, die ‚sprachliche Botschaft auf sich selbst‘ einstellen. Der Begriff der *Poetizität* geht auf die *poetische* Funktion zurück und meint, dass (poetische) Texte vor allem auf ihr ‚Gemachtsein‘ verweisen.

Wie dies im Konkreten bewerkstelligt wird, hat Jakobson mit der folgenden Formulierung ausgedrückt: „Die poetische Funktion projiziert das Prinzip der Äquivalenz von der Achse der Selektion auf die Achse der Kombination. Die Äquivalenz wird zum konstitutiven Verfahren der Sequenz erhoben." Link (2001: 91) erläutert die Formel Jakobsons wie folgt: „Der Achse der Selektion entspricht die paradigmatische Ordnung von Sprachelementen, der Achse der Kombination die syntagmatische." (vgl. Sprachwissenschaftlichen Teil, Unterkapitel 1.3.1) Auch bei so verstandenen ‚poetischen‘ Texten zählt die grammatisch korrekte Fügung und die inhaltliche Verständlichkeit. Diese beiden Kriterien werden jedoch ergänzt, fallweise überlagert und in einzelnen Fällen sogar an den Rand gedrängt zugunsten des Prinzips, das Syntagma (die Kette der Wörter) nach dem Prinzip des Paradigmas, d.h. der Reihung von ähnlichen Gliedern zu organisieren.

Betrachten wir das folgende Beispiel von Garcilaso:

En el silencio sólo se escuchaba / un susurro de abejas que sonaba

Das Verb *sonaba* könnte durchaus ausgetauscht werden, ohne dass die Grammatikalität oder der Sinn verloren ginge, zum Beispiel durch *se oía, retumbaba, se escuchaba*, etc. (‚Achse der Selektion‘ bezeichnet genau dieses Phänomen). Bei einem Dominieren der poetischen Funktion wird die Auswahl des Verbs jedoch nach gestalterischen Gesichtspunkten getroffen: Der Dichter wählt das Verb *sonaba*, da es mit *silencio, sólo, se escuchaba* und *un susurro* einen Äquivalenz-Effekt begründet, der (laut Jakobson) ‚ästhetisch‘ wirke.

Dass ,die Äquivalenz zum konstitutiven Verfahren der Sequenz erhoben' wird, bedeutet, dass bei Texten mit poetischer Funktion häufiger als bei anderen Kommunikationsfunktionen eine Wiederholung von gleichwertigen Kombinationen auftritt. Was nun im Konkreten darunter zu verstehen ist, wird besonders an den Merkmalen Reim und Rhythmus deutlich, an denen bereits Jakobson selbst seine Thesen verdeutlicht hat.

Bei diesen Eingrenzungsversuchen der Gattung *Lyrik* muss beachtet werden, dass der Reim in der Dichtungslehre bis zum 18. Jahrhundert nicht als das zentrale Merkmal gegolten hat, da auch Dramen und Epen in Reimen verfasst wurden. Den Status einer eigenständigen Gattung als eine der drei Grundformen der Poesie hat die Lyrik erst in jener Zeit erreichen können. Wie schwierig die Bestimmung der Gattung *Lyrik* durch die formalen Kriterien Vers und Reim sein kann, machen die Prosagedichte des 20. Jahrhunderts deutlich. Andererseits wird der Begriff der *Gattung* auch im Sinne von Untergattungen verwendet. Im Bereich des ,Ober-Gattungsbegriffs' *Lyrik* gibt es zahlreiche Einzelgattungen, die formal und eben auch gattungsmäßig eindeutig bestimmt werden können. So ist das Sonett die bekannteste Einzelgattung der Hauptgattung *Lyrik,* bestimmt durch eine historisch fest gefügte formale Struktur in Bezug auf den Vers, den Reim und die Strophenform.

Hinweis

Für die Lyrikanalyse empfiehlt sich stets eine exakte metrische und formale Analyse, da in dieser Gattung formale und inhaltliche Dimensionen in der Interpretation nicht zu trennen sind.

Es existieren lyrische Untergattungen, die allen (europäischen) Nationalliteraturen eigen sind, aber für die jeweiligen Länder auch spezifische Formen, die sich aufgrund der individuellen Geschichte herausgebildet haben.

4.2 | Einführung in die spanische Metrik

Sie werden im Folgenden mit den grundlegenden Besonderheiten der spanischen Metrik vertraut gemacht. Zunächst lernen Sie den spanischen Vers und die dichterischen Möglichkeiten zum Erreichen einer festen Silbenzahl kennen. Dann werden Ihnen die Reimklassen und Assonanzen vorgestellt. Darauf folgt ein ausführlicher Überblick über die Strophenformen des Spanischen und die Gedichttypen mit fester Bauart.

Der Vers | 4.2.1

In der Metrik (sp. *métrica*) sind verschiedene Systeme zu unterscheiden: Die griechische und die lateinische Metrik messen die Verse nach der ‚Dauer‘ der Silben, d.h. sie unterscheiden lange und kurze Silben im Vers (quantitierende Metrik). In der romanischen Verskunst wird indes die Anzahl der Silben im Vers festgelegt (silbenzählende Metrik; vgl. 2.4.3 sprachwissenschaftlicher Teil). Auf diese Eigenheit des romanischen und des spanischen Verssystems wird bereits in der Lyrik des 13. Jahrhunderts hingewiesen:

> mester trago fermoso, non es de ioglaría;
> mester es sen pecado, ca es de clerezía,
> fablar curso rimado por la cuaderna vía,
> a sílabas cuntadas, ca es gran maestría.
>
> *Libro de Alexandre*, 1. Hälfte des 13. Jahrhunderts

> Ich bringe Euch ein schönes Werk, es ist keine Spielmannsdichtung;
> ein Werk ohne Makel, denn es gehört zur Dichtung der Gebildeten,
> es spricht in Reimen in Vierzeilern,
> mit fester Silbenzahl, denn es ist von großer Kunst.
>
> Übersetzung Manfred Tietz

Das Prinzip der silbenzählenden Metrik, also Texte aus Versen mit stabiler Silbenzahl zu konstruieren, wird mit dem Terminus Isosyllabismus (sp. *versos isosilábicos*) bezeichnet. Das Prinzip steht im Gegensatz zum Anisosyllabismus, d.h. nicht-silbenzählenden Versen (sp. *versos anisosilábicos*), die im spanischen Mittelalter noch verbreitet waren. Der größte Teil der spanischen Lyrik folgt spätestens seit dem *Mester de Clerecía* (13. Jahrhundert) dem Prinzip des Isosyllabismus. Der Übergang vom antiken quantitierenden Vers zum nicht-quantitierenden Vers mit fester Silbenzahl ist schrittweise von der spät- und mittellateinischen Dichtung hin zur romanischen Dichtung erfolgt. *[Randnotiz: Isosyllabismus vs. Anisosyllabismus]*

Die isosyllabischen spanischen Verse haben eine weitere Besonderheit, den festen Akzent. Hierbei muss zwischen Wortakzent und Versakzent unterschieden werden. Mit Wortakzent (sp. *acento prosódico*) ist die reguläre Betonung des Wortes gemeint, mit Versakzent (sp. *acento rítmico*) diejenigen Betonungen, die durch den Rhythmus des jeweiligen Verses bedingt sind. Die isosyllabischen spanischen Verse vom 4-Silber an haben mindestens zwei rhythmische Akzente, von denen einer stets auf das Ende des Verses, nämlich in den Wortakzent des letzten Verswortes fällt, während sich der andere Akzent frei zwischen den ersten vier Silben *[Randnotiz: Akzent]* des Verses bewegen kann. Auch dieser rhythmische Akzent tritt üblicherweise bei Silben auf, die bereits durch den Wortakzent betont sind. Im Inneren des Verses können rhythmische Akzente aber auch auf gewöhnlich unbetonte Silben fallen und diese somit hervorheben.

Rhythmus   Der Rhythmus (sp. *ritmo*) ist nach Stenzel (2001: 46) „eines der [...] am schwierigsten konkret zu bestimmenden Merkmale des spanischen Verses, da er empirisch nur schwer messbar ist und individuell unterschiedlich wahrgenommen wird". Der Versuch, die spanischen Verse in Anlehnung an die griechisch-lateinische Metrik nach dem Rhythmus zu klassifizieren, also in Jambus (sp. *yambo*) [kurz-lang: o-ó], Trochäus (sp. *troqueo*) [lang-kurz: ó-o], Daktylus (sp. *dáctilo*) [lang-kurz-kurz: ó-o-o], Amphibrachus (sp. *anfibraco*) [kurz-lang-kurz: o-ó-o] und Anapäst (sp. *anapesto*) [kurz-kurz-lang: o-o-ó], wobei nicht die Länge der Silben, sondern der Intensitätsakzent die Einheit bildet, ist sehr problematisch, da in der spanischen Dichtung der Vers selbst die rhythmische Grundeinheit bildet und nicht, wie in der antiken Dichtung, das Metrum. Selten ist ein spanischer Vers allein aus festen Versfüßen (sp. *pie*) gebildet, noch seltener mehrere aufeinanderfolgende Verse. Aufgrund dieser Schwierigkeiten soll auch im Rahmen dieser Einführung nicht weiter auf rhythmische Phänomene, sondern ausführlich auf die Besonderheiten der silbenzählenden Metrik eingegangen werden. Für eine eingehendere Auseinandersetzung empfehlen sich Navarro Tomás (1956) und Quilis ([12]2000).

Verse   Die silbenzählende Verslehre teilt die spanischen Verse in *versos de arte menor* (bis acht Silben einschließlich), *versos simples de arte mayor* (neun bis elf Silben) und *versos compuestos de arte mayor* (ab zwölf Silben); letztere bezeichnet man als ‚zusammengesetzt' (*compuestos*), weil sie aus zwei (durch Zäsur getrennten) Versen entstehen. Tabelle 1 gibt Ihnen einen ersten Überblick über die spanischen Verse.

Tabelle 1: Überblick über die spanischen Versformen

Versform	Spanisch	Deutsch
Versos de arte menor	Bisílabo	2-Silber
	Trisílabo	3-Silber
	Tetrasílabo	4-Silber
	Pentasílabo	5-Silber
	Hexasílabo	6-Silber
	Heptasílabo	7-Silber
	Octosílabo	**8-Silber**
Versos simples de arte mayor	Eneasílabo	9-Silber
	Decasílabo	10-Silber
	Endecasílabo	**11-Silber**
Versos compuestos de arte mayor	Dodecasílabo	12-Silber
	Alejandrino	**14-Silber (Alexandriner)**
	Pentadecasílabo	15-Silber
	Hexadecasílabo	16-Silber
	Heptadecasílabo	17-Silber
	Octodecasílabo	18-Silber
	Eneadecasílabo	19-Silber

Im Folgenden gehen wir kurz auf die drei wichtigsten Versformen der spanischen Lyrik (in obiger Tabelle fett markiert) ein. Der *octosílabo* ist der wichtigste der *versos de arte menor* und die älteste Versart der spanischen Lyrik. Er ist bereits in einer mozarabischen *jarcha* aus dem elften Jahrhundert zu finden, und er ist bis heute einer der prominentesten spanischen Verse. – Der *endecasílabo* ist eine Versform, die im Provenzalischen, Französischen und Italienischen schon sehr lange Verwendung fand, als sie durch die galicischen und katalanischen Troubadoure nach Spanien gelangte. Vor allem der Marqués de Santillana hat sich im fünfzehnten Jahrhundert um die Adaptation des italienischen *endecasillabo* bemüht. Seit der Übernahme italienischer Gedicht- und Strophenformen gehört

Die drei wichtigsten Versformen

der *endecasílabo* auch in Spanien zu den wichtigsten Versen. Der *alejandrino* wurde nach dem *Roman d'Alexandre* von Lambert le Tors und Alexandre de Berney aus dem zwölften Jahrhundert benannt, der aus vierzehnsilbigen Versen besteht. In Spanien wurde der Alexandriner bereits im dreizehnten Jahrhundert von den Dichtern des *Mester de Clerecía* benutzt.

4.2.2 Die poetischen Lizenzen bei der Silbenzählung in lyrischen Texten

Um die Silbenzahl im Vers korrekt bestimmen zu können, ist es unerlässlich, die poetischen Lizenzen (dichterischen Freiheiten) zu kennen, mit denen ein Dichter die Silbenzahl eines Verses variieren kann. Zur Erläuterung der poetischen Lizenzen übernehmen wir die Strukturierung sowie zum Teil das Beispielmaterial von Baehr (1962) und behandeln im Folgenden die Silbenzählung im Wort und die Silbenzählung bei der Wortfolge getrennt voneinander.

Im Spanischen muss die metrische Silbenzahl nicht der Zahl der Silben der einzelnen Wörter entsprechen. Baehr (1962) führt hierfür die Unterscheidung zwischen ‚grammatischen‘ und ‚rhythmischen‘ Silben ein. In dieser Terminologie bezieht sich der Terminus *grammatische Silbe* sozusagen auf die ‚offensichtlichen‘ silbischen Verhältnisse, die *rhythmische Silbenzählung* betrachtet indes die silbischen Konstellationen im poetischen Sprachgebrauch. Für die metrische Analyse ist demnach nur die ‚rhythmische Silbe‘ von Belang.

Vor der weitergehenden metrischen Analyse müssen Sie sich den Vers zunächst auf seine Beschaffenheit hin ansehen. In der metrischen Analyse werden vier Varianten unterschieden, die je nach Betonung des letzten Wortes des Verses benannt sind. Die Betonung des letzten Wortes ist damit eine erste Bedingung für die exakte Bestimmung der Silbenzahl:

Versarten

1. **verso agudo**: Ein *verso agudo* endet mit einem Wort, das auf der letzten Silbe betont ist (Oxytonon, sp. *palabra aguda*). In diesem Fall wird eine – nicht real vorhandene – Silbe dazugezählt.
   Beispiel: *sobre las aguas del* **mar**
   so-bre las a-guas del **mar** *= 7 Silben + 1 Zählsilbe = 8 Silben*

2. **verso llano**: Ein *verso llano* (oder *verso grave*) endet mit einem Wort, das auf der vorletzten Silbe betont ist (Paroxytonon, sp. *palabra llana*). In diesem Fall ändert sich die Zählung der Silben aufgrund der Betonung des letzten Verswortes nicht.

   Beispiel: *Quién hubiera tal ven**tu**ra*

   *Quién hu-bie-ra tal ven-**tu**-ra = 8 Silben*

3. **verso esdrújulo**: Ein *verso esdrújulo* endet mit einem Wort, das auf der drittletzten Silbe betont ist (Proparoxytonon, sp. *palabra esdrújula*). In diesem Fall wird eine Silbe weniger gezählt.

   Beispiel: *sobre los yunques son**ám**bulos*

   *so-bre los yun-ques so-**nám**-bu-los = 9 Silben – 1 Silbe = 8 Silben*

4. (**verso sobresdrújulo**: Dieser Vers endet mit einem Wort, das auf der viertletzten Silbe betont ist (sp. *palabra sobresdrújula*), zum Beispiel mit *páguenselas*. Da ein solches Wort am Versende extrem selten ist, weisen wir auf diese Versform aus Gründen der Übersichtlichkeit nur hin.)

Die Möglichkeiten poetischer Lizenzen entstehen durch das Zusammentreffen von Vokalen. Zunächst soll aber die silbische Behandlung solcher Vokalkonstellationen in der nicht-poetischen Sprache (,grammatische Silbenzahl') erläutert werden (vgl. Sprachwissenschaftlichen Teil, Kapitel 2.4.3). Bitte beachten Sie, dass das *h* im modernen Spanisch keinen Aussprachewert besitzt und nur graphisch vorhanden ist, so dass es in der metrischen Silbenanalyse ignoriert wird. In Fällen wie *ahorrar* oder *una hora* wird das *h* nicht beachtet.

Wenn innerhalb eines Wortes zusammentreffende Vokale einen Diphthong oder Triphthong bilden, werden sie als eine **Silbe** gezählt. Alle anderen Vokale behalten ihren eigenen Silbenwert. Ein Diphthong (sp. *diptongo*) besteht aus einem silbischen Vokal und einem nichtsilbischen Vokal. Nichtsilbische Vokale werden je nach Stellung innerhalb der Silbe als Halbkonsonant oder als Halbvokal bezeichnet. Ein Diphthong wird als ,steigend' bezeichnet, wenn der nichtsilbische Vokal zuerst steht, also z.B. *s**ua**ve, ag**ua**, justic**ia***. Man spricht von einem ,fallenden' Diphthong, wenn der nichtsilbische Vokal an zweiter Stelle steht, also z.B. *a**u**la, E**u**ropa, a**i**re*. – Triph-

Diphthong und Triphthong

thonge (sp. *triptongos*) bestehen aus einem Vokal und zwei Halbvo-
kalen. Der voll artikulierte Vokal steht also stets zwischen den nichtsilbischen Vokalen, z.B. *despreciáis, buey, estudiáis*.

Bei der Silbenzählung in lyrischen Texten unterscheidet man zunächst sechs metrische Lizenzen: *Synärese* und *Diärese* sind Lizenzen, die innerhalb des Wortes greifen, während Synalöphe und Dialöphe über die Wortgrenze hinaus agieren. Als relativ seltene
Erscheinungen sind weiterhin die Synaphie sowie die Kompensation zu nennen. Diese betreffen die Silbenzählung in der Versfolge.
Innerhalb der jeweiligen Lizenzen lassen sich verschiedene Regeln / Möglichkeiten feststellen.

Silbenzählung innerhalb des Wortes — Was die Silbenzählung innerhalb des Wortes betrifft, gibt es zwei
möglche Erscheinungsformen: Synärese und die Diärese. Die Sy-
närese (sp. *sinéresis*) führt zu dem Effekt, dass zwei Vokale, die innerhalb eines Wortes aufeinander treffen, zu einer Silbe zusam-
mengezogen werden, obwohl sie recht eigentlich keinen Diphthong
bilden, wie z.B. *leal-tad* statt *le-al-tad*. Nach Baehr (1962: 16f.) unterscheiden wir folgende fünf Regeln für die Möglichkeiten zur Synärese:

Synärese

a) Steht eine Vokalverbindung in Wörtern, die auf der drittletzten Silbe betont sind, und steht diese Vokalverbindung hinter der betonten Silbe, tritt in fast allen Fällen Synärese auf: *Dá-nao* statt *Dá-na-o*; *hé-roe* statt *hé-ro-e*; *pu-pú-reo* statt *pu-pú-re-o*.
b) Steht eine Vokalverbindung lautlich einem Diphthong sehr nahe, tritt Synärese ein: *na-vie-ro* statt *na-vi-e-ro*; *va-lua-mos* statt *va-lu-a-mos*. Aus dem gleichen Grund ist Synärese auch zwischen dem Endvokal der Vorsilbe und dem Anlautvokal des Grundwortes erlaubt: *prein-ser-to* statt *pre-in-ser-to*; *rehi-lar* statt *re-hi-lar*.
c) Bei den Wortausgängen *-ía, -íe, -ío, -úa* ist Synärese sehr verbreitet: *día* statt *dí-a*; *par-tío* statt *par-tí-o*.
d) Die Synärese ist selten, wenn zwei volle Vokale (*a, e, o*) zusammentreffen, von denen der eine betont ist: *creemos* bleibt *cre-e-mos* (statt *cree-mos*); *ca-noas* bleibt *ca-no-as* (statt *ca-noas*). Ausnahme: *ahora* zeigt sehr häufig Synärese.
e) Bei Vokalverbindungen, deren zweiter, tontragender Vokal *i* oder *u* ist, wird Synärese nach Möglichkeit vermieden, da sie in solchen Fällen als gewaltsam gilt: *ra-íz* statt *raíz*, *cre-í* statt *creí*. Achtung: Zwischen *ií* und *uú* ist Synärese nicht erlaubt.

Die Diärese (sp. *diéresis*) ist diejenige metrische Lizenz, die erlaubt, innerhalb eines Wortes Diphthong-Verbindungen aufzulösen, so dass jede der beiden Silben einen eigenen Wert erhält, z.B. *glo-rï-o-so* statt *glo-rio-so*. Diese metrische Freiheit stellt eine weitere Möglichkeit dar, einen zuvor silbisch inkorrekten Vers silbisch zu korrigieren. Sie verhindert die ‚Verschleifung' der Vokale, wodurch die Diärese in der Lage ist, ein Wort von seiner alltäglichen Aussprache abzugrenzen und den Sinn verstärkt ins Bewusstsein zu heben. Sie wird heute in gedruckten Texten durch Trema über dem Vokal gekennzeichnet (Trema = ein aus zwei Punkten bestehendes Zeichen über einem von zwei nebeneinander stehenden Vokalen, das deren getrennte Aussprache fordert, vgl. das *ï* in unserem Beispiel). Die Möglichkeiten zur Anwendung einer Diärese sind davon abhängig, inwieweit die betreffenden Diphthonge als auflösbar gelten. Nach Baehr (1962: 17f.) unterscheiden wir folgende drei Regeln für die Möglichkeiten zur Diärese:

Diärese

a) Bei unauflösbaren Diphthongen ist keine Diärese erlaubt. Als absolut unauflösbar gelten die Diphthonge *ié* und *ué*, wenn sie aus vulgärlateinischem offenen *e* oder *o* entstanden sind: *pie*, *tierra*, die Verbalendungen *-ieron*, *-iendo*, *fue-ra*, *muer-te*. Ferner gelten die Diphthonge *-úi*, der nachtonige Diphthong *-ia* sowie *-ié* und *-ió* in abgeleiteten Wörtern, wenn sie bereits im Grundwort Diphthonge waren, als unauflösbar: *muy*, *cui-da-do*, *in-ju-ria*, *gloria*, *glo-rie-ta*. Es existieren aber (seltene) Ausnahmen, z.B. bei Garcilaso: *tu glorï-osa frente*. Auch bei nachtonigem *-io* wie in *cambio* oder *limpio* findet sich ab und an Diärese. Bei *-ua* ist Diärese ohne Weiteres möglich: *estatu-a*.
b) Die Diphthonge *-ui*, *-ua*, *-uo[so]* sowie *-ai[s]* und *-ei[s]* in Verbalendungen der 2. Person Plural sind leicht durch Diärese aufzulösen: *rüina*, *rüido*; *voluptü-oso, el majestüoso río*.
c) Letztlich entscheidet der Dichter über einen Einsatz von Diäresen, theoretisch ist auch bei anderen Diphthongen die Diärese möglich.

Was die Silbenzählung bei der Wortfolge im Vers betrifft, gibt es zwei mögliche Erscheinungsformen. Entweder treffen die Vokale nicht unmittelbar zusammen, z.B.
Mientras por competir con tu cabello (Góngora), oder
sie treffen unmittelbar aufeinander und bilden eine Vokalgruppe, z.B.
en tierra_en humo_en polvo_en sombra_en nada (Góngora).

Silbenzählung
bei der Wortfolge

Zwei Lizenzen bestimmen die Silbenzählung bei solchen Vokalgruppen, die durch das Aufeinandertreffen mehrerer Wörter entstehen: *Synalöphe* und *Hiat,* auch *Dialöphe* genannt.

Unter Synalöphe (sp. *sinalefa*) wird die Verbindung von zwei oder mehr benachbarten Vokalen zu einer einzigen rhythmischen Silbe verstanden. Dabei gehören die Vokale verschiedenen Wörtern an, wie beispielsweise *noche_oscura*. Auch im Fall der Synalöphe wird das ***h*** als nicht existent behandelt; Satzzeichen, inhaltliche Einschnitte oder Zäsur verhindern die Synalöphe nicht. Die Verwendung der Synalöphe bzw. des Hiats wird bestimmt durch die Art der zusammentreffenden Vokale, die Akzentverhältnisse und durch syntaktische Faktoren. Nach Baehr (1962: 20f.) unterscheiden wir folgende drei Regeln für die Synalöphe:

Synalöphe

a) Die Synalöphe tritt immer dann ein, wenn gleiche Vokale aufeinander treffen: ***la_a****mada patria, gallard****o_h****ombre*. Aber Vorsicht: Die Akzentverhältnisse können dazu führen, dass nicht die Synalöphe, sondern der Hiat eintritt. Dies ist der Fall, wenn der zweite der beiden Vokale die Hauptbetonung trägt: *En bra-zos de mi esposa y de m****i*** */ h****i****ja*.

b) Die Synalöphe tritt stets ein, wenn unbetonte Vokale zusammentreffen: *N****o_e****speres que podré atener contigo*. Intervokalisches ***i*** und ***u***, ***y*** (‚und‘) und ***o*** (‚oder‘) sowie deren Nebenformen ***e*** und ***u*** gelten nicht als Vokale in diesem Sinne. Dies wird gesondert beim Hiat zu behandeln sein. – Wenn betonte und unbetonte Vokale aufeinander treffen, gelten folgende Konventionen für den Eintritt der Synalöphe:
Die Synalöphe ist obligatorisch, wenn der betonte Vokal vor dem unbetonten Vokal steht: *No esperes que podr****é_a****tener contigo*.
Die Synalöphe ist üblich, wenn der unbetonte Vokal vor dem betonten Vokal steht: *Subid****o_h****e por tu pena*.
Die Synalöphe ist üblich, wenn zwei prosodisch betonte Vokale aufeinandertreffen.

c) Eine enge syntaktische Verknüpfung kann die unter b) genannten Konventionen verhindern.

Der Hiat (sp. *hiato*) oder die Dialöphe (sp. *dialefa*) ist die gegenteilige Erscheinung der Synalöphe. Er tritt überall dort auf, wo die Synalöphe nicht zustande kommt oder gemieden wird. Der Hiat bewirkt, dass zwei oder mehr zusammentreffende Vokale, die verschiedenen Wörtern angehören, nicht zu einer Silbe verschliffen werden, sondern ihren silbischen Wert behalten, wie z.B.: ***la****/ h****o****ra* oder ***su****/ a****m****o*. Nach Baehr (1962: 20f.) unterscheiden wir folgende drei Regeln für die Dialöphe:

a) Das intervokalische *i* und das intervokalische *u* sowie die Konjunktionen *y* / *e* und *o* / *u* werden bei der Silbenzählung wie Konsonanten behandelt, d.h. sie besitzen keinen eigenen silbischen Wert. Sie verhindern immer die Verschleifung der sie umgebenden Vokale: *Y su principio propio y* / *ascondito* (Luis de León), *Fueron un tiempo Francia e* / *Inglaterra* (Lope de Vega).

b) Der Hiat muss entstehen, wenn der letzten betonten Silbe eines Verses unmittelbar ein Vokal vorausgeht. Dies ist auch beim Zusammentreffen gleicher Vokale der Fall: *Y tan verdes como* / *él* (Tirso de Molina). *En brazos de mi esposa y de mi* / *hija* (Mora).

Ausnahmen von dieser Konvention sind möglich, besonders, wenn dem letzten betonten Vokal eines Verses ein *e* vorausgeht: *que a Júpiter ministra el garzón de_Ida* (Góngora).

c) Wie bereits erwähnt, kann eine enge syntaktische Verbindung eine Synalöphe verhindern. Der Hiat tritt in solch einem Fall insbesondere dann ein, wenn diese enge syntaktische Verbindung zwischen einem Wort, das auf einem unbetonten Vokal endet, und einem Wort, das mit einem betonten Vokal beginnt, besteht. Folgende Verbindungen gelten als enge syntaktische Verbindungen in diesem Sinne:

Artikel + Substantiv: *la* / *urna*,
Präposition + regierendes Wort: *contra* / *ella*,
Adjektiv + Substantiv: *amado* / *hijo*.

Es existieren zahlreiche Ausnahmen zu dieser Regelung. Zwei Konstellationen begünstigen das Zustandekommen der Synalöphe:

Wenn *e* der unbetonte Vokal ist, der dem betonten Vokal vorausgeht: *este* / *hombre*,

wenn *c* der unbetonte Vokal ist, der dem betonten Vokal vorausgeht, und dieser betonte Vokal ebenfalls *e* ist: *de* / *él*.

Es existieren zwei relativ seltene Erscheinungen, die unter bestimmten Bedingungen die Silbenzählung beim Übergang von Vers zu Vers beeinflussen können. Hierbei handelt es sich zum einen um die sogenannte Synaphie (sp. *sinafía*) oder auch Verssynalöphe und zum anderen um das Phänomen der Kompensation (sp. *compensación*), die wir im Sinne der Vollständigkeit hier vorstellen, aber nicht ausführlich diskutieren möchten.

Silbenzählung bei der Versfolge

Die Synaphie überträgt den Effekt der Synalöphe von der Ebene der Wortfolge auf die Ebene der Versfolge. Sie wird deshalb auch Verssynalöphe genannt. Die Synaphie bewirkt die Verschleifung des Auslautvokals des *llano*-Verses mit der überzähligen Anlautsilbe des Folgeverses.

Synaphie

Die so genannte Kompensation bietet ähnlich wie die Synaphie die Möglichkeit zum silbischen Ausgleich zwischen zwei aufeinander folgenden Versen. Im Unterschied zur Synaphie erfolgt bei der

Kompensation

Kompensation der Ausgleich nicht durch Verschleifung, sondern dadurch, dass eine vollartikulierte überzählige Silbe am Beginn der zweiten Verszeile an den vorhergehenden *agudo*-Vers eingefügt wird.

4.2.3 Assonanz und Reim im Spanischen

Der Begriff *Reim* (sp. *rima*) umfasst im Spanischen Assonanz (sp. *rima imperfecta*) und Vollreim (sp. *rima perfecta*). Bei der metrischen Analyse werden die Reime mit Buchstaben gekennzeichnet: Bei den *versos de arte menor* (< 8 Silben) sind es Kleinbuchstaben (z.B. aa, bb), bei den *versos de arte mayor* (> 8 Silben) Großbuchstaben (z.B. AA, BB). Nach dem Grad der lautlichen Übereinstimmung lassen sich Reime wie folgt klassifizieren:

a) **rima perfecta**: Übereinstimmung eines oder mehrerer Laute vor dem Hauptton, z.B. verd*ores*-col*ores*,

b) **rima imperfecta**: Reim zwischen den Diphthongen *ie*, *ei*, *ue*, *eu* und dem Reimvokal *e*, z.B. n*ieve*-l*eve*

Ebenso gibt es verschiedene ‚unreine' Sonderformen der Assonanz durch Diphthonge (z.B. *tierra-deuda; caiga-rana*).

Bezogen auf die Betonung kann man Reime einer der folgenden drei Reimklassen zuordnen:

a) **rima oxítona (rima aguda)**: Es reimen sich nur die letzten betonten Silbe wie z.B. in *pasión-corazón = total; voz-alzó = parcial.*

b) **rima paroxítona (rima llana)**: Es reimen sich die letzten unbetonten und die vorletzten betonten Silben (z.B. *amores-flores*).

c) **rima proparoxítona (rima esdrújula)**: Es reimen sich die drittletzten betonten und die zwei letzten unbetonten Silben (*enigmática-socrática*).

Weiterhin unterscheidet man verschiedene Reimformen. Die vier wichtigsten Arten von Reimkombinationen in Strophen sind:

1) **Reimhäufung (sp. rima continua)**: bezeichnet das mehr als zweimalige Aufeinanderfolgen des gleichen Reims. Es ergibt sich folgendes Schema: aaaa bbbb etc. wie z.B. in *nombrado-prado-poblado-cansado*. Besteht die gesamte Strophe aus vier Versen, würde man sie als *estrofa monorima* bezeichnen.

2) **Paarreim (sp. rima gemela)**: bezeichnet das Aufeinanderfolgen von zwei gleichen Reimen. Es ergibt sich folgendes Schema: aa

bb cc etc. wie z.B. in *consagro-milagro-tuyo-restituyo-arboleda-queda.*

3) **Umarmender oder umschließender Reim (sp. *rima abrazada*)**: bezeichnet den gleichen Reim im ersten und vierten und einen anderen übereinstimmenden Reim im zweiten und dritten Vers. Es ergibt sich folgendes Schema: abba cddc etc. wie z.B. in *simetría-hondura-negrura-día.*

4) **Kreuzreim (sp. *rima encadenada* oder *cruzada* oder *entrelazada*)**: bezeichnet die paarweise gekreuzte Reimstellung (erster und dritter Vers, zweiter und vierter Vers). Es ergibt sich folgendes Schema: abab cdcd etc. wie z.B. in *volviera-escudero-era-marinero.*

Strophenformen und Gedichte fester Bauart 4.2.4

Die folgenden Ausführungen basieren auf Quilis ([12]2000). Wir übernehmen zum Teil die Strukturierung und das Beispielmaterial. Nachstehende Tabelle gibt Ihnen anhand von Beispiele einen Überblick über die wichtigsten spanischen Strophenformen:

> **Tabelle 2**

Strophen-formen	Erläuterung	Beispiel	
PAREADOS	Strophe bestehend aus zwei Versen unbestimmter Länge, die sich reimen.	*Hipogrifo violento*	a
		que corriste parejas con el viento.	a
TERCETO	Strophe bestehend aus drei *versos de arte mayor*, die unterschiedliche Reimkonstellationen bilden können (Terzett).	*Avaro miserable es el que encierra*	A
		la fecunda semilla en el granero,	B
		cuando larga escasez llora la tierra.	A
CUARTETO	Strophe bestehend aus vier *versos de arte mayor*, Reimkonstellation ABBA (Quartett). Ein Quartett mit der Reimkonstellation ABAB heißt *Serventesio*.	*Amo tus ríos y tus lagunas,*	A
		tus ciervos blancos y tus faisanes,	B
		y el ampo triste con que tus lunas	B
		bañan la cumbre de tus volcanes.	A
CUARTETA	Strophe bestehend aus vier *versos de arte menor*, Reimschema abab.	*Con estos clavos, Señor,*	a
		te clauarán pies e manos;	b
		grande pasarás dolor	a
		por los míseros vmanos.	b
REDONDILLA	Strophe bestehend aus vier *versos de arte menor*, Reimschema abba.	*Mi verso es como un puñal*	a
		que por el puño echa flor:	b
		mi verso es un surtidor	b
		que da un agua de coral.	a

▶ **Tabelle 2**

Strophen-formen	Erläuterung	Beispiel	
CUADERNA VÍA	Strophe bestehend aus vier einreimigen Alexandrinern.	Mester traigo fermoso, non es de joglaría	A
		mester es sin pecado, ca es de clerezía	A
		fablar curso rimado por la quaderna vía	A
		a sílabas contadas, ca es grant maestría.	A
QUINTETO	Strophe bestehend aus fünf *versos de arte mayor*.	Desierta está el jardín... De su tardanza	A
		no adivino el motivo... El tiempo avanza...	A
		Duda tenaz, no turbes mi reposo.	B
		Comienza a vacilar mi confianza...	A
		El miedo me hace ser supersticioso.	B
LIRA	Strophe bestehend aus fünf Versen, wobei der erste, dritte und vierte Vers aus 7 Silben, der zweite und fünfte Vers aus 11 Silben bestehen, Reimschema aBabB.	Si de mi baja lira	a
		tanto pudiese el son, que en un momento	B
		aplacase la ira	a
		del animoso viento,	b
		y la furia del mar en movimiento.	B
COPLA DE PIE QUEBRADO [COPLA MANRI-QUEÑA]	Strophe bestehend aus sechs Versen in Kombinationen von 8-Silbern und 4-Silbern. Hier als Beispiel die *Copla Manriqueña*, zwei 8-Silber gefolgt von einem 4-Silber, Reimschema abcabc.	Recuerde el alma dormida	a
		avive el seso y despierte	b
		contemplando	c
		cómo se pasa la vida	a
		cómo se viene la muerte	b
		tan callando.	c
OCTAVA REAL	Strophe bestehend aus acht 11-Silbern, Reimschema ABABABCC.	No las damas, amor, no gentilezas	A
		de caballeros canto enamorados,	B
		ni las muestras, regalos y ternezas	A
		de amorosos afectos y cuidados;	B
		mas el valor, los hechos, las proezas	A
		de aquellos españoles esforzados,	B
		que a la cerviz de Arauco no domada	C
		pusieron duro yugo por la espada.	C
DÉCIMA	Strophische Kombination bestehend aus zehn achtsilbigen Versen. Je nach Reimkon-stellation unterscheidet man verschiedene Sorten von *Décimas*, hier ein Beispiel für eine *Décima espinela* (Reimschema abbaa ccddc). In der gleichfalls aus zehn Versen bestehen-den *Copla Real* ist die Silbenzahl der Verse nicht festgelegt, sie sind aber stets *versos de arte menor*.	Aplico agora: yo amaba	a
		una luz, cuyo esplendor	b
		bebió planeta mayor,	b
		que sus rayos sepultaba:	a
		una llama me alumbraba;	a
		pero era una llama aquélla,	c
		que eclipsas divina y bella,	c
		siendo de luces crisol;	d
		porque hasta que sale el sol,	d
		parece hermosa una estrella.	c

Im Folgenden erhalten Sie einen Überblick über die wichtigsten spanischen Gedichtformen fester Bauart.

Beim *villancico* handelt es sich um ein in der spanischen Literatur besonders häufiges Gedicht fester Bauart, das über eine variable metrische Form (8- oder 6-Silber) verfügt. Es ist ursprünglich thematisch nicht gebunden. Der *villancico* beginnt mit einem 2-4-zeiligen Refrain (= *estribillo*), dessen Thema oder Motto in den folgenden Strophen variiert und kommentiert wird, und der nach jeder Strophe (die aus 6 oder 7 Versen besteht und *pie* genannt wird) ganz oder mit den letzten Versen als Schlussrefrain wiederholt wird. Der nachstehende *villancico* stammt von Cristóbal de Castillejo (1490-1550):

Gedichte fester Bauart

Villancico

No pueden dormir mis ojos,
no pueden dormir.
    (estribillo, bestehend aus zwei Versen)

Pero, ¿cómo dormirán
cercados en derredor
de soldados de dolor,
que siempre en armas están?
Los combates que les dan,
no los pudieron sufrir,
no pueden dormir.
    (pie; Strophe, hier bestehend aus sieben Versen)

    (Wiederholung des letzten Verses des *estribillo*)

Alguna vez, de cansado
del angustia y del tormento,
se duermen que no lo siento,
que los hallo transportados;
pero los sueños pesados
no les quieren consentir
que puedan dormir.
    (pie)

    (Wiederholung des letzten Verses des *estribillo*)

Mas ya que duermen un poco,
están tan desvanecidos,
que ellos quedan aturdidos,
yo poco menos de loco;
y si los muevo y provoco
con cerrar y con abrir,
no pueden dormir.
    (pie)

    (Wiederholung des letzten Verses des *estribillo*)

Zéjel nennt man ein Gedicht fester Bauart, das aus der spanisch-arabischen Poesie stammt und bei der Übernahme in die spanische Lyrik metrisch modifiziert wurde. Es besteht normalerweise aus 8-Silbern. Die strophische Komposition lautet:

a) *estribillo* aus 1 oder 2 Versen,

b) *mudanza* = zweite Strophe aus drei einreimigen Versen,

c) + 1 vierter Vers, der sich mit dem *estribillo* reimt und der *vuelta* genannt wird.

Das Schema sieht also wie folgt aus: aa $_{estribillo}$ – bbb$_{mudanza}$ – a $_{vuelta}$.

Zéjel

Lindos ojos habéis, señora, de los que se usaban agora.	(***estribillo***, bestehend aus zwei Versen)
Vos tenéis los ojos bellos, y tenéis lindos cabellos que matáis con solo vellos	(***mudanza***, bestehend aus drei einreimigen Versen)
a quien de vos se enamora.	(***vuelta***)
Lindos ojos habéis, señora, de los que se usaban agora.	(Wiederholung des *estribillo*)

Die Gedichtform *glosa* ist im Umkreis der höfisch-petrarkisierenden Lyrik des 15. Jahrhunderts entstanden und war bis zum Ende des 17. Jahrhunderts sehr beliebt. Sie besteht aus zwei Teilen:

a) dem Text (sp. *texto*), dem eigentlichen Gedicht, und

b) der Glosse (sp. *glosa*), die das Thema des Textes variiert und kommentiert.

Der *texto* ist meist ein bereits existierendes Gedicht, die *glosa* besteht entsprechend aus so vielen Strophen, wie der *texto* Verse besitzt. Als klassische Form gilt die *glosa* mit vierzeiligem *texto* und vier Dezimen, deren Schlussverse wieder den *texto* ergeben. Das folgende Beispiel stammt aus dem ersten Buch der *Galatea* von Miguel de Cervantes:

Glosa

Ya la esperanza es perdida, y un solo bien me consuela: que el tiempo que pasa y vuela llevará presto la vida.	(***texto***, hier bestehend aus vier Versen)
Dos cosas hay en amor que con su gusto se alcanza: deseo de lo mejor, es la otra la esperanza, que pone esfuerzo al temor.	

Las dos hicieron manida
en mi pecho, y no las veo;
antes en la alma afligida,
porque me acabe el deseo,
ya la esperanza es perdida.

(Erste Strophe der *glosa*. Wiederholung des ersten Verses des *texto*)

Si el deseo desfallece
cuando la esperanza mengua,
al contrario en mí parece,
pues cuanto ella más desmengua
tanto más él se engrandece.
Y no hay usar de cautela
con las llagas que me atizan,
que en esta amorosa escuela
mil males me martirizan,
y un solo bien me consuela.

(Zweite Strophe der *glosa*. Wiederholung des zweiten Verses des *texto*)

Apenas hubo llegado
el bien a mi pensamiento,
cuando el cielo, suerte y hado,
con ligero movimiento
le han del alma arrebatado.
Y si alguno hay se duela
de mi mal tan lastimero,
al mal amaina la vela,
y al bien pasa más ligero
que el tiempo que pasa y vuela.

(Dritte Strophe der *glosa*. Wiederholung des dritten Verses des *texto*)

¿Quién hay que no se consuma
con estas ansias que tomo,
pues en ellas se ve en suma
ser los cuidados de plomo
y los placeres de pluma?
y aunque va tan decaída
mi dichosa buena andanza
en ella este bien se anida:
que quien llevó la esperanza
llevará presto la vida.

(Vierte Strophe der *glosa*. Wiederholung des vierten Verses des *texto*)

Bei der Sestine handelt es sich im Allgemeinen um eine Strophe, die aus sechs Versen besteht. Im Speziellen bezeichnet *sextina* eine aus der Troubadourlyrik stammende, dann in Italien ausgearbeitete

Liedform aus sechs 6-versigen Strophen und einer 3-versigen Schlussstrophe, die *contera* genannt wird. Die Einzelstrophe ist in sich nicht gereimt, ihre zweisilbigen Endwörter wiederholen sich jedoch in bestimmter Reihenfolge in jeder Strophe so, dass das Endwort des letzten Verses einer Strophe das Reimwort der nächsten Strophe bildet. In der *contera* kehren die identischen Reime in der Ordnung der ersten Strophe wieder, und zwar in der Mitte und am Schluss der Verse. Meist handelt es sich hierbei um elfsilbige Verse. Das folgende berühmte Beispiel für eine spanische Sestine stammt von Fernando de Herrera (1534-1597):

Sextina

Al bello resplandor de vuestros ojos
mi pecho abrasó Amor en dulce llama
y desató el rigor de fría nieve,
que entorpecía el fuego de mi alma,
y en los estrechos lazos de oro y hebras
sentí preso y sujeto al yugo el cuello.   (Erste Strophe: ABCDEF)

Cayó mi altiva presunción del cuello,
y en vos vieron su pérdida mis ojos,
luego que me rindieron vuestras hebras,
luego que ardí, señora, en tierna llama;
pero alegre en su mal vive mi alma,
y no teme la fuerza de la nieve.   (Zweite Strophe: FAEBDC)

Yo en fuego ardo, vos heláis en nieve,
y, libre del Amor, alzáis el cuello,
ingrata a los tormentos de mi alma;
que aun blandos a su mal no dais los ojos.
Mas siempre la abrasáis en viva llama
y sus alas pendéis en vuestras hebras.   (Dritte Strophe: CFDABE)

Viese yo las doradas ricas hebras
bañadas de mi llanto, si la nieve
vuestra diese lugar a esta mi llama;
que la dureza de este yerto cuello
la pluvia ablandaría de mis ojos
y en dos cuerpos habría sola un alma.   (Vierte Strophe: ECBFAD)

La celestial belleza de vuestra alma
mi alma enlaza en sus eternas hebras,
y penetra la luz de ardientes ojos,
con divino valor, la helada nieve,
y lleva al alto cielo alegre el cuello
que enciende el limpio ardor inmortal llama.   (Fünfte Strophe: DEACFB)

Amor, que me sustentas en tu llama,
da fuerza al vuelo presto de mi alma,
y, del terreno peso alzando el cuello,
inflamarás la luz de sacras hebras;
que ya, sin recelar la durra nieve,
miro tu claridad con puros ojos.

(Sechste Strophe: BDFECA)

Por vos viven mis ojos en su llama,
ioh luz del alma!, y las doradas hebras
la nieve rompen y dan gloria al cuello.

(*contera*: AB – DE – CF)

Das *Sonett* ist sicher die bekannteste lyrische Textform fester Bauart. Es stammt aus Italien und wurde von Dante und Petrarca zur klassischen Form gebracht. Es handelt sich hierbei um ein Gedicht mit 14 Versen, das in zwei 4-versige Strophen, so genannte Quartette (frz. *quatrains*, it. *quartine*, sp. *cuartetos*), und zwei 3-versige Strophen, so genannte Terzette (frz. *tercets*, it. *terzine*, sp. *tercetos*) aufgeteilt ist. Der gängige Vers ist der *endecasílabo*, in der frz. Nachdichtung der Alexandriner. Das Schema des klassischen Sonetts sieht wie folgt aus: ABBA – ABBA – CDC – DCD. Unser Beispiel ist von Lope de Vega (1562-1635):

Vierte racimos la gloriosa palma
y sin amor se pone estéril luto;
Dafne se queja en su laurel sin fruto,
Narciso en blancas hojas se desalma.

(Erstes Quartett, Reimschema ABBA)

Está la tierra sin lluvia en calma,
viles hierbas produce el campo enjuto;
porque nunca pagó al amor tributo,
gime en su piedra de Anaxarte el alma.

(Zweites Quartett, Reimschema ABBA)

Oro engendra el amor de agua y de arenas;
porque las conchas aman el rocío,
quedan de perlas orientales llenas.

(Erstes Terzett, Reimschema CDC)

No desprecies, Lucinda hermosa, el mío,
que al trasponer del sol, las azucenas
pierden el lustre y nuestra edad el brío.

(Zweites Terzett, Reimschema DCD)

Die spanische Renaissance-Kanzone stammt von dem provenzalischen *cansó* (Troubadourlyrik) ab, der in Spanien von Boscán eingeführt wurde, welcher die italienische Kanzone in ihrer von Dante erneuerten Form als Modell genommen hatte. Insbesondere in Italien wurde die Kanzone zur bedeutendsten Form neben Sonett und Ballade, sie wurde gepflegt von den Vertretern des *Dolce Stil Nuovo*, z.B. von Dante, von dem auch die erste theoretische Fixierung der Kanzone stammt (*De Vulgari Eloquentia*). Ihre höchste Blüte erfuhr die Kanzone durch Petrarca. Dieser schuf die klassische Form aus 5-7 Strophen von je 13 bis 21 Versen, gemischt aus Elf- und Siebensilbern (7. und 10. Vers) mit einem meist in zwei symmetrische Perioden (Volten) geteilten Abgesang (Coda) und kunstvoller Reimvielfalt. Zur Struktur der spanischen *canción*:

a) Die Zahl der Strophen (sp. *estancias*) variiert.

b) Auch die Zahl der Verse der einzelnen Strophen ist variabel.

c) Es gibt keine festen Regeln für das Reimschema.

d) Das Muster der ersten Strophe muss sich in den übrigen wiederholen.

e) Jede Strophe besteht aus zwei Teilen:
   – einer Gruppe von Anfangsversen, die den Namen *fronte* tragen, aufgeteilt in zwei Teile – jede dieser Untereinheiten trägt den Namen *piede*.
   – einem Schlussteil, der *coda* genannt wird und auch unterteilt werden kann – in diesem Fall heißen die Untereinheiten *verso*.
   – Zwischen *fronte* und *coda* gibt es einen Vers, der *volta* genannt wird, und der sich mit dem letzten Vers der *fronte* reimen muss.
   – Der Schluss der *canción* ist markiert durch eine Strophe mit weniger Versen, die *tornata* oder *envío* genannt wird.

Unser Beispiel stammt von Francisco de la Torre (1534? – 1594?):

Canción

1. Strophe:

Doliente cierva, que el herido lado
de ponzoñosa y cruda yerba lleno,
buscas la agua de la fuente pura,

con el cansado aliento con el seno
bello de la corriente sangre inchado,
débil y desaída tu hermosura;

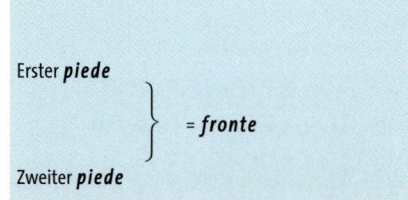

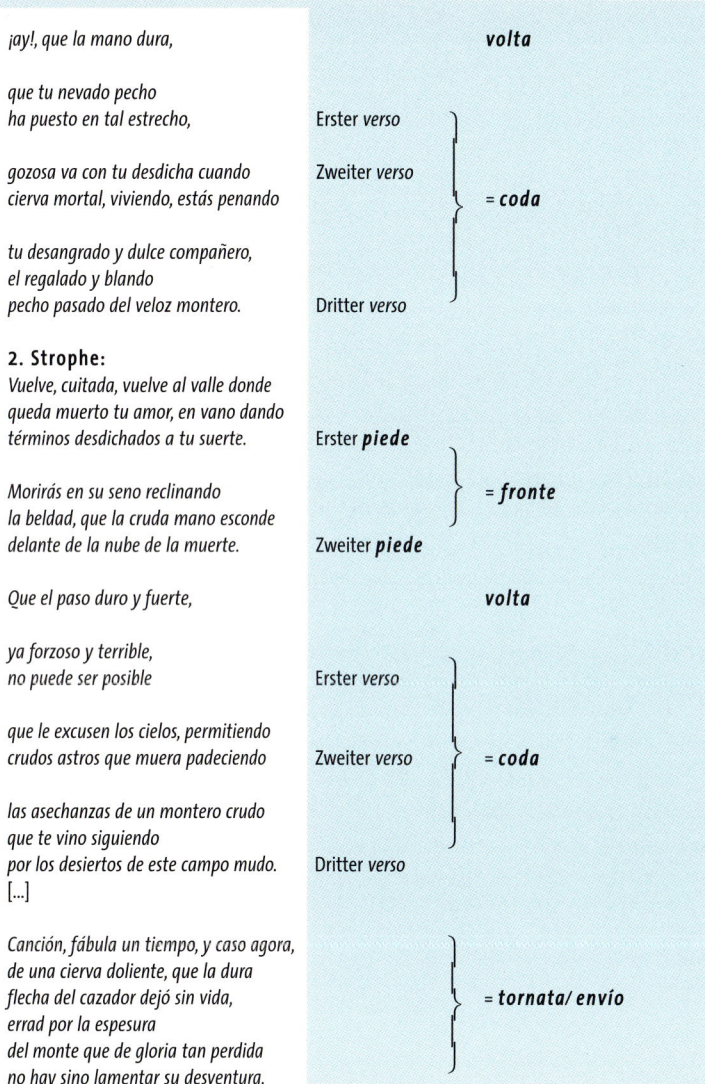

¡ay!, que la mano dura,   *volta*

que tu nevado pecho
ha puesto en tal estrecho,   Erster *verso*

gozosa va con tu desdicha cuando   Zweiter *verso*
cierva mortal, viviendo, estás penando   = *coda*

tu desangrado y dulce compañero,
el regalado y blando
pecho pasado del veloz montero.   Dritter *verso*

2. Strophe:
Vuelve, cuitada, vuelve al valle donde
queda muerto tu amor, en vano dando
términos desdichados a tu suerte.   Erster *piede*

Morirás en su seno reclinando   = *fronte*
la beldad, que la cruda mano esconde
delante de la nube de la muerte.   Zweiter *piede*

Que el paso duro y fuerte,   *volta*

ya forzoso y terrible,
no puede ser posible   Erster *verso*

que le excusen los cielos, permitiendo   Zweiter *verso*
crudos astros que muera padeciendo   = *coda*

las asechanzas de un montero crudo
que te vino siguiendo
por los desiertos de este campo mudo.   Dritter *verso*
[...]

Canción, fábula un tiempo, y caso agora,
de una cierva doliente, que la dura
flecha del cazador dejó sin vida,   = *tornata/ envío*
errad por la espesura
del monte que de gloria tan perdida
no hay sino lamentar su desventura.

Das *Madrigal* ist ein strophisches Gedicht, dessen Strophen- und
Verszahl nicht fixiert sind. Es besteht aus einer Kombination von
Sieben- und Elfsilbern. Das *Madrigal* ist thematisch gebunden an die
idyllische Liebesdichtung. Unser Beispiel stammt von Gutierre de Cetina (1514-1557):

Madrigal

> Cubrir los bellos ojos
> con la mano que ya me tiene muerto,
> cautela fuí por cierto,
> que ansí doblar pensastes mis enojos.
> Pero de tal cautela
> harto mayor ha sido el bien que el daño,
> que el resplandor extraño
> del sol se puede ver mientra se cela.
> Así que aunque pensastes
> cubrir vuestra beldad, única, inmensa,
> yo os perdono la ofensa,
> pues, cubiertos, mejor verlos dejastes.

Nicht-strophische
Gedichtformen

Zu den wichtigsten nicht-strophischen Gedichtformen zählt *el romance*. Es handelt sich hierbei um ein kürzeres episodisches Erzählgedicht, dessen häufigste Versform der 16-Silber mit Mittelzäsur und Assonanzen ist. Der Begriff *romance* bezeichnete im Mittelalter die romanische Volkssprache im Gegensatz zum Lateinischen. Ab dem 15. Jahrhundert dient der Begriff auch zur Kennzeichnung der spanischen Variante der Ballade. Die ursprünglich mündliche Überlieferung der Romanze bedingt, dass häufig verschiedene Fassungen nebeneinander existieren und auch kein Autor zu fixieren ist.

Romance

> Quién hubiese tal ventura – sobre las aguas del mar
> como hubo el conde Arnaldos – la mañana de San Juan.
> Con un falcón en la mano – la caza iba cazar.
> vio venir una galera – que a tierra quiere llegar.
> Las velas traía de seda – la ejercia de un cendal,
> marinero que la manda – diciendo viene un cantar
> que la mar facía en calma – los vientos hace amainar,
> los peces que andan n'el hondo, – arriba los hace andar,
> las aves que andan volando – n'el mastel las faz posar.
> Allí fabló el conde Arnaldos, – sí bien oiréis lo que dirá:
> Por Dios te ruego marinero, – dígasme ora ese cantar.
> Respondióle el marinero, – tal respuesta le fue a dar:
> Yo no digo esta canción – sino a quien conmigo va.

Die *silva* ist eine unstrophische Gedichtform aus Elfsilbern und Siebensilbern in beliebig langer Reihung und Anordnung. Die Verbindung durch Assonanzen ist frei, reimlose Verse sind erlaubt. Ihren Ursprung hat die *silva* in Italien; als Sonderform gilt die *silva arroman-zada*, in der jeder zweite Vers durch Assonanz gebunden ist. Unser Bei-spiel stammt aus *El gran teatro del mundo* von Calderón de la Barca.

Hermosa compostura
de esa varia inferior arquitectura,
que entre sombras y lejos
a esta celeste usurpas los reflejos,
cuando con flores bellas
el número compite a sus estrellas,
siendo con resplandores
humano cielo de caducas flores.

Die *Poemas de versos sueltos* sind im 16. Jahrhundert in Italien ent-standene poetische Formen, die durch andere reimlose elfsilbige Verse gekennzeichnet sind (it. *versi sciolti*). Dies könnte darin be-gründet liegen, dass diese Formen Nachahmungen klassisch latei-nischer Dichtungen sind, oder, dass sie aus dem Bereich der Musik stammen. Boscán führte die Form in Spanien ein.

Poemas de versos sueltos

Der *verso libre* (frz. *vers livre*, dt. *freier Vers*) hat keine strophi-sche Gliederung, muss sich nicht reimen und kann unterschiedlich lang sein. Freie Rhythmen sind metrisch ungebundene, reimlose Verse von beliebiger Zeilenlänge und meist beliebiger Zahl unbeton-ter Silben; der *verso libre* ist eine typische Form moderner Lyrik.

Poemas de versos libres

Bilder und Figuren als literarische Stilmittel

| 4.3

Dieses Unterkapitel will Sie systematisch mit Bildern und rhetori-schen Figuren als Elemente literarischer Textkonstitution vertraut machen. Bitte beachten Sie, dass es sich hierbei nicht ausschließlich um Elemente lyrischer Texte handelt. Aufgrund der spezifischen Verfasstheit von lyrischen Texten erscheint es jedoch sinnvoll, ei-nen Überblick über die Möglichkeiten, sprachliches Material im Sin-ne einer poetischen Kommunikationsfunktion zu organisieren, an dieser Stelle zu geben. Sprachliche Figuren entstammen der anti-ken Redekunst, der Rhetorik, und sind in allen Gattungen anzutref-fen. Die rhetorischen Figuren organisieren die Stellung und Bezie-hung von Wörtern untereinander. Bei den so genannten Tropen besteht ein semantischer Unterschied zwischen dem, was gesagt, und dem, was gemeint ist.

Tropen

Vom Begriff der *Tropik* ist die *Topik* (sp. *tópica*) stets zu unterscheiden. Topik bezeichnet die Lehre von den Gemeinplätzen (das griechische Wort *tópos* heißt ‚Ort‘ oder ‚Stelle‘. Beachten Sie den korrekten Gebrauch von Singular = *Topos* und Plural = *Topoi*). Die Toposforschung hat Ernst Robert Curtius begründet. Der Begriff bezeichnet feste Ausdrucksschemata mit ganz bestimmten Requisiten, die fast alle aus der antiken Literatur stammen. Der bekannteste Topos ist sicherlich der *locus amoenus*. Dies heißt ‚lieblicher Ort‘ und hat als Standardinventar eine Quelle, Bäume und eine Wiese.

Der Begriff *tropos* ist aus dem griechischen Verb *trépein* entstanden, was ‚wenden‘ bedeutet. Ein Tropus ist also im wörtlichen Sinn eine Wendung (Singular = *Trope* oder *Tropus*, Plural = *Tropen*). In der antiken Stilistik bezeichnet Tropus ursprünglich jede bildliche Ausdrucksweise. Es handelt sich um Wendungen, die nicht im eigentlichen Sinne, sondern in einem übertragenen Sinne gebraucht werden, wie z.B. *die Reife* für *das Alter*. Hierzu gehören die Metapher (sp. *metáfora*) und die Metonymie (sp. *metonimia*).

Metapher　　Metapher heißt wörtlich ‚Übertragung‘ und meint die ‚übertragene‘ Bedeutung eines Wortes, d.h. einen uneigentlichen im Unterschied zum eigentlichen (üblichen) Sinn. Lange wurde die Metapher im Sinne des antiken Rhetorikers Quintilian als verkürzter Vergleich aufgefasst. Verkürzt meint hierbei, dass das ‚wie‘ in der Wortverbindung weggelassen wird, zum Beispiel: *steinhart* als ‚verkürzter Vergleich‘ von *hart wie Stein*. Es gibt jedoch offenkundige Unterschiede zwischen Vergleich und Metapher. Eine genauere Definition fasst ‚Metapher‘ als einen Ausdruck, der ein oder mehrere Wörter aus dem ursprünglichen Bedeutungskontext herausnimmt und in einen anderen Zusammenhang ‚überträgt‘. Das Beispiel *Frühling des Lebens* oder *la primavera de la vida* als Metapher für die Jugend zeigt deutlich, wie diese Übertragung funktioniert, nämlich nach dem Prinzip der Entsprechung. Die Jugend verhält sich zum Leben wie der Frühling zum Jahreslauf (vgl. Aristoteles, *Poetik*, 1457b sowie *Rhetorik*, 1407a). Die Metapher gehört zum Grundbestand des Literarischen, da sie sich nicht auf die bloße Bedeutungsübertragung beschränkt, sondern auch ein sprachschöpferisches Moment darstellt, das bisher nicht Sagbares in die Sprachlichkeit zu heben vermag. Berühmtes Beispiel hierfür sind die Metaphernspiele des Barock. Es existieren die folgenden Sonderformen metaphorischer Ausdrücke:

Synästhesie　　Synästhesie (sp. *sinestesia*) stammt von dem griechischen Wort für ‚Zugleichempfinden‘ und bezeichnet eine Form des metaphori-

schen Ausdrucks, in dem zwei oder mehrere Sinnesgebiete gleichzeitig aktiviert werden. So ist beispielsweise der Ausdruck *verde chil-
lón* ‚schreiendes Grün' synästhetisch.

Unter Personifikation (sp. *prosopopeya*) ist eine metaphorische   Personifikation
Form zu verstehen, die durch die Übertragung menschlicher Eigenschaften auf Unbelebtes gebildet wird, zum Beispiel *die Sonne lacht*.

Die Allegorie (sp. *alegoría*) übersetzt ein abstraktes Konzept in ein   Allegorie
Bild und wird seltener im Wort allein, sondern im größeren Zusammenhang realisiert. Wenn sie sich in einem Wort realisiert, dann
mischen sich häufig Allegorie und Personifikation, zum Beispiel in
der Übertragung des Konzepts Gerechtigkeit in das Bild der Justitia.
Es gibt aber auch komplette Texte, die als Allegorie konzipiert sind.
Dann wird das Entsprechungsprinzip der Metapher auf einen größeren Kontext übertragen. Dies ist sehr gut an dem folgenden Beispiel zu erkennen, einer *copla* aus den *Coplas por la muerte de su
padre* von Jorge Manrique (1440-1479):

[III]	
Nuestras vidas son los ríos	Unsere Leben sind die Flüsse,
que van a dar en la mar,	die ins Meer münden werden,
que es el morir;	was Sterben ist.
allí van los señoríos	Dorthin gehen die Herrschaften
derechos a se acabar	um geradewegs zu enden
y consumir;	und zugrunde zu gehen.
allí los ríos caudales,	Dort sind die wasserreichen Flüsse,
allí los otros medianos	die mittleren
y más chicos,	und die kleineren,
allegados, son iguales	einmal angekommen, gleich,
los que viven por sus manos	diejenigen, die von der Arbeit ihrer Hände leben,
y los ricos.	und die Reichen.

Der Begriff *Metonymie* (sp. *metonimia*) ist nur bei sorgfältiger Ab-   Metonymie
grenzung deutlich von dem der *Metapher* zu unterscheiden. Der Begriff stammt von dem griechischen Wort *metōnymía*, das ‚Vertau-
schen von Namen' bedeutet. Die Metonymie verbindet nicht, wie die
Metapher, verschiedene Bildbereiche, sondern ersetzt ein Wort
durch ein anderes, das zu ihm in enger Beziehung steht. Diese enge
Beziehung kann sehr unterschiedlicher Art sein, wie an den folgenden Sonderformen der Metonymie deutlich wird:

Die Synekdoche (sp. *sinécdoque*) lässt einen Teil für das Ganze ste-   Synekdoche
hen (*pars pro toto*) oder umgekehrt (*totum pro parte*). Als Beispiel
für das erste Phänomen kann die Zeile aus dem Vaterunser *Unser
tägliches Brot gib uns heute* – *El pan nuestro de cada día danoslo*

hoy stehen, wo das Brot als Teil für die Nahrung als Ganzes steht. Eine Synekdoche *totum pro parte* liegt beispielsweise vor, wenn statt einer Fußballmannschaft eine ganze Nation das Spiel gewinnt: *Holland hat gegen Deutschland verloren* oder *España ha ganado a Francia.*

Antonomasie Die Antonomasie (sp. *antonomasia*) setzt an die Stelle des Eigennamens einen Begriff, der für den Namensträger kennzeichnend ist, zum Beispiel *El Apóstol* für den Heiligen Paulus.

Appellativum Das Appellativum (von lat. *appellare* ‚benennen') bezeichnet das gegenteilige Verfahren der Antonomasie, die Ersetzung des kennzeichnenden Begriffs durch einen Eigennamen, also *Don Juan* für einen Frauenheld.

Im Folgenden soll anhand von kurzen und leicht verständlichen Beispielen nachvollzogen werden, wie die Stilfiguren funktionieren. Hierbei unterscheiden wir vier Gruppen: Wortfiguren, Satzfiguren, Gedankenfiguren und Klangfiguren.

Wortfiguren Betrachten wir zunächst die Wortfiguren:

Hyperbel Die Hyperbel (sp. *hipérbole*) ist eine Steigerung des Ausdrucks durch Übertreibung. Auch in der Alltagssprache ist diese Figur sehr häufig anzutreffen, wenn *tausend Küsse* oder gar *milliones de besos* versprochen werden oder man sich *eine Ewigkeit nicht mehr gesehen hat* – *hace un siglo que no te veía.*

Emphase Unter einer Emphase (sp. *énfasis*) wird eine nachdrücklichere Verwendung eines Wortes verstanden, als diejenige, über die es in der Alltagssprache verfügt. Lausberg (*Elemente der literarischen Rhetorik* 1990) verdeutlicht die Emphase als dasjenige, was beim Redner und beim Schauspieler die größere stimmliche Intensität und die Gesten sind.

Litotes Die Stilfigur Litotes (sp. *lítotes*) bezeichnet eine positive Qualifizierung vermittels der Verneinung des Gegenteils. Auch diese Figur kennen Sie aus alltäglichen Kontexten, wenn etwas *nicht schlecht*, *nicht wenig* oder *nicht unwahrscheinlich* ist.

Periphrase Eine Periphrase (sp. *perífrasis*) bezeichnet zunächst den Prozess der Umschreibung eines Begriffs. Góngora umschreibt Jupiter in der *Soledad primera* als *el [...] robador de Europa*, den Räuber der Europa. Durch die Nennung seiner Tat (Jupiter näherte sich der schönen Europa in der Gestalt eines Stiers) wird der Eigenname des Gottes, also Jupiter, anders ausgedrückt. – Der Euphemismus **Euphemismus** (sp. *eufemismo*) ist eine Sonderform der Periphrase und umschreibt einen Begriff beschönigend, wenn beispielsweise anstatt *sterben* die Formulierung *entschlafen, verscheiden* oder *ableben* verwendet wird oder statt *morir* der Ausdruck *ha pasado a mejor vida* oder *descansa en el señor*. – Die Paraphrase (sp. *paráfrasis*) ist keine rhetorische Figur im eigentlichen Sinne und muss von dem ähnlich klingenden Begriff *Periphrase* sorgfältig unterschieden werden, denn eine Paraphrase bezeichnet eine verdeutlichende, weiter ausführende Umschreibung, manchmal sogar eine erklärende, freie Übertragung eines Textes.

Paraphrase

Auf ähnliche Weise lassen sich die Satzfiguren beschreiben, wobei hier eine Unterteilung in vier große Gruppen möglich ist: Figuren der Wortverbindung, Figuren der Worteinsparung, Figuren der Worthäufung und Figuren der Wortstellung. Die Figuren der Wortverbindung sind nachstehend aufgeführt:

Satzfiguren

Figuren der Wortverbindung

Asyndeton (sp. *asíndeton*) bezeichnet das unverbundene Sprechen ohne verknüpfende Bindewörter, Polysyndeton (sp. *polisíndeton*) das gegenteilige Phänomen, die Häufung von Konjunktionen. Ein Beispiel für das Asyndeton sind die letzten beiden Terzette des berühmten Sonetts *Mientras por competir con tu cabello* von Góngora (1561-1627):

Asyndeton
Polysyndeton

goza cuello, cabello, labio y frente,	genieße Hals, Haar, Lippen und Stirn,
antes que lo que fue en tu edad dorada	bevor dasjenige, was in Deiner goldenen Zeit
oro, lilio, clavel, cristal luciente,	Gold, Lilie, Nelke, strahlender Kristall war,
no sólo en plata o vïola troncada	nicht nur in Silber oder gebrochenes Violett
se vuelva, mas tú y ello juntamente	sich wandelt, sondern auch Du und all dies zusammen
en tierra, en humo, en polvo, en sombra, en nada.	in Erde, in Rauch, in Staub, in Schatten, in Nichts.

Als Polysyndeton würde der letzte Vers zum Beispiel *en tierra y en humo y en polvo y en sombra y en nada* lauten.

Die Figuren der Worteinsparung lauten wie folgt:

Eine Form der Worteinsparung ist die Ellipse (sp. *elipsis*). Der Begriff bezeichnet die Auslassung von Wörtern oder Sätzen, die zum Verständnis nicht unbedingt notwendig sind, da das Gesagte durch den Kontext oder die Situation deutlich wird. *¿Qué tal?* statt *¿Qué*

Figuren der Worteinsparung
Ellipse

tal le gusta? oder *¿Qué tal le parece?* ist eine bekannte Ellipse des Alltagsspanischen.

Zeugma

Das Zeugma (sp. *zeugma*) ist eine Sonderform der Ellipse und ordnet ein Satzglied (fast immer das Prädikat) zu mehreren verschiedenartigen Satzteilen. Aus dem Deutschunterricht kennen Sie sicher das Beispiel *er schlug das Fenster und den Weg zum Bahnhof ein.* Ein berühmtes spanisches Beispiel für das Zeugma ist die Beschreibung des Don Quijote: *Era de complexión recia, seco de carnes, enjuto de rostro, gran madrugador y amigo de la caza.*

Aposiopese

Unter Aposiopese (sp. *aposiopesis* oder *reticencia*) wird der plötzliche und effektreiche Abbruch der Rede verstanden: *¡Ay, Floralba! Soñé que te... Dirélo? Sí, pues, que sueño fue: que te gozaba.*

Figuren der Worthäufung

Eine weitere Untergruppe der Satzfiguren sind die Worthäufungen:

Akkumulation

Die Akkumulation (sp. *acumulación*) beschreibt die Reihung mehrerer Unterbegriffe anstelle der Nennung des zusammenfassenden Oberbegriffs, z.B.: *cobre, oro, plata, hierro, latón, chapa* etc. statt *metal.*

Amplifikation

Unter Amplifikation (sp. *amplificación*) wird die Ausweitung einer Aussage über das zum unmittelbaren Verständnis Nötige hinaus verstanden. Diese Worthäufungsfigur unterscheidet sich von der Akkumulation in dem Sinne, dass sie nicht Unterbegriffe eines Oberbegriffs häuft, sondern die unterschiedlichsten Gesichtspunkte für eine Aussage bringt. Sie ist nicht auf die Satzebene begrenzt, sondern kann ganze Strophen oder Textabschnitte umfassen. Beispiele für die Verwendung der Amplifikation als rhetorische Figur kennen Sie aus der Beschreibung der Eigenschaften Gottes als Gott der Schöpfer, Gott der Barmherzige, Gott der Gerechte, Gott der Allmächtige etc.

Epiphrasis

Epiphrasis (sp. *epífrasis*) ist das griechische Wort für Nachsatz und meint in der Rhetorik die Hinzufügung von Aussagen an einen bereits abgeschlossenen Satz zum Zwecke der Hervorhebung oder Verdeutlichung. Sie kennen als Beispiel die Forderung *Edel sei der Mensch, hilfreich und gut!*

Gradation
Klimax
Anti-Klimax

Unter Gradation (sp. *gradación*) wird eine Stufenfolge der Wörter entweder nach oben, genannt Klimax (sp. *climax*), oder nach unten, Anti-Klimax (sp. *anticlimax*), verstanden. Ein Beispiel für eine Gradation als Anti-Klimax kennen Sie bereits aus dem letzten Vers des oben stehenden Sonetts von Góngora: *en tierra, en humo, en polvo, en sombra, en nada.*

Die folgenden Satzfiguren variieren die Wortstellung:

Der Parallelismus (sp. *paralelismo*) organisiert eine gleichlaufen-
de Wiederkehr der Wortfolge in mehreren Versen. Das Beispiel aus
dem *Burlador de Sevilla* macht deutlich, wie diese Figur funktioniert:
a sus suspiros sorda, a sus ruegos terrible, a sus promesas roca.

Unter Chiasmus (sp. *quiasmo*) wird die kreuzweise Stellung von
Elementen zweier Wortverbindungen verstanden, wie sie an dem
Beispiel von Góngora *Cuando pitos, flautas | cuando flautas | pitos*
zu beobachten ist. Die Figur ist durch die kreuzweise Stellung der
Syntagmen bestimmt, so dass auch unterschiedliche Wörter im
Chiasmus stehen können: Bei *pocos días | edad poca* ist es die kreuz-
weise Stellung Adjektiv-Substantiv | Substantiv-Adjektiv, ebenso
wie bei *groß war der Einsatz | der Gewinn klein.*

Anakoluth (sp. *anacoluto*) setzt grammatisch nicht folgerichtige
Konstruktionen, wie zum Beispiel *El teatro, aparte de distraernos,
su función tendría que ser también educativa* statt *El teatro, aparte
de distraernos, tendría que educarnos.* Betrachten Sie auch das folgende Beispiel von Miguel Delibes: *Figúrate, en un santiamén, cla-
ro, qué vas a pedir a esa gente, ni enterarse, a ver, natural, de detal-
les, cero.*

Wenn Mephistopheles im *Faust* der Satz *Ihr Mann ist tot und lässt
Sie grüßen* in den Mund gelegt wird, dann benutzt Goethe die Stilfigur des *Hysteron proteron* (sp. *hýsteron-próteron*). Dies bezeichnet eine logisch falsche Wortstellung: Die korrekte Reihenfolge wird
so verkehrt, dass der nachfolgende von zwei Vorgängen zuerst erwähnt wird. Das folgende Beispiel stammt von Lope de Vega: *No qui-
se a Irlanda con promesas grandes, | muero en Bouges, viví treinta
y tres años, | fui César de la fe, triunfé en el cielo.*

Die Inversion (sp. *inversión*) bezeichnet als letzte hier zu erwäh-
nende Wortstellungsfigur die Umkehrung der grammatikalischen
Struktur aus Gründen der Hervorhebung, z.B. *En tu edad ningún pe-
ligro hay leve.*

Im Folgenden werden die Gedankenfiguren erklärt:

Unter Apostrophe (sp. *apóstrofe*) wird die poetische Anrufung verstanden. Sie kennen alle Schillers Apostrophe *Freude schöner Göt-
terfunken* und Apostrophen des Spanischen: *Ay amor, Oh Luna* etc.

Die Anflehung oder Anrufung Gottes oder anderer göttlicher Ge-
schöpfe wird Invokation (sp. *invocación*) genannt: *Grado a ti, Señor,*
Padre que estás en alto.

rhetorische Frage

Die rhetorische Frage (sp. *interrogación retórica*) ist keine ‚richtige‘ Frage, sondern nur eine scheinbare Frageform, bei der sich der Sprecher der Zustimmung des Kommunikationspartners gewiss ist oder die Antwort unmöglich zu geben ist. Das folgende Beispiel aus *Don Álvaro o la fuerza del sino* von Ángel de Saavedra, Duque de Rivas (1791-1865), verdeutlicht diese Gedankenfigur:

> ¿No veis en mis ademanes / rasgo alguno que os recuerde / de otro tiempo y de otros males? / ¿No palpita vuestro pecho, / no se hiela vuestra sangre, / no se anonada y confunde / vuestro corazón cobarde / con mi presencia?...

Dialogismus

Unter Dialogismus (sp. *dialogismo*) ist ein fingiertes Frage- und Antwortspiel zu verstehen, welches die Anteilnahme des Lesers oder Hörers wecken soll. Wenn dieser Dialog ein interner Dialog in ein

Sermocinatio

und derselben Instanz ist, wird dies Sermocinatio (sp. *sermocinación*) genannt.

Antithese

Die Antithese (sp. *antítesis*) verbindet entgegengesetzte Eigenschaften wie *jung* / *alt*; *gut* / *böse*; *caliente* / *frío*; *bueno* / *malo*.

Oxymoron

Das Oxymoron (sp. *oxímoron*) verbindet sich einander widersprechende Begriffe wie zum Beispiel *weiser Narr* oder *oscura claridad*.

addierende
Zusammensetzung
contradictio in adjecto

Achten Sie auf die Unterscheidung zwischen a) addierender Zusammensetzung, die grammatisch gleichartige Glieder aneinander fügt wie zum Beispiel *traurigfroh*, und b) *contradictio in adjecto*, den Widerspruch zwischen Substantiv und adjektivischem Beiwort wie in *schwarze Milch*.

Paradoxon

Katachrese

Das Paradoxon (sp. *paradoja*) basiert auf einem logischen Widerspruch, zum Beispiel *Der Tod ist das Leben*. Die Katachrese (sp. *catacresis*) bezeichnet einen Wortgebrauch, der das Wort aus seinem eigentlichen Bedeutungszusammenhang nimmt, und zwar in zwei Dimensionen. Zum einen, wenn es für das zu Bezeichnende kein eigenes Wort gibt oder die wörtliche Bedeutung nicht mehr präsent ist und dafür eine so genannte habituelle Metapher benutzt wird wie *Flussbett, Tischbein, corriente eléctrica* oder *luna de miel*. Zum anderen kann die Katachrese einen (meist unfreiwillig komischen) Bildsprung bewirken, der aus der Verbindung zweier uneigentlich gemeinter Wendungen besteht, die, wenn sie in ihrer ursprünglichen Bedeutung verstanden werden, nicht zueinander passen, wie Sie schnell an dem Beispiel *Lass nicht des Neides Zügel umnebeln deinen Geist* erkennen können.

Klangfiguren

Abschließend soll ein kurzer Überblick über die wichtigsten Klangfiguren gegeben werden. Hierbei unterscheiden wir zwei Gruppen:

die Wortwiederholung und das Wortspiel. Bei der Wortwiederholung lassen sich folgende Figuren ausmachen:

Die Anapher (sp. *anáfora*) bezeichnet die Wiederholung am Anfang, d.h., mehrere Sätze (Verse, Strophen) beginnen mit den gleichen Wörtern, wie in unserem bereits bekannten Beispiel von Góngora:

Anapher

> **Mientras** por competir con tu cabello / oro bruñido al sol relumbra en vano; / **mientras** con menosprecio en medio el llano / mira tu blanca frente el lilio bello; // **Mientras** a cada labio, por cogello, / siguen más ojos que al clavel temprano, y **mientras** triunfa con desdén lozano / del luciente cristal tu gentil cuello.

Die Epipher (sp. *epífora*) ist die Umkehr der Anapher und konstruiert eine Wiederholung der Wörter am Ende des Satzes (des Verses oder der Strophe) wie im folgenden Beispiel aus *El conde ducanor*: *Del que te alaba más de cuanto es verdad, no te asegures de te demostrar más de cuanto es verdad.*

Epipher

Die Symploke (sp. *complexio*) ist eine Verknüpfung von Anapher und Epipher, d.h. die gleichen Wörter tauchen am Anfang und am Ende eines Satzes (eines Verses oder einer Strophe) auf:

Symploke

> **Para venir a** gustar**lo todo,**
> **no quieras** tener gusto **en nada.**
> **Para venir a** poseer**lo todo,**
> **no quieras** poseer algo **en nada.**
>
> **Para venir a** ser**lo todo,**
> **no quieras** ser algo **en nada**
> **Para venir a** saber**lo todo,**
> **no quieras** saber algo **en nada.**

Diaphora (sp. *diáfora*) bezeichnet die Wiederaufnahme des gleichen Wortes oder Ausdrucks mit jeweils anderer Bedeutung an verschiedenen Stellen: *Algún día los hierros / de tus balcones / presenciaron a solas / yerros mayores.* Diese anonymen Verse spielen mit den verschiedenen Bedeutungen von *hierros* und *yerros*.

Diaphora

Gemination (sp. *geminación*) meint die unmittelbare Wiederholung eines Wortes oder einer Wortgruppe: *No, mi corazón no duerme. Está despierto, despierto.* (Antonio Machado [1875-1939])

Gemination

Unter Epanalepse (sp. *epanalepsis*) ist die nicht unmittelbar aufeinander folgende Wiederholung eines Wortes oder einer Wortgruppe innerhalb eines Verses zu verstehen: *¿Cómo era, Dios mío, cómo era?* (Juan Ramón Jiménez [1881-1958])

Epanalepse

Epanodos (sp. *epanadiplosis*) meint die Wiederholung von Wörtern in umgekehrter Reihenfolge: *Ihr seid müßig, müßig seid Ihr – Estáis ociosos! ¡Sí, ociosos estáis!*

Epanodos

Polyptoton

Das Polyptoton (sp. *políptoton*) bringt die Wiederholung eines Wortes in verschiedenen Beugungsformen: *Fui, soy y seré fiel a Beatríz.*

Tautologie

Eine Tautologie (sp. *tautología*) liefert die Wiederholung des bereits Gesagten mit einem sinnverwandten Wort wie zum Beispiel *voll und ganz.*

Pleonasmus

Beim Pleonasmus (sp. *pleonasmo*) wird ein für das Verständnis überflüssiger Zusatz, dessen Bedeutung schon im Hauptwort enthalten ist, zu einem Wort oder einer Redewendung hinzugefügt, wie zum Beispiel bei *weißer Schimmel, alter Greis, yo lo vi con mis ojos.*

Die Klangfiguren des Wortspiels und der Lautmalerei sind:

Paronomasie
Annominatio

Die Paronomasie (sp. *paronomasia*) ist ein Spiel mit der Bedeutung von Wörtern, es gibt hierbei a) die Annominatio (sp. *annominatio*), ein Wortspiel, das auf der Ähnlichkeit eines Lautes in zwei Wörtern beruht, wie zum Beispiel *azar y azor* oder *jácara y jícera*

Figura etymologica

und b) die Redefigur *Figura etymologica* (sp. *figura etimológica*), bei der sich ein Verb mit einem stammverwandten Hauptwort als Objekt verbindet: *Eine Grube graben* oder *Spiele spielen.*

Onomatopöie

Was eine Onomatopöie (sp. *onomatopeya*) ist, wissen Sie bereits vom Anfang des Lyrikkapitels. Schauen Sie sich nochmals das Beispiel von Garcilaso an: *En el silencio sólo se escuchaba / un susurro de abejas que sonaba.* Das Summen der Bienen wird in *susurro* lautmalerisch nachgeahmt. Vergleichen Sie auch das Beispiel aus der Alltagssprache, *el kikirikí del gallo.*

Archaismus

Unter Archaismus (sp. *arcaísmo*) wird die bewusste Verwendung eines veralteten Ausdrucks verstanden, wie zum Beispiel *Wams* statt *Jacke* oder *ser con alguno.*

Nachstehende Tabelle bietet einen Überblick über die wichtigsten Figuren, die als literarische Stilmittel eingesetzt werden können.

▶ **Tabelle 3**

Wortfiguren	Steigerung	Hyperbel (sp. *hipérbole*)
	Nachdruck	Emphase (sp. *énfasis*)
	Doppelte Verneinung	Litotes (sp. *lítotes*)
	Umschreibung	Periphrase (sp. *perífrasis*)
		Euphemismus (sp. *eufemismo*)
		[Paraphrase (sp. *paráfrasis*)]

Tabelle 3

Satzfiguren	Figuren der Wortverbindung	Asyndeton (sp. *asíndeton*)
		Polysyndeton (sp. *polisíndeton*)
	Figuren der Worteinsparung	Ellipse (sp. *elipsis*)
		Zeugma (sp. *zeugma*)
		Aposiopese (sp. *aposiopesis* oder *reticencia*)
	Figuren der Worthäufung	Akkumulation (sp. *acumulación*)
		Amplifikation (sp. *amplificación*)
		Epiphrasis (sp. *epífrasis*)
		Gradation (sp. *gradación*)
		Klimax (sp. *climax*)
		Anti-Klimax (sp. *anticlimax*)
	Figuren der Wortstellung	Parallelismus (sp. *paralelismo*)
		Chiasmus (sp. *quiasmo*)
		Anakoluth (sp. *anacoluto*)
		Hysteron proteron (sp. *hýsteron-próteron*).
		Inversion (sp. *inversión*)
Gedankenfiguren	Poetische Anrufung	Apostrophe (sp. *apóstrofe*)
		Invokation (sp. *invocación*)
	Frage und Antwort	Rhetorische Frage (sp. *interrogación retórica*)
		Dialogismus (sp. *dialogismo*)
		Sermocinatio (sp. *sermocinación*)
	Gegensatz	Antithese (sp. *antítesis*)
	Widerspruch	Oxymoron (sp. *oxímoron*)
		Paradoxon (sp. *paradoja*)
		Katachrese (sp. *catacresis*)
Klangfiguren	Wortwiederholung	Anapher (sp. *anáfora*)
		Epipher (sp. *epífora*)
		Symploke (sp. *complexio*)
		Diaphora (sp. *diáfora*)
		Gemination (sp. *geminación*)
		Epanalepse (sp. *epanalepsis*)
		Epanodos (sp. *epanadiplosis*)
		Polyptoton (sp. *políptoton*)
		Tautologie (sp. *tautología*)
		Pleonasmus (sp. *pleonasmo*)
	Wortspiel und Lautmalerei	Paronomasie (sp. *paronomasia*)
		Annominatio (sp. *annominatio*)
		Figura etymologica (sp. *figura etimológica*)
		Onomatopöie (sp. *onomatopeya*)
		Archaismus (sp. *arcaísmo*)

4.4 | Elemente der Lyrikanalyse

4.4.1 | Das ‚lyrische Ich'

Um zu beschreiben, welches Subjekt sich in einem lyrischen Text artikuliert, wird bei der Lyrikanalyse der Terminus ‚lyrisches Ich' benutzt. Darunter ist keine ‚Figur', sondern eine Perspektive, nämlich
die des Ich-Sprechers eines lyrischen Texts zu verstehen, der von dem
‚Autoren-Ich' zu unterscheiden ist. Eine besondere Eigenschaft von
lyrischen Texten ist, dass sie diesen Unterschied in ganz verschiedenen Ausprägungen aktualisieren, so dass es Texte gibt, in denen das
‚Autoren-Ich' und das ‚lyrische Ich' übereinzustimmen scheinen, als
auch Texte, in denen die Aussagen des ‚lyrischen Ichs' völlig über per-
sönliche Eingrenzungen hinausgehen. Bei der Lyrikanalyse sollten
Sie also sorgfältig die sprechenden Instanzen unterscheiden. Die Li-
teraturwissenschaftlerin Käte Hamburger hat sich in ihrer Studie *Die
Logik der Dichtung* theoretisch mit den Sprecherinstanzen in lyrischen Texten auseinander gesetzt und hält die „Unbestimmtheit der
Ich-Bedeutungen" (Hamburger 1977: 226) für eine kennzeichnende
Eigenschaft dieser Textsorte. Um diejenige Instanz zu bezeichnen,
die in lyrischen Texten angesprochen wird, wurde analog der Begriff
‚lyrisches Du' eingeführt.

4.4.2 | Isotopien

Ein weiterer wichtiger Grundbegriff der Textanalyse, der vor allem
für die Interpretation lyrischer Texte von Nutzen sein kann, ist der
Begriff *Isotopie*. Ursprünglich stammt die Bezeichnung aus der Chemie, wo Isotope gleiche Atome sind, die sich von anderen Atomen
des gleichen Elements nur in der Massenzahl unterscheiden. Der Se-
miotiker Algirdas J. Greimas hat in seinem Werk *Sémantique structurale* aus dem Jahre 1966 den Begriff in die Textlinguistik übernommen. Isotopie in diesem Sinne meint das Wiederkehren von Wörtern
desselben Bedeutungsbereiches in einem Text. Lesen Sie hierzu folgendes Zitat aus Linke (1996: 230):

> Die Grundannahme dieses Konzeptes ist die, dass sich Wortbedeutungen
> über die Satzgrenzen hinweg (und ohne Berücksichtigung der Wortklas-
> senzugehörigkeit) zu Komplexen verbinden auf der Grundlage teilweiser
> semantischer Übereinstimmung und Differenz.

Die Isotopie ist ein Sonderfall der Rekurrenz. Unter Rekurrenz ist die Wiederholung gleicher sprachlicher Elemente zu verstehen. Isotopien sind nun die Wiederholungen gleicher Klasseme (= semantische Merkmale, die eine Wortgruppe erfassen, z.B. Lebewesen) in verschiedenen Lexemen (= Basiseinheiten des Wortschatzes, die die Bedeutung tragen) eines Textes. Isotopien entstehen durch einfache Wiederholung, aber auch durch kompliziertere Wiederaufnahme in Synonymen, Unterbegriffen, Oberbegriffen, Paraphrasen etc. Ein einfaches Beispiel für eine Isotopie ist etwa *Herz, vermissen, Sehnsucht, sie weint vor Glück, Geliebter* für das Klassem *Liebe*. Bei der Auseinandersetzung mit einem lyrischen Text sollten Sie versuchen, solche textuellen Eigenschaften zu erkennen und darzustellen, da diese Beschreibung der Oberflächenstruktur, die für jeden Leser nachvollziehbar ist, einen guten Einstieg in die interpretatorische Arbeit ermöglicht. Denn die Zuordnung der einzelnen, die Isotopie begründenden Elemente zu einem im Text ja nicht vorhandenen Oberbegriff ist bereits ein Schritt von Interpretation. Hierbei ist zu beachten, dass ein Text verschiedene Isotopien oder Isotopie-Ebenen aufweisen kann. Schauen Sie sich die folgende Isotopie an: *Angst, Wut, Verlust, Betrug*. Sie sehen, dass diese Isotopie zu der oben stehenden für das Klassem *Liebe* im Gegensatz steht. Isotopien sind häufig in solchen aus zwei Einheiten bestehenden Gegensätzen kombiniert, die binäre Oppositionen genannt werden. Literarische Texte kombinieren häufig mehrere dieser Binäroppositionen zu verschiedenen, miteinander verflochtenen Isotopie-Ebenen. Die Darstellung, Diskussion und Auflösung dieses Geflechts ist zentraler Bestandteil der Lyrikanalyse.

Rekurrenz

Binäroppositionen

Zusammenfassung

Was Jakobson mit der *poetischen* Funktion der Kommunikation meint, ist besonders gut an lyrischen Texten nachzuvollziehen, die aufgrund ihrer sprachlichen und strukturellen Verfasstheit den Blick auf die spezifisch ästhetische Struktur ihrer Nachricht richten, oder, mit den Worten Jakobsons, die ‚sprachliche Botschaft auf sich selbst‘ einstellen. Der Begriff der Poetizität geht auf die *poetische* Funktion zurück und meint, dass Texte vor allem auf ihr ‚Gemachtsein‘ verweisen. Eine exakte metrische und formale Analyse ist der notwendige Einstieg in die Deutung von lyrischen Texten, da in dieser Gattung formale und inhaltliche Dimensionen bei der Interpretation noch stärker aufeinander bezogen sind als in den anderen Gattungen. Die Zuordnung der ‚Sprech-Instanzen' gehört ebenso hierzu wie das Aufspüren von Isotopien als bedeutungsschaffende Elemente von lyrischen Texten.

Aufgaben

1. Bestimmen Sie die metrischen Eigenschaften der folgenden Gedichte. Berücksichtigen Sie die Aspekte Silbenzahl und Versform, Reimschema, und, je nach Beispiel, Strophenform oder Gedichtform.

a) Amigos e vasallos de Dios omnipotent,
si vos me escuchásedes por vuestro consiment,
querríavos contar un buen aveniment:
terrédeslo en cabo por bueno verament.

Yo Maestro Gonzalo de Berceo nomnado,
yendo en romería caecí en un prado
verde e bien sencido, de flores bien poblado,
lugar codiciadero para ome cansado.

Daban olor sobejo las flores bien olientes,
refrescaban en ome las caras e las mientes,
manaban cada canto fuentes claras corrientes,
en verano bien frías, en ivierno calientes.

Habie hí grand abondo de buenas arboledas,
milgranos e figueras, peros e manzanedas,
e muchas otras fructas de diversas monedas,
mas no habie ningunas podridas nin acedas.

      Gonzalo de Berceo (1195?-1246?): *Milagros de Nuestra Señora* [PRÓLOGO]

b) Recuerde el alma dormida,
avive el seso y despierte
contemplando
cómo se pasa la vida,
cómo se viene la muerte
tan callando,
cuán presto se va el placer,
cómo, después de acordado,
da dolor;
cómo, a nuestro parecer,
cualquiera tiempo pasado
fue mejor.

      Jorge Manrique (?1440-1479): *Coplas por la muerte de su padre*

c) En tanto que de rosa y azucena
   se muestra la color en vuestro gesto,
   y que vuestro mirar ardiente, honesto,
   con clara luz la terupestad serena

   y en tanto que el cabello, que en la vena
   del oro se escogió, con vuelo presto,
   por el hermoso cuello blanco, enhiesto,
   el viento mueve, esparce y desordena:

   coged de vuestra alegre primavera
   el dulce fruto, antes que el tiempo airado
   cubra de nieve la hermosa cumbre;

   marchitará la rosa el viento helado.
   Todo lo mudará la edad ligera
   por no hacer mudanza en su costumbre.

   Garcilaso de la Vega (1501-1536)

d) En una noche oscura,
   con ansias, en amores inflamada,
   ¡oh dichosa ventura!,
   salí sin ser notada,
   estando ya mi casa sosegada;

   A oscuras y segura,
   por la secreta escala, disfrazada,
   ¡oh dichosa ventura!,
   a oscuras y encelada,
   estando ya mi casa sosegada;

   en la noche dichosa,
   en secreto, que nadie me veía,
   ni yo miraba cosa,
   sin otra luz y guía
   sino la que en el corazón ardía.

   San Juan de la Cruz (1542-1591): *La noche oscura*

e) Poderoso caballero
   es don Dinero.

   Madre, yo al oro me humillo,
   él es mi amante y mi amado,
   pues de puro enamorado
   de continuo anda amarillo;
   que pues, doblón o sencillo,
   hace todo cuanto quiero,

   poderoso caballero
   es don Dinero.

   Nace en las Indias honrado

donde el mundo le acompaña;
viene a morir en España
y es en Génova enterrado;
y pues quien le trae al lado
es hermoso aunque sea fiero,

poderoso caballero
es don Dinero.

Francisco de Quevedo y Villegas (1580-1645): Don Dinero

f) Dicen que me case yo:
    No quiero marido, no.

    Más quiero vivir segura
    n'esta sierra a mi soltura,
    que no estar en ventura
    si casaré bien o no.

    Dicen que me case yo:
    No quiero marido, no.

    Madre, no seré casada
    por no ver vida cansada,
    o quizá mal empleada
    la gracia que Dios me dió.

    Dicen que me case yo:
    No quiero marido, no.

    No será ni es nacido
    tal para ser mi marido;
    y pues que tengo sabido
    que la flor ya me la só.

    dicen que me case yo:
    No quiero marido, no.

Gil Vicente (1465-1536)

g) Ojos claros, serenos,
    si de un dulce mirar sois alabados,
    ¿por qué si me miráis, miráis airados?
    Si cuando más piadosos,
    más bellos parecéis a quien os mira,
    no me miréis con ira,
    porque no parezcáis menos hermosos.
    ¡Ay, tormentos rabiosos!
    Ojos claros, serenos,
    ¡Ya que así me miráis, miradme al menos!

Gutierre de Cetina (1510-1554)

2. Bestimmen Sie bei den folgenden Gedichtausschnitten die rhetorischen Figuren und begründen Sie kurz Ihre Entscheidung.

a) Sueña el rico en su riqueza,
   sueña el pobre que padece
   sueña el que afana y pretende,
   sueña el que agravia y ofende,
   y en el mundo, en conclusión,
   todos sueñan lo que son.
                        (Pedro Calderón de la Barca [1600-1681]: *La vida es sueño*)

b) Y el Santo de Israel abrió su mano,
   y los dexó, y cayó en despeñadero
   el carro, y el caballo y caballero.

                                          (Fernando Herrera [1534-1597])

c) Turín: ¿Quieres quitarte las botas?
   Liseo: No, Turín; sino la vida.

                                   (Lope de Vega: *La dama boba* [1613])

d) La noche sosegada
   en par de los levantes de la aurora,
   la música callada,
   la soledad sonora,
   la cena que recrea y enamora.

                                        (San Juan de la Cruz [1542-1591])

e) Oh noche que juntaste
   amado con amada,
   amada en el amado transformada

                                        (San Juan de la Cruz [1542-1591])

3. Lesen Sie den folgenden Text:

La dulce boca que a gustar convida
un humor entre perlas destilado,
y a no envidiar aquel licor sagrado
que a Júpiter ministra el garzón de Ida,

amantes, no toquéis si queréis vida,
porque entre un labio y otro colorado
Amor está, de su veneno armado,
cual entre flor y flor sierpe escondida.

No os engañen las rosas, que al aurora
diréis que, aljofaradas y olorosas,
se le cayeron del purpúreo seno;

manzanas son de Tántalo, y no rosas,
que después huyen del que incitan ora,
y sólo del amor queda el veneno.

Luis de Góngora (1561-1627): *El beso*

Versuchen Sie nun, mithilfe der folgenden Schritte eine vollständige Analyse des Textes anzufertigen:

a) Übersetzen Sie den Text.

b) Erstellen Sie eine metrische Analyse.

c) Konzentrieren Sie sich auf die beiden ersten Verse (*La dulce boca que a gustar convida // un humor entre perlas destilado*). Erklären Sie anhand des Beispiels *perla* den Begriff der Metapher.

d) Welche Stellungsfigur findet sich sowohl in Vers 12 als auch in Vers 14?

e) Klären Sie mithilfe eines einschlägigen Nachschlagewerks die mythologischen Bezüge (*Júpiter | garzón de Ida | Amor | Tántalo*).

f) Versuchen Sie, die Klassem-Opposition zu identifizieren, die in diesem Text die Isotopie bildet. Diskutieren Sie die möglichen Isotopien und leiten Sie hieraus eine Interpretation des Textes ab. Beziehen Sie die Funktion der mythologischen Elemente in Ihre Analyse mit ein.

5. Lösungen zu Teil B

Lösungsvorschläge zu Kapitel 1:

Es ist das Ziel der literaturwissenschaftlichen Strukturanalyse, alle Einheiten einer Struktur herauszuarbeiten, zu klassifizieren und die Regeln ihrer Kombination zu beschreiben. Dabei wird der Text zunächst von allen äußeren Entstehungsbedingungen isoliert. Die Frage nach der Bedeutung des Textes wird zugunsten einer Frage nach den formalen Elementen, die den Sinn überhaupt erst ermöglichen, zurückgestellt. In einem ersten Schritt wird der Text bei der literaturwissenschaftlichen Strukturanalyse in verschiedene Ebenen zerlegt, deren Bezüge beschrieben werden. In einem zweiten Schritt werden die Ebenen wieder zusammen betrachtet und ein Funktionsmodell des gesamten Textes dargelegt, das sein ,Gemachtsein' und sein Funktionieren deutlich macht.

Lösungsvorschläge zu Kapitel 2:

1.
a) Unbestimmte Ellipse: *Es vergingen Tage, Wochen, Monate; ein Jahr ging vorbei.*
b) Prolepse: *Zwei Monate später traf ich sie noch einmal. Wir werden erfahren, wo dies geschah.*
c) *Summary:* Zwei Monate waren vergangen.
d) Externe Analepse: *Mein armer Freund sprach zu mir wie folgt: „Vor zwei Jahren, als ich noch Staatsanwalt in *** war, erhielt ich Erlaubnis, einen Monat in Sevilla zu verbringen.*

2.
a) Extradiegetisch-heterodiegetische Erzählinstanz, unfokalisierte Erzählung (*Emma dachte so, ohne sich darüber klar zu werden, was sie tat.*)
b) Autodiegetische Erzählinstanz, interne Fokalisierung.

Lösungsvorschläge zu Kapitel 3:

1.
Catalinón ist diejenige Figur, die in diesem Text die Funktion des *gracioso* erfüllt. Er spricht in den unten stehenden Ausschnitten *a parte* und kommentiert und konterkariert auf diese Weise das ,primäre' Bühnengeschehen:

a parte:
CATALINÓN: ¡Desventurado marido!
DON JUAN: Corrido está.
CATALINÓN: No lo ignoro,
             mas, si tiene de ser toro,
             ¿qué mucho que esté corrido?
             No daré por su mujer,
             ni por su honor un cornado.
             ¡Desdichado tú, que has dado
             en manos de Lucifer!

[...]

a parte:
CATALINÓN: Si al juego le dais la mano,
             vos la mano perderéis.

[...]

a parte:
DON JUAN: ¿Qué dices tú?
CATALINÓN: ¿Yo? Que temo
             muerte vil de esos villanos.

2. a) Übersetzung
Dritter Akt / Erstes Bild

[...] *Leonardo und die Braut erscheinen.* [...]
Die gesamte Szene ist stürmisch, voller Sinnlichkeit.

BRAUT: Hörst Du?
LEONARDO: Es kommen Leute.
BRAUT: Fliehe!
Es ist gerecht, dass ich hier sterbe, mit den Füßen im Wasser, Dornen im Haar.
Dass die Blätter mich beweinen. Verlorene Frau und Mädchen.
LEONARDO: Schweig. Sie kommen schon.
BRAUT: Geh!
LEONARDO: Ruhe, damit sie uns nicht hören. Geh voran. Los, wir gehen, sage ich!
(Die Braut zögert)
BRAUT: Beide zusammen!
LEONARDO: *(umarmt sie)* Wie Du willst! Wenn Sie uns trennen, dann wird es sein, weil ich tot bin.
BRAUT: Und ich tot.

(Sie gehen ab, Arm in Arm. Der Mond geht sehr langsam auf. Die Szene erfordert ein starkes blaues Licht. Man hört die beiden Violinen. Plötzlich hört man zwei lange herzzerreißende Schreie und die Musik der zwei Violinen wird unterbrochen. Beim zweiten Schrei erscheint die Bettlerin und bleibt mit dem Rücken zum Publikum stehen. Sie öffnet den Mantel und bleibt in der Mitte der Bühne stehen, wie ein großer Vogel mit riesigen Flügeln. Der Vorhang senkt sich in absolutem Schweigen.)

2. b) Erörterung der nicht-sprachlichen Darstellungsmittel
Die Braut verbringt ihre Hochzeitsnacht nicht mit dem Bräutigam, sondern mit ihrer wahren Liebe, Leonardo. Zur sexuellen Vereinigung kann es aufgrund der äußeren Umstände nicht kommen, die in der Regieanweisung geforderte sinnliche Atmosphäre und die Leidenschaft der Liebenden werden durch die nicht-sprachlichen Darstellungsmittel Gestik und Mimik zum Ausdruck gebracht. Die intensive blaue Bühnenbeleuchtung und die Geigenmusik sind zusätzlich bedeutungtragend. Die Schreie der sterbenden Kontrahenten durchbrechen die Musik. Der Tod der beiden Männer wird nicht auf der Bühne gezeigt, sondern durch die Stille zeichenhaft dargestellt. Die dem Publikum mit dem Rücken zugewandte Bettlerin, die mit dem ausgebreiteten Mantel wie ein riesiger dunkler Vogel erscheint, könnte als ein weiteres Symbol für den Tod verstanden werden. Selbst der Lauf des Mondes ist extrem verlangsamt, mit ihm scheint die gesamte Natur innezuhalten. Die Szene endet in absolutem Schweigen, das die Grabesstille evoziert.

3. Auf der Bühne dargestellte Gegenstände dienen zur Kennzeichnung des Ortes der Handlung. So stehen Bäume für den Wald, ein Schlossturm für einen Königshof und so fort. Des Weiteren dienen sie dem Fortlauf der Handlung – ohne Dolch kann beispielsweise kein König ermordet werden – und der Charakterisierung von Personen: So verweisen Requisiten wie das Kreuz oder ein Rosenkranz auf eine religiöse Figur.

4.

Geschlossenes Drama	Offenes Drama
Einheit von in sich geschlossener Handlung, Zeit und Raum.	Vielfältige Handlungsanlage mit Nebenhandlungen und offener Zeit- und Raumstruktur.
Bei den Figuren gilt die Ständeklausel, die Zahl der Figuren ist gering.	Keine ständische und zahlenmäßige Beschränkung der Figuren.
Straffe Komposition, lineare Handlungsfolge.	Lockere Komposition, variantenreiche Handlungsfolge.
Einheitlicher Sprachstil.	Variantenreicher Sprachstil.
Beispiel: Nicolas Fernández de Moratín: *Lucrecia* (1763)	**Beispiel:** Tirso de Molina: *El burlador de Sevilla y convidado de piedra* (1624)

5. Zunächst sollte der Titel *Numancia* in einer Enzyklopädie nachgeschlagen werden. Dort erfahren Sie, dass sich die Bewohner der keltiberischen Stadt Numantia im 2. Jahrhundert v. Chr. zehn Jahre lang der römischen Eroberung widersetzten, bis sie sich 133 v. Chr. schließlich Cornelius Scipio ergeben mussten. Die Eroberung der Stadt war das Ende des keltiberischen Aufstandes gegen Rom. Dieses historische Ereignis liegt dem Drama zugrunde. Ort und Zeit der Handlung werden aus den ersten Versen deutlich: Wir befinden uns vor den Toren der Stadt Numantia im Lager der Römer (Scipio), die Belagerung scheint bereits eine lange Zeit anzudauern (*Guerra de curso tan estraño y larga*). Die Hauptfigur scheint Scipio zu sein, der vom römischen Senat beauftragte Heerführer (Vv. 1-2), der mutig und vom Schicksal begünstigt (Vv. 9-12) ist und von seinen Soldaten geliebt und respektiert wird (Vv. 33-40). Der sich lange hinziehende Krieg hat die Moral der römischen Truppe erschüttert (Vv. 18-20, 41-42, etc.). Scipio will wieder Ordnung ins Heer bringen, um den Feind nachhaltiger bekämpfen zu können (Vv. 21-24), den Soldaten sollen die neuen Regeln in einer Rede erläutert werden (Vv. 31-32).

Lösungsvorschläge zu Kapitel 4:

1.

a) Strophe bestehend aus vier einreimigen Alexandrinern = *Cuaderna vía*

b) Strophe bestehend aus je zwei 8-Silbern und einem 4-Silber = *Copla de pie quebrado*

c) Gedicht bestehend aus 11-Silbern, gruppiert in je zwei Quartette und zwei Terzette = Sonett

d) Strophe bestehend aus alternierenden 7-Silbern und 11-Silber = *Lira*

e) Gedicht bestehend aus *estribillo* (8- und 5-Silber) und *pie* (sechs 8-Silber) = *villancico*. Satirische *villancicos* werden auch *letrilla* genannt.

f) Gedicht bestehend aus *estribillo* (zwei 8-Silber), *mudanza* (drei 8-Silber) und *vuelta* (8-Silber, der sich mit dem estribillo reimt) = *Zéjel*

g) Gedicht bestehend aus alternierenden 7-Silbern und 11-Silbern = *Madrigal*

2.

a) Anapher: Wiederholung des Wortes *sueña* zu Beginn eines jeden Verses.

b) Antonomasie: *Santo de Israel* für Jesus/Jakob/Gott
   Polysyndeton: Häufung der Konjunktion *y*

c) Zeugma: Zuordnung des Prädikats *quitarte* zu zwei unterschiedlichen Satzteilen – *las botas* und *la vida*.

d) Parallelismus: paralleler Aufbau der markierten Verse
   Oxymoron: die sich widersprechenden Begriffe *música* und *callada* werden verbunden.

e) Polyptoton: Wiederholung des Wortes *amado* in verschiedenen Beugungsformen

3.

a) Übersetzung
Luis de Góngora: *Der Kuss*

Der süße Mund, der zu kosten einlädt,
den Saft, der zwischen Perlen in Tropfen liegt,
und nicht zu begehren jenen heiligen Nektar,
den der Knabe der Ida dem Jupiter kredenzt,

Liebende, berührt ihn nicht, wenn Ihr leben wollt,
denn zwischen einer roten Lippe und der anderen
ist Amor, mit seinem Gift bewaffnet,
wie eine Schlange, versteckt unter Blüten.

Mögen Euch die Rosen nicht täuschen, die in der Morgenröte
Euch wie mit Perlen geschmückt und duftend erscheinen,
als wären sie soeben aus dem purpurfarbenen Busen der Aurora ge-
fallen;

Es sind Äpfel des Tantalos und keine Rosen,
die den nachher fliehen, den sie jetzt erregen,
und von der Liebe bleibt allein das Gift.

b) Metrische Eigenschaften des Texts:
Sonett im *Endecasílabo* (11-Silber)
Quartette: Umarmender Reim (ABBA), Terzette CDE und DCE

c) In Kapitel 4 haben wir gesehen, dass der Begriff *Metapher* im Sinne des antiken Rhetorikers Quintilian lange als verkürzter Vergleich aufgefasst wurde. Verglichen werden aufgrund des so genannten *Tertium comparationis* (der gedanklichen Schnittmenge zwischen den verglichenen Elementen) die Zähne der / des Geliebten mit Perlen: Diese sind weiß, strahlend, perfekt geformt wie Perlen. Der Saft (*humor*), den man bei der Berührung der Lippen, dem Kuss, kostet, ist der Speichel. Dieser benetzt die Zähne, die hier als Perlen bezeichnet werden.

d) Sowohl in Vers 12 als auch in Vers 14 findet sich die Stellungsfigur Inversion, also eine Umkehrung der grammatikalischen Struktur aus Gründen der Hervorhebung: *manzanas son de Tántalo* statt *son manzanas de Tántalo; y sólo del amor queda el veneno* statt *y sólo el veneno queda del amor.*

e)
- Jupiter ist in der römischen Mythologie der oberste Herrscher der Götter.
- *Garzón de Ida* = Idaknabe: Dies ist eine metonymische Umschreibung des Ganymed, der als der schönste unter den sterblichen Menschen galt. In der Gestalt eines Adlers entführte Jupiter selbst

Ganymed von dem Gipfel des Berges Ida und brachte ihn an die Tafel der Götter, wo er fortan den Nektar einschenkte.

- Amor ist der Sohn der Venus und des Mars und in der römischen Mythologie der Liebesgott, bewaffnet mit Pfeil und Bogen. Die schmerzenden Wunden der Liebe sind die Wirkung seiner Pfeile.

- Tantalus war zunächst ein Liebling der Götter, aber er verriet die göttlichen Geheimnisse und stahl den göttlichen Nektar. Er schlachtete seinen Sohn Pelops und setzte ihn den Göttern zum Essen vor, um sie zu prüfen. Seine Strafe sind ewiger Durst und Hunger: Er steht in der Schattenwelt des Tartarus bis zum Kinn im Wasser, das er aber nie erreicht, wenn er davon trinken will. Über seinem Kopf hängen die Zweige der Bäume mit den schönsten Früchten, und auch diese weichen zurück, sobald er die Hände nach ihnen ausstreckt.

f)

Klassem-Opposition:	*Liebe* vs. *Liebesleid* bzw. *Liebesgift*
Isotopie des Liebe:	*rosas* | *flor y flor* | *Amor* | *amor* | *incitan*

Isotopie der sinnlichen Aspekte der Liebe (vier Sinne werden angesprochen):

1. visuell (Sehsinn):	*labio colorado* | *purpúreo seno*
2. haptisch (Tastsinn):	*toquéis*
3. olfaktorisch (Geruchssinn):	*olorosas*
4. gustatorisch (Geschmacksinn)	*dulce boca* | *licor sagrado*

Isotopie des Liebesgifts:	*de su veneno armado* | *sierpe escondida* | *engañen* | *manzanas son de Tántalo* | *huyen* | *del amor queda el veneno*
Isotopie Körper des / der Angebeteten:	*dulce boca* | *labio* | *perlas*

Die Qualen des Tantalus stehen metonymisch für die Opposition von Liebesglück und Liebesleid, die in diesem Sonett von Góngora etabliert wird. Das schöne Antlitz, der schöne Körper des / der Geliebten ist unerreichbar, das Erreichen selbst nur eine trügerische Illusion. Amor als Allegorie der Liebe zeigt sich hier nicht wohlwollend, sondern kriegerisch, seine Pfeile, die die Wunden der Liebe erzeugen, sind vergiftet. Während das erste Quartett die sinnlichen Verlockungen der Liebe beschreibt – der Kuss des / der Angebeteten schmeckt süßer als der göttliche Nektar – warnt das zweite Quartett vor dem Leid, das die Liebe verursacht: *amantes, no toquéis si queréis vida.* Das erste Terzett beginnt mit der Aufforderung, sich nicht von der Schönheit überwältigen zu lassen – *No os engañen las rosas* –, das zweite Terzett schließt die Begründung an: *manzanas son de Tántalo, y no rosas / que después huyen del que incitan ora.* Die roten Lippen des / der Angebeteten reizen das Begehren, so, wie der hungrige Tantalus die Früchte begehrt, die vor seinen Augen hängen – beide jedoch können niemals erreicht werden und verursachen dem/ der Begehrenden nur Höllenqualen. So wie das mythologische Pendant begehren Liebende etwas Unmögliches. Das ‚lyrische Ich‘ warnt die angesprochenen *amantes*, sie mögen sich das grausame Schicksal des Tantalos vor Augen führen und den Reizen der Liebe nicht erliegen. Die *sierpe escondida* schließlich verbindet die griechisch-römische Tradition, die mit der mythologischen Folie aufgerufen ist, mit der jüdisch-christlichen: Das Kosten des Apfels, den die trügerische Schlange reicht, verdammt den Menschen auf ewig und vertreibt ihn aus dem Paradies. Eine ähnlich drastische Strafe droht den Liebenden, die den Verlockungen der Liebe erliegen.

Eine weitergehende Analyse sollte die zeitgenössische Liebesauffassung und den Kontrast zu anderen Liebeskonzepten berücksichtigen (z.B. Neuplatonismus, petrarkistische Tradition u.a.).

6. Literatur zu Teil B

Aristoteles (1991): *Poetik*. Übers. und hrsg. von Manfred Fuhrmann. Stuttgart: Reclam.

Barthes, Roland (1997): „Einführung in die strukturale Analyse von Erzählungen" [1966]. In: Ders.: *Das semiologische Abenteuer*. Frankfurt a.M.: Suhrkamp. 102-143.

Bartschat, Brigitte (1996): *Methoden der Sprachwissenschaft: von Hermann Paul bis Noam Chomsky*. Berlin: Schmidt.

Booth, Wayne C. (1974): *Die Rhetorik der Erzählkunst*. Heidelberg: Quelle & Meyer.

Brackert, Helmut & Jörn Stückrath (Hg.) (⁷2001): *Literaturwissenschaft. Ein Grundkurs*. Reinbek bei Hamburg: Rowohlt. 86-101.

Bräutigam, Thomas (1997): *Hispanistik im Dritten Reich: eine wissenschaftsgeschichtliche Studie*. Frankfurt a.M.: Vervuert.

Derrida, Jacques (⁵1992): „Die Struktur, das Zeichen und das Spiel im Diskurs der Wissenschaften vom Menschen" [1967]. In: Ders.: *Die Schrift und die Differenz*. Frankfurt a.M.: Suhrkamp. 422-442.

Eagleton, Terry (⁴1997): *Einführung in die Literaturtheorie*. Stuttgart [u.a.] : Metzler.

Eco, Umberto (¹¹2000): *Zeichen. Einführung in einen Begriff und seine Geschichte*. Frankfurt a.M.: Suhrkamp.

Foucault, Michel (¹⁷2002): *Die Ordnung der Dinge: eine Archäologie der Humanwissenschaften*. Frankfurt a.M.: Suhrkamp.

Gadamer, Hans-Georg (1960): *Wahrheit und Methode: Grundzüge einer philosophischen Hermeneutik*. Tübingen: Mohr.

Gumbrecht, Hans Ulrich (1990): Eine *Geschichte der Spanischen Literatur*. Frankfurt a.M.: Suhrkamp.

Gumbrecht, Hans Ulrich (2002): *Vom Leben und Sterben der großen Romanisten: Karl Vossler, Ernst Robert Curtius, Leo Spitzer, Erich Auerbach, Werner Krauss*. München [u.a.]: Hanser.

Iser, Wolfgang (⁴1994): „Die Appellstruktur der Texte". In: Warning, Rainer (Hg.): *Rezeptionsästhetik*. München: Fink. 228-252.

Jakobson, Roman (1979): „Linguistik und Poetik" [1960]. In: Ders.: *Poetik – Ausgewählte Aufsätze 1921-1971*. Frankfurt a.M.: Suhrkamp. 83-121.

Jauß, Hans Robert (1970): „Literaturgeschichte als Provokation der Literaturwissenschaft". In: Ders.: *Literaturgeschichte als Provokation*. Frankfurt a.M.: Suhrkamp. 144-207.

Klinkert, Thomas (²2002): *Einführung in die französische Literaturwissenschaft*. Berlin: Schmidt.

Küpper, Joachim (2001a): „Was ist Literatur?" In: *Zeitschrift für Ästhetik und Allgemeine Kunstwissenschaft* 45, 2. 187-215.

Küpper, Joachim (2001b): „Einige Überlegungen zur Ästhetik des Wortkunstwerks". In: *Zeitschrift für Ästhetik und Allgemeine Kunstwissenschaft* 46, 2. 209-226.

Lentz, Michael: „Das Schreiben, das Sprechen und das Ich". In: *Frankfurter Allgemeine Zeitung* 14, 17.01.2004. 41.

Lindhoff, Lena ([2]2003): *Einführung in die feministische Literaturtheorie.* Stuttgart [u.a.]: Metzler.

Link, Jürgen (2001): „Literatursemiotik". In: Brackert, Helmut & Jörn Stückrath (Hgg.): *Literaturwissenschaft. Ein Grundkurs.* Reinbek bei Hamburg: Rowohlt. 15-29.

Lotman, Jurij M. ([4]1993): *Die Struktur literarischer Texte.* München: Fink.

Mukařovský, Jan (1970): „Ästhetische Funktion, Norm und ästhetischer Wert als soziale Fakten" [1936]. Ders.: *Kapitel aus der Ästhetik*, Frankfurt a.M.: Suhrkamp. 7-113.

Pechlivanos, Miltos u.a. (Hgg.) (1995): *Einführung in die Literaturwissenschaft.* Stuttgart/Weimar: Metzler. 27-42.

Plachta, Bodo (1997): *Editionswissenschaft: eine Einführung in Methode und Praxis der Edition neuerer Texte.* Stuttgart: Reclam.

Stenzel, Hartmut (2001): *Einführung in die spanische Literaturwissenschaft.* Stuttgart [u.a.]: Metzler.

Stierle, Karlheinz (1977): „Die Struktur narrativer Texte. Am Beispiel von J.P. Hebels Kalendergeschichte 'Unverhofftes Wiedersehen'". In: Brackert, Helmut & Eberhard Lämmert (Hgg.): *Funk-Kolleg Literatur* 1. Frankfurt a.M.: Fischer-Taschenbuch Verlag. 210-233.

Literatur

zu Kapitel 2

Barthes, Roland (1988): „Einführung in die strukturale Analyse von Erzählungen". In: Ders.: *Das semiologische Abenteuer.* [*L'aventure sémiologique*] Übers. von Dieter Hornig. Frankfurt a.M.: Suhrkamp, 102-143.

Booth, Wayne C. (1974): *Die Rhetorik der Erzählkunst.* [*The Rhetoric of Fiction*] Übers. von Alexander Polzin. 2 Bde. Heidelberg: Quelle & Meyer.

Genette, Gérard ([2]1998): *Die Erzählung.* [=*Discours du récit* (1972) und *Nouveau discours du récit* (1983)] Übers. von Andreas Knop. München: Fink.

Gumbrecht, Hans Ulrich (1980): „Erzählen in der Literatur, Erzählen im Alltag." In: Ehlich, Konrad (Hg.): *Erzählen im Alltag.* Frankfurt a.M.: Suhrkamp, 403-419.

Dällenbach, Lucien (1977): *Le récit spéculaire. Essai sur la mise en abyme.* Paris: Seuil.

Greimas, Algirdas J. (1972): *Sémantique structurale: Recherche de méthode.* Paris: Larousse.

Hamburger, Käte ([4]1994): *Die Logik der Dichtung.* Stuttgart: Klett-Cotta.

Hillebrand, Bruno (1978): *Zur Struktur des Romans.* Darmstadt: Wissenschaftliche Buchgesellschaft.

Kablitz, Andreas (1988): „Erzählperspektive – Point of view – Focalisation. Überlegungen zu einem Konzept der Erzähltheorie." In: *Zeitschrift für Französische Sprache und Literatur* 98, 237-255.

Kahrmann, Cordula, Gunter Reiß & Manfred Schluchter ([4]1996): *Erzähltextanalyse. Eine Einführung mit Studien- und Übungstexten.* Bodenheim: Beltz Athenäum.

Lämmert, Eberhard ([8]1991): *Bauformen des Erzählens.* Stuttgart: Metzler.

Propp, Vladimir ([2]1982): *Morphologie des Märchens.* Frankfurt a.M.: Suhrkamp.

Ricardou, Jean (1967): *Problèmes du Nouveau Roman.* Paris: Seuil.

Ricardou, Jean (1973): *Le Nouveau Roman.* Paris: Seuil.

Rimmôn-Qênan, Sûlammît (1983): *Narrative fiction: Contemporary poetics.* London and New York: Methuen.

Stanzel, Franz K. ([6]1995): *Theorie des Erzählens.* Göttingen: Vandenhoeck & Ruprecht.

Stierle, Karlheinz (1971): „Geschehen, Geschichte, Text der Geschichte". In: Ders.: *Text als Handlung. Perspektiven einer systematischen Literaturwissenschaft.* München: Fink. 49-55.

Tomaševskij, Boris (1985): *Theorie der Literatur. Poetik.* Hrsg. und eingeleitet von Klaus-Dieter Seemann. Aus dem Russischen übersetzt von Ulrich Werner. Wiesbaden: Harrassowitz.

Vogt, Jochen ([7]1990): *Aspekte erzählender Prosa. Eine Einführung in Erzähltechnik und Romantheorie.* Opladen: Westdeutscher Verlag.

Literatur zu Kapitel 3

Aristoteles (1991): *Poetik.* Übers. und hrsg. von Manfred Fuhrmann. Stuttgart: Reclam.

Asmuth, Bernhard ([5]1997): *Einführung in die Dramenanalyse.* Stuttgart u.a.: Metzler.

Fischer-Lichte, Erika ([4]1998/1999): *Semiotik des Theaters: eine Einführung.* Band 1 ([4]1998): *Das System der theatralischen Zeichen.* Band 2 ([4]1999): *Vom „künstlichen" zum „natürlichen" Zeichen.* Band 3 ([4]1999): *Die Aufführung als Text.* Tübingen: Narr.

Geiger, Heinz & Hermann Haarmann ([4]1996): *Aspekte des Dramas: eine Einführung in die Theatergeschichte und Dramenanalyse.* Opladen: Westdeutscher Verlag.

Klotz, Volker ([13]1992): *Geschlossene und offene Form im Drama.* München: Hanser.

Nieto García, Jesús M. (1997): *Drama and theatre analysis: an introduction.* Jaén: Servicio de Publicaciones e Intercambio Científico de la Universidad de Jaén.

Pfister, Manfred ([11]2001): *Das Drama: Theorie und Analyse.* München: Fink.

Platz-Waury, Elke ([5]1999): *Drama und Theater: eine Einführung.* Tübingen: Narr.

Rosselló, Ramon X. (1999): *Anàlisi de l'obra teatral (teoria i pràctica).* València: Institut Interuniversitari de Filologia Valenciana / Barcelona: Publicacions de l'Abadia de Montserrat.

Ruiz Ramón, Francisco (1997): *Paradigmas del teatro clásico español.* Madrid: Cátedra.

Stückrath, Jörn ([7]2001): „Figur und Handlung". In: Brackert, Helmut & Jörn Stückrath (Hgg.): *Literaturwissenschaft. Ein Grundkurs.* Reinbek bei Hamburg: Rowohlt. 40-54.

Literatur

zu Kapitel 4

Azaustre, Antonio & Juan Casas (1997): *Manual de retórica española*. Barcelona: Ariel.

Baehr, Rudolf (1962): *Spanische Verslehre auf historischer Grundlage*. Tübingen: Niemeyer.

Domínguez Caparrós, José (²1992): *Diccionario de métrica española*. Madrid: Ed. Paraninfo.

Friedrich, Hugo (1967): *Die Struktur der modernen Lyrik*. Reinbek bei Hamburg: Rowohlt.

Hamburger, Käte (³1977): *Die Logik der Dichtung*. Stuttgart: Klett-Cotta.

Helmstetter, Rudolf (1995): „Lyrische Verfahren. Lyrik, Gedicht und poetische Sprache". In: Pechlivanos, Miltos u.a. (Hgg.): *Einführung in die Literaturwissenschaft*. Stuttgart/Weimar: Metzler. 27-42.

Jakobson, Roman (1979): „Linguistik und Poetik" [1960]. In: Ders.: *Poetik – Ausgewählte Aufsätze 1921 – 1971*. Frankfurt a.M.: Suhrkamp. 83-121.

Lachmann, Renate (1982): „Zur Frage einer dialogischen Poetizitätsbestimmung bei Roman Jakobson". In: *Poetica* 14. 278-239.

Lamping, Dieter (²1993): *Das lyrische Gedicht. Definitionen zu Theorie und Geschichte der Gattung*. Göttingen: Vandenhoeck und Ruprecht.

Link, Jürgen (⁷2001): „Elemente der Lyrik". In: Brackert, Helmut & Jörn Stückrath (Hgg.): *Literaturwissenschaft. Ein Grundkurs*. Reinbek bei Hamburg: Rowohlt. 86-101.

Linke, Angelika; Nussbaumer, Markus & Paul R. Portmann (³1996): *Studienbuch Linguistik*. Tübingen: Niemeyer.

Lotman, Jurij M. (1972): „Probleme der Versstruktur". In: Ders.: *Vorlesungen zu einer strukturalen Poetik*. München: Fink. 51-168.

Navarro Tomás, Tomás (1956): *Métrica española*. Syracuse: Syracuse University Press.

Quilis, Antonio (¹²2000): *Métrica española*. Barcelona: Ariel.

Preisendanz, Wolfgang (1979): „Lyrik, Roman, Humor". In: Marquard, Odo & Karlheinz Stierle (Hg.): *Identität*. München: Fink. 739-743.

Staiger, Emil (⁵1983): *Grundbegriffe der Poetik*. München: DTV.

Staiger, Emil (1952): „Lyrik und lyrisch". In: *Der Deutschunterricht* 4, H. 2. 7-12.

Stierle, Karlheinz (1982): „Gibt es eine poetische Sprache?" In: *Poetica* 14. 270-278.

Völker, Ludwig (²2000): *Lyriktheorie. Texte vom Barock bis zur Gegenwart*. Stuttgart: Reclam.

Burdorf, Dieter, Fasbender, C. & B. Moenninghoff (Hg.) (³2007): *Metzler Lexikon Literatur – Begriffe und Definitionen*. Begründet von Günther Schweikle und Irmgard Schweikle. Stuttgart: Metzler.

Hess, Rainer, G. Siebenmann, M. Frauenrath & T. Stegman (Hg.) (⁴2003): *Literaturwissenschafliches Wörterbuch für Romanisten* (LWR). Tübingen: Francke. [1995 auch in spanischer Übersetzung erschienen: *Diccionario terminológico de las literaturas románicas*. Madrid: Gredos.]

Marchese, Angelo & Joaquín Forradellas (⁷2000): *Diccionario de retórica, crítica y terminología literaria*. Barcelona: Ariel.

Nünning, Ansgar (Hg.) (²2001): *Metzler-Lexikon Literatur- und Kulturtheorie: Ansätze – Personen – Grundbegriffe*. Stuttgart: Metzler.

Preminger, Alex et al. (³1993): *The New Princeton Encyclopedia of Poetry and Poetics*. Princeton, NJ: Princeton University Press.

Schweikle, Günther (Hg.) (²1990): *Metzler-Literatur-Lexikon – Begriffe und Definitionen*. Stuttgart: Metzler.

Ward, Philip (1984): *Diccionario Oxford de literatura española e hispanoamericana*. Barcelona: Crítica.

Bauer-Funke, Cerstin (2004): *Spanische Literatur des 20. Jahrhunderts*. Stuttgart: Klett

Gumbrecht, Hans Ulrich (1990): Eine *Geschichte der Spanischen Literatur*. Frankfurt a.M.: Suhrkamp.

Neuschäfer, Hans-Jörg (Hg.) (²2001): *Spanische Literaturgeschichte*. Stuttgart: Metzler.

Neuschäfer, Hans-Jörg (Hg.) (³2006): *Spanische Literaturgeschichte*. Stuttgart: Metzler

Kreutzer, Winfried (²1991): *Grundzüge der spanischen Literatur des 19. und 20. Jahrhunderts*. Darmstadt: Wiss. Buchgesellschaft.

Pedraza Jiménez, Felipe B. & Milagros Rodríguez Cáceres (1980ff.): *Manual de literatura española*. Tafalla: Cénlit.

Rico, Francisco (Hg.) (1980ff.): *Historia y crítica de la literatura española*. Barcelona: Crítica.

Strosetzki, Christoph (Hg.) (²1996): *Geschichte der spanischen Literatur*. Tübingen: Niemeyer.

Literatur

Handbücher zur
Literaturwissen-
schaft

Literatur

Spanische
Literatur-
geschichten

Register Teil A

Register Teil B